시나공 TOEFL iBT

이광성 지음

시나공 iBT TOEFL
Vocabulary 2nd Edition

초판 발행 2011년 10월 20일
초판 8쇄 발행 2019년 1월 31일

지은이 · 이광성
발행인 · 김경숙
발행처 · 길벗이지톡
출판사 등록일 · 2000년 4월 14일
주소 · 서울시 마포구 월드컵로 10길 56(서교동)
대표 전화 · 02) 332-0931 | **팩스** · 02) 322-6766
홈페이지 · www.gilbut.co.kr | **이메일** · eztok@gilbut.co.kr

기획 및 책임 편집 · 김대훈(sychoria@gilbut.co.kr) | **디자인** · 배진웅 | **제작** · 이준호, 손일순
영업마케팅 · 김학흥 | **웹마케팅** · 차명환 | **영업관리** · 심선숙 | **독자지원** · 송혜란, 정은주

편집진행 및 전산편집 · 기본기획 | **인쇄** · 예림인쇄 | **제본** · 경문제책

▶ 잘못된 책은 구입한 서점에서 바꿔 드립니다.
▶ 이 책에 실린 모든 내용, 디자인, 이미지, 편집 구성의 저작권은 길벗이지톡과 지은이에게 있습니다.
  허락 없이 복제하거나 다른 매체에 옮겨 실을 수 없습니다.

ISBN 978-89-6047-430-7 03740
(길벗 이지톡 도서번호 000504)

가격 16,000원

독자의 1초를 아껴주는 정성 길벗출판사

(주)도서출판 길벗 | IT실용, IT/일반 수험서, 경제경영, 취미실용, 인문교양(더퀘스트) www.gilbut.co.kr
길벗이지톡 | 어학단행본, 어학수험서 www.eztok.co.kr
길벗스쿨 | 국어학습, 수학학습, 어린이교양, 주니어 어학학습, 교과서 www.gilbutschool.co.kr

독자 서비스 이메일 · service@gilbut.co.kr | 페이스북 · www.facebook.com/hontoeic

PREFACE

iBT TOEFL 어휘! 시험에 잘 나오는 것부터 챙겨라!

'영어 공부가 인생의 전부가 아닌데.'라는 생각을 하면서도 우리는 삶의 목표처럼 영어 공부에 달려듭니다. 한번에 끝내버릴 수 있는 마법 같은 방법이 있다면 엎드려 절이라도 할 것 같은데 말이죠.

만만치 않은 TOEFL 어휘! 방법은 없을까?
TOEFL에 대한 각종 교재들과 자료들을 검토하다 보면 재미있는 것을 알 수 있습니다. 시험이 시작되고 지금까지 출제된 내용이 그대로 또는 비슷한 패턴으로 이어진다는 사실입니다. iBT로 바뀌고도 이 흐름은 마찬가지입니다. 마음이 좀 가벼워지죠? 하지만 비슷한 패턴으로 이어진다고 하지만 수십 년 동안 치러진 TOEFL이기에 단어의 양은 어마어마합니다. 이 자료만 붙잡고 다 외워버린다면 좋은 결과도 기대할 수 있겠지만 앞에서 얘기했던 것처럼 영어 공부가 인생의 전부는 아닙니다. 눈만 뜨면 단어 책만 붙잡고 살 수도 없겠죠. 그렇다면 이렇게 많은 자료를 어떻게 활용해야 할까요?

1. 컴퓨터로 통계를 내고 완벽하게 정리한 우선 순위 족보!
최근 출제된 어휘를 중심에 두고 과거에 출제되었던 어휘를 모두 모았습니다. 그리고 프로그램을 통해 자주 나오는 단어 순서로 배열을 했습니다. 이를 최근 기출 연도순으로 또 한번 정리하였습니다. 그래서 이 책을 보면 시험에 먼저 나오는 단어 그것도 최근에 나온 단어를 먼저 볼 수 있습니다. 이렇게 정리한 표제어에 예문을 추가하였고, 관련된 어휘를 출제된 어휘냐 아니냐에 따라 또 다시 분류해 정리하였습니다. 여러분은 이 책을 펼치기만 해도 TOEFL 어휘의 역사를 볼 수 있습니다.

2. 실력과 상황에 맞춘 개인 입체 학습법!
어휘는 잘 정리되었는데 이걸 어떻게 공부해야 가장 효과적일까요? 고민 끝에 탄생한 것이 바로 '입체 학습법'입니다. 입체 학습법은 **자신의 실력에 맞게, 그리고 상황에 맞는 학습법을 선택해서 공부하는 방법입니다.** 이 책의 앞부분을 펼쳐서 레벨별 학습법 및 시간별 학습법을 보세요. 공부를 시작하기 전에 꼼꼼하게 읽어보고 학습 방향을 잡는다면 막막하게만 느껴지는 TOEFL도 정복의 길이 보일 겁니다.

이 책에는 그동안 수 많은 학생들을 상대로 강의해 오며 얻은 Know-How가 곳곳에 담겨 있습니다. TOEFL 고득점 반을 시작하여, 완성, 실전, 중급, 기본, 입문 Class에 이르기까지 그 동안 저와 호흡을 같이 해 왔던 수 많은 수험생들이 이 책의 가장 큰 Helper라고 해도 과언은 아닙니다. 이 기회를 빌어 저와 함께 열심히 공부에 매진해 왔던 수험생들에게 제일 먼저 고마움을 전하고 싶습니다.

이 외에도 많은 분들께서 저에게 끊임없는 채찍질과 지원을 해 주셨습니다. 때로는 따뜻한 조언을 때로는 매서운 충고를 해 준 많은 친구들과 선후배 선생님들께 감사 드리며 마지막으로 언제나 저에게 큰 동기가 되어 주는 가족에게 고맙다는 마음을 전합니다.

2011년 9월
저자 이광성 올림

WHY THIS BOOK?

Q 왜 《시나공 iBT TOEFL Vocabulary 2nd Edition》인가?

A 학교 공부를 제외하고 우리가 생활하는데 있어 책을 읽거나 대화를 할 때는 그렇게 많은 어휘를 필요로 하지 않습니다. 하지만 iBT TOEFL을 비롯한 각종 어학시험을 치러야 하는 경우에는 시험 자체를 위해 영어를 공부해야 하기 때문에 수 많은 어휘들을 익혀야 합니다.

영어 사전을 보십시오. 어휘 수가 무궁무진하죠? 그렇다고 해서 사전을 통째로 다 외울 수는 없습니다. 이왕이면 현재 iBT TOEFL 시험에서 출제되고 있고, 그동안 시험에 자주 출제됐던 것들을 위주로 어휘를 학습하는 것이 보다 경제적이지 않을까요? 《시나공 iBT TOEFL Vocabulary 2nd Edition》는 이러한 학습의 경제성을 고려하여 구성하였으므로 독자분들의 소중한 시간을 아껴줄 것입니다.

한번 출제되었던 어휘들이 반복해서 출제되고 있다는 점을 감안해 어휘들을 수록했으므로 시험 경향을 가장 잘 반영하고 있다고 할 수 있습니다. 이것이 바로 수험생들에게 고득점의 길을 열어주는, 그리고 수험자의 시간을 아껴주는 이 책의 가장 큰 경쟁력입니다.

Q 어떻게 시험에 나오는 어휘만을 순위별로 정리했을까?

A 이 책은 1980년부터 2018년까지 38년간의 토플 시험을 모두 분석하여 만든 책입니다. 그리고 최근 3년간의 데이터를 집중적으로 분석하여 출제 가능성이 높은 어휘순으로 정리한 것입니다.

선별한 것을 또 선별해 놓았다 – 시험 출제 빈도와 출제 연도에 맞춰!
일단 연도별로 어휘들을 구분한 뒤, 다음과 같은 방법으로 가중치를 두어 중요도를 정하였습니다.

구분	기출연도
A1	2012 ~ 2018년도 기출 어휘
A2	2006 ~ 2011년도 기출 어휘
A3	~ 2005년도 기출 어휘

A1 : 1~3월, 4월~6월, 7월~9월, 10~12월 4개 분기별로 정리, 분기별로 각 1회에 해당
A2 : 상반기, 하반기(1~6월, 7~12월)로 정리, 상, 하반기로 나누어 각 1회에 해당
A3 : 연 단위로 정리, 여러 번 나왔더라도 1회에 해당

그래서 최근에 나온 어휘일수록 4배의 가중치를 두어 데이터를 정리하였고, 각 어휘당 점수를 계산하여 순위를 매기면서 computer program을 이용하여 통계를 냈습니다. 물론 이 책의 교정지가 나올 때까지도 이 데이터는 계속해서 최신 데이터로 업데이트 하였습니다.

예를 들어, decimate라는 어휘가 2017년도 1, 3, 6, 9, 10, 11월, 2016년도 3, 6, 9, 10, 11, 12월, 2011년도 6, 7월, 2010년 1, 8월, 2005년도 12월에 출제가 되었다면

➡ A1의 1분기 2회, 2분기 2회, 3분기 2회, 4분기 2회,
A2의 2004년 상반기 1회, 하반기 1회, 2003년 상반기 1회, 하반기 1회, 2002년 1회, 총 13점, 즉 1순위에 해당하는 어휘입니다.

순위	가중치를 둔 빈출 횟수
0순위	45회 이상
1순위	27회 이상
2순위	12회 이상
3순위	8회 이상
4순위	5회 이상

이 책은 이렇게 공부하세요

이 책를 처음 폈을 때 가장 먼저 눈에 띄는 것이 무엇인가요? **바로 '순위별 어휘의 구성'과 '입체 학습법'의 제시입니다.** 중요도 순에 따라 구성된 내용(0순위~4순위)을 또 다시 레벨 테스트를 거쳐 수준별 입체 학습법대로 학습하면, 보다 효과적으로 빠른 점수의 향상을 기대할 수 있습니다. 물론 기본적인 어휘(Basic Voca) 체크도 하시면 탄탄한 기본기까지 다지게 됩니다.

CONTENTS

머리말	3
Why this book?	4
이 책의 구성	10
Why should we study vocabulary first?	12
Multiple ways of learning	13

시험에 나오는 BASIC Voca

**Basic Voca	Pre-day 1**	20
**Basic Voca	Pre-day 2**	25
**Basic Voca	Pre-day 3**	30
**Basic Voca	Pre-day 4**	35
**Basic Voca	Pre-day 5**	40
**Basic Voca	Pre-day 6**	46

시험에 나오는 0순위 Voca

**Voca 0-1	Day 01**	54
Day 01 Quiz	64
**Voca 0-2	Day 02**	66
Day 02 Quiz	75
**Voca 0-3	Day 03**	77
Day 03 Quiz	85
**Voca 0-4	Day 04**	87
Day 04 Quiz	96

Voca 0-5 ｜ Day 05	**98**
Day 05 Quiz	**105**
Voca 0-6 ｜ Day 06	**107**
Day 06 Quiz	**115**
예상 적중 문제	**116**
시험에 나오는 것만 외운다	**118**

시험에 나오는 **1순위 Voca**

Voca 1-1 ｜ Day 07	**128**
Day 07 Quiz	**136**
Voca 1-2 ｜ Day 08	**138**
Day 08 Quiz	**146**
Voca 1-3 ｜ Day 09	**148**
Day 09 Quiz	**156**
Voca 1-4 ｜ Day 10	**158**
Day 10 Quiz	**166**
Voca 1-5 ｜ Day 11	**168**
Day 11 Quiz	**176**
Voca 1-6 ｜ Day 12	**178**
Day 12 Quiz	**186**
예상 적중 문제	**188**
시험에 나오는 것만 외운다	**190**

CONTENTS

시험에 나오는 2순위 Voca

**Voca 2-1	Day 13**	198
Day 13 Quiz	206
**Voca 2-2	Day 14**	208
Day 14 Quiz	216
**Voca 2-3	Day 15**	218
Day 15 Quiz	226
**Voca 2-4	Day 16**	228
Day 16 Quiz	236
**Voca 2-5	Day 17**	238
Day 17 Quiz	246
**Voca 2-6	Day 18**	248
Day 18 Quiz	256
예상 적중 문제	258
시험에 나오는 것만 외운다	260

시험에 나오는 3순위 Voca

**Voca 3-1	Day 19**	270
Day 19 Quiz	278
**Voca 3-2	Day 20**	280
Day 20 Quiz	288
**Voca 3-3	Day 21**	290
Day 21 Quiz	297
**Voca 3-4	Day 22**	299
Day 22 Quiz	307

Voca 3-5 ǀ Day 23		309
Day 23 Quiz		315
Voca 3-6 ǀ Day 24		317
Day 24 Quiz		324
예상 적중 문제		326
시험에 나오는 것만 외운다		328

시험에 나오는 4순위 Voca

Voca 4-1 ǀ Day 25		336
Day 25 Quiz		343
Voca 4-2 ǀ Day 26		345
Day 26 Quiz		352
Voca 4-3 ǀ Day 27		354
Day 27 Quiz		360
Voca 4-4 ǀ Day 28		362
Day 28 Quiz		368
Voca 4-5 ǀ Day 29		370
Day 29 Quiz		377
Voca 4-6 ǀ Day 30		379
Day 30 Quiz		386
예상 적중 문제		388
시험에 나오는 것만 외운다		390

예상 적중 문제 정답 및 해설		398
찾아보기		402

이 책의 구성

시험에 나오는 어휘를 출제 빈도순으로 외운다! Basic Voca & 0순위 ~ 4순위

Basic Voca & 0순위 ~ 4순위

각 순위(Basic, 0순위, 1순위, 2순위, 3순위, 4순위) 단어는 32년 간 치러진 토플 시험을 모두 분석한 데이터를 컴퓨터 통계로 산출한 기출 빈도에 최근 2년 간의 데이터를 집중적으로 분석하여 출제 가능성이 높은 어휘 순으로 정리한 것입니다.

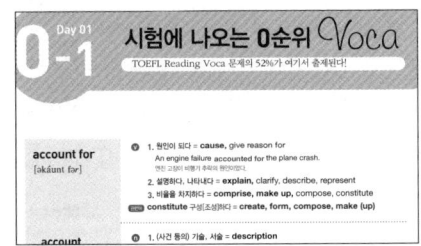

표제어

한 순위 안의 어휘는 동일한 중요도를 가지고 있습니다. 순위별로 중요도가 약간씩 다르지만 모두 아주 중요한 어휘들입니다.

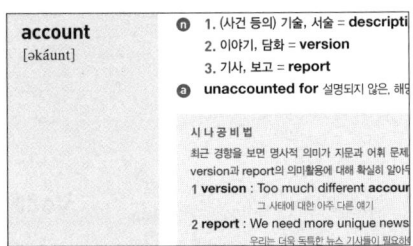

동의어

표제어 바로 옆에는 뜻과 함께 동의어가 나옵니다. 여러 개의 동의어를 중요도 순으로 제시하였고, 이 중에서 시험에 출제된 적이 있는 어휘는 굵게 표시했습니다.

관련어

관련된 파생 어휘도 제시하여 고득점에 대비할 수 있도록 하였습니다.

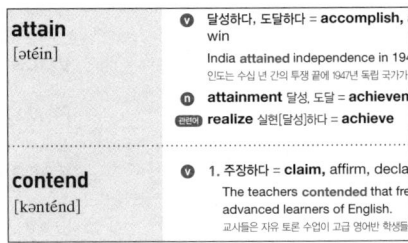

Day Quiz

Basic Voca 다음의 0순위부터 하나의 순위를 학습하고 나서 Day Quiz 테스트가 나옵니다. 귀찮다고 그냥 건너 뛰지 말고 꼭 테스트하고 넘어가세요. 10분 간의 반복 학습으로 기억을 되새겨 놓으면 훗날 50분을 절약해 줄 테니까요.

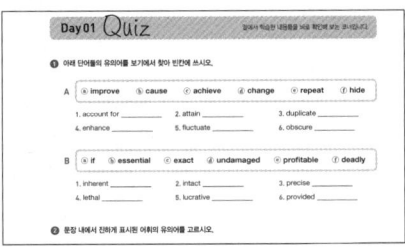

시험에 나오는 것만 풀어라! 예상 적중 문제

예상 적중 문제
이번 단원에서 학습한 어휘에 대한 이해도를 실전과 유사한 지문을 통해 완성하는 테스트입니다.

그룹으로 기억하는 어휘
토플 시험에는 동의어와 유사어를 고르는 형태로 어휘 관련 문제가 출제됩니다. 이에 대비해 동의어와 유사어를 의미 그룹별로 묶어 덩어리 개념으로 암기할 수 있도록 만든 학습 코너입니다. 덩어리 암기, 연상 학습법을 활용하여 출력하기 좋은 기억 상태를 만들어 두자구요.

Reading Technique
iBT TOEFL Reading 문제를 풀기 위해 반드시 알아두어야 할 비법입니다. 이전보다 두 배나 길어진 지문을 제한된 시간에 풀어야 하므로, 지문을 빨리 분석하는 연습과 더불어 다양한 technique의 연습도 요구됩니다. 시험 전 실전 문제들을 통해 technique의 활용을 충분히 연습해 보기 바랍니다.

Reading & Listening을 위한 배경 지식
Reading 지문과 Listening에서의 강의(Lecture) 파트에서 자주 나오는 Topic에 대한 배경 지식입니다. 출제되는 모든 분야에 대한 배경 지식을 학습하는 것은 불가능합니다. 그래서 그동안 자주 출제되었던 빈출 분야의 배경 지식을 정리하였습니다.

Reading & Listening을 위한 분야별 어휘
Reading 지문과 Listening 에서의 강의(Lecture) 파트에서 자주 나오는 Topic에 대한 어휘 정리입니다. 어느 정도 분야별 어휘를 알고 있으면 Reading 지문이나 Listening 강의(Lecture) 내용의 이해에 큰 도움이 되므로 최소한 이 정도의 전문 분야 어휘는 익혀 두어야 합니다.

WHY SHOULD WE STUDY VOCABULARY FIRST?

iBT TOEFL에서 Vocabulary가 중요한 이유는?

이전의 TOEFL과는 달리, iBT TOEFL에서 Vocabulary는 Reading을 포함한 전 섹션(Reading, Listening, Speaking, Writing)에서 중요성이 더욱 커졌습니다. Reading에서 유의어 문제만 하더라도 30%가 넘습니다. 길어진 지문에 대한 빠른 이해를 위해서라도 어휘 실력의 정도가 점수를 좌우한다고 해도 과언은 아닙니다. 게다가 Reading 지문과 마찬가지로 Listening의 대화 또한 길어졌고, 문제의 유형이 다양해진 Writing과 새로이 추가된 Speaking에서의 원활한 어휘 활용을 위해서도 끊임없는 학습이 요구됩니다. 그럼, 자신의 실력에 맞게 어휘를 학습하는 방법에 대해서 알아보겠습니다.

TOEFL Reading에서 여전히 큰 비중을 차지하고 있는 유의어 문제를 위해서는

1. 먼저 사전적 의미에 충실해야겠죠. 그러므로 정확히 사전적 의미에 따른 유의어 및 관련어 학습이 필요합니다.
2. 그러나 사전적 의미 외에도 문제에서 제시된[문제로 나온] 단어나 구(phrase)를 포함한 문장의 앞뒤 문맥을 살펴가며 답을 찾는 방법을 잘 이용하면 유의어 문제에 대한 실수를 줄일 수 있다는 사실을 명심하기 바랍니다.

그럼 Listening, Speaking, Writing과 Reading 지문의 독해를 위해서는

1. 위와 마찬가지로 사전적 의미를 알고, 활용되는 상황에 대한 연습을 해야겠죠.
2. 어휘마다 본래의 의미 외에 그것이 활용되는 상황에 대한 이해와 사전적 의미 외의 각자의 표현 방식이 있으므로, 예문을 통한 학습이 필요합니다. (물론 Reading에서도 그렇겠죠.)

iBT TOEFL의 Reading 섹션에서 Vocabulary 문제의 유형과 샘플은 다음과 같습니다.

The word _____ in the passage is closest in meaning to

(Hint : 지문에서 _____ 는 아래 보기의 어떠한 어휘와 뜻이 유사한가를 묻는 질문입니다.)

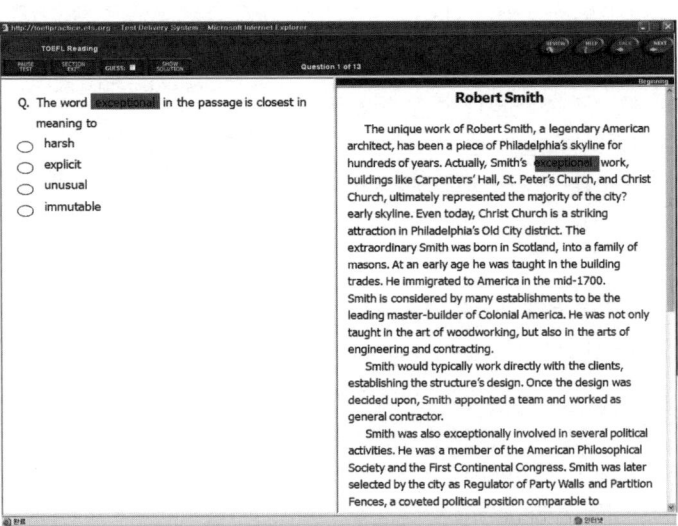

MULTIPLE WAYS OF LEARNING
입체 학습법

'입체 학습'을 위한 Level Test

Q 문장 내에서 진하게 표시된 어휘의 유의어를 고르시오.

1 The boat was **substantial** enough to sail through the storm.
ⓐ particular　　ⓑ sturdy　　ⓒ related　　ⓓ sparse

2 The association plans to **harness** new technology for our nuclear resource.
ⓐ use　　ⓑ haul　　ⓒ impair　　ⓓ engross

3 The central nervous system plays a **critical** role in your body's stress response system.
ⓐ possible　　ⓑ important　　ⓒ archaic　　ⓓ general

4 Because the administration can easily **manipulate** public opinion, the public kept a sharp lookout.
ⓐ mock　　ⓑ extol　　ⓒ control　　ⓓ intensify

5 The policy may **hamper** potential educational and economic growth.
ⓐ impede　　ⓑ facilitate　　ⓒ protect　　ⓓ foster

6 Multi-tasking requires **extraordinary** skills and patience.
ⓐ regular　　ⓑ unskillful　　ⓒ improvised　　ⓓ exceptional

7 Unfortunately, my life to follow my uncle is **preordained** at birth.
ⓐ determined　　ⓑ predicted　　ⓒ put together　　ⓓ merge

8 They **broadened** their knowledge of marketing by various publicity activities.
ⓐ aggravated　　ⓑ widened　　ⓒ perforated　　ⓓ foraged

9 Meteorites are **rated** according to their composition.
ⓐ offset　　ⓑ emphasized　　ⓒ classified　　ⓓ transferred

10 The investors **delighted** in the profit earned this year.
ⓐ frustrated　　ⓑ unhappy　　ⓒ diverted　　ⓓ pleased

11 Dr. Martin Luther King Jr. was an **eager** advocate of human rights.
ⓐ enthusiastic　　ⓑ honest　　ⓒ uncanny　　ⓓ rich

12 He can do whatever it takes to **consummate** a deal.
ⓐ procure　　ⓑ initiate　　ⓒ complete　　ⓓ deject

정답 및 결과확인
1. ⓑ 2. ⓐ 3. ⓑ 4. ⓒ 5. ⓐ 6. ⓓ 7. ⓐ 8. ⓑ 9. ⓒ 10. ⓓ 11. ⓐ 12. ⓒ

Level 1 : 0~3개　　Level 2 : 4~6개　　Level 3 : 7~9개　　Level 4 : 10개 이상

MULTIPLE WAYS OF LEARNING

레벨별 학습 계획

앞의 레벨 테스트를 풀어 보셨나요? 테스트 결과에 따라 여러분에게 맞는 학습 방법을 선택하세요. 물론 자신의 레벨보다 좀 더 높은 레벨로 도전해 보고 싶은 분들은 자신의 레벨보다 한 단계 정도 높은 레벨별 학습 방법을 이용하셔도 OK!입니다.

LEVEL 1

0~3개 | 단어 실력 초보 단계

이제 시작입니다. 먼저 순위별 어휘 학습에 들어가기 전에 Basic Voca를 학습하기 바랍니다. 내용 전부(표제어, 유의어, 문장)를 꼼꼼히 학습하는 것이 그리 쉽지 않으므로, 표제어를 우선 학습하십시오(표제어 및 의미 확인 학습). 그리고 유의어 및 문장을 학습한 후에 0순위부터 시작하십시오! 여기서도 앞 단원과 마찬가지로, 표제어 우선 학습 후, 표제어 당 기출이 되었던 기출 유의어(볼드체 표시) 학습을 하기 바랍니다. 표제어를 확실히 이해하면 다음 단계에서 학습할 관련어들에 대한 학습도 수월해지니 표제어 학습을 확실히 해 주세요. 하루에 한 단원씩입니다!

LEVEL 2

4~6개 | 기본은 된다!

영어 어휘에 대한 기본은 갖추어진 상태이군요. 먼저 위의 단계와 같은 방법으로 Basic Voca를 학습하기 바랍니다. 그리고 나서 0순위 시작! 표제어와 볼드체로 표시된 기출 유의어 위주로 학습하기 바랍니다. 물론 표제어의 관련어 학습도 해야겠지요. 이 두 가지 학습(표제어 및 표제어 관련어 학습)에서 확실히 기출 유의어 학습을 마스터하기 바랍니다. 그리고 최종적으로 Day Quiz로 마무리하시구요. 역시 하루에 한 단원은 필수입니다!

LEVEL 3

7~9개 | 뭔가 영어에 대한 느낌이 있다!

영어에 대한 맛을 느끼며 공부하는 단계입니다. 간단하게 Basic Voca를 학습하기 바랍니다. 그 다음에 0순위부터 바로 표제어, 표제어의 관련어 학습과 기출 유의어 및 예상 기출 유의어에 대한 학습을 함께 하길 바랍니다. 그리고 나서 Day Quiz로 최종 마무리하세요. 단, 하루에 한 단원 이상, 전체적으로 최소한 2회 반복해야 합니다. 마치고 나면 서서히 고지가 보이기 시작합니다.

LEVEL 4

10개 이상 | 고득점이 보인다!

이미 상당한 실력을 갖춘 상태이군요. 자신의 실력을 좀 더 다진다는 생각으로 학습하기 바랍니다. 여기서 표제어, 표제어의 관련어를 비롯한 예상 기출 유의어도 꼼꼼히 확인하기 바랍니다. 그리고 나서 Day Quiz로 최종 마무리합시다. 하루에 작은 단원 1.5~2개 이상의 학습을 권장합니다. 각 순위가 끝나고 나오는 '그룹으로 기억하는 어휘'도 물론 체크하셔야죠. '분야별 어휘'는 어떠한 분야의 지문과 내용도 쉽게 받아들이기 위한 초석이되므로, 가벼운 마음으로 훑어보기 바랍니다. 예상보다 큰 도움이 될 것입니다. 여기서 중요한 것 하나! 반드시 3회 이상은 전체적으로 학습하세요. 그럼 바로 고득점이 여러분의 것이 될 겁니다.

MULTIPLE WAYS OF LEARNING

시간별 학습 계획

3개월 내에 시험은 봐야겠는데, 레벨 테스트에 따라 공부하기에는 여유가 없는 분들은 다음과 같은 방법으로 학습해 보기 바랍니다.

토플 시험 3개월 전

점수에 욕심이 나지만 시간은 없는 분들! 레벨 테스트의 결과대로 학습하기에는 너무 여유가 없지만, 그래도 3개월이라는 시간, 스케줄만 잘 잡아 학습하면 무리는 아니죠.

1단계 : 1개월 : Basic Voca부터 시작하여, **표제어와 표제어의 관련어들에 대한 의미 파악**과 볼드체로 표시된 **기출 유의어**를 꼼꼼히 학습하세요. 단, 영어에 대해 어느 정도 자신감을 갖고 계신 분들은 과감히 Basic Voca를 건너뛰길 바랍니다.

2단계 : 1개월 : **0순위부터 시작하여, 1단계를 반복하면서 예상 기출 유의어**를 체크하고, '**그룹으로 기억하는 어휘**'도 추가적으로 이용하면서 학습하세요.

3단계 : 1개월 : **2단계의 반복 학습**과 볼드체로 표시된 **기출 유의어들을 재차 확인 학습**하기 바랍니다. 최소 2회 반복입니다! 최종적으로 길벗이지톡 사이트(www.gilbut.co.kr)의 자료실에 업데이트 된 내용을 확인하면서 시험 대비를 마무리하기 바랍니다.

토플 시험 1개월 전

시험은 다가오고, 시간은 부족하고… 자, 이제부터 빡세게 해 봅시다. 시간이 너무 부족하므로 하루에 작은 단원 하나만으로는 안되겠죠? **0순위부터 하루에 작은 단원 2개씩, 단 표제어, 표제어 관련 유의어와 볼드체로 표시된 각각의 기출 유의어만을 집중 학습하세요.** 그리고 나서 이러한 과정의 재차 반복과 길벗이지톡 사이트(www.gilbut.co.kr)의 자료실에 업데이트 된 내용을 확인하면서 시험 대비를 마무리 하기 바랍니다.

MULTIPLE WAYS OF LEARNING

혼자 공부하기

혼자서 공부하는 것은 자신의 의지를 믿는다는 뜻이지요. 아니면 나만의 방법으로 나만의 스케줄에 맞춰 공부하는 스타일이 맞는 분들께 적합한 방법이라 할 수 있습니다. 가급적 같은 목적을 가진 사람들과 함께 공부하는 것을 권해 드리지만, 위와 같은 상황이나 부득이하게 그렇게 해야 하는 경우라면, 앞에 정리된 학습 가이드를 참고해서 나만의 학습 계획을 작성하여 학습하세요.

그러면 스터디 그룹을 만들어 학습하면, 어떠한 장점이 있고, 어떻게 해야 하는지에 대해 생각해 보고, 스터디 그룹을 결성해 봅시다. 일반적으로 스터디 그룹을 통한 학습의 장점은 바로 서로간의 약속에 의한 어느 정도의 자극입니다. 이점을 십분 활용하세요. 최적 인원은 보통 4~6명 정도입니다.

먼저 앞에 정리된 학습 가이드를 참고해서 학습 계획을 작성한 후, 최소 일주일에 2~3회 모임을 갖고, 모임 때마다 이 책에 나온 test 이외의 단답형 문제를 돌아가면서 만들어 활용하길 바랍니다. 함께 공부하는 것이니 좀 더 빡빡하게 스케줄을 잡는 것도 좋은 방법이겠지요?

Live as if you were to die tomorrow.

Learn as if you were to live forever.

내일 죽을 것처럼 오늘을 살고,

영원히 살 것처럼 배워라.

— Mahatma Gandhi(마하트마 간디)

Basic-1

distinguish from | hold | vary | create | maintain | rival | migrate | sink | dwindle | play | release | arise | ban | program | propel | irresistible | ancient | certain | standard | antique | necessary | style | maximum | though | pore | sort | while | base | fame | illusion | display | ascertain | consummate | intimidate | tilt

Basic-2

preserve | propose | suggest | multiply | understand | control | ferry | finance | rotate | confer | respond | carry | earn | guard | equip | ineffectively | narrow | already | central | actually | whole | vacant | in fact | inventive | source | environment | nature | however | condition | degree | move toward | dangle | long for[to] | steep | assign

Basic-3

threaten | gather | insert | rank | survive | record | form | observe | recognize | reform | battle | blend | block | crown | crush | cultivate | guide | appropriate | huge | archaic | completely | although | area | average | route | volume | but | hue | landscape | result | secure | subdue | straightforward | tiny | decorated

Basic-4

house | pare | prefer | produce | reassure | select | take place | discharge | utilize | popular | within | infirm | true | weak | above all | proof | stylus | textile | patron | crest | domain | press | matter | mobility | sculpture | utility | via | advancement | difference | flood | fluid | tranquil | uneven | conscious | inauspicious

Basic-5

react | claim | govern | monitor | soak | sponsor | strengthen | take | estimate | view | invaluable | outstanding | harsh | silent | surprisingly | extremely | hollow | inwardly | ordinary | unceasing | complaint | compound | countryside | scale | tract | characteristic | craft | genre | statue | crack | affluent | faint | unwilling | obstacle | from time to time

Basic-6

conceal | establish | gauge | judge | hire | impair | incise | recruit | reverse | revolutionize | capitalize on | endangered | mammoth | plentiful | rich | steady | inert | obsolete | net | scenic | sterile | item | element | habitat | sediment | series | shard | hybrid | issue | on the other hand | fund | vicinity | on the contrary | in contrast | livelihood

시험에 나오는 Basic Voca

··

| 전문가가 분석한 Basic VOCA 학습 전략 |

이 정도는 기본적으로 알고 들어갑시다!

TOEFL 시험에 단어 문제로 등장하는 어휘들만 공부해도 양이 만만치 않고, 또 그것만으로도 일반적인 영어 지문 등을 이해하는데 큰 도움이 되지만, 기본적인 어휘들의 뒷받침 없이는 정확한 이해와 큰 발전은 절대 있을 수 없습니다. 한동안 영어를 공부하지 못한 분들은 물론 기초가 약하다고 판단해 더욱 확고한 실력을 쌓아야겠다고 생각하는 학습자들에게 이 단원의 학습을 부탁 드립니다.
뿌리 없는 줄기, 줄기 없는 열매는 없으니까요.

Pre-day 1

시험에 나오는 Basic Voca

이 단원 정도는 알아두어야 제대로 영어 공부 할 수 있다!

🔊 Pre-day 1.mp3

distinguish from
[distíŋgwiʃ frəm]

ⓥ 1. 구별하다, 분간하다 = **differentiate from, tell apart from,** identify, recognize
  I am afraid the boss can't **distinguish** right **from** wrong any longer.
  나는 사장님이 더 이상 옳고 그름을 구별하지 못하는 것 같아 안타깝다.
  2. 정의하다, 특색을 나타내다 = **define**
ⓐ **distinguishable** 구별할 수 있는, 분간할 수 있는 = **different, differential**
  distinguishing 구별의 기준이 되는, 특징이 있는 = **defining, distinct**

hold
[hould]

ⓥ 1. 담다, 수용하다 = **contain,** accommodate
  The classroom we saw previously can **hold** over 60 people.
  우리가 전에 봤던 교실은 60명 이상 수용할 수 있다.
  2. 유지하다 = **keep (up), retain,** detain, hold back, reserve, withhold
  3. (~라고) 생각하다 = **believe, propose**
ⓥ **hold up** 지속하다, 견디다 = **support, withstand**

vary
[vέ(:)əri]

ⓥ 바꾸다, 변경하다 = **alter, change, differ, metamorphose, modify**
  The policy may **vary** depending on the opinion of the Secretary of State.
  국무장관의 의견에 따라 정책이 바뀔 수 있다.
ⓐ 1. **variable** 변하기 쉬운, 변덕스러운 = **inconsistent,** changeable, inconstant, mutable
  2. **varied** 다양한 = **differed,** assorted, indiscriminate, mixed, miscellaneous ↔ **identical** (동일한)
  3. **various** 가지각색의, 다양한, 다른 = **different,** diverse, many, numerous
ⓝ 1. **variation** 변화; 다양성, 차이(점) = **change,** variance; **difference**
  2. **variability** 변경 가능성 = **changeability, tendency to change**
  3. **variety** 변화, 다양성, 차이 = **changeability, diversity,** diverseness

create
[kriéit]

ⓥ 만들다, 창작하다 = **invent, make, produce,** compose, devise, spawn
  In the eighteenth century, many immigrants from England **created** tall clocks.
  18세기에 영국에서 건너 온 많은 이민자들이 벽시계를 만들었다.
ⓐ **creative** 창조적인 = **inventive,** ingenious, innovative, novel, original, unusual

maintain
[meintéin]

ⓥ 유지하다, 지속하다 = **contain, keep, preserve, sustain,** save
  The police chief asked the angry union members to **maintain** law and order.
  경찰서장은 성난 노조원들에게 법과 질서를 유지해 줄 것을 당부했다.

Basic

rival [ráivəl]
- (n) 라이벌, 경쟁 상대 = **competitor**
  The two politicians have been rivals for decades.
  두 정치인은 수십 년 동안 경쟁해 왔다.
- (v) 경쟁하다 = **compete with, contend with,** contest with, vie with
- (a) 경쟁하는 = **competing**
- (n) **rivalry** 경쟁 = **competition,** conflict, contest

migrate [máigreit]
- (v) 이동하다, 이주하다 = **emigrate, immigrate, move around, move from one place to another,** travel
  These animals migrate annually in search of food.
  이 동물들은 먹을 것을 찾아 해마다 이동한다.
- (n) **migration** 이동, 이주 = **movement,** emigration, journey, travel, voyage, wandering

sink [siŋk]
- (v) 1. 내려가다 = **descend,** go down [under]
  The ship sank off the coast of Japan during a storm.
  배는 폭풍이 몰아치는 동안 일본 근해에서 침몰했다.
  2. 내리다, 가라앉히다 = **drop to the bottom, submerge**
  3. 무너지다 = **collapse**

dwindle [dwíndl]
- (v) 서서히 줄이다, 점차 감소시키다 = **decrease, diminish, reduce,** abate, lessen
  After this election, the Republican Party has dwindled to a third of its former size.
  이번 선거 후에 공화당은 예전의 3분의 1 규모로 작아졌다.

play [plei]
- (v) 수행하다 = **perform,** act or behave (in a certain way / on an instrument)
  The Secretary General Ban Ki-moon should play a major role in reforming the United Nations so that it regains confidence of its members and the rest of the world alike.
  반기문 유엔 사무총장은 유엔 개혁에 중요한 역할을 함으로써 회원국과 나머지 국가들의 신임을 다시 얻도록 해야 한다.
- (관련어) play second fiddle to 단역을 맡다, (남의) 아래에서 일하다 = be less valuable than

release [rilíːs]
- (v) 풀어 주다 = **discharge, (set) free,** emancipate, liberate, loose(n)
  He releases his pet birds from their cage every day.
  그는 자신의 애완용 새들을 매일 새장에서 풀어 준다.

arise [əráiz]
- (v) 생겨나다, 일어나다, 나타나다 = **emerge,** come out, show up, spring (up), turn up
  Bigger trouble may arise from the government's carelessness.
  정부의 경솔함으로 인해 더 큰 문제가 일어날 수도 있다.

Basic

ban [bæn]
- (v) 금하다 = **prohibit, forbid, bar, exclude**
  Bill has been **banned** from driving for a year.
  빌은 1년 동안 운전 면허가 정지됐다.

program [próugræm]
- (v) 프로그램 짜다, 계획하다 = **determine,** plan
  Professor Kim from art and science department notified me yesterday that the next semester is **programmed** to regain the reputation of the course.
  예술 과학부의 김 교수는 다음 학기는 강좌의 명성을 되찾기 위해 기획되었다고 어제 나에게 알려 왔다.

  > **시나공비법**
  > determine은 '(일정, 계획 등을) 미리 결정하다'의 의미로 종종 출제됩니다.

propel [prəpél]
- (v) 추진하다, 몰아대다 = **drive forward, force out, push,** impel, move, urge
  A volcano erupted and **propelled** rocks high into the sky.
  화산이 폭발해 암석들을 하늘 높이 내뿜었다.

irresistible [ìrizístəbl]
- (a) 억누를 수 없는, 너무 매혹적인 = **enchanting, tempting, overpowering, overwhelming, alluring**
  Chocolate is **irresistible** for a lot of people.
  초콜릿은 많은 사람들의 구미를 당긴다.

ancient [éinʃənt]
- (a) 옛날의, 아주 오래된 = **early, old,** aged, antique
  A 'village gut' is an **ancient** religious ceremony of shamanism that is still remembered and celebrated by some small villages in Korea.
  '마을 굿'은 아직도 한국의 일부 작은 마을에서 기억되고 행해지는 샤머니즘의 아주 오래된 종교적 의식이다.

certain [sə́ːrtən]
- (a) 정해진, 특정한, 분명한 = **particular, specific, specified**
  His return will be **certain** if the exit poll is accurate.
  출구 조사가 정확하다면 그의 당선은 확실하다.
- (ad) **certainly** 확실히 = **surely,** confidently, positively
- (n) **certainty** 확실(성), 정확(성) = **exactness,** assurance, confidence, conviction
- 관련어 **surely** 확실히 = **certainly,** definitely, undoubtedly, without doubt

standard [stǽndərd]
- (a) 보통의, 통례의, 관례적인 = **common, ubiquitous, usual**
  It is a **standard** procedure for a lawyer to go through all the legal documents before trial.
  변호사가 공판 전에 모든 법적 서류를 검토하는 것은 일반적인 과정이다.

antique [æntíːk]
- (a) 고대의 = **old,** ancient, venerable
  The museum has many **antique** clocks from ancient Egypt.
  박물관은 많은 고대 이집트의 골동품 시계들을 소장하고 있다.
- (a) **antiquated** 시대에 뒤진, 한물 간 = **very old, outmoded, undated**
- (n) **antiquity** 고대 = **ancient times**

Basic

necessary
[nèsəséri]

- ⓐ 필요한, 없어서는 안 될 = **required**, imperative, indispensable, integral, requisite, vital
  It is terribly **necessary** to respect your loved one to prolong a healthier relationship.
  건강한 관계를 지속하기 위해 사랑하는 사람을 존중하는 것이 매우 필요하다.

style
[stail]

- ⓝ 상태, 형식, 양식 = **mode,** fashion, shape
  A highly acclaimed modern Korean movie 'Dalkomhan Insaeng'(La Dolce Vita) makes strong visual references to film noir **style**.
  격찬을 받은 바 있는 현대 한국 영화 '달콤한 인생'은 누와르 영화 형식에 대한 강한 시각적 언급을 하고 있다.
- ⓥ 어떤 특정 틀에 박히게 하다, 양식화하다 ↔ **exaggerate** (과장하다)
- ⓐ **styled, stylized** 틀에 박힌, 양식화 된, 형식화 된 ↔ **realistic** (실질적인)

maximum
[mǽksəməm]

- ⓝ 최대, 최대량, 최고 = **great[large] quantity[size], peak**
  The **maximum** weight for a carrier service is up to 20kgs.
  운반 서비스의 최대 중량은 20kg까지이다.

though
[ðou]

- ⓒⓞⓝⓙ ~이지만, ~에도 불구하고 = **despite, however, nevertheless,** nonetheless, notwithstanding, still, yet
  Though he was very poor, he would never ask for help.
  그는 비록 매우 가난했지만 결코 도움을 요청하지 않았다.

pore
[pɔːr]

- ⓝ (작은) 구멍 = **space, hole, opening, pit,** outlet
  Pores in the skin allow you to sweat.
  피부의 구멍은 땀이 나도록 해 준다.

sort
[sɔːrt]

- ⓝ 1. 타입, 종류 = **class, kind, type,** character, species, variety
  Mistakes of this **sort** happen every day.
  이런 종류의 실수는 매일 발생한다.
  2. 영역, 분야 = **area,** field
- ⓥ **sort out** 골라내다, 구별하다 = **separate,** assort, categorize, class, classify, group

while
[hwail]

- ⓒⓞⓝⓙ 1. ~이지만, ~에 반하여 = **although, though, whereas**
  While I do not agree with them, I understand their reasons for saying that.
  나는 그들과 동의하지는 않지만, 그들이 그렇게 말하는 이유를 이해는 한다.
  2. ~하는 동안 = **during (the time)**

base
[beis]

- ⓝ 토대, 기초, 근본 = **center of operation, root,** basis, foundation, ground, infrastructure
  The report will give us a **base** for building a better healthcare system.
  보고서는 보다 나은 의료 제도를 만들기 위한 토대를 마련해 줄 것이다.
- ⓐ **basic** 기본적인, 근본의 = **fundamental,** elementary, essential, rudimentary, underlying

> 시 나 공 비 법
>
> fundamental 혹은 명사 foundation의 동의어로 basic이 종종 출제됩니다.

Basic

fame
[feim]

(n) 명성, 평판 = **reputation,** celebrity, notoriety, renown

It was the success of the album released in Japan that has brought her **fame** and fortune.
그녀에게 부와 명예를 안겨준 것은 일본에서 출시된 앨범이 성공했기 때문이다.

illusion
[iljúːʒən]

(n) 막연한 생각, 환상 = **(false) impression, impressive spot,** unreality, vision

This description creates the **illusion** that we can solve all our environmental problems.
이 설명은 우리가 모든 환경 문제들을 해결할 수 있다는 착각을 갖게 한다.

display
[displéi]

(v) 보여 주다, 전시하다 = **exhibit, show,** expose

The store **displays** merchandise behind glass cases.
상점은 유리 진열장에 상품들을 진열한다.

ascertain
[æsərtéin]

(v) 확정하다, 확인하다 = **determine,** find out, realize

The head office staff **ascertained** that a notice of discharge will be sent to our manager's desk by tomorrow morning.
해고 통지서가 내일 아침까지 매니저 책상에 도착할 거라고 본사 직원이 확인해 주었다.

consummate
[kənsʌ́mit]

(v) 완료하다, 완성하다 = **complete,** finish, perfect

The agent will do whatever it takes to **consummate** a deal.
계약을 성사시키기 위해 판매원은 무엇이든 할 것이다.

intimidate
[intímidèit]

(v) 위협해 ~시키다 = **frighten**

Even though she claims that she did nothing but only stand waiting for him outside the classroom, it was more than enough to **intimidate** him under the circumstance.
그녀는 단지 강의실 밖에서 그를 기다렸을 뿐 아무 것도 하지 않았다고 주장하지만 그 상황에서는 그를 위협했다고 하기에 충분했다.

tilt
[tilt]

(v) 기울이다 = **incline,** seesaw, slant, slope, lean

The president **tilted** his chair backwards and put his feet up on his desk.
사장은 의자를 뒤로 기울인 뒤 책상 위에 발을 올려놓았다.

Pre-day 2

시험에 나오는 Basic *Voca*

이 단원 정도는 알아두어야 제대로 영어 공부 할 수 있다!

🔘 Pre-day 2.mp3

---

preserve
[prizə́:rv]

- Ⓥ 보존하다, 유지하다 = **maintain, protect, retain, save, sustain,** keep up
  She **preserves** her health by eating sensibly and exercising.
  그녀는 현명하게 먹고, 운동함으로써 건강을 유지한다.
- Ⓐ **preserving** 보호하는, 보존하는 = **saving**

---

propose
[prəpóuz]

- Ⓥ 제의하다, 제안하다 = **provide, suggest,** advance, offer, vote
  The board of directors chose the most possible one among the **proposed** projects.
  이사회는 제안된 프로젝트들 중에서 가장 실행 가능한 것을 선택했다.

---

suggest
[səgdʒést]

- Ⓥ 나타내다, 암시하다 = **imply, indicate, show,** insinuate
  His smile at that time **suggested** that he would resign from his position.
  당시 그의 웃음은 그가 직책에서 사임할 것을 암시했다.
- Ⓝ **suggestion** 암시, 나타냄 = **implication,** indication, insinuation

---

multiply
[mʌ́ltiplài]

- Ⓥ 늘리다, 증대[증가]시키다 = **increase,** aggrandize, amplify, augment, enlarge, expand
  Bacteria can **multiply** very rapidly in ideal conditions.
  박테리아는 이상적인 조건에서는 매우 빠르게 증식할 수 있다.
- 관련어 **propagate** 증식[번식]시키다 = **multiply**

---

understand
[ʌ̀ndərstǽnd]

- Ⓥ 1. 이해하다 = **comprehend,** appreciate, apprehend, fathom, grasp, know
  The workers find it difficult to **understand** the head office's decision to change the wage system.
  사원들은 임금 제도를 변경하려는 본사의 결정을 납득하지 못한다.
  2. ~이라고 생각하다 = **consider,** assume, believe, conceive, expect
- 관련어 **fathom** 수심을 재다; (마음을) 헤아리다

---

control
[kəntróul]

- Ⓥ 통제하다, 관리하다 = **(carefully) structure,** check, govern, regulate
  Bomb disposal experts have carried out a series of **controlled** explosions.
  폭탄 처리 전문가들이 통제된 상황에서 폭발물을 처리했다.
- Ⓝ 통제, 조치 = **process**
- Ⓥ **dominate** 지배하다. 이끌다 = **control**
- 관련어 **manipulate** 다루다, 조정하다, 처리하다 = **control**
  regulate 규제하다. 통제하다 = **control**
  curb 제한하다, 억누르다 = **control, inhibit**

Basic

seething (화가) 끓어오르는 = **angry, excited, uncontrollable**
dominate 지배하다, 억제하다 = **control**

---

ferry
[féri]

- ⓥ 수송하다 = **carry, transfer, transport,** bear, convey
  Passengers were ferried to the island in a small airplane.
  승객들은 소형 비행기로 섬으로 수송되었다.

---

finance
[fainǽns]

- ⓥ 자금을 공급하다 = **pay for,** endow, fund, patronize, sponsor, support, subsidize
  The board of directors has refused to finance the project.
  이사회는 프로젝트에 대한 자금 지원을 거부했다.
- 관련어 **patronize** 후원·지원하다; 거래하다
  subsidize 보조금이나 장려금을 지급하다[지급하고 도움을 얻다]

---

rotate
[róuteit]

- ⓥ 회전시키다, 순환시키다 = **alternate, revolve, turn,** circle, roll
  The head office rotates more than 60% of employees throughout branches every year.
  본사는 매년 60%가 넘는 직원들을 전 지점에 순환시켜 배치한다.
- ⓝ **rotation** 변환, 순환 = **transformation**

---

confer
[kənfə́ːr]

- ⓥ 1. 상의하다(with) = **consult,** speak, talk
    The members want to confer with their colleagues before new project begins.
    회원들은 새로운 프로젝트가 시작되기 전에 동료들과 상의하기를 원한다.
  2. 수여하다 (on) = **bestow (on),** award (to), endow (with), give (to), grant (to), present (to)

---

respond
[rispánd]

- ⓥ 반응하다 = **react,** answer
  Colleges responded swiftly to the demand for new courses.
  대학들은 새로운 강좌 개설 요구에 신속하게 반응했다.

---

carry
[kǽri]

- ⓥ 나르다, 운반하다 = **transport, transmit,** convey, haul
  The products will be carried by a ship bound for the U.S.
  제품들은 미국 행 선박을 이용해 운송될 것이다.
- ⓥ **carry on** 계속하다 = **continue (to operate),** go on, hang on, persist, preserve

---

earn
[əːrn]

- ⓥ 획득하다, 얻다 = **acquire,** bring in, gain, get, win
  The investors were gratified with the profit earned this year.
  투자자들은 올해 올린 이윤에 흡족해 했다.

---

guard
[gɑːrd]

- ⓥ 보호하다, 지키다 = **protect,** defend, safeguard, secure, shield
  The police guard the main gate of the U.S. embassy.
  경찰이 미 대사관 정문을 지키고 있다.
- 관련어 **shield** 〈사람, 물건을〉 (위험에서) 보호하다 = **protect**

Basic

equip [ikwíp]
- (v) (설비를) 갖추다 = **furnish,** arm, gear, rig, turn out
- They received a grant to build and **equip** a new dental clinic.
- 그들은 새로운 치과를 짓고 설비를 갖추기 위한 보조금을 받았다.

ineffectively [ìniféktivli]
- (ad) 효과 없이, 헛되게 = **without (any) result**
- The police are **ineffectively** controlling the illegal gambling because of dated regulation.
- 경찰의 불법 도박 단속은 실효성이 없는 규정 때문에 효율적으로 통제되지 못하고 있다.
- (a) **ineffective** 무익한, 쓸모 없는 = feckless, fruitless, inadequate, unfruitful, unprofitable, worthless

narrow [nǽrou]
- (a) 한정된 = **limited,** confined, restricted
- There has been a **narrow** increase in sales after the depression.
- 불황 이후에 판매량이 한정된 수준으로 증가했다.
- 관련어 **confine** 한정하다, 제한하다 = **limit, restrict**
- **constricted** 죄어진, 수축된; 억제된 = narrow

> **시 나 공 비 법**
> 일반적으로는 '(폭이) 좁은'의 의미로 사용됩니다.

already [ɔːlrédi]
- (ad) 이미, 이전에 = **before now,** by now, earlier, formerly, just now, previously,
- We've **already** used too much energy on this study.
- 우리는 이 연구에 이미 너무 많은 에너지를 소비했다.

central [séntrəl]
- (a) 중심이 되는, 주요한 = **essential,** pivotal, ruling
- This organization occupied a **central** role in the development of U.S. economic policy.
- 이 단체는 미국 경제 정책 수립에 중추적인 역할을 했다.
- (v) **centralize** 집중시키다 = **center**
- 관련어 **pivotal** 중추적인, 중요한

actually [ǽktʃuəli]
- (ad) 실제로, 정말로 = **in fact,** frankly, honestly, really, truly, truthfully
- **Actually,** Mr. Hwang is an author with such a gift for describing the details of nature.
- 실로 황 씨는 자연을 묘사하는 타고난 재능을 가진 작가이다.
- 관련어 **frankly** 솔직히 = **actually, honestly, openly,** really, truly, truthfully

> **시 나 공 비 법**
> actually는 in fact와 같이 중요한 세부적인 사실을 말할 때 주로 사용됩니다.

whole [houl]
- (a) 완전한 = **entire,** flawless, perfect, sound
- The **whole** farmland was inundated by flash floods.
- 농지 전체가 집중 호우로 침수되었다.

Basic

	ad	**wholly** 완전히, 전적으로 = **completely, entirely,** altogether, fully, perfectly, thoroughly
	관련어	**as a whole** 전체적으로 = **all together, generally**

vacant
[véikənt]

- **a** 빈, 비어 있는 = **empty,** bare, blank, devoid, stark, void

  Despite of a large investment and a constant effort to attract a large number of travelers, most accommodations of the city are **vacant**.
  대규모 관광객을 유치하기 위한 많은 투자와 지속적인 노력에도 불구하고 도시의 거의 모든 숙박시설들은 비어있다.

in fact
[in fækt]

- **ad** 사실상, 정말로 = **actually,** in truth, indeed, precisely, really, surely

  Many people guessed it would be easy for the England football team to win, but **in fact**, it turned out to be their most difficult match in this tournament yet.
  많은 사람들이 잉글랜드 대표팀이 쉽게 이기리라 예상했지만, 사실상 이번 대회에서 가장 힘든 경기였다.
- 관련어 **indeed** 사실은 = **in fact**

  surely 확실히 = **certainly,** definitely, undoubtedly, without doubt

inventive
[invéntiv]

- **a** 창조적인, 새로운 = **clever, creative, innovative, new,** imaginative, ingenious, original

  In order to stimulate their new business team, their advisors advised that they have to make **inventive** ideas.
  새로운 사업 팀을 고무시키기 위해, 자문 위원들은 그들에게 창조적인 아이디어를 생각해 내야 한다고 조언했다.
- **v** **invent** 고안하다, 만들어내다 = **devise,** contrive, fabricate, make up, manufacture
- 관련어 **ingenious** 독창적인, 영리한 = **clever, creative**

source
[sɔːrs]

- **n** 근원, 기원 = **origin,** derivation, inception, root

  In order to fix the problem we must first find the **source** of the problem.
  문제를 해결하기 위해 우리는 먼저 그 문제의 근원을 파악해야 한다.

environment
[inváiərənmənt]

- **n** 환경, 자연 환경 = **ecology, ecosystem, setting,** surroundings

  In general, juvenile delinquents grow up in bad **environments**.
  일반적으로 비행 청소년들은 열악한 환경에서 성장한다.

nature
[néitʃər]

- **n** 1. 본질, 천성 = **characteristic,** character, constitution, personality, tone

  Finally, We found that carefulness was quite alien to her **nature**.
  마침내 신중함은 그녀의 천성과는 거리가 멀다는 사실을 알았다.

  2. 종류 = **type,** class, kind, manner, order, sort
- 관련어 **constitution** 구성, 조직; 성질, 기질

  tone 음(질), 말투

however
[hauévər]

- **conj** 그럼에도 불구하고, 그러나 = **although, though**

  He is intelligent and sophisticated; **however**, he is also picky and insolent.
  그는 똑똑하고 세련되었지만, 또한 까다롭고 무례하다.

Basic

	ad	아무리 ~라도, 아무리 ~해도 = **yet,** nevertheless, nonetheless

condition
[kəndíʃən]

- **n** 상태, 조건 = **state, circumstances,** station
  Early settlers had to cope with these primitive living **conditions**.
  초기 정착민들은 이들 원시적인 생활 환경을 극복해야 했다.

degree
[digríː]

- **n** 정도 = **extent, measure**
  All countries are involved in international trade to some **degree**.
  모든 국가들은 국제 무역에 어느 정도 관련되어 있다.
- **관련어** **somewhat** 어느 정도 = **to some degree[extent]**

move toward
[muːv tɔːrd]

- **v** 접근하다 = **approach**
  The SWAT team and the police slowly and quietly **moved toward** the apartment where it is reported that the terrorist suspects were secretly hiding.
  기동대와 경찰은 천천히 그리고 조용히 테러 용의자들이 비밀리에 숨어 있다고 알려진 아파트로 접근했다.
- **a** **moving** 이동하는 = **shifting**
- **관련어** **approach** ⓝ 접근법, 연구법 = **method**
  ⓥ 접근하다, 다가가다 = **come together, move toward**

dangle
[dǽŋgl]

- **v** 매달다 = **hang,** string, suspend
  For him, it always was such great fun to **dangle** decorations on a Christmas tree with his father every year.
  매년 아버지와 함께 크리스마스 트리에 장식을 하는 것이 그에게는 항상 큰 즐거움이었다.

long for[to]
[lɔ(ː)ŋ fər]

- **v** 갈망하다 = **desire,** hunger, thirst, want, wish, yearn
  I'm not certain what she really wanted, but I got the impression that your 'small but meaningful' present was definitely not something she was **longing for**.
  난 그녀가 정말 무엇을 원하는지 모르겠지만, 당신의 '작지만 의미 있는' 선물이 그녀가 고대했던 것은 아니었다는 분명한 인상을 받았어요.

steep
[stiːp]

- **v** 적시다, 담그다 = **immerse,** saturate, soak, sop
  In order to improve the taste, some people **steep** rice in water and leave it for at least half an hour or even overnight.
  맛을 향상시키기 위해 쌀을 적어도 반 시간 이상 또는 밤새도록 물에 담가 놓는 사람들도 있다.
- **a** 가파른, 험준한 = **sharp,** abrupt, precipitous
- **관련어** **saturate** (물 등으로) 포화시키다; 흠뻑 적시다

assign
[əsáin]

- **v** 배정하다, 지정하다 = **specify,** appoint, delegate, designate
  The boss **assigned** me the task of finding new offices to rent.
  사장은 새로운 임대 사무실을 찾는 일에 나를 선임했다.
- **관련어** **delegate** ⓝ 대리인, 대표 ⓥ 대표로 파견하다; 위임하다

Pre-day 3

시험에 나오는 Basic Voca
이 단원 정도는 알아두어야 제대로 영어 공부 할 수 있다!

Pre-day 3.mp3

threaten [θrétən]
- **v** 위협하다, 위태롭게 하다 = **endanger, intimidate, jeopardize,** menace
  The terrorists are **threatening** to kill the hostages.
  테러리스트들이 인질들을 살해하겠다고 위협하고 있다.
- 관련어 **menace** 위협하다, 협박하다 = **threaten**

gather [gǽðər]
- **v** 모으다 = **aggregate, collect, put together,** assemble, cluster, group
  He went to the National Library to **gather** information about the project yesterday.
  그는 프로젝트에 대한 정보를 수집하기 위해 어제 국립 도서관에 갔다.

insert [insə́:rt]
- **v** 끼워 넣다 = **add,** fit in, inject, insinuate
  The management believes that **inserting** the company's product catalog into newspapers is no longer effective to advertise.
  경영진은 회사의 제품 카탈로그를 신문에 끼워 넣는 것이 더 이상 홍보 효과가 없다고 믿는다.
- 관련어 **insinuate** 넌지시 말하다, 암시하다; (생각, 사상, 주의 등을) 심어주다, 주입하다

rank [ræŋk]
- **v** ~에 위치하게 하다, 정렬하다 = **line, place,** be, grade, rate
  The headmaster called all the students to the field and **ranked** us in a straight line.
  교장은 모든 학생들을 운동장으로 불러 한 줄로 서게 했다.

survive [sərváiv]
- **v** 살아남다 = **remain**
  One should eliminate other challengers to **survive** in the competition.
  경쟁에서 살아남기 위해서는 다른 도전자들을 떨어뜨려야만 한다.

record [rékərd]
- **v** 기록하다, 가리키다 = **document, write down,** indicate, mark, register, show
  I **record** everything that dawns on me in my diary.
  나는 떠오르는 모든 내용들을 수첩에 기록한다.
- **n** 기록 (문서), 증거, 유적 = **document, evidence,** archive, monument
- 관련어 **archive** 옛 기록, 공문서 보관소(= **store**); (공적) 기록(= **record**)

form [fɔːrm]
- **v** 만들다, 형성하다 = **create,** construct, forge, frame, manufacture, produce
  Some friends are planning to **form** a small group to visit an orphanage every weekend.
  친구들 중에는 주말마다 고아원을 방문하는 소모임을 만들 계획을 세우고 있다.

Basic

observe
[əbzə́ːrv]

- ⓥ 관찰하다, 지켜보다 = **note, watch,** check
  The CEO will closely observe the progress of his company.
  최고 경영자는 자신의 회사가 성장하는 것을 생생히 지켜볼 것이다.
- ⓐ **observable** 주목할 만한, 눈길을 끄는 = **noticeable**
- 관련어 **discern** (보고) 알아보다, 분간하다 = **observe**
  note 목격하다 = **observe**
  track 추적하여 관측하다 = **follow, observe**
  witness 목격하다 = **observe**

---

recognize
[rékəgnàiz]

- ⓥ 분간하다, 인정[인식]하다 = **identify; accept,** acknowledge, admit
  It was impossible to recognize the corpse since it was so decomposed.
  사체가 너무 부패되어 알아 볼 수 없었다.
- 관련어 **acknowledge** 인정하다 = **recognize**

---

reform
[rifɔ́ːrm]

- ⓥ 개정하다, 개선하다, 혁신하다 = **change**
  Some friends are planning to reform the articles.
  일부 친구들은 조항들을 수정할 계획을 하고 있다.

---

battle
[bǽtl]

- ⓥ 싸우다 = **struggle,** compete, contend, fight, race
  They battled with the driving rain this summer.
  그들은 이번 여름 비바람에 맞서 싸웠다.

---

blend
[blend]

- ⓥ 섞다, 혼합하다 = **combine, compound, mix, fuse**
  His previous work clearly shows his masterly skills to blend different genres – a western, a musical, and even a comedy.
  서부극과 뮤지컬, 심지어 코미디 같은 서로 다른 장르를 혼합하는 그의 대가다운 실력은 이전 작품에서 명확하게 나타난다.

---

block
[blɑk]

- ⓥ 막다, 방해하다, 제한하다 = **box, confine, prevent,** bar, impede, obstruct
  The security guards blocked a drifter's way to the gate of the department store.
  경비원들은 한 떠돌이가 백화점 정문으로 들어가는 것을 막았다.
- 관련어 **bar** 막다, 금하다; 가두다 = **exclude**
  impede 막다, 방해하다 = **inhibit, interrupt, prevent, restrict**

---

crown
[kraun]

- ⓥ 올리다 = **raise**
  His 7 superb goals during the tournament crowned the team as the champion.
  토너먼트 기간 동안 터진 그의 최고의 7골이 팀을 정상에 올려놓았다.

---

crush
[krʌʃ]

- ⓥ 뭉개다, 박살내다 = **grind,** powder, pulverize
  For good taste, you have to crush the fruits until they form juice.
  좋은 맛을 위해서는 과일들을 즙이 될 때까지 갈아야 한다.
- 관련어 **grind** 빻다, 잘게 부수다 = **crush**
  melt 용해하다 = **crush,** thaw
  pulverize 가루로 만들다; 분해하다

Basic

cultivate
[kʌ́ltəvèit]

- **v** 1. 경작하다, 양성하다 = **farm, grow,** tend
  With fertile soil, one can **cultivate** various vegetables.
  토양이 비옥하면 다양한 야채를 재배할 수 있다.
  2. 개발하다, 만들다 = **develop,** form

guide
[gaid]

- **v** 이끌다, 지도하다 = **direct, lead,** conduct, escort, route, see, show
  After the discussion, the curator **guided** us around the gallery.
  논의를 마친 후, 큐레이터는 우리에게 갤러리를 안내해 주었다.

appropriate
[əpróupriət]

- **a** 적절한 = **right, suitable, suited,** applicable, apt, fit, just, proper
  Some defend her much talked-about costume at the funeral was **appropriate** to the occasion.
  장례식에서 그녀가 입은 말 많은 의상이 상황에 적절했다고 옹호하는 이들도 있다.
- **n** appropriation 충당(금), 충당된 것 = **funding**

huge
[hju:dʒ]

- **a** 아주 큰, 막대한 = **enormous, large,** grand, massive, tremendous, vast
  The investors were satisfied with the **huge** rise in profit.
  투자자들은 이윤이 크게 증가한 것에 만족했다.

archaic
[ɑːrkéiik]

- **a** 구식의, 오래된 = **old, primitive, outdated,** antiquated, outmoded, out-of-date
  Many English words are considered to be **archaic** words and are rarely used.
  많은 영어 단어들은 고어로 여겨져 거의 사용되지 않는다.

completely
[kəmplíːtli]

- **ad** 1. 전부, 모두 = **totally,** all, entirely, perfectly, thoroughly, utterly, wholly
  Having a baby changes your life **completely**.
  아기를 갖는 것은 당신의 삶을 완전히 변화시킨다.
  2. 철저히, 완전히 = comprehensively, detailedly, exhaustively, fully, minutely, thoroughly
- **관련어** wholesale 통틀어서 = **completely**

> **시나공비법**
> totally가 문제로 나와 유의어가 completely로 나오는 경우도 종종 있습니다.

although
[ɔːlðóu]

- **conj** ~이지만, ~에 반하여 = **whereas, while,** albeit, howbeit, though, when
  Although Sarah says the food is a bit salty. I think it looks yummy.
  비록 사라는 음식이 좀 짜다고 말하지만, 난 맛있어 보인다.

> **시나공비법**
> although가 though보다 더 formal하며 가정적 사실을 주로 다루는 though보다는 사실을 전개할 때 더 많이 사용됩니다.

Basic

area
[ɛ́əriə]

n 분야, 영역 = **scope,** domain, field, range, realm, sphere
The team is eager to develop its own expertise in the **area** of computer programming.
팀은 컴퓨터 프로그래밍 분야에서 자신들만의 기술 개발에 열심이다.

> 시나공비법
> (특정) 지방이나 지역(= region, field, zone)의 의미로도 지문에 자주 등장합니다.

average
[ǽvəridʒ]

n 평균, 보통 = **mean,** norm, normal, standard
The **average** range of the test scores were between 70~80 percent.
테스트의 평점은 70에서 80퍼센트 사이였다.

route
[ru:t]

n 길, 진로, 경로 = **path,** course, line, pathway, steps, track, way
Due to the crushing defeat in the local elections, the party leaders are saying that they should take a different political **route** from the president's to regain its lost popularity.
지방 선거에서의 참패로 인해 당 지도부는 민심을 다시 얻기 위해 대통령과 정치적 노선을 달리해야 한다고 말한다.

volume
[válju:m]

n (특정) 양 = **amount, quantity,** measure
Opponent groups criticized that the new trade agreement would not increase the **volume** of export, rather it would even reduce the domestic industry which in the long run, leads to financial stagnation.
반대자들은 새로운 무역 협상이 수출을 늘리기 보다는 오히려 내수 시장을 침체시켜 결국에는 불경기로 이어질 수 있다고 비판했다.

but
[bət]

conj 그러나, 하지만 = **although, yet**
We are unable to guarantee instant solutions, **but** we can promise to listen attentively at least.
우리는 즉각적인 해결책을 보장할 수는 없지만, 적어도 관심을 갖고 경청할 것을 약속할 수 있다.

hue
[hju:]

n 색(조), 색상 = **color**
This new software has an improved function to adjust **hue,** contrast or 3D graphics etc. for digital graphics.
새 소프트웨어는 디지털 그래픽을 위한 색상, 명암, 그리고 3D 그래픽 등의 향상된 조절 기능을 갖고 있다.

landscape
[lǽndskèip]

n 경치, 경관 = **scenery,** outlook, prospect, scene, view
The **landscape** seen from the housetop is amazing and beautiful, but very quiet.
옥상에서 바라본 경치는 놀랍고도 아름답지만, 매우 조용했다.

result
[rizʌ́lt]

n 결과 = **consequence,** conclusion, effect, outcome, product, sequence
As a **result** of heavy snow, dozens of fender benders ensued.
폭설로 수십 건의 자동차 접촉 사고가 잇따랐다.

a **resulting in** ~에서 유래된, 따르는 = **followed by, leading to**

관련어 **aftermath** 여파, 결과 = **result**

Basic

> **시나공비법**
> 동사로서 result in(결과로 ~이 되다) = bring about, cause, effect, generate, induce, produce, spawn, yield)이 문장상에 자주 등장합니다.

secure
[sikjúər]

- **v** 확보하다, 입수하다 = **acquire, obtain,** gain, get, pick up, procure
  Last night's victory over China **secured** South Korea's presence at their sixth consecutive Olympic tournament.
  지난 밤 중국을 상대로 한 승리는 한국의 6회 연속 올림픽 출전을 결정지었다.
- **a** 1. 안전한 = **safe,** protected
  2. 단단한, 확고한 = **firm,** fixed, fastened, solid, sound, stable

> **시나공비법**
> secure는 '지키다, 방어하다'의 의미로 다음과 같이 defend의 유의어로도 출제되기도 합니다.
> defend 옹호하다, 지키다; 지키다; 방어하다 = guard, protect, secure, shield, shelter

subdue
[səbdjú:]

- **v** 진압하다, 억제하다 = **control, reduce,** conquer, defeat, overpower, vanquish
  It took five operatives to **subdue** him.
  그를 제압하는 데는 다섯 명의 형사들이 필요했다.
- **관련어** vanquish 이기다; 정복하다; 억제하다

straightforward
[strèitfɔ́:rwərd]

- **ad** 솔직히, 분명히 = **clear(ly),** directly, forthrightly, plain(ly), straight
  We told him **straightforward** that the company was not interested in him.
  우리는 회사에서 그에게 관심이 없다고 솔직히 얘기했다.

tiny
[táini]

- **a** 아주 작은, 조그마한 = **minute, very small,** infinitesimal
  This specifically developed macro lens magnifies any **tiny** object up to 200 times to observe closely.
  이 특별히 개발된 접사 렌즈는 어떤 작은 사물도 200배까지 확대할 수 있어 자세한 관찰이 가능하다.
- **관련어** minute 미세한 = **tiny, (very) small**
  infinitesimal 극소의, 극미량의 = **minute**

decorated
[dékərèitid]

- **a** 꾸며진 ↔ **unadorned,** plain, simple
  This newly built cutting edge building is over **decorated** with plenty of high tech gadgetries in every room.
  이 새로 신축된 최신식 건물은 모든 룸이 최첨단 시설로 꾸며져 있다.
- **n** decoration 장식(물) = **ornament**

Pre-day 4

시험에 나오는 Basic Voca

이 단원 정도는 알아두어야 제대로 영어 공부 할 수 있다!

● Pre-day 4.mp3

house [haus]
- ⓥ 들여놓다, 수용하다 = **place, contain,** accommodate
  The motel located in the town **houses** about fifty people.
  마을에 있는 모텔은 약 50명을 수용할 수 있다.
- 관련어 **accommodate** 1. 빌려 주다, (숙박처를) 제공하다 = **provide for, make room for**
  2. 적응하다 = **adjust**

pare [pɛər]
- ⓥ 1. 껍질을 벗기다 = **peel,** chip off, flake off, skin, slice off
  · Soldiers **pared** an apple with their daggers.
  군인들이 단도로 사과 껍질을 벗겼다.
  2. 줄이다, 삭감하다 = **reduce,** cut (down), lower
- ⓥ **pare away** 잘라 내다, 깎아 내다, 줄이다 = **remove**

prefer [prifə́ːr]
- ⓥ 더 좋아하다, 선호하다 = **favor,** lean, like
  People **prefer** out of the ordinary design clothing.
  사람들은 평범하지 않게 디자인 된 옷을 선호한다.
- ⓐ **preferred** 승진된, 발탁된 = **advanced, promoted**

produce [prádjuːs]
- ⓥ 1. 생산하다, 만들다 = **make, yield,** form, manufacture
  The factory was able to **produce** enough products to meet the deadline.
  공장은 마감 일정을 지킬 만큼 충분한 상품을 생산할 수 있었다.
  2. 발생시키다 = **generate, make, yield,** bring about, cause, result (in), spawn

reassure [rìːəʃúər]
- ⓥ 안심시키다, 확신을 갖게 하다 = **build confidence of, encourage,** assure, comfort, console, soothe
  The company **reassured** the consumers of the quality of its product.
  회사는 소비자들에게 회사 제품의 품질을 확신시켜 주었다.
- 관련어 **console** 힘내게 하다, 위로하다
  soothe 진정시키다, 달래다

select [silékt]
- ⓥ 선택하다, 골라내다 = **choose,** elect, pick, take
  The box **selected** will need to be impervious to air.
  선택될 상자는 공기를 통과시키지 않아야 한다.
- ⓐ **selected** 선발된, 선택된 = **particular,** chosen, picked

35

Basic

take place
[teik pleis]

- (v) 일어나다, 발생하다 = **occur**
  Mutations may **take place** if exposed to radiation for a long time.
  오랜 시간 빛에 노출될 경우 변화가 일어날 것이다.

discharge
[distʃɑ́ːrdʒ]

- (v) 1. 놓아 주다, 배출하다 = **release**
  Large amounts of dangerous waste are **discharged** daily by the factory.
  대량의 위험 폐기물이 매일 공장에서 배출된다.
  2. 수행하다, 이행하다 = **carry out**
- 관련어 **emit** 내뿜다, 방출하다 = **discharge**

utilize
[júːtəlàiz]

- (v) 이용하다, 쓰다 = **employ, use,** apply, bestow, exercise, exploit, handle
  This building is mainly **utilized** for training purposes.
  이 건물은 주로 교육 목적으로 활용된다.
- 관련어 **harness** 이용하다, 동력화하다 = **use, utilize**
  exploit 이용하다, 활용하다 = **take advantage of, (fully) use, utilize**

popular
[pápjələr]

- (a) 유행하는, 대중적인 = **widespread,** fashionable, hot, vogue
  Apple has adapted **popular** programs to the new operating system.
  애플 사는 인기 프로그램을 새로운 운영 체제에 적용했다.
- 관련어 **fashionable** 최신식의, 유행의 = **popular, widespread**
  widespread 일반적인, 널리 보급된 = **common**

within
[wiðín]

- (ad) 내부로, 내부에 = **inside,** indoors
  As she neared the door, she heard voices **within** and hesitated.
  문 가까이 접근하던 그녀는 안에서 들리는 목소리를 듣고 멈칫했다.
- (con) ~안에, ~의 속에, ~의 내부에, ~안쪽에 = **inside**

infirm
[infə́ːrm]

- (a) 약한, (체력이나 기관이) 쇠약한 = **frail, weak,** feeble, fragile
  An **infirm** institute doesn't have lead and control of the situation.
  힘 없는 기관은 상황을 이끌고 통제하지 못한다.
- 관련어 **fragile** 깨지기 쉬운 = **delicate, easily broken[damaged]**

true
[truː]

- (a) 진짜의 = **real,** authentic, genuine, right
  He wrote a myriad of letters to show his **true** feelings of love towards her.
  그녀를 향한 그의 진정한 사랑을 전하려 그는 수 많은 편지를 썼다.
- 관련어 **authentic** 믿을 만한, 확실한 = **reliable**; 진짜의, 진정한 = **genuine**
  genuinely 정말로, 진실로 = **actually**

weak
[wiːk]

- (a) 약한, 힘이 없는 = **feeble, infirm,** decrepit, fragile, frail
  Just as I had expected, the **weak** leader didn't have control of the situation.
  나의 예상대로, 힘없는 지도자는 상황을 통제하지 못했다.
- (v) **weaken** 약화시키다 = **decrease, lessen,** enervate, enfeeble
- 관련어 **delicate** 우아한, 고상한 = **dainty**; 여린, 약한 = **dainty, weak**; 정교한 = **detailed**

Basic

vulnerable 상처받기 쉬운, 공격받기 쉬운 = **easy to be damaged, open to attack, susceptible, weak**
tenuous 가느다란; 희박한; 빈약한 = **weak**
decrepit 노쇠한, 노후한
enervate 힘을 약화시키다; 힘 빠진, 무기력한
enfeeble 약하게 하다

---

above all
[əbʌ́v ɔ́ːl]

(ad) 무엇보다도 = **most importantly,** chiefly, in particular, mainly, mostly, most of all, primarily

When hiking, you need to be properly dressed and well equipped, but **above all** you must be well aware of your route.
하이킹을 갈 땐 의상을 제대로 입고 장비를 잘 갖추는 것도 중요하지만, 무엇보다 루트를 잘 숙지해야 한다.

---

proof
[pruːf]

(n) 증거 = **evidence,** attestation, testimony, witness

The jury had no **proof** of his guilt, but judged him guilty.
배심원들은 그가 유죄라는 증거는 없지만, 그에게 유죄를 선고했다.

---

stylus
[stáiləs]

(n) 철필 = **pen, pencil**

According to the legend, a **stylus** was used for marking and writing.
전설에 따르면 철필은 표시와 기록에 사용되었다고 한다.

> **시 나 공 비 법**
> stylus는 일반적으로 표시할 때, 조각할 때, 또는 필기할 때 사용되는 날카로운 기구를 뜻합니다.

---

textile
[tékstail]

(n) 직물, 옷감 = **texture,** cloth, fabric

The **textile** business was booming during the 1980's in Korea.
1980년대에 한국의 섬유 산업은 호황을 이루었다.

---

patron
[péitrən]

(n) 단골 손님, 고객 = **customer,** client, guest

They have been real regular **patrons** of our restaurant for years.
그들은 수년 동안 우리 레스토랑의 진정한 단골 고객이었다.

---

crest
[krest]

(n) 정상, 절정 = **peak,** acme, apex, pinnacle, top, summit

Everyone knows that Lee is at the **crest** of his writing career.
리가 작가로서 절정기에 있다는 사실은 모두가 알고 있다.

관련어 **apex** 정상, 절정 = **crest**

> **시 나 공 비 법**
> 일반적으로 Reading의 Art (History) 지문에서 '볏 (모양의 것)'이나 '깃털 장식'의 의미로 등장하기도 합니다.

---

domain
[douméin]

(n) 분야, 영역 = **field,** region, sphere, terrain, territory

In the engineering **domain** in 2000s, the group consisting of professors from the University of Texas-Austin dominated.
2000년대 들어와 공학 분야에서는 텍사스 오스틴 대학 출신 교수들이 우세를 보이고 있다.

Basic

press [pres]
- **n** 신문, 정기 간행물 = **newspaper**
  The press covered the accident's every move.
  언론은 사건의 세세한 부분까지 다루었다.
- **a** pressing 다급한, 긴급한 = **urgent,** imperative, instant

matter [mǽtər]
- **n** 문제 = **issue,** subject, topic
  What matters is not the prolonged life expectancy, but how to live.
  중요한 것은 연장된 수명이 아니라 어떻게 사느냐이다.

mobility [moubíləti]
- **n** 이동성, 운동성 = **movement**
  She lost mobility in her left arm as a result of the accident.
  그녀는 사고로 인해 왼쪽 팔을 움직이지 못했다.

sculpture [skʌ́lptʃər]
- **n** 조각품, 무늬 = **pattern, shape**
  The delicate sculpture was carefully delivered to the buyer.
  섬세한 조각상이 구매자에게 조심스럽게 전달되었다.
- **v** 조각하다, 새기다, 무늬를 넣다 = **erode, pattern,** carve

> **시나공 비법**
> 동사로 Reading 지문에서 sculpture 대신에 sculp(t)가 등장하는 경우도 많습니다.

utility [ju:tíləti]
- **n** 효용성, 유용성 = **practicality, usefulness,** avail, service, serviceability, serviceableness, use
  The utility of the blender greatly decreased when the motor died out.
  모터의 수명이 다 하자 믹서의 유용성이 크게 감소하였다.

via [váiə]
- **prep** 1. ~을 경유하여 = **by way of**
  The letter was sent via airmail.
  편지는 항공 우편으로 우송됐다.
  2. ~에 의하여 = **by means of,** by, by way of, through, with

advancement [ədvǽnsmənt]
- **n** 진보, 향상 = **progress,** elevation, promotion, upgrading
  The advancement of medicine is based on discovering new knowledge and techniques.
  의학의 발전은 새로운 지식과 기술의 발견에 기초한 것이다.
- **v** advance 전진시키다; 향상시키다 = **progress,** encourage, forward, foster, further, promote

difference [dífərəns]
- **n** 다름, 차이 = **variation,** contrast, disagreement, dissimilarity, distinction, diversity
  Even a subtle difference in opinion caused them to argue.
  아주 미묘한 의견 차이조차 그들이 언쟁하게 만들었다.

flood
[flʌd]

n 1. 홍수 = **deluge, inundation,** overflow
The economic slump has been exacerbated by typhoons and **floods**.
경기 침체는 태풍과 홍수로 악화되었다.

2. 다수, 다량 = **many quantity**

fluid
[flú(:)id]

a 유동적인, 변하기 쉬운 = **changeable,** alterable, malleable, modifiable
The political tension in the Middle East is very **fluid** at present regardless of the international peace talks.
중동 지역의 정치적 긴장 상태는 국제평화회담에도 불구하고 현재 매우 유동적이다.

관련어 **malleable** 잘 휘는, 잘 펴지는; 적응 잘하는 = **flexible; adaptable**

> **시나공 비법**
> 일반적으로 '불안정한 상태'를 표현할 때 자주 사용됩니다.

tranquil
[trǽŋkwil]

a 차분한 = **calm,** placid, serene, tranquil, undisturbed
The old man seemed **tranquil** as he finally managed to accept his terminal illness.
노인은 결국 자신의 불치병을 받아들인 후에야 편안해 보였다.

관련어 **serene** 고요한, 잔잔한, 평온한 = **calm, peaceful, tranquil**
placid 잔잔한, 차분한

uneven
[ʌníːvən]

a 고르지 않은, 울퉁불퉁한 = **rough,** bumpy, irregular, rugged, unsmooth
The economy has prospered, but political growth has been **uneven**.
경제는 번성했지만 정치적인 성장은 평탄하지 못했다.

ad **unevenly** 고르지 않게 = **unequally**

관련어 **rough** 1. 대강의, 개략적인 = **approximate**
2. 거친, 울퉁불퉁한 = **bumpy, coarse, rugged, uneven**

conscious
[kánʃəs]

a 의식하고 있는, 알고 있는 = **sensible,** aware, cognizant
A growing number of girls became more **conscious** of their body shape.
점점 많은 소녀들이 자신들의 몸매를 더욱 의식하게 되었다.

inauspicious
[ìnɔːspíʃəs]

a 불운한, 불길한 = **ominous, unfavorable,** baleful, baneful, threatening, unlucky
The meeting got off to an **inauspicious** start with one of the main participants failing to turn up.
회의는 주요 참석자 중 한 명이 참석하지 않아 불길하게 시작됐다.

관련어 **ominous** 불길한, 험악한 = **threatening, warning**
baleful 사악한; 비참한
baneful 해로운, 치명적인

Pre-day 5 : 시험에 나오는 Basic Voca

이 단원 정도는 알아두어야 제대로 영어 공부 할 수 있다!

🔘 Pre-day 5.mp3

---

react
[riǽkt]

ⓥ 반응하다 = **respond,** answer
Students **reacted** briskly to the demand for a new program this semester.
학생들은 이번 학기 새로운 프로그램을 위한 요청에 민첩하게 반응했다.

관련어 **in response to** ~에 응(답)하는 = **in reaction to**

---

claim
[kleim]

ⓥ 주장하다, 단언하다 = **call for, declare, demand, maintain, request, require**
The company **claims** that it is not responsible for the pollution in the river.
회사는 강물 오염에 자신들은 책임이 없다고 주장한다.

---

govern
[gʌ́vərn]

ⓥ 1. 규제하다, 관리하다 = **control, manage, monitor, regulate,** direct, handle
The New York mayor **governs** all new policies in the city as well as related cities.
뉴욕 시장은 뉴욕 시와 관련 도시들의 새로운 정책을 모두 관리한다.

2. 지배하다, 통치하다 = **dominate,** administer, prevail, reign, rule
3. 결정하다, 좌우하다 = **determine**

---

monitor
[mánitər]

ⓥ 감시하다, 조사하다, 관찰하다 = **check, investigate, observe**
The latest findings suggest that women ought to **monitor** their cholesterol levels.
최근의 연구 결과에 따르면 여성들은 콜레스테롤 수치를 관찰할 것을 제안한다.

---

soak
[souk]

ⓥ 흡수하다, 빨아들이다 = **absorb**
The company launched new winter collections that show their latest development on fabric that **soak** up perspiration twice as much as their competitors' products.
회사는 경쟁사 제품에 비해 땀을 두 배 흡수하는 최근에 개발된 섬유로 제작한 겨울 상품들을 출시했다.

> **시나공비법**
> 1차적 의미는 '적시다, 담그다'이지만, '지식 등을 쉽게 이해하다[흡수하다]'의 의미로도 자주 출제됩니다.

---

sponsor
[spánsər]

ⓥ 후원하다 = **support,** finance, fund, patronize, promote, subsidize
The board of directors has refused to **sponsor** the project.
이사회는 프로젝트에 대한 자금 지원을 거부했다.

관련어 **patronize** 후원(지원)하다; 거래하다
subsidize 보조금이나 장려금을 지급하다[지급하고 도움을 얻다]

Basic

strengthen
[stréŋkθən]

(v) 강화하다 = **reinforce,** enhance, fortify, heighten, intensify, magnify
Drinking a lot of milk can **strengthen** your bones.
우유를 많이 마실 경우 뼈가 튼튼해 진다.

---

take
[teik]

(v) 필요로 하다 = **require,** demand, necessitate, need, want, warrant
Multi-tasking **takes** extraordinary skills and patience.
동시에 여러 가지 일을 하는 데는 뛰어난 기술과 인내심을 필요로 한다.

> **시나공비법**
> warrant는 Reading에서는 '정당화하다(= justify)'와 '인가하다, 허가하다(= authorize)'의 의미로 자주 등장합니다.

---

estimate
[éstəmit]

(v) 1. 평가하다, 판단하다 = **assess, calculate, evaluate,** judge, appraise
The agent will **estimate** the value of the Goryeo celadon.
중개인이 고려 청자의 가치를 평가할 것이다.

2. 추정하다, 예견하다 = **approximate, calculate, predict**

(n) 추정, 견적, 평가 = **projection,** appraisement, assessment, evaluation, judgment

(a) estimable 평가할 수 있는, (평가할 수 있을 만큼) 가치가 있는 = **perceptible, significant**

관련어 calculate 결정하다, 평가하다 = **determine, judge**
evaluate 평가하다, 진단하다 = **judge**

> **시나공비법**
> '평가(결정, 판단)하다'는 하나의 의미로 봐도, 즉 유의어로 봐도 무방합니다.

---

view
[vju:]

(v) 간주하다 = **consider,** account, deem, regard
The mayor is **viewed** as a strong candidate for the new governor.
시장은 강력한 신임 주지사 후보로 간주되고 있다.

관련어 deem 생각하다, 여기다 = **consider, regard**

---

invaluable
[invǽljuəbl]

(a) 귀중한 = **highly useful, precious,** costly, priceless, valuable
The war brings **invaluable** data for simultaneous interpreters.
전쟁은 동시 통역사들에게 매우 귀중한 자료들을 제공한다.

관련어 precious 귀중한, 값어치 있는 = **valuable, valued**

---

outstanding
[àutstǽndiŋ]

(a) 1. 현저한, 두드러진 = **excellent, remarkable,** conspicuous, marked, noticeable, prominent
For that **outstanding** performance in her previous play, she is now recognized as a true actress and not just a pretty face.
이전 연극에서의 두드러진 연기로 인해 그녀는 이제 아름다운 외모의 의해서가 아닌 진정한 여배우로서 인정받고 있다.

2. 미결제의, 미해결의 = **unpaid,** due, owing, payable, unsettled

관련어 noticeable 뚜렷한, 현저한 = **appreciable, outstanding, remarkable**
phenomenal 보통이 아닌, 놀랄 만한 = **extraordinary, incredible, outstanding**

Basic

preeminent 현저한, 주목할 만한 = **foremost, outstanding, significant**
prominent 1. 뛰어난, 유명한 = **expert, famous, renowned, outstanding**
2. 현저한, 눈에 띄는 = **distinguished, noticeable, outstanding, remarkable**

harsh
[ha:rʃ]

ⓐ 엄한, 엄격한 = **extreme, severe,** bitter, brutal, hard, rigorous
The punishment was too **harsh** for such a young orphan.
그렇게 어린 고아에게 처벌은 너무 가혹했다.

관련어 **severe** 엄격한, 가혹한 = **extreme, harsh**; 철저한 = **thorough**
rigorous 엄한, 엄격한, 혹독한 = **demanding, harsh, severe, strict**; 아주 정밀한, 정확한, 철저한 = **careful, exact, precise, thorough**

silent
[sáilənt]

ⓐ 남몰래 하는, 은밀한 = **stealthy,** furtive, sly, sneaky
The people who watched the program had to remain **silent**.
프로그램을 시청한 사람들은 침묵을 지킬 수 밖에 없었다.

surprisingly
[sərpráiziŋli]

ⓐd 놀랍게도, 의외로 = **particularly, specifically**
Her baby barely survived all the complications at birth and so **surprisingly**, he is now very healthy and weighs more than the average infant.
그녀의 아기는 출산 과정에서 많은 어려움을 가까스로 극복했지만, 놀랍게도 지금 그는 아주 건강하여 보통 신생아 이상 몸무게가 나간다.

관련어 **curiously** 희한하게, 기묘하게 = **surprisingly**
remarkably 놀랍게, 상당히 = **surprisingly**

extremely
[ikstrí:mli]

ⓐd 극도로, 대단히 = **exceptionally,** exceedingly, notably, remarkably, strikingly, surpassingly
The traffic from Apgujungro to Hakdongro is always **extremely** slow.
압구정로에서 학동로로 가는 방향의 교통은 항상, 그리고 심하게 정체된다.

ⓐ **extreme** 극심한, 급격한 = **harsh, great, severe,** intense

hollow
[hálou]

ⓐ 속이 빈, 실속 없는, 무의미한 = **empty,** trifling, vain, worthless
The tree trunk was completely **hollow**.
나무 줄기는 속이 텅 비어 있었다.

ⓝ 구멍, 공간 = **hole, space**

관련어 **vain** 무가치한, 쓸모 없는

inwardly
[ínwərdli]

ⓐd 1. 정신적으로, 내면적으로 = **innerly,** internally
He was **inwardly** relieved that the test was cancelled.
그는 시험이 취소되어 마음 속으로 안도했다.

2. 내부에, 안쪽에 = **into the center,** inside

ordinary
[ɔ́:rdənèri]

ⓐ 보통의, 일상적인 = **routine,** average, common, commonplace, normal, standard, unexceptional
It is hard for **ordinary** people to enjoy expecting the unexpected.
예상치 않은 일을 기대하는 것을 즐기기란 일반인에게는 힘든 일이다.

관련어 **routine** 일상적인 = **regular**

Basic

unceasing
[ʌnsíːsiŋ]

a 끊임없는, 계속적인 = **continuing,** ceaseless, continual, continuous, incessant, unbroken, uninterrupted

There has been some unceasing misunderstanding between Michael and Jeffrey.
마이클과 제프리 사이에는 끊임없는 오해들이 있어 왔다.

> **시 나 공 비 법**
> continuous가 가장 가까운 유의어로서 사용되며, '아무런 방해나 중단 없이 진행되는 상태'를 의미합니다.

complaint
[kəmpléint]

n 불평, 불만 = **protest,** plaint

The company in this town received an inordinate amount of complaints.
이 마을에 있는 회사는 지나칠 정도로 많은 불만을 받았다.

관련어 protest 항의, 이의

compound
[kámpaund]

n 혼합[복합]물 = **mixture,** blend, combination, composite, fusion, mix

Contrary to all expectations, France has a far greater ethnic compound than the U.S.
예상과 달리 프랑스는 미국보다 훨씬 더 인종적으로 혼합되어 있다.

countryside
[kʌ́ntrisàid]

n 시골, 지방 = **rural,** country

In the countryside, more gleaming stars are visible in the night sky than in the city.
시골에서는 도시에서보다 밤에 반짝이는 별들을 더욱 잘 볼 수 있다.

a 시골의, 지방의 = bucolic, rustic

관련어 bucolic 시골의, 전원의 / 시골사람; 양치기
rustic 시골의; 소박한 / 시골사람; 농부

scale
[skeil]

v 기어오르다 = **climb,** ascend, mount

It is definitely impossible to scale the cliff.
저 절벽을 오르는 것은 틀림없이 불가능하다.

n 범위, 정도 = **extent,** degree, range, spectrum

tract
[trækt]

n 지역, 지대 = **area,** land, part, region, zone

These crops are mostly grown in the central tracts of this country
이 경작물들은 대부분 이 나라의 중부 지역에서 자란다.

> **시 나 공 비 법**
> 일반적으로 '넓은 지역'의 의미로 지리학적으로 위치를 강조할 때 주로 사용됩니다.

characteristic
[kæ̀riktərístik]

n 특성, 특질 = **condition, quality,** attribute, feature, peculiarity, property, trait

His unique acting is the best characteristic of the play.
그의 독특한 연기는 연극 최고의 특징이다.

Basic

> **시나공비법**
> condition은 '특별한 상황이나 상태'의 의미로 출현하는 경우에만 유의어가 됩니다.

craft [kræft]

- ⓝ 솜씨, 기술, 기능, 기교 = **skill in making something, skillful production,** ability, art, dexterity, expertise
  For some time past, the tourists were really impressed with the **craft** of chinaware production.
  지난 얼마 동안 관광객들은 도자기 제작 기술에 깊은 인상을 받았다.
- ⓥ 정교히 만들다 = **skillfully produce**
- 관련어 artisan(s) 장인(들) = craftsman[craftspeople]

genre [ʒɑ́ːnrə]

- ⓝ 유형, 양식 = **sort,** kind
  The films he made belonged to a totally different **genre**.
  그가 만든 영화는 완전히 다른 장르에 속했다.

statue [stǽtʃuː]

- ⓝ 조각상 = **figure**
  The **statues** represent big chaos between peace and war.
  조각상들은 평화와 전쟁 사이에서의 혼돈을 상징한다.
- 관련어 **figure out** 계산하다, 판단하다 = **determine**

crack [kræk]

- ⓝ 틈, 금 = **craze,** crevice, rift, split
  Water is seeping unceasingly through **cracks** in the ceiling.
  물이 천장에 난 틈 사이로 끊임없이 스며들고 있다.
- 관련어 craze 잔금
  crevice 갈라진 틈
  rift 갈라진[찢어진] 틈
  split ⓥ 쪼개다, 자르다; 나누다 ⓝ 틈; 조각

affluent [ǽfluənt]

- ⓐ 풍부한, 유복한 = **plentiful, wealthy,** opulent, rich
  The **affluent** tend to live on the banks of a river now.
  요즘 부유층은 강가에 살고자 하는 경향이 있다.
- ⓝ **affluence** 풍부함, 풍요, 유복함 = **wealth,** abundance, opulence, plenty

faint [feint]

- ⓐ 1. 희미한, 불분명한 = **dim, not bright,** indistinct, obscure, unclear, vague
  The image on the photograph is too **faint** to see what it is.
  사진 이미지가 너무 희미해 사물을 알아볼 수가 없다.
  2. 약한 = **feeble,** little
- 관련어 **dim** ⓐ 흐릿한, 희미한 = **ambiguous, decreased, faint, lusterless, unclear, weak**
  ⓥ 흐리게 하다 = **decrease**

unwilling
[ʌnwíliŋ]

(a) 마음 내키지 않는 = **reluctant, unintentionally,** averse, disinclined, hesitant, loath

Many students in this department are **unwilling** to study in Dr. Han's lab.
이 학과의 많은 학생들은 한 박사 연구실에서 연구하는 것을 싫어한다.

관련어 **reluctant** 마지못해 하는, 싫은 = **averse, disinclined, hesitant, loath, unwilling**

> **시나공비법**
> unwilling 보다는 reluctant가 출제 빈도가 높습니다.

obstacle
[ábstəkl]

(n) 장애물 = **barrier, hindrance,** block, clog, encumbrance, impediment

Traveling across the desert will be a difficult **obstacle** we must confront.
사막을 가로지르는 여행은 우리가 직면해야 할 어려운 장애물이 될 것이다.

from time to time

(conj) 때때로, 가끔 = **now and then, occasionally,** infrequently, irregularly, sporadically, uncommonly

He was found guilty of accepting illegal payments from many companies **from time to time** during his term of office.
그가 재임 기간 중 많은 회사들로부터 가끔 불법 자금을 받았다는 혐의가 유죄로 밝혀졌다.

관련어 **sporadically** 이따금, 산발적으로 = **at intervals, occasionally**

Pre-day 6

시험에 나오는 Basic Voca

이 단원 정도는 알아두어야 제대로 영어 공부 할 수 있다!

Pre-day 6.mp3

---

adapt
[ədǽpt]

- v 1. 맞추다, 조정하다 = **modify,** adjust, alter, change, convert
  They tried to **adapt** their operating system.
  그들은 그들의 운영 시스템을 조정하려고 했다.
  2. 적응하다(to) = **adjust** (to), assimilate (to), blend in to, fit (in to)

> 시 나 공 비 법
> adopt(입양하다; (정책 등을) 채택하다), adept(능숙한)와 혼동하지 마시기 바랍니다.

---

establish
[istǽbliʃ]

- v 설립하다, 제정하다 = **institute, organize, set up,** constitute, create, found
  It will be necessary to **establish** a new economic policy in 2011.
  2011년에는 새로운 경제 정책 수립이 필요할 것이다.
- a **established** 확립된, 인정된 = qualified
- n **establishment** 설립, 창설 = formation

---

gauge
[geidʒ]

- v 1. 측정하다 = **measure,** ascertain, determine, scale
  We failed to **gauge** the strength of this instrument invented by the project.
  우리는 프로젝트에 의해 개발된 이 기구의 힘을 측정하는데 실패했다.
  2. 평가하다, 판단하다 = **assess, judge,** estimate, reckon, evaluate, value

---

judge
[dʒʌdʒ]

- v 판단하다, 평가하다 = **estimate,** assess, calculate, evaluate
  You should not **judge** people by their physical appearances.
  외모로 사람을 판단해서는 안 된다.
- 관련어 **estimate** 평가하다, 판단하다 = **assess, calculate, evaluate, judge;**
  추정하다, 예견하다 = **approximate, calculate, predict**

---

hire
[haiər]

- v 사람을 쓰다, 고용하다 = **employ,** engage, retain, take on
  It is a very surprising fact for us that the prestigious company **hired** him for the position.
  유명 회사에서 그를 그 직위에 채용했다는 것은 우리에게 매우 놀라운 일이다.
- 관련어 **employ** 고용하다, 이용하다 = **use**
  take on 떠맡다 (= assume), 고용하다

---

impair
[impɛ́ər]

- v 손상시키다, 악화시키다 = **damage, injure,** blemish, harm, mar, prejudice, spoil
  The train explosion left many children with permanently **impaired** hearing.
  열차 참사로 많은 어린이들의 청력이 영구적으로 손상되었다.

Basic

관련어 prejudice ⓝ 편견 ⓥ 편견을 갖게 하다; 손상시키다, 해를 입히다

---

incise
[insáiz]

- ⓥ 자르다, 새기다 = **carve, cut,** engrave, slice, slit
  The words 'Old soldiers never die; they just fade away.' were **incised** on the monuments.
  "노병은 죽지 않고 사라질 뿐이다."라는 말이 기념비에 새겨져 있다.
- ⓐ **incisive** 신랄한, (날 등이) 날카로운 = **acute, keen, sharp,** biting, cutting, penetrating
- **관련어** trenchant (말이나 표현이) 날카로운, 신랄한; 철저한, 효과적인

---

recruit
[rikrú:t]

- ⓥ 1. 모집하다 = **enlist**
  In this university, it will be possible to **recruit** new members for the club.
  이 대학에서 클럽의 새 회원을 모집하는 것이 가능할 것이다.
  2. 보충 받다, 되찾다 = **obtain,** get back, recover, recoup, retrieve
- **관련어** enlist 입대하다(= join in); 징집하다; 협력하다; (지지, 협력 등을) 얻다 (= obtain)

---

reverse
[rivə́:rs]

- ⓥ 반대로(거꾸로) 하다 = **overturn,** divert, turn
  Our relationship has gone too far to **reverse** course at this stage.
  지금 상황에서 우리 관계를 되돌리기에는 너무 멀리 와 버렸어.
- ⓝ **reversion** 전환 = **change**
- ⓐⓓ **reversely** 거꾸로, 반대로 = **backward**
- **관련어** divert (방향, 주위, 주의를) 딴 데로 돌리다, 방향 전환시키다 = **distract, redirect, reroute**

---

revolutionize
[rèvəljú:ʃənàiz]

- ⓥ 변혁을 일으키다 = **dramatically[completely] change**(풍부한)
  Newton's discoveries **revolutionized** science field including physics.
  뉴턴의 발견은 물리학을 포함한 과학 분야에 혁명을 일으켰다.
- ⓝ **revolution** 혁명, 변혁 = **dramatic change**

---

capitalize on
[kǽpitəlaiz ən]

- ⓥ (자기 이익을 위해) 이용하다 = **take advantage of,** abuse, exploit, impose on, play on, use
  The protesters seem to be trying to **capitalize on** the public's discontent with the government.
  시위대가 정부에 대한 대중들의 불만을 이용하려는 것으로 보인다.
- **관련어** exploit 이용하다, 활용하다 = **take advantage of, (fully) use, utilize**

---

endangered
[indéindʒərd]

- ⓐ 위태로운, 멸종 직전의 = **threatened** ↔ **abundant, plentiful**(풍부한)
  We give money to the wildlife fund to protect **endangered** species.
  우리는 멸종 위기의 종을 보호하기 위해 야생 동물 기금에 기부한다.

---

mammoth
[mǽməθ]

- ⓐ 거대한 = **gigantic, huge,** colossal, enormous
  Cleaning up the city-wide mess is going to be a **mammoth** task.
  도시 전역을 청결하게 하는 것은 거대한 과업이 될 것이다.
- **관련어** colossal 거대한; 놀라운

Basic

plentiful
[pléntifəl]

- (a) 풍부한 = **abundant, bountiful,** ample, copious, generous, plenty
  In spite of bad weather, Americans had a **plentiful** harvest of rice last fall.
  좋지 않은 날씨에도 불구하고, 미국의 작년 가을 쌀 농사는 풍작이었다.

rich
[ritʃ]

- (a) 풍부한, 부유한 = **abundant, plentiful,** abounding, ample, copious, prolific ↔ **scarce, sparse** (부족한, 빈약한)
  We all know that the United States is **rich** in natural resources.
  미국이 풍부한 천연자원을 보유하고 있다는 것은 우리 모두 안다.

steady
[stédi]

- (a) 안정된 = **continuous, stable,** constant, equable, even, unchanging
  She has been working on and off since university, but she really wants to get a **steady** job.
  그녀는 대학 졸업 후 불규칙하게 일해 왔지만, 정말 안정된 일자리를 구하고 싶어 한다.
- (ad) **steadily** 꾸준히, 충실히 = **constantly**

inert
[inə́ːrt]

- (a) 혼자서 행동할 수 없는 = **inactive, motionless, not moving,** passive
  Rescuers covered the **inert** bodies with blankets.
  구조대는 자력으로 움직이지 못하는 시신들을 담요로 덮었다.

obsolete
[ɑ̀bsəlíːt]

- (a) 1. 시대에 처진, 구식의, 오래된 = **archaic, outdated, out of date,** ancient, outworn
  Their defense system is based on **obsolete** weapons.
  그들의 방어체제는 구식 무기들로 이루어져 있다.
  2. 쓰이지 않는, 쓸모 없는 = **out of use, unused,** dead, disused, superseded
- (n) **obsolescence** 쇠퇴(함), 퇴행 = **deterioration, wane**
- 관련어 deterioration 악화; 저하; 퇴화
  wane (v) 달이 기울다; 약화되다 (n) 쇠퇴; 종말; 달이 기움

net
[net]

- (a) 최종적인, 궁극적인 = **final**
  He was forced to resign his post as the **net** result for the new project came as a big failure and loss for the company.
  새로운 사업계획이 크게 실패해 회사에 손실을 끼치는 결과를 낳자 직위에서 물러날 것을 강요 받았다.

scenic
[síːnik]

- (a) 경치가 아름다운 = **beautiful,** dramatic, grand, impressive, spectacular, striking
  The site of the volcano was a site of **scenic** beauty we've never seen before.
  화산 지대는 우리가 전에 본 적이 없는 아름다운 장소였다.

sterile
[stéril]

- (a) 불모의 = **unproductive,** barren, infertile, unfruitful
  This area is really **sterile**, with no life.
  이 지역은 심한 불모지라서 생명체가 존재하지 않는다.

item
[áitem]

- (n) 물건, 물품 = **article,** object
  The customers should scan every **item** they want to buy with a hand-held scanner.
  고객들은 사고자 하는 모든 품목을 휴대용 스캐너로 스캔해야 한다.

관련어 **article** 물건, 물품 = **item, object;** (신문·잡지·책의) 기사, 논설, 논문 = **document**

element
[éləmənt]

- (n) 요소, 성분 = **factor, part,** component, constituent, ingredient
  Our new marketing strategy includes three essential **elements**.
  우리의 새로운 마케팅 전략은 세 가지 중요한 사항들을 포함한다.
- (n) **elements** (날씨나 대기의) 작용력, 악천후 = **weather**
- **관련어** **component** 구성 요소, 성분 = **constituent, element, factor, ingredient, part, piece**

habitat
[hǽbitæt]

- (n) 1. 거주지, 주소 = **home**
  Mr. Big has been searching for the **habitat** of alligators for the last three weeks.
  미스터 빅은 지난 3주 동안 악어의 서식지를 수색해 왔다.
  2. (주거) 환경 = **environment**
- (n) **habitation** 거주지, 주소 = **dwelling,** home, house, residence

sediment
[sédəmənt]

- (n) 침전물 = **debris, residue, remains, remainder**
  Some **sediment** you may find at the bottom is safe to drink.
  바닥에 남아있을 수 있는 침전물은 마셔도 안전합니다.

series
[sí(:)əri:z]

- (n) 연속, 일련 = **string,** sequence, subsequence, succession
  Bomb disposal experts have carried out a **series** of controlled explosions.
  폭탄 처리 전문가들이 통제된 상황에서 폭발물을 처리했다.
- **관련어** **sequence** 연속; 결과; 순서
  subsequence 연속, 연달아 일어남 = **series, string, succession**

shard
[ʃɑːrd]

- (n) 파편, 사금파리 = **fragment**
  Historians and archaeologists are well excited about the recent excavation of Persian **shards** from the 5th century B.C.
  역사가들과 고고학자들은 최근에 발굴한 기원전 5세기 페르시아 유물 조각들에 매우 흥분해 있다.
- **관련어** **fragment** 조각, 파편 = **flake, part, piece**

hybrid
[háibrid]

- (n) 결합(체), 합성(체) = **combination**
  The genetic engineer produced a **hybrid** rose.
  유전 공학자가 잡종 장미를 생산했다.
- (a) 혼종의, 잡종의 = **combined**

issue
[íʃuː]

- (n) 쟁점, 문제점 = **matter, point, problem, question**
  It was not right for the party to express a view on political **issues**.
  정치적 쟁점들에 대해 정당이 견해를 표명하는 것은 옳지 않다.

on the other hand

- (phr) 반면에, 그와 반대로 = **conversely, however**
  Mom wanted to eat out, but **on the other hand,** dad wanted to stay home and watch the Korean-Chinese soccer game.
  어머니는 외식을 원했던 반면 아버지는 집에서 한중 축구 경기를 시청하고 싶어했다.

Basic

fund
[fʌnd]

(n) 자금 = **money,** account, budget, deposit
The government announced to allocate more **funds** to help senior citizens and their families.
정부는 고령자와 그 가족들을 지원하기 위해 더 많은 자금을 배정하기로 했다.

vicinity
[visínəti]

(n) 주변 (지역), 부근 = **(surrounding) area, closeness,** district, nearness, neighborhood
At last, the police increased the number of patrols around the **vicinity** after several burglaries had been reported.
수 건의 도난 사건이 신고된 후에야 경찰은 마침내 지역 내 순찰을 강화했다.

on the contrary

(phr) 이와 반대로 = **conversely,** in contrast, on the other hand, oppositely
The weather service forecast it would be a rainy day, but **on the contrary** we had a sunny day.
기상청에서는 비가 내릴 것이라고 예보했지만 그와는 반대로 날씨는 화창했다.

in contrast
[in kántræst]

(phr) 반대로, 대조적으로 = **as opposed, on the other hand,** conversely, however
In contrast, there are not plentiful supplies of resources in Korea.
반대로, 한국에는 자원 공급량이 풍부하지 않다.

livelihood
[láivlihùd]

(n) 생계 수단, 살림 = **support**
Any further delay will eventually put the **livelihood** of every human being in the entire world in jeopardy.
더 지연될 경우에 결국 전 세계 모든 사람들의 생활이 위험에 처하게 될 것이다.

(관련어) **likelihood** 가능성, 가망(probability); 유망함, 장래성
in all likelihood 아마도 = **probably,** perhaps

What though the radiance which was once so bright,

Though nothing can bring back the hour

of splendor in the grass, of glory in the flower,

We will grieve not,

Rather find strength in what remains behind.

한때 찬란했던 광채가
이제 눈앞에서 영원히 사라졌다 한들 어떠랴,
초원의 빛, 꽃의 영광 어린 시간을
그 어떤 것도 되불러올 수 없다 한들 어떠랴,
우리는 슬퍼하지 않으리,
오히려 뒤에 남은 것에서 힘을 찾으리라.
— William Wordsworth(윌리엄 워즈워스 'Splendor in the Grass' 중)

0-1

account for | accumulate | attain | contend | decimate | devise | duplicate | emerge | enhance | extend | flourish | fluctuate | foster | manipulate | mimic | promote | transform | abundant | approximate | considerable | critical | drastic | distinct | inherent | intact | lethal | lucrative | obscure | precise | predominant | profound | prominent | pronounced | radical | readily | relatively | rough | rudimentary | bulk | provided[providing] (that)

0-2

advocate | assume | comprise | cope with | disperse | disseminate | exploit | offset | persist | postulate | spur | sustain | adjacent to | ample | analogous | arduous | astonishing | conclusive | consequently | crucial | current | diverse | essential | inadvertently | indigenous | manifest | modest | primary | principal | severe | significant | striking | thus | turbulent | unprecedented | vast | vigorous | assessment | component | configuration

0-3

allude | deviate | encompass | facilitate | forage | harness | imply | inflate | initiate | intrigue | pinpoint | pose | prolong | prosper | refine | restrict | retrieve | seek | dramatic | ephemeral | exhausted | feasible | furthermore | inevitable | invariably | marked | massive | mere | plausible | pragmatic | prevailing | simultaneously | skeptical | staple | substantial | unique | duration | impetus | consensus | key

0-4

allocate | collect | compensate for | consume | decline | document | embed | engage | integrate | isolate | magnify | modify | trigger | verify | comparable | compelling | comprehensive | conspicuous | constant | continued | copious | crude | deliberate | elaborate | eventually | exclusively | indispensable | ingenious | minute | particular | prolific | aggregate | application | attribute | breakthrough | fragment | link | onset | paradox | sequence

0-5

assert | depict | devastate | diffuse | dwell | embark | execute | flee (from) | induce | merge | proliferate | retain | secrete | synthesize | witness | amazing | erratic | evident | formidable | immense | implausible | meager | optimal | potent | potential | reluctant | sole | ultimately | virtually | convention | criterion | now and then | objective | obsession | relic | ratio | repercussion | scores of | stipulation | transition

0-6

adopt | annihilate | anticipate | assimilate | cite | coincide with | commission | confine | contract | impart | pioneer | thrive | abrupt | adequate | alternate | arid | compact | complex | eclectic | exceptional | extant | impermeable | inadequate | momentous | notable | periodically | phenomenal | subsequent | uniformly | viable | vital | swiftly | albeit | boon | challenge | conjunction | constraint | mandate | prerequisite | proximity

시험에 나오는 0순위 Voca

| 전문가가 분석한 0순위 VOCA 학습 전략 |

말 그대로 기출순위 0순위 VOCA!

가깝게는 CBT(Computer-Based Test) TOEFL에서부터, 멀게는 PBT(Paper-Based Test) TOEFL, iBT TOEFL에 이르기까지 시험에 가장 많이 나왔던 초빈출(!!) VOCA들의 향연이라 할 수 있습니다. 적어도 TOEFL Reading에서의 VOCA 문제 52% 이상이 이 단원에서 출제됩니다. TOEFL 시험을 마치는 순간까지 이 단원의 어휘들은 기계적으로 나올 정도로 암기해야 합니다. 0순위 이외의 단원을 학습할 때도 0순위 어휘들은 계속 반복 학습해야 합니다. 이 단원의 어휘만 학습해도 iBT TOEFL Reading 문제의 33%를 차지하는 VOCA 문제 52% 이상은 맞출 수 있으며, 영어 article을 이해하는데도 상당한 도움이 됩니다.

Day 01

0-1 시험에 나오는 0순위 Voca
TOEFL Reading Voca 문제의 52%가 여기서 출제된다!

🔊 0-1_Day 01.mp3

account for
[əkáunt fər]

ⓥ 1. 원인이 되다 = **cause,** give reason for
An engine failure **accounted for** the plane crash.
엔진 고장이 비행기 추락의 원인이었다.
2. 설명하다, 나타내다 = **explain,** clarify, describe, represent
3. 비율을 차지하다 = **comprise, make up,** compose, constitute

관련어 **constitute** 구성[조성]하다 = **create, form, compose, make (up)**

account
[əkáunt]

ⓝ 1. (사건 등의) 기술, 서술 = **description**
2. 이야기, 담화 = **version**
3. 기사, 보고 = **report**

ⓐ **unaccounted for** 설명되지 않은, 해명되지 않은 = **not explained**

> **시나공 비법**
> 최근 경향을 보면 명사적 의미가 지문과 어휘 문제로 출제되는 경우가 많아지고 있습니다. 그 중에서도 version과 report의 의미활용에 대해 확실히 알아두기 바랍니다.
> **1 version** : Too much different **account** of the affair
> 그 사태에 대한 아주 다른 얘기
> **2 report** : We need more unique news **accounts**.
> 우리는 더욱 독특한 뉴스 기사들이 필요하다.

accumulate
[əkjú:mjəlèit]

ⓥ 모으다, 축적하다 = **build up, collect, gather, gradually increase in number, increase,** pile up, put together
Interest **accumulates** in my savings account every month.
내 저축 예금에 매달 이자가 불어난다.

ⓝ **accumulation** 쌓기, 축적(물); 퇴적물 = **buildup, collection; deposit**

attain
[ətéin]

ⓥ (장소, 위치, 또는 목적, 소원을) 달성하다, 도달하다 = **accomplish, achieve, obtain, reach,** gain, realize, win
India **attained** independence in 1947 after decades of struggle.
인도는 수십 년 간의 투쟁 끝에 1947년 독립 국가가 되었다.

ⓝ **attainment** 달성, 도달 = **achievement,** accomplishment

관련어 **realize** 실현[달성]하다 = **achieve**

contend
[kənténd]

ⓥ 1. 주장하다 = **claim,** affirm, declare, insist, maintain, protest, warrant
The teachers **contended** that free talking class was not designed only for advanced learners of English.
교사들은 자유 토론 수업이 고급 영어반 학생들만을 위해 개설된 것이 아니라고 주장했다.

2. 경쟁하다 = **compete,** contest, vie
3. 논쟁하다 = **argue,** assert, maintain, plead
- ⓝ **contention** 논쟁 = **debate,** arguement, disagreement, dispute
- ⓐ **contentious** 논쟁을 일으키는 = **disputed,** controversial, debated, disputable

関련어 **rival** 경쟁하다 = **compete with**
debate 논쟁하다 = **argue, discuss**

decimate
[désəmèit]

- ⓥ 없애다, 종식시키다 = **destroy, reduce,** annihilate, demolish, devastate, extinguish, ruin, wreck

  Their plan is to **decimate** the problem between the two parties once and for all.
  그들의 계획은 양측 간의 문제를 완전히 종식시키는 것이다.

- ⓝ **decimation** 제거 = **destruction, reduction,** demolition, devastation, extermination, extinction, havoc

関련어 **annihilate** 전멸[몰살]시키다 = **completely destroy, remove**
wreck ⓝ 파괴, 난파선 ⓥ 파괴하다, 배를 난파하다
extermination 박멸, 멸종

시나공 비법
역사적으로는 고대 로마의 군대에서 벌로써 '10명중 1명을 제비 뽑아 죽이다'의 의미로도 사용되었습니다.

devise
[diváiz]

- ⓥ 만들다, 고안하다, 개발하다 = **create, design, develop, invent**

  He has **devised** a plan for a real name system.
  그가 실명제를 창안한 장본인이다.

- ⓝ **device** (기계적) 장치, 설비, 고안(품) = **mechanism**

関련어 **invent** 고안하다, 만들어내다 = **devise**
mechanism (정해진) 절차, 방법 = **method, way**

duplicate
[djú:pləkit]

- ⓥ 1. 복제하다 = **copy, imitate, reproduce,** replicate

    Can you **duplicate** this letter for me?
    이 편지 좀 복사해 주시겠습니까?

  2. 되풀이 하다 = **repeat,** replicate

- ⓐ 똑같은 = **identical, equal,** equivalent, same
- ⓝ **duplication** 복사, 복제 = **copy**

関련어 **identical** 동일한 = **same** ↔ **different**
replicate ⓐ 뒤로 접은 ⓥ 뒤로 접다, 반복하다, 복제하다, 응답하다

emerge
[imə́:rdʒ]

- ⓥ 나타나다, 출현하다, 일어나다 = **appear, (suddenly) arise, come out[up], develop,** rise, show

  Several serious problems **emerged** as they were developing a training program for new employees.
  새로 입사한 사원들을 위한 교육 프로그램을 개발하는 과정에서 여러 가지 심각한 문제들이 나타났다.

emergent
[imə́ːrdʒənt]

- ⓐ 1. (예고 없이) 나타나는 = **occurring unexpectedly**
  2. 신생의, 신흥의 = **developing**
  3. 긴급의 = **urgent**
- ⓐ **emerging** 신생의, 신흥의 = **developing**
- ⓝ **emergence** 출현, 발생 = **appearance, development, rise**

> **시나공비법**
> emerge의 의미는 단순히 나타나거나 일어나는 것이 아니라 '원래의 상황에서 또 다른 상황 또는 결과로 나타나거나 발생하다'를 의미합니다.

enhance
[inhǽns]

- ⓥ 강화하다, 높이다, 늘리다 = **improve, increase, intensify, strengthen, heighten**

  She **enhanced** her status by earning an MBA degree at a prestigious university.
  그녀는 명문 대학에서 경영학 석사 학위를 받음으로써 자신의 지위를 높였다.

> **시나공비법**
> enhance는 일반적으로 '증진(증가, 강화)하다'의 의미를 모두 가지고 있으므로, Writing이나 Speaking 시험 시 유용하게 사용하기 바랍니다.

extend
[iksténd]

- ⓥ 1. 잡아 늘이다, 연장하다 = **increase, lengthen, prolong, stretch**

  Recently, the company has **extended** its working hours on the weekends.
  최근에 회사는 주말 근무 시간을 연장했다.

  2. 뻗다, 늘이다; 넓히다 = **protrude, reach, stretch; expand**
- ⓥ **extend back** (어떤 거리, 위치, 기간에) 이르다, 걸치다 = **reach back**
- ⓐ **extended** 연장된 = **long, prolonged, long-lasting**
- 관련어 **stretch** 펴다, 연장하다 = **expand, extend**

extensive
[iksténsiv]

- ⓐ 1. 넓은, 광대[광활]한, 펼쳐진 = **far-reaching, widespread, broad, expansive, extended, wide**
  2. (수, 양이) 막대한, (정도가) 대단한, 심한 = **large, considerable, major, sizable**
- 관련어 **widespread** 일반적인, 널리 보급된 = **common**

extensively
[iksténsivli]

- ⓐⓓ 1. 광범위하게, 넓게 = **widely**
  2. 대단히 = **drastically**
- ⓝ **extent** 넓이, 크기, 길이, 양, 범위, 정도 = **degree, length, range, scope, reach**
- 관련어 **widely** 널리, 광범하게 = **extensively**

flourish
[flə́ːriʃ]

- ⓥ 번영하다, 번창하다, 성공하다 = **blossom, do well, prosper, succeed, thrive, augment, bloom**

  The Japanese automakers have been **flourishing** in America for decades.
  일본 자동차 회사들은 미국에서 수십 년 동안 번창해 왔다.
- ⓐ **flourishing** 번영[번창]하는 = **prosperous**

0-1

> **관련어** **blossom** 번영하다, 번창하다, 성공하다 = **flourish**
> **prosperous** 번영(번창)하는; 유복한 = **flourishing, thriving; wealthy**

> **시나공비법**
> expand(전개하다, 발전시키다)의 의미로 출제되는 경우도 종종 있으니 유의하기 바랍니다.

fluctuate
[flʌ́ktʃuèit]

- Ⓥ 동요하다, 수시로 변하다 = **alter, alternate, change, move up and down, vary,** vacillate
  During the last two weeks, the gas prices have been **fluctuating** in California.
  지난 2주 동안 캘리포니아에서는 기름 값의 변동이 심했다.
- Ⓝ **fluctuation** 변동, 변화, 오르내림 = **change, variance, variation**

> **시나공비법**
> '일반적 변화'가 아닌 '왔다 갔다, 오르락내리락, 또는 일정 범위 내에서 변화하다'를 의미합니다.

foster
[fɔ́(:)stər]

- Ⓥ 1. 촉진하다, 조성하다 = **encourage, promote,** advance, forward, further, serve
  That crisis has been **fostered** by increasing delinquents.
  그 위기는 연체자의 증가로 인해 촉발되었다.
  2. 기르다 = **bring up, nurse,** cherish, cultivate, nourish, nurture
  3. 마음에 품다 = **create in mind,** cherish, nourish, nurse
- **관련어** cherish 소중히 하다, 소중히 기르다; 마음에 품다, 그리워하다

manipulate
[mənípjulèit]

- Ⓥ 다루다, 조정하다, 처리하다 = **change, control, deliberately alter, handle, manage, skillfully use,** orchestrate
  The publicist has successfully **manipulated** the media.
  홍보관은 언론을 성공적으로 다루었다.
- Ⓝ **manipulation** 능숙하게 다룸, 교묘한 조작 = **deliberate alteration**
- **관련어** orchestrate 조정[조직화]하다 = **coordinate**

mimic
[mímik]

- Ⓥ 흉내 내다, 흉내 내며 놀리다 = **copy, imitate,** mock, parody, take off
  She was **mimicking** various people in our office.
  그녀는 우리 사무실의 여러 사람들을 흉내 내고 있었다.
- **관련어** parody 모방, 흉내 = **imitation, mimicry**

> **시나공비법**
> mock은 동사(verb)로서 '조롱하다, 놀리다; 흉내 내며 놀리다; 모방하다', 형용사(adjective)로서 '가짜의, 모조의'의 의미로 사용됩니다.

promote
[prəmóut]

- Ⓥ 홍보하다, 촉진하다 = **advance, encourage, further,** forward, foster
  Advertising companies always need to think of new ways to **promote** products.
  광고 회사들은 항상 제품을 홍보하기 위한 새로운 방법들을 생각해 내야 한다.

transform
[trænsfɔ́ːrm]

- **(v)** 바꾸다, 변형하다, 변환하다 = **alter, change, convert,** metamorphose, mutate, transfer
  After the Boston Tea Party, many political systems were **transformed** in the U.S.
  보스턴 차 사건 이후, 미국에서는 많은 정치 제도들이 변했다.
- **(n)** **transformation** 변화, 변환, 변형 = **change, conversion, rotation, transition,** alteration, shift

abundant
[əbʌ́ndənt]

- **(a)** 풍부한, 많은 = **ample, great, large, many, numerous, plentiful, profuse**
  According to this report, crude oil is in **abundant** supply in this country.
  이 보고서에 따르면, 이 나라에서는 원유가 풍부하게 공급된다.
- **(n)** **abundance** 풍부함 = **great quantity, large amount[number], plenty, profusion**
- **(ad)** **abundantly** 풍부히 = **amply, plentifully, profusely**
- **관련어** **ample** 풍부한, 넓은, 광대한 = **abundant, more than enough, plentiful;** extensive, large, spacious, vast
  profuse 풍부한, 아낌없는 = **abundant, plentiful**

> **시나공비법**
> '풍부한'은 각종 영어 시험에 자주 출제됩니다. abundant 외에도 ample, bountiful, copious, plentiful, plenty, profuse 등의 어휘들도 알아두기 바랍니다.

approximate
[əprάksəmit]

- **(a)** 1. 가까운, 근접한 = **close**
  Their extensive real estate holdings are worth the **approximate** value of $700,000,000.
  그들이 보유하고 있는 방대한 부동산은 대략 7억 달러의 가치를 지니고 있다.
  2. 대략의, 거의 비슷한 = **comparative, resembling,** near, relative
- **(ad)** **approximately** 대략, 대체로 = **about,** almost, around, comparatively, relatively, roughly
- **(n)** **approximation** 접근, 유사 = **nearness,** closeness, proximity
- **관련어** **proximity** 근접, 가까움 = **closeness, nearness**

considerable
[kənsídərəbl]

- **(a)** 1. 상당한, 적지 않은 = **a large number of, great, large, significant, substantial** ↔ **imperceptible** (미세한, 지각할 수 없는)
  The stockbroker owns a **considerable** amount of land.
  증권 브로커는 상당량의 토지를 소유하고 있다.
  2. 중요한, 주목할 만한 = **significant, substantial**
- **(a)** **considered** 간주된, 숙고된 = **regarded, thought to be,** deliberate
- **(v)** **consider** 생각하다, 여기다 = **take into account, think about[of], view,** meditate
- **(n)** **consideration** 고려 = **concern, regard**
- **(ad)** **considerably** 상당히 = **a great deal, greatly, importantly, significantly**

0-1

> **시나공비법**
> considerable, significant, substantial은 '상당한, 중요한' 두 의미를 동시에 갖고 있으며, 여기서 substantial은 '견고한, 튼튼한(= solid, sturdy)'의 의미로도 출제됩니다.

critical
[krítikəl]

- ⓐ 1. 중요한, 결정적인 = **crucial, decisive, essential, (most / very) important, significant, substantial**
   The mayor has one last **critical** decision to make before the election.
   시장은 선거를 앞두고 마지막으로 한 가지 중요한 결정을 남겨 놓고 있다.
   2. 비판적인 = **partial,** negative, unfavorable
   3. 위기의, 위험한 = **crucial, dangerous,** grave, hazardous, risky, perilous, precarious, serious
- 관련어 **precarious** 불확실한; 위태로운 = **dangerous, insecure, uncertain, unstable**
   partial 불완전한, 부분적인; 편파적인, 불공평한 = **incomplete; biased, prejudiced**
   unfavorable 호의적이지 않은; 바람직하지 않은, 불리한; 불길한
   grave 엄숙한, 장엄한; 심각한, 위험을 내포한

> **시나공비법**
> crucial과 critical은 '중요한', '위험한, 위태로운'의 의미들을 공통적으로 가지고 있습니다.

drastic
[dræstik]

- ⓐ 1. 강력한, 과감한 = **extreme, rapid, severe, (very) significant, striking,** forceful, radical, strong
   The military took **drastic** measures after the attack.
   부대는 공격 후 강력한 조치를 취했다.
   2. 철저한 = **thorough,** exhaustive
- 관련어 **extensively** 광범위하게, 넓게; 대단히 = **drastically**
   radically 철저히, 과격하게 = **drastically, extremely**

distinct
[distíŋkt]

- ⓐ 1. 별개의, 다른 = **different, separate,** discrete, diverse, several, various
   Scientists have found the African monsoon consists of two **distinct** seasons.
   과학자들은 아프리카의 몬순이 두 개의 다른 계절로 이루어져 있음을 알아냈다.
   2. 뚜렷한, 명확한 = **clear (and recognizable), definite,** apparent, evident, manifest, obvious
- ⓐ **distinctive** 독특한, 관심을 끄는 = **attractive, characteristic, different, easy to recognize, notable, recognizable, unique,** individual, peculiar
- 관련어 **discrete** 별개의, 분리된 = **separate**
   discreet 분별력 있는, 신중한

distinction
[distíŋkʃən]

- ⓝ 1. 구별, 특징 = **characteristic**
   2. 차이(점), 어긋남 = **difference,** discrepancy, dissemblance, dissimilarity
   3. 우월, 우수함 = **excellence,** eminence, preeminence, prestige, prominence
   4. 저명, 명성 = **fame, honor**

inherent
[inhí(ː)ərənt]

- ⓐ 타고난 = **built-in, essential, fundamental, inborn, innate, intrinsic,** congenital, connate

  The continual study of art results from **inherent** incentive.
  예술에 대한 지속적인 연구는 본질적 동기에 기인한다.

- ⓐ **inherent in** (~안에) 타고난, 고유의, 내재된 = **characteristic of, left out of**

- 관련어 innate, inborn (주로 능력이나 본질을) 타고난
  congenital, connate (주로 질병을) 타고난

intact
[intǽkt]

- ⓐ 1. 손상되지 않은, 온전한 = **unaffected, unchanged, undamaged, unbroken**

  After the fire, only the frame structure was preserved **intact**.
  화재 후 건물 뼈대만이 온전한 상태를 유지했다.

  2. 완전한 = **complete, in one piece, whole,** entire

lethal
[líːθəl]

- ⓐ 치명적인 = **deadly,** baleful, mortal, vital

  When visiting family graves in the mountain, you should take extreme care since a hive of angry bees' attack can be **lethal**.
  산에 있는 가족의 묘를 찾을 때에는 성난 벌떼의 공격이 치명적일 수 있으므로 매우 조심해야 한다.

lucrative
[lúːkrətiv]

- ⓐ 수지맞는, 이익을 내는 = **fruitful, gainful, profitable,** advantageous, worthwhile

  The merger proved to be very **lucrative** for both companies.
  합병은 두 회사 모두에게 매우 이익이 되는 것으로 입증됐다.

obscure
[əbskjúər]

- ⓐ 불분명한, 애매한 = **dim, uncertain, unclear,** blurred, murky, ambiguous, vague

  That applicant's writing is so **obscure** that it is very hard to understand.
  그 응시자의 글은 분명하지 않아 이해하기가 어렵다.

- ⓥ 1. 감추다, 가리다 = **conceal, hide,** dim
  2. 흐리게 하다 = **blur**

- 관련어 **vague** 분명치 않은 = **obscure, faint, imprecise, slight, uncertain**

  dim ⓥ 흐리게 하다 = **decrease**

  ⓐ 어둠침침한, 분명치 않은, 흐린 = **ambiguous, faint, unclear**

  ambiguous 모호한 = **open to various interpretations, uncertain, unclear**

precise
[prisáis]

- ⓐ 정확한, 명확한 = **accurate, exact,** correct, proper, right

  For this campaign, I need to know the **precise** address of your office.
  이 캠페인을 위해 당신 사무실의 정확한 주소가 필요합니다.

- ⓝ **precision** 정확, 정밀 = **accuracy, exactness,** correctness

predominant
[pridámənənt]

- ⓐ 1. 우세한, 우수한 = **dominant, most popular, prevailing, prevalent,** ascendant, dominant

  Compared to the Protestants, the Catholics are **predominant** in this town.
  이 마을에는 신교도들에 비해 가톨릭 신자들이 압도적으로 많이 거주하고 있다.

  2. 주요한, 현저한 = **chief, main, principal, very noticeable,** dominant, major

관련어 **noticeable** 뚜렷한, 현저한 = **appreciable, outstanding, remarkable**
chief 주요한 = **major**

predominantly
[pridámənəntli]

ad 1. 주로 = **mainly, primarily**
2. 현저히, 눈에 띄게 = **obviously**

profound
[prəfáund]

a 1. 뜻 깊은, 심오한 = **deep, difficult, far-reaching, fundamental, great, impressive, intense, significant, (very) strong**
That novelist's **profound** insight into society inspired her readers.
그 소설가의 사회에 대한 심오한 통찰력이 그녀의 독자들을 감화시켰다.
2. 깊은 곳에 이르는[있는] = **abysmal, deep, extending to a great depth**

관련어 **abyss** 심연(深淵); 나락; 심해

prominent
[prámənənt]

a 1. 뛰어난, 유명한 = **expert, famous, notable, renowned, outstanding, celebrated, distinguished**
Alex Lee, a **prominent** film distributor in L.A., should be given most of the credit for the movie's phenomenal success in America.
미국에서 그 영화가 놀라운 성공을 거둔 공로는 LA의 뛰어난 영화 배급업자인 알렉스 리에게 있다.
2. 중요한 = **important**
3. 현저한, 눈에 띄는 = **distinguished, notable, noticeable, outstanding, remarkable,** conspicuous

ad **prominently** 주요하게, 중요하게 = **importantly, primarily, very noticeably**

n **prominence** 중요 = **importance**

관련어 **remarkable** 주목할 만한; 비범한, 예외적인 = **incredible, notable, noticeable, prominent;** extraordinary
noticeable 뚜렷한, 현저한 = **appreciable, outstanding, remarkable**
outstanding 현저한, 뛰어난; 미결제[미해결]의 = **excellent, remarkable; unpaid**

> **시나공 비법**
> 1 expert는 명사(전문가), 형용사(숙련된; 전문적인; 정교한), 그리고 동사(전문으로 하다, 전문가이다(on))의 의미를 모두 갖고 있습니다.
> 2 prominent, notable은 '뛰어난, 유명한; 중요한; 현저한, 눈에 띄는'의 의미를 공통적으로 가지고 있습니다.

pronounced
[prənáunst]

a 뚜렷한, 현저한 = **decided, distinct, marked, notable, obvious, significant, strongest,** definite
The talk show moderator speaks with a **pronounced** British accent.
토크쇼 진행자는 뚜렷한 영국 억양으로 말한다.

관련어 **decided** 결정적인, 단호한; 명확한, 분명한

radical
[rǽdikəl]

a 1. 급진적인, 과격한 = **drastic, extreme, great,** fanatic, revolutionary
The FBI has warned that **radical** environmentalists may stage violent protests this weekend.
FBI는 이번 주말 급진적 성향의 환경론자들이 격렬한 시위를 할지 모른다고 경고했다.

2. 근원적인, 기본적인 = **essential, fundamental,** basic, primary, underlying
3. 철저한, 완전한 = **complete,** thorough, total, comprehensive

관련어 **fanatic** ⓐ 광적인(fanatical); 우스운, 매우 이상한 ⓝ 광적인 사람

radically
[rǽdikəli]

ad 1. 근본적으로 = **fundamentally**
2. 철저히, 과격하게 = **drastically, extremely, greatly**

readily
[rédəli]

ad 1. 쉽사리 = **easily,** freely, lightly, smoothly, well
He finished the job more **readily** by projecting the picture in the room.
그는 방에서 사진을 반사시킴으로써 임무를 보다 쉽게 마무리했다.
2. 당장 = **quickly,** promptly
3. 기꺼이 = **willingly,** without hesitation

> **시나공비법**
> readily는 시험에서 3가지 의미 골고루 출제되고, 같은 문제의 보기에도 동시에 출제되므로 확실히 학습하기 바랍니다.

ready
[rédi]

ⓐ 1. 준비된, 계획된 = **organized, prepared,** set
2. 즉석인 = **offhand,** (~에) 재빠른, 민첩한 = **quick, receptive,** immediate, prompt, swift
3. 기꺼이 하는 = **willing**

관련어 **immediate** ⓐ 1. 즉시의 = **instant**
ⓐ 2. 가까운 = **nearest,** close, near, nearby

relatively
[rélətivli]

ad 비교적, 다른 것에 비해 = **comparatively**
He runs a **relatively** small foreign language institute in Seoul.
그는 서울에서 비교적 소규모 외국어 학원을 운영하고 있다.

ⓐ **relative** 상대적인, 상관적인 = **comparable, comparative, corresponding**
ⓐ **related** 관계 있는, 관련된 = **connected**
ad **in relative to** ~에 관해 = **with respect to,** in terms of, in relation to

관련어 **comparable** 유사한, 거의 동등한 = **equivalent,** analogous, akin, close, near, similar

analogous (서로) 유사한 = **comparable,** similar

analogous to ~와 같은 = **like, similar to**

akin to 유사한, 비슷한 = **similar to**

rough
[rʌf]

ⓐ 1. 대강의, 개략적인 = **approximate**
At a **rough** estimate, the movie has managed to attract more than 40 million audiences throughout the country.
대략적인 추정에 의하면. 영화는 전국적으로 4천만 명이 넘는 관객을 불러모았다.
2. 거친, 울퉁불퉁한 = **bumpy, coarse, rugged, uneven**

ad **roughly** 대략, 약 = **approximately, more or less,** about, all but, almost, as good as

관련어 **more or less / less or more** 다소, 어느 정도 = **fairly**

approximately 대략, 대체로 = **about,** almost, around, comparatively, relatively, roughly

rudimentary
[rùːdəméntəri]

ⓐ 1. 기본의, 기초의 = **basic, elementary, fundamental, simple, beginning**
The old man has a **rudimentary** ability to use the Internet.
그 어르신의 인터넷 사용 능력은 초보 수준이다.

2. 막 시작한, 미발달의, 미숙한 = **primitive, undeveloped**

ⓝ **rudiment** 근본, 기본 (원리) = **basic, element, fundamental**

관련어 **primitive** ⓐ 1. 원시의, 초기의, 원래의 = **(very) early, original, very early times,** ancient, primal, primeval

ⓐ 2. 미발달의, 미개한 = **undeveloped,** crude, low, rude, rudimentary

bulk
[bʌlk]

ⓝ 1. 대부분, 주요 부분 = **large[great] quantity[amount], largest part, main[major] part, majority**
As a matter of fact, the **bulk** of her work concerns feminist issues.
사실 그녀의 작품 대부분은 여성 문제를 다룬다.

2. 크기, 부피; 덩어리 = **mass,** size, volume, dimensions, proportions

ⓐ **bulky** 부피가 큰 = **large,** big, heavy, massive, substantial

관련어 **dimension** 크기 = **size**
proportion 비율, 크기, 정도 = **amount, percentage, ratio, (relative) size**
volume (특정) 양 = **amount, quantity**

provided / providing (that)

phr ~을 감안할 때, ~을 고려할 때 = **as long as, if**
Provided that their food is of high energy quantity, some animals can live where there are a few foods.
섭취하는 음식이 고에너지임을 고려하면 일부 동물들은 음식이 많지 않은 곳에서도 살아갈 수 있다.

ⓥ **provide** 제공하다, 주다 = **supply,** give, furnish, hand (over)

Day 01 Quiz

앞에서 학습한 내용들을 바로 확인해 보는 코너입니다.

❶ 아래 단어들의 유의어를 보기에서 찾아 빈칸에 쓰시오.

A ⓐ improve   ⓑ cause   ⓒ achieve   ⓓ change   ⓔ repeat   ⓕ hide

1. account for _____   2. attain _____   3. duplicate _____
4. enhance _____   5. fluctuate _____   6. obscure _____

B ⓐ if   ⓑ essential   ⓒ exact   ⓓ undamaged   ⓔ profitable   ⓕ deadly

1. inherent _____   2. intact _____   3. precise _____
4. lethal _____   5. lucrative _____   6. provided _____

❷ 문장 내에서 진하게 표시된 어휘의 유의어를 고르시오.

1. This site organizes the **abundant** information on the Internet dealing with folk music.
   ⓐ plentiful   ⓑ suitable   ⓒ relative   ⓓ meager

2. The Incan Empire **flourished** for three hundred years before being defeated by the Spanish.
   ⓐ thrived   ⓑ vanished   ⓒ dominated   ⓓ routed

3. Dr. Gilbert's information can be **readily** found by hacking into his system.
   ⓐ primarily   ⓑ easily   ⓒ strictly   ⓓ partially

4. This impostor is trained to **mimic** my every move for finding a job.
   ⓐ control   ⓑ imitate   ⓒ promote   ⓓ stretch

5. Blue is the **predominant** color this fall in the fashion world.
   ⓐ relative   ⓑ abysmal   ⓒ prevailing   ⓓ ambiguous

정답 & 해석

❶ A. 1. ⓑ 2. ⓒ 3. ⓔ 4. ⓐ 5. ⓓ 6. ⓕ
   B. 1. ⓑ 2. ⓓ 3. ⓒ 4. ⓕ 5. ⓔ 6. ⓐ
❷ 1. ⓐ 2. ⓐ 3. ⓑ 4. ⓑ 5. ⓒ

1. 이 사이트는 인터넷 상에서 포크 뮤직에 관한 풍부한 자료들을 갖추고 있다.
2. 잉카 제국은 스페인에 의해 멸망하기 전까지 3백년 동안 번영했다.
3. 길버트 박사의 정보는 그의 시스템을 해킹함으로써 쉽게 알아낼 수 있다.
4. 이 사기꾼은 직업을 찾는데 필요한 나의 모든 움직임을 모방하도록 훈련 받았다.
5. 파란색은 올 가을 패션계에서 두드러진 색상이다.

Not 빈출, But 기출! 고득점을 원하면 놓치지 말아야 할 코너!

Word	의미	유의어
abnormally	비정상적으로; 엄청 크게	unusually
accordingly	따라서, 그러므로	consequently
accrete	(~과) 일체가 되다(to)	come together
adherent	지지자, 신봉자	supporter
administer	다스리다, 관리하다	manage
restore	회복하다; 복귀시키다, 되돌리다	return
suffice	충분하다, 족하다	be enough

Do it this way! Speaking, Writing 에서는 이렇게 쓰입니다.

SPEAKING

promote

I enjoy exercising at the park because it **promotes** good health.

운동이 건강에 좋기 때문에 나는 공원에서 운동하는 것을 즐긴다.

> Speaking에서 '당신이 자주 가는 장소를 고르고, 왜 그곳에 자주 가는지를 설명하시오.
> (Choose a place you go often and explain why you go there often.)'를 질문할 때, 위와 같은 방법을 유용하게 사용해 보기 바랍니다.

WRITING

drastic

By playing something **drastic** outdoors with their friends, students can learn not only how to cooperate but also how to help and encourage their peers.

밖에서 친구들과 과격한 활동을 함께 함으로써 학생들은 어떻게 협동하고, 또 어떻게 돕고 격려하는지를 배울 수 있다.

> 위와 같이 inside the classroom에서 인생에 대해 배우는 것과 outside the classroom 에서 배우는 것 중 어느 것이 좋은지의 문제는 Writing뿐 아니라 Speaking에서도 자주 출제되는 유형입니다.

obscure

The standards of success **obscure**. 성공의 기준은 모호하다.

> 가정, 성공, 돈, 직업에 관한 topic이 꽤 많습니다. 성공의 기준이 모호하다는 말로 시작하여, 개인에 따른 성공의 기준이 무엇인지 살피고 거기에 맞춰 topic에 동의하는지 안 하는지를 전개하는 것도 상당히 좋은 전략입니다.

Day 02 시험에 나오는 0순위 Voca

O-2

TOEFL Reading Voca 문제의 52%가 여기서 출제된다!

0-1_Day 02.mp3

---

advocate
[ǽdvəkit]

- **(v)** 지지하다, 옹호하다 = **argue for, promote, recommend, speak in favor of, support,** champion, endorse
  Scholars in this field **advocate** the necessity for clean politics.
  이 분야의 학자들은 청렴한 정치의 필요성을 지지한다.
- **관련어** **champion** 옹호하다, 지지하다, 지키다 = **promote, support**
  endorse 지지하다 = **support**
  recommend 지지하다, 추천하다 = **support,** advocate, endorse

> **시나공비법**
> 명사로서 '옹호자, 지지자', '변호사'의 의미로도 자주 사용됩니다.

---

assume
[əsjúːm]

- **(v)** 1. 가정하다, 추측하다 = **believe, suppose, think,** premise, presume, presuppose
  They **assumed** that there was not going to be any problems related to this disability.
  그들은 이 장애와 관련해 어떠한 문제점들도 생기지 않을 것으로 추측했다.
  2. (태도나 성격을) 취하다 = **adopt,** affect, simulate
  3. (임무, 책임 등을) 떠맡다, 지다 = **take on,** undertake
  Kennedy **assumed** the office of the U.S. president in 1961.
  케네디는 1961년 미국 대통령에 취임했다.
- **(n)** **assumption** 가정, 추정, 전제 = **supposition,** presumption, presupposition

---

comprise
[kəmpráiz]

- **(v)** 1. ~으로 구성되다, 포함하다 = **be made up of, consist of, contain, include**
  Our department is **comprised** of nine sections.
  우리 부서는 9개 팀으로 구성되어 있다.
  2. 구성하다 = **make up,** account for, constitute
- **(a)** **comprising** 구성하는; 포함하는 = **forming; including**
- **관련어** **account for** ~의 비율을 점하다; 설명하다; 원인이 되다 = **make up; explain; cause**
  constitute 구성[조성]하다 = **create, form, compose, make (up)**

---

cope with
[koup wið]

- **(v)** 대처하다, 극복하다 = **adapt to, deal with, handle,** manage, manipulate, negotiate, treat
  No one knew you could **cope with** this serious situation.
  어느 누구도 당신이 이 심각한 상황을 극복할 수 있을지 알지 못했다.
- **관련어** **adapt** (알맞게) 조정[조절]하다 = **adjust**
  treat 다루다, 취급하다 = **handle, deal, manage, manipulate**

O-2

handle 다루다, 처리하다 = **process**
meet 응하다, 만족시키다 = **deal with**

> **시나공비법**
> '어려운 점을 극복하다'라는 문장을 표현할 때 자주 사용됩니다.

disperse
[dispə́:rs]

- ⓥ 흩어지게 하다, 퍼뜨리다 = **disseminate, dissipate, distribute, scatter, spread (out),** diffuse
  Police **dispersed** the crowd around the stadium.
  경찰이 경기장 주변의 군중들을 해산시켰다.
- ⓝ **dispersal[dispersion]** 분산, 유포 = **distribution**
- ⓐ **dispersed** 널리 퍼진, 만연된 = **widespread**

disseminate
[disémənèit]

- ⓥ 퍼뜨리다, 흩뿌리다 = **disperse, spread, (widely) distribute,** circulate, diffuse, radiate
  The organization's aims is to **disseminate** information about the avian flu.
  그 조직의 목표는 조류독감에 관한 정보를 전하는 일이다.
- ⓝ **dissemination** 보급, 퍼짐 = **spread,** propagation

exploit
[éksploit]

- ⓥ 1. (이익, 영리를 위해) 이용[활용]하다 = **make use of, (fully) use, utilize**
  Finally, he **exploited** these new approaches for his family business.
  마침내 그는 그의 가업을 위해 이 새로운 접근법들을 이용하였다.
  2. (이기적 목적을 위해) 부당하게 사용하다, 착취하다 = **take advantage of, use to advantage**
  3. 탐험하다, 탐구하다, 조사하다 = **discover**
- ⓝ **exploitation** 이용, 활용 = **use**
- 관련어 **utilize** 이용하다, 쓰다 = **employ, use**

offset
[ɔ́(:)fsèt]

- ⓥ 상쇄하다, 균형을 맞추다 = **balance, counter, counterbalance,** make up
  The extra cost of traveling to work is **offset** by the lower price of houses here.
  직장까지 출근하는 데 드는 추가 비용은 이 지역의 낮은 집값에 의해 상쇄된다.
- ⓝ 상쇄하는 것 = **balance, counterbalance,** counteraction, neutralizer
- 관련어 1. **counterbalance** ⓥ 균형을 잡아 주다, 효과를 상쇄하다
  ⓝ 평형(력), 균형을 만드는 힘
  2. **counter** ⓥ 반대하다 = **act against, oppose**
  ⓐ 반대의, 대조적인 = **opposite,** contrary, converse, reverse
  ⓐⓓ ~에 반대로, 역으로(to) = **in opposition to**
  ⓝ 반대(의 것), 역(의 것) = **opposite**
  3. **onset** 시작, 개시, 착수; 공격, 습격 = **beginning; attack**

persist
[pərsíst]

- ⓥ 1. 고집하다, 관철시키다 = **endure, insist, succeed,** preserve
  The city office is **persisting** with its ambitious public health program even though it is criticized for its impracticality.
  현실성이 없다는 비판이 있음에도 불구하고 시청은 야심찬 보건 정책을 관철시키려 한다.

0-2

2. 지속하다, 잔존하다 = **continue, last,** remain
- ⓐ **persistent** 영속하는, 지속성의, 끊임없는 = **continuous, enduring, (long) lasting**
- ⓝ **persistence** 지속, 존속 = **continuous existence, continuation,** duration
- 관련어 **enduring** 오래 지속되는 = **long-lasting, surviving,** durable, permanent, stable

postulate
[pástʃəlit]

- ⓥ 1. 주장하다, 가정하다 = **assume, claim, hypothesize,** premise, presume
  Scientists **postulate** that there is a tenth planet in the solar system, but they can't prove its existence.
  과학자들은 태양계에 열 번째 행성이 존재한다고 가정할 뿐 그 존재를 입증하지는 못한다.
  2. 요구하다 = **claim, request, propose, suggest,** demand, require
- 관련어 **hypothetical** 가설의, 가설에 근거한 = **supposed**

spur
[spəːr]

- ⓥ 자극하다 = **stimulate, urge,** motivate, prompt, propel
  The coach **spurred** all the players to do their best before going to the championship final match.
  감독은 챔피언 결승전에 임하기 전 선수들에게 최선을 다하라고 격려했다.
- ⓝ 자극 = **stimulus,** catalyst, impetus, impulse, incitement, motivation
- phr **on the spur of the moment** 충동적으로, 앞뒤 가리지 않고, 갑자기 = **without planning**
- 관련어 **stimulate** 자극하다, 격려하다 = **activate, cause, encourage, promote, spur**
  stimulus 자극하는 것, 자극(물) = **impetus**

sustain
[səstéin]

- ⓥ 유지하다, 지속하다 = **continue, keep, maintain, support, uphold,** preserve, save
  Do you think we can **sustain** our commitment to deliver the component parts on time?
  우리가 부품을 적기에 납품하겠다는 약속을 지킬 수 있다고 생각합니까?
- 관련어 **durable** 튼튼한, 오래가는 = **long-lasting**

sustainable
[səstéinəbl]

- ⓐ 1. 지속적인, 한결 같은 = **constant, continuing, uninterrupted**
  2. 지탱할 수 있는, 견딜 수 있는 = **durable, endurable,** supportable, tolerable

adjacent (to)
[ədʒéisənt]

- ⓐ 인접한, 가까운 = **nearby[near by], neighboring,** beside, close to, near, next to
  Jeffrey lives in the house **adjacent to** the cathedral, but always feels lonely.
  제프리는 성당 근처의 집에서 살지만 항상 외로움을 느낀다.

> **시나공비법**
> beside는 '게다가'의 의미로도 사용되지만, 주로 '~옆의, 가까이에(neighboring)', '~과 비교하면(compared with)'의 의미로 사용됩니다.

ample
[æmpl]

a 1. 풍부한 = **abundant, bountiful, copious, more than enough, plentiful,** generous, plenty ↔ **limited** (한정된, 제한된)
I had **ample** opportunities to polish up my English while serving in the U.S. Army.
난 미 육군 복무 시절 영어 실력을 연마할 수 있는 충분한 기회를 얻었다.

2. 넉넉한, 큰 = **large, sizable, vast,** spacious, wide

ad **amply** 풍부히, 넉넉하게 = **generously**

관련어 **limited** 한정된, 제한된; 삼가한, 적절한 = **ended, narrow, restricted; modest**
generous (돈 등을) 잘 쓰는; 마음이 넓은, 관대한; 풍부한, 많은

analogous
[ənǽləgəs]

a 유사한, 닮은 = **comparable, similar,** correspondent, resembling, alike, parallel
The way Jessica has achieved his success as a national TV star is **analogous** to the way most Japanese teenage idol actors are trained and managed.
수잔이 텔레비전 스타로 성공한 방식은 대부분의 일본 아이돌 배우들이 훈련되고 관리되는 것과 유사하다.

phr **analogous to** ~와 같은, ~와 유사한 = **like, similar to**

관련어 **analogy** 유사, 비슷함; 유추

arduous
[áːrdʒuəs]

a 1. (정신적 또는 육체적으로) 힘든, 어려운 = **difficult,** demanding, exacting, formidable, laborious, severe, toilsome
A dispute over plagiarizing the thesis leads them to a long and **arduous** court struggle.
논문 표절에 대한 공방이 길고 힘든 법정 싸움으로까지 번지게 되었다.

2. 끈기 있는, 근면한 = **diligent**

3. 오르기 힘든, 험한

> **시나공비법**
> arduous, laborious는 '몹시 힘드는, 벅찬' 뿐만 아니라 '근면한, 꾸준한'의 의미로도 사용됩니다.

astonishing
[əstániʃiŋ]

a 놀라운 = **amazing, astounding, incredible, surprising, startling**
Her performance was simply **astonishing** enough to capture the hearts of the audience.
그녀의 연기는 관객을 사로잡기에 충분할 만큼 놀라웠다.

관련어 **astounding** 크게 놀라게 하는, 놀라운 = **incredible**
incredible 믿어지지 않는, 놀랄 만한 = **unbelievable**
startling 놀라운 = **surprising**
amazing 놀라운 = **remarkable**

conclusive
[kənklúːsiv]

a 1. 결정적인 = **definitive, decisive,** absolute, clear
There is no **conclusive** evidence to suggest that John had an affair with Monica.
존이 모니카와 불륜 관계인 것을 제시해 줄 결정적인 증거가 없다.

2. 최종적인 = **final**

관련어 **inconclusive** 결정적이 아닌, 확정적이지 않은 = **not definitive,** indecisive
conclude 결론을 내리다; 마치다, 끝내다

consequently
[kánsəkwèntli]

ad 결과적으로, 따라서 = **as a result, hence, successively, therefore, thus,** accordingly

Scott has been unemployed for the last 4 months, and **consequently** he is broke.
스캇은 지난 4개월간 실업자 상태여서 결국 빈털터리인 상태이다.

a **consequent** 결과로서 일어나는 = **later, resultant, resulting**

관련어 **thereby** ad 그 때문에, 그것에 의해 = **by that means, consequently, in this way**

consequence
[kánsəkwèns]

n 1. 결론, 효과 = **effect, ramification, result,** sequence
2. 중요성 = **importance, significance,** momentousness

crucial
[krú:ʃəl]

a 결정적인, 매우 중대한, 중요한 = **essential, (most) important, vital,** critical

It is of **crucial** importance that we win the general election in April.
4월 총선에서 승리하는 것이 우리에겐 매우 중요하다.

ad **crucially** 결정적으로 = **decisively**

> 시나공 비법
> crucial과 critical은 '중요한'과 '위험한, 위태로운'의 의미를 공통적으로 가지고 있습니다.

current
[kə́:rənt]

a 1. 현재의, 최신의 = **modern, present,** contemporary, new

The advisor does not wish to discuss any of the **current** financial matters with employees.
고문은 현 재정 문제와 관련된 어떠한 사항도 직원들과 논의하길 원치 않는다.

2. 유행의, 통용되고 있는 = **conventional, customary, popular, prevailing, prevalent,** usual

ad **currently** 현재는, 지금은 = **at the present time**

> 시나공 비법
> current는 '널리 통용[수용]되고 있는', prevailing은 '보다 우세한', prevalent는 '널리 퍼진, 흔히 볼 수 있는'의 의미로 주로 사용됩니다.

diverse
[divə́:rs]

a 1. 다양한 = **varied, various,** assorted, diversified, miscellaneous, varying

With fertile soil, one can cultivate **diverse** vegetables.
기름진 토양에서 다양한 야채를 경작할 수 있다.

2. ~과 다른, 별개의 = **various,** different, varying

관련어 **assorted** 고루 갖춰진 = **various**

miscellaneous 갖가지 잡다한, 잡동사니의; 다재(多才)한; 갖가지 주제를 다룬

diversity
[divə́:rsəti]

n 1. 변화, 다양(성) = **variety,** diversity, miscellaneousness, variousness
2. 부동(不同), 틀린 점 = **difference,** variety, diversity, variousness

n **diversification** 다양화, 잡다한 변화 = **emergence of many varieties**

essential
[əsénʃəl]

ⓐ 1. 아주 중요한, 주요한 = **crucial, fundamental, important, principal, vital**
In the military, it's **essential** to obey the commander's orders.
군에서는 지휘관의 명령에 복종하는 것이 매우 중요하다.

2. 기본적인, 필수적인 = **basic, fundamental, necessary, required, vital, elementary, indispensable**

ⓝ essence 본질, 실체 = **fundamental**

phr in essence 본질[근본]적으로는 = **significantly**

inadvertently
[inədvə́ːrtəntli]

ad 무심코, 우연히 = **accidentally, unintentionally, without knowing,** casually, by chance, fortuitously, incidentally

A customer **inadvertently** walked into a convenience store while a robbery was taking place.
한 고객이 강도 사건이 일어나고 있는 것을 알지 못하고 편의점으로 걸어 들어갔다.

관련어 unintentionally 우연히 = **accidentally**
advertent 조심하는, 신중한
casual 우연한; 무심코 한; 격식 없는; 변덕스러운
fortuitous 우연의, 뜻밖의
incidental 우발적인; 수반하여 일어나는; 임시의

indigenous
[indídʒənəs]

ⓐ 고유한, 토착의 = **native, aboriginal,** born, endemic
The Navajo tribes are **indigenous** to Arizona.
나바호 족은 애리조나 주의 토착민이다.

관련어 1. 다음의 어휘들과 혼동하지 맙시다!
ingenious 독창적인, 영리한 = **clever, creative,** innovative
ingenuous 솔직한, 숨김없는; 천진한, 꾸밈없는 = **innocent, simple, trusting**
2. endemic 어떤 지방 특유[고유]의

manifest
[mǽnəfèst]

ⓐ 명백한 = **apparent, clear, definite, distinct, evident, obvious,** patent
He has **manifest** evidence to convict the habitual criminal.
그가 상습범임을 증명할 수 있는 명백한 증거가 있다.

ⓥ ~을 명백히 하다, 분명히 나타내다 = **demonstrate, reveal,** display, exhibit, expose

ⓝ manifestation 표시, 명시 = **demonstration, expression, indication,** display, exhibition, mark

관련어 apparent 명백한, 분명한; 외관상의 = **clear, evident, obvious, seen clearly;** seeming

clear 명백한, 분명한 = **apparent**

conspicuous 띄는, 현저한; 확실히 보이는, 뚜렷한 = **(very) noticeable; evident, obvious**

evident 명백한 = **apparent, clear, obvious**

obvious 명백한, 눈에 띄는 = **apparent, clear, conspicuous, evident**

patent 명백[명확]한 = **apparent, clear, distinct, evident, manifest, obvious**

시나공비법
'명백한, 분명한'의 의미의 어휘들(apparent, clear, conspicuous, evident, manifest, obvious, patent, seen clearly)은 모든 영어 지문, 책, 방송 등에서 자주 나오므로 반드시 알아 두기 바랍니다.

0-2

modest [mádist]

ⓐ 1. 수수한, 간소한, 한정된 = **(fairly) small, not (too) large, limited, simple**
There has been a **modest** increase in sales.
판매량이 완만하게 증가해 왔다.

2. 알맞은, 온당한, 적절한 = **typical,** moderate, reasonable, temperate

관련어 **limited** 한정된, 제한된; 삼가한, 적절한 = **ended, narrow, restricted; modest**
plain 분명한, 명백한; 평이한, 간단한; 꾸밈없는, 솔직한; 간소한, 소박한; 평탄한, 판판한

primary [práiməri]

ⓐ 1. 근본적인 = **fundamental,** basic, radical, underlying
The sales of a million units were the **primary** cause of this big development.
백만 개의 매출이 이러한 큰 도약을 하는데 있어 근본적인 원인이 되었다.

2. 주요한 = **main, major, principal,** cardinal, central, chief, dominant

ⓐd **primarily** 주로 = **mainly, mostly, preeminently**

관련어 **chief** 주요한 = **major**

principal [prínsəpəl]

ⓐ 주된, 주요한 = **chief, dominant, main, major, most important,** outstanding, predominant
The **principal** reason they called me was to make an offer to buy the Christmas merchandise.
그들이 나에게 전화한 주된 이유는 크리스마스 상품을 구매하도록 제안하기 위한 것이었다.

ⓐd **principally** 주로, 대체로 = **chiefly,** generally, largely, mainly, mostly

관련어 **chief** 주요한 = **major**
preeminent 현저한, 주목할 만한 = **foremost, outstanding, significant**

severe [sivíər]

ⓐ 1. 심각한, 극심한 = **extreme, harsh, worse,** austere, grim, hard, stringent
In Korea, many venture enterprises have **severe** cash flow problems.
한국에서는 많은 벤처 기업들이 심각한 현금 유동성 문제를 안고 있다.

2. 철저한 = **thorough,** complete, perfect, utter

ⓐd **severely** 심하게, 가혹하게 = **seriously,** gravely, intensely

ⓝ **severity** 심각함, 엄정, 엄밀 = **harshness, seriousness; accuracy**

관련어 **harsh** 엄한, 엄격한 = **extreme, severe**
stringent 엄중한, 엄격한 = **strict**

significant [signífikənt]

ⓐ 1. 중대한, 중요한 = **considerable, essential, important, serious, substantial,** crucial
The two leaders' shaking hands is a **significant** step towards unification.
두 지도자의 악수는 통일을 향한 중요한 도약이다.

2. 상당한, 현저한 = **considerable, remarkable, substantial**

ⓝ **significance** 중요성, 의의 = **importance**

관련어 **remarkable** 주목할 만한; 비범한, 예외적인 = **incredible, notable, noticeable, prominent; extraordinary**

> **시나공 비법**
> considerable, significant, substantial은 '상당한, 중요한'이라는 두 의미를 동시에 갖고 있으며, 여기서 substantial은 '견고한, 튼튼한(= solid, sturdy)'의 의미로도 쓰입니다.

striking
[stráikiŋ]

ⓐ 1. 주목할 만한, 인상적인, 현저한 = **dramatic, impressive, spectacular,** magnificent, marvelous, splendid, stunning
The most **striking** trait of the animals of this land is their rapid speed.
이 지역 동물들의 가장 주목할 만한 특징은 그들의 빠른 스피드이다.

2. 명확한, 눈에 띄는 = **certain, noticeable, remarkable,** obvious, conspicuous, evident, marked

3. 치는 = **hitting**

관련어 **spectacular** 볼만한, 인상적인 = **dramatic, impressive, remarkable, striking**
dramatic 극적인 = drastic, great, impressive, significant, striking
splendid 호화로운, 웅대한 = **marvellous**
stunning 놀랄 만큼 멋진 = **amazing, impressive**
noticeable 뚜렷한, 현저한 = **appreciable, outstanding, remarkable**

strike
[straik]

ⓥ 부딪히다, 충돌하다 = **bombard, come in[into] contact with, hit,** collide with, run into

ⓝ 파업, 작업 정지 = **walkout**

관련어 **bombard** 포격[폭격]하다; 충격을 주다 = **strike**
collide (with) 충돌하다 = **bump into, hit each other, run into**

thus
[ðʌs]

ad 그러므로, 따라서 = **as a result, consequently, therefore,** accordingly, hence, so, then
The creditors declined the chairman's proposal to gain more time. **Thus**, the company went bankrupt.
채권자들은 시간을 벌어 보려 했던 회장의 제의를 거절했고, 따라서 회사는 파산하고 말았다.

관련어 **thus far** 이제까지는 = **so far, until now, up to present**
thus and so 그런 식으로 = **thus, so**

turbulent
[tə́ːrbjələnt]

ⓐ 소란스러운 = **agitated, violent,** tempestuous, tumultuous
The U.S. went through **turbulent** events during the 1980s.
미국은 1980년대에 격변기를 겪었다.

ⓝ **turbulence** 동요, 소란 = **agitation, violence**

관련어 **agitate** 흔들다; 동요시키다; (언론으로) 떠들썩한 문제를 만들다 = **create movement in, disturb, upset,**

unprecedented
[ʌnprésidèntid]

ⓐ 전례 없는, 유례없는 = **initial, new, not[never] seen[existing] before, never happened (previously), novel, unique, unlike anything in the past,** original, unaccustomed
The board of directors' decision to invest in stocks and shares is **unprecedented**.
증권에 투자하기로 한 이사회의 결정은 전례 없는 일이다.

관련어 **precede** 앞서 일어나다, 앞서다 = **come before**

vast
[væst]

ⓐ 거대한, 엄청난 = **extensive, great, huge, immense, very large,** enormous, expanded, tremendous
The tycoon owns a **vast** piece of land with two lakes and five houses.
그 재벌은 호수 두 개와 집 다섯 채가 있는 거대한 땅을 소유하고 있다.

vigorous
[vígərəs]

- **ⓐ** 정열적인, 활기 넘치는 = **active, energetic, forceful, strong (and healthy),** powerful, dynamic, vital
  The young district attorney has become the most vigorous enforcer of the rules against corporate wrongdoings.
  젊은 지방 검사는 기업의 잘못을 묻는 법을 가장 열성적으로 시행하는 사람이 되었다.
- **ⓝ** **vigor** 활기, 정력, 체력 = **energy,** health, strength, vitality

assessment
[əsésmənt]

- **ⓝ** 평가, 사정 = **estimation, evaluation,** appraisement, judgment
  He was proven innocent after the tediously long assessment by the board of audit and inspection.
  그는 지루하게 오랜 감사원의 조사를 받은 후 무죄임이 판명되었다.

assess
[əsés]

- **ⓥ** 재산, 수입, 세금, 요금 등을 평가[사정]하다 = **evaluate, estimate,** judge
- **관련어** **estimate** 평가, 판단하다; 추정하다 = **assess, calculate, evaluate, judge; approximate, calculate, predict**
  appraise (품질, 치수 등을) 평가하다, 판정[감정]하다

> **시나공비법**
> evaluate/evaluation보다는 estimate/estimation이 '수치적인 것'과 더욱 연관이 있으므로, 유의어 문제의 보기에 evaluate과 estimate이 동시에 나올 때 주의하길 바랍니다.

component
[kəmpóunənt]

- **ⓝ** 구성 요소, 성분 = **constituent, element, factor, ingredient, part, piece**
  The tires, engine, body, and seats are components of a car.
  타이어, 엔진, 차체 및 좌석은 차의 구성 요소들이다.

configuration
[kənfìgjəréiʃən]

- **ⓝ** 1. 외형, 형상, 형태 = **form, shape,** appearance, formation, structure, format
  The latest technology is used in the innovative configuration of the new model.
  최신 기술은 새로운 모델의 혁신적인 외형을 만드는 데에 사용된다.
  2. 배치 = **arrangement,** layout, design, organization, disposition, alignment
- **ⓥ** **configure** (~형으로) 만들다 = **shape,** put together
- **관련어** **put together** 모으다, 조립하다; 결혼시키다; 합치다; (모임, 팀 등을) 만들다

Day 02 Quiz

앞에서 학습한 내용들을 바로 확인해 보는 코너입니다.

❶ 아래 단어들의 유의어를 보기에서 찾아 빈칸에 쓰시오.

A | ⓐ take advantage of　ⓑ dissipate　ⓒ believe　ⓓ nearby　ⓔ final　ⓕ plentiful

1. assume _____　　2. disperse _____　　3. exploit _____
4. adjacent to _____　5. conclusive _____　6. ample _____

B | ⓐ startling　ⓑ form　ⓒ apparent　ⓓ limited　ⓔ not definitive　ⓕ novel

1. modest _____　　2. configuration _____　3. unprecedented _____
4. astonishing _____　5. inconclusive _____　6. manifest _____

❷ 문장 내에서 진하게 표시된 어휘의 유의어를 고르시오.

1. The two leaders' shaking hands is a **significant** step towards unification.
   ⓐ deadly　　ⓑ exceeding　　ⓒ considerable　　ⓓ subsistent

2. The tires, engine, body, and seats are **components** of a car.
   ⓐ advancements　ⓑ barriers　　ⓒ consensuses　　ⓓ constituents

3. At that time, the **vigorous** trade with the U.K. has motivated large Korean companies to upgrade.
   ⓐ energetic　　ⓑ underlying　　ⓒ faint　　ⓓ limited

4. For an artist, creative thinking is **crucial** in creating a magnificent painting.
   ⓐ prevailing　　ⓑ essential　　ⓒ sizable　　ⓓ vulgar

5. The humid Pacific region is inhabited by **indigenous** communities.
   ⓐ essential　　ⓑ eccentric　　ⓒ native　　ⓓ artful

정답 & 해석

❶ A. 1. ⓒ 2. ⓑ 3. ⓐ 4. ⓓ 5. ⓔ 6. ⓕ
　 B. 1. ⓓ 2. ⓑ 3. ⓕ 4. ⓐ 5. ⓔ 6. ⓒ
❷ 1. ⓒ 2. ⓓ 3. ⓐ 4. ⓑ 5. ⓒ

1. 두 정상의 악수는 통일을 향한 중요한 걸음이다.
2. 타이어, 엔진, 차체 및 좌석은 차의 구성 요소이다.
3. 당시 영국과의 활발한 교역은 한국의 대기업들을 발전시키는 동기가 되었다.
4. 예술가에게 창조력은 훌륭한 그림을 그리는데 중요하다.
5. 습한 태평양 지역은 원주민 공동체들이 거주한다.

Not 빈출, But 기출! 고득점을 원하면 놓치지 말아야 할 코너!

Word	의미	유의어
adhesive	들러붙는, 접착성의	sticky
adverse	(목적, 취지에) 반대하는, 적의를 품은(to); 해로운, 불리한	unfavorable; harmful
against	~에 반대하여; ~에 기대어	opposed to; next to
agitate	동요하다, 선동하다	create movement in
akin to	유사한, 비슷한	similar to / with(다른 종류)
baffle	몹시 당황케 하다, 이해할 수 없게 만들다	puzzle
impulse to	추진하다	push forward

Do it this way! Speaking, Writing에서는 이렇게 쓰입니다.

SPEAKING

essential

I think the automobile is an invention that has had a great influence on people's lives because it is one of the most **essential** means of transportation in society.

자동차는 가장 필수적인 교통 수단 중의 하나로 인간의 삶에 큰 영향을 준 발명품이라고 생각한다.

> Speaking에서 '인간의 삶에 상당한 영향을 준 발명품을 골라 설명하시오. (Choose an invention that has had a great influence on people's lives.)'라는 질문이 나올 때 위와 같은 방법으로 대화를 시작할 수 있습니다.

WRITING

spur

An early plan for our future **spurs** us to make every effort.

우리의 미래에 대해 조기에 계획을 세우는 일은 우리로 하여금 최선의 노력을 하도록 자극한다.

> Writing에서 아래 문제와 같이 이유를 언급해야 하는 **essay** 등을 작성할 때 많이 쓰입니다.
> (Do you agree or disagree with the following statement? The best way for a good future is to plan carefully when you are young. Use specific reasons and details to support your answer.)

diverse

Advertisements have **diverse** side effects.   광고는 다양한 부작용을 갖고 있다.

> 다양한 부작용, 다양한 이유들, 다양한 논거들 등으로 운을 뗀 뒤, 이를 각각 두, 세 가지로 나누어 본론을 전개하면 멋진 독립형 essay가 됩니다.

Day 03 시험에 나오는 0순위 Voca

TOEFL Reading Voca 문제의 52%가 여기서 출제된다!

🔊 0-1_Day 03.mp3

allude
[əlúːd]

- **v** 암시하다 = **imply, indicate, suggest,** hint, infer, insinuate, intimate
  The newspaper article **alludes** to the failure of the government's new policy on housing.
  신문 기사는 정부의 새 주택정책이 실패했음을 암시한다.
- **n** **allusion (to)** 간접적 언급, 암시 = **reference (to),** mention (of), suggestion (of), comment on, remark (on)
- 관련어 **suggest** 나타내다, 암시하다 = **imply, indicate, show**
  imply 내포하다, 함축하다 = **indicate**
  mark 표시하다, 나타내다 = **indicate, label, notice**
  point out 가리키다, 지적하다 = **indicate**
  evidence 입증하다 = **indicate**
  insinuate 넌지시 말하다, 암시하다; (생각, 사상 등을) 심어주다
  intimate 암시하다, 은연 중에 말하다; 알리다, 공표하다

deviate
[díːvièit]

- **v** 벗어나다, 빗나가게 하다 = **depart, divert,** deflect, turn aside, turn off, veer
  As long as it does not **deviate** the philosophy of the course, this prestigious school generally lets students to experiment with their instruments and techniques freely.
  이 명문 음악학교는 교육 방침에서 벗어나지 않는 한 대체적으로 학생들이 악기나 연주법을 자유롭게 실험하도록 허락한다.
- **n** **deviation** 탈선, 일탈 (행위) = **deflection, departure, turn,** aberration, digression, diversion, shift
- 관련어 **divert** (방향, 주위, 주의를) 딴 데로 돌리다, 전환시키다 = **distract, redirect, reroute**
  deflect 비끼다[비끼게 하다], 빗나가다[빗나가게 하다] = **change in direction, divert**
  turn aside 길에서 빗나가다; (본래의 것에서) 벗어나다(from)
  turn off (길이) 갈라지다, 분기하다; (사람,차 등이) 옆길로 가다; 벗어나다, 빗나가다
  veer 방향을 바꾸다
  aberration 탈선, 변형, 일탈 cf. **aberrant** 정도를 벗어난, 비정상적인 = **abnormal**
  digression 일탈; 주제에서 벗어나기
  diversion (목적이나 방향의) 전환

encompass
[inkʌ́mpəs]

- **v** 포함하다, 내포하다 = **include,** comprehend, contain, embody, embrace, involve
  The course **encompassed** everything from conversation to grammar.
  교육 과정은 회화에서 문법에 이르기까지 모든 것을 망라했다.

관련어 **embrace** 받아들이다 = **adopt,** accept

facilitate
[fəsílitèit]

v 1. 수월하게[편하게] 하다 = **make easy[easier],** ease
The head office in Detroit sent us several people to **facilitate** the Far East business.
디트로이트 본사는 극동 지역의 영업을 촉진하기 위해 우리에게 직원들을 파견했다.

2. 돕다, ~하게 하다 = **aid, enable, help**

forage
[fɔ́(:)ridʒ]

v 1. (식량 등을) 찾아 나서다 = **search (for food), seek (for food),** hunt, look
The raccoon **foraged** for food beneath the snow.
너구리가 눈 밑에 있는 식량을 찾아 다녔다.

2. 먹이를 주다 = **feed**

> **시나공비법**
> feed는 다음과 같은 의미로 많이 사용됩니다.
> **1 feed** : 먹이를 먹이다; (하천 등이) ~에 흘러 들어가다(to/into)
> **2 feed on** : 먹잇감으로 하다, ~을 주로 먹고 살다

harness
[háːrnis]

v 이용하다, 동력화하다 = **put into use, use, utilize**
The villagers **harnessed** the river to produce electricity.
마을 사람들은 강을 이용하여 전기를 생산했다.

관련어 **utilize** 이용하다, 쓰다 = **employ, use**

> **시나공비법**
> 일반적으로 자연력을 control하여 이용하는 경우에 사용합니다.

imply
[implái]

v 나타내다, 내포하다 = **indicate,** hint, infer, insinuate, intimate, suggest
It would **imply** a big change in the thinking of the North Korean government.
그것은 북한 정부의 생각에 큰 변화가 있음을 나타내 준다.

n 1. **implication** 나타냄, 암시; (예상되는)결과 = **suggestion,** hint, insinuation, intimation; consequence

2. (예상되는)결과 = **consequence**

관련어 **insinuate** 넌지시 말하다, 암시하다; (생각, 사상 등을) 심어주다
intimate 암시하다, 은연중에 말하다; 알리다, 공표하다

inflate
[infléit]

v 부풀리다, 팽창시키다 = **expand, enlarge,** amplify, increase, magnify, swell
I had so much pleasure **inflating** balloons for my temperamental and incompetent boss' farewell party.
신경질적인데다 무능하기까지 했던 상관의 송별회를 위한 풍선을 불면서 나는 큰 기쁨을 느꼈다.

n **inflation** 부풀(리)기, 팽창 = **expansion,** enlargement, extension, increase, swelling

관련어 **swell** 팽창하다, 부풀다 = **enlarge, expand, increase**

initiate
[iníʃièit]

- **v** 시작하다, 개시하다 = **begin, originate, start,** commence, inaugurate, launch

    The country was trying to **initiate** peace with their neighboring country.
    그 나라는 이웃 나라와 평화를 이루기 위해 노력하는 중이었다.

- **a** **initial** 처음의 = **first, original**
- **ad** **initially** 처음에, 최초에 = **(at) first, originally**
- **a** **uninitiated** 경험이 없는, 미숙한 = **unexperienced**
- 관련어 **inaugurate** 창안하다, 시작하다 = **introduce**

intrigue
[intríːg]

- **v** 흥미를 끌다, 매료시키다 = **attract, fascinate, interest,** appeal, excite

    The instructor's acts **intrigued** many TV producers.
    강사의 행동은 많은 TV 제작자들의 관심을 끌었다.

intriguing
[intríːgiŋ]

- **a** 흥미있는, 매력적인 = **attractive, fascinating, interesting (but not completely understood),** exciting
- **n** 흥미를 끄는 것 = **interest**

pinpoint
[pínpɔ̀int]

- **v** 1. (위치를) 정확히 지적하다, 나타내다 = **locate exactly,** find, locate, discover, detect, track down, spot

    The stage lighting had **pinpointed** the A class seats in the stadium.
    무대 조명은 경기장에 있는 A 클래스 좌석을 정확히 가리켰다.

    2. (원인, 본질을) 정확히 지적[설명]하다 = **identify precisely,** clearly identify, determine, distinguish, identify, recognize

- 관련어 **point out** 가리키다, 지적하다 = **indicate,** bring up, refer

pose
[pouz]

- **v** 제출[제안]하다, 일으키다 = **present,** create, cause, produce

    The students' committee **posed** the question; is the professor grading and supervising their thesis in a professional way?
    학생 위원회는 교수들이 논문의 채점과 감독을 전문적으로 하는지에 대해 의문을 제기했다.

prolong
[prəlɔ́(ː)ŋ]

- **v** 늘이다, 연장하다 = **extend,** draw out, elongate, lengthen, protract, stretch

    We were having such a good time that we decided to **prolong** our stay another week.
    우리는 매우 재미있는 시간을 보내게 되어 체류를 한 주 더 연장하기로 했다.

- **a** **prolonged** 긴, 늘려진 = **lengthy**

> **시나공비법**
>
> prolonged는 과거분사형으로서 '연장된'의 의미로 자주 사용됩니다.
> ex. prolonged period 연장된 기간

prosper
[práspər]

- **v** 번영하다, 번창하다, 성공하다 = **boom, expand, flourish, succeed, thrive**

    The science of economics cannot **prosper** without government funds.
    경제학은 정부의 자금 지원 없이는 성공할 수 없다.

prosperous
[práspərəs]

a 1. 번영(번창)하는 = **flourishing, successful, thriving,** expanding, booming, burgeoning

2. 유복한 = **wealthy,** affluent, opulent, rich

n prosperity (노력이나 힘쓴 뒤의) 번영 = **(economical) success, reward, wealth, well-being**

관련어 **burgeoning** = **increasing, rapidly expanding** (burgeon 갑자기 발전[성장]하는)

expand 확대[확장]하다, 팽창시키다 = **inflate, spread, stretch**

> 시나공비법
> expand가 유의어 문제의 보기로 출제될 경우 다른 유의어들보다 선택순위가 낮음을 유의해야 하는데, '번창하다'보다는 '확장하다'의 의미가 강하기 때문입니다.

refine
[riráin]

v 세련되게 하다, 개선하다, 다듬다 = **improve,** polish

Additionally, I need to **refine** your technique of teaching and learning.
게다가 나는 당신의 가르치고 배우는 기술을 다듬어줄 필요가 있다.

n refinement 발전, 진보 = **advancement, breakthrough, enhancement, (little) improvement, perfection**

관련어 **breakthrough** 갑작스런[대단한] 발전[발견] = **(sudden) advance [development]**

> 시나공비법
> refine은 일상에서는 '순화[정화]하다(make something pure)'의 의미로 쓰이는 경우가 더 많습니다.

restrict
[ristríkt]

v 한정하다, 제한하다 = **impound, limit, restrain,** bar, circumscribe, confine

The publisher **restricted** writers' royalty to a maximum of 9%.
출판사는 작가의 인세를 최대 9%로 제한했다.

관련어 **limit** 한정하다, 제한하다 = **confine, end, restrict**

bar 막다, 금하다; 가두다 = **exclude**

circumscribe ~을 제한[억제]하다; ~주위에 선을 긋다; ~에 외접하다

impound (사람 또는 가축을) 안에 넣다, 가두다; (저수지에) 물을 채우다

retrieve
[ritríːv]

v 되찾다, 회복하다 = **bring back, recover, obtain,** recollect, recoup, regain

He has managed to **retrieve** some of the money for this business.
그는 이 사업을 위한 자금 일부를 회수할 수 있었다.

관련어 **recover** 잃었던 것을 다시 되찾다

regain 남에게 빼앗긴 것을 끝내 되찾다

restore 좋은 상태로 회복시키다

seek
[siːk]

v 1. 찾다 = **find, look for, search for, try to find[obtain],** quest

Seeking the position you want is extremely difficult.
당신이 원하는 직위를 찾는 것은 매우 어렵다.

2. ~하려 하다 = **attempt, try,** endeavor, strive, struggle

관련어 **quest** 찾다, 추구하다 = **search**
endeavor, strive, struggle 노력하다, 애쓰다
cast about 찾아 다니다, 궁리하다 = **seek (for)**

dramatic
[drəmǽtik]

ⓐ 극적인 = **drastic, great, impressive, significant, striking**
Bears made a **dramatic** return to the Korean series after last night's victory.
지난 밤의 승리로 베어스는 극적으로 한국 시리즈를 이어갈 수 있게 되었다.

관련어 **drastically** 급격히, 강렬히; 철저히 = **rapidly; severely**

ephemeral
[ifémərəl]

ⓐ 순식간의, 덧없는 = **living in a short time, short-lived, transitory,** evanescent, momentary, transient, temporary
It was a little too late for him to finally realize the **ephemeral** aspects of money and glory in life.
그가 인생에서 부와 명예가 덧없음을 깨달았을 때는 이미 늦은 후였다.

관련어 **transitory** 일시적인 = **brief, short-lived**

exhausted
[igzɔ́:stid]

ⓐ (~으로) 소모된, 기진 맥진한 = **tired, used up,** fatigued, played out, spent, weary, worn(-out)
The workers who work in humid, dark factories are too **exhausted** to enjoy their family life.
습하고 어두운 공장에서 일하는 근로자들은 너무 지쳐 가정 생활을 즐길 수 없다.

관련어 **weary** 정신적, 육체적으로 지친, 지루한

feasible
[fí:zəbl]

ⓐ 가능한, 실행할 수 있는 = **achievable, possible, practicable,** viable, workable
The board of directors chose the most **feasible** one among the proposed projects.
이사회는 제시된 프로젝트들 중에서 가장 실행 가능한 것 하나를 선택했다.

관련어 **viable** 살아갈 수 있는; 실행 가능한 = **able to survive, capable of surviving**

furthermore
[fə́:rðərmɔ̀:r]

ⓐⓓ 게다가, 더구나 = **additionally, in addition, moreover,** as well, besides, likewise, yet
Furthermore, a growing number of men became more conscious of their body shape.
게다가 갈수록 많은 남성들이 자신들의 몸매에 대해 더욱 의식하게 되었다.

관련어 **further** ⓐ 그 이상의 = **added, additional**
likewise 비슷하게 = **similarly**

> **시 나 공 비 법**
> 1 further는 형용사, 부사(게다가, 더욱), 동사(발전시키다)로 모두 활용 가능합니다.
> 2 '게다가'의 의미 유의어 중 besides를 beside로 오용하지 마시길! 물론 beside는 '게다가'의 의미로도 사용되지만, 주로 '~옆의, 가까이에(neighboring)', '~과 비교하면(compared with)'의 의미로 사용됩니다.

O-3

inevitable
[inévitəbl]

- **a** 피할 수 없는, 필연적인 = **certain, necessary, unavoidable, without exception**
  It is **inevitable** that the credit card companies will lay off many of their employees.
  신용카드 회사들이 상당수의 직원들을 정리 해고하는 것은 불가피하다.
- **ad** **inevitably** 필연적으로, 반드시 = **with certainly, without exception**

invariably
[invɛ́(:)əriəbli]

- **ad** 언제나, 예외 없이 = **always, without exception,** continually, perpetually
  His decision is **invariably** excellent, and his aides always do what he says.
  그는 훌륭한 결정을 내리기 때문에 보좌관들은 항상 그가 말하는 대로 수행한다.

marked
[mɑːrkt]

- **a** 두드러진, 상당한 = **considerable, distinct, distinguished, noticeable, pronounced,** conspicuous
  The new boss should lead to **marked** development in working conditions.
  신임 사장은 근로 조건에 상당한 개선이 이루어지게 이끌어야 한다.
- **v** **mark** 표시하다, 나타내다 = **indicate, label, notice**
- **ad** **markedly** 현저하게, 눈에 띄게 = **considerably, noticeably, significantly, surprisingly, substantially**
- 관련어 **noticeable** 뚜렷한, 현저한 = **appreciable, outstanding, remarkable**

massive
[mǽsiv]

- **a** 크고 무거운 = **enormous, extensive, huge, substantial, very large,** cumbersome, ponderous, weighty
  A **massive** amount of information is now available with the Internet.
  요즈음은 인터넷으로 엄청난 양의 정보를 얻을 수 있다.
- **ad** **massively** 거대하게, 대규모로 = **enormously, hugely, immensely, tremendously**
- 관련어 **cumbersome, ponderous** 크거나 무거워서 다루기 힘든 = **awkward, clumsy, difficult to handle, unwieldy**

mere
[miər]

- **a** 단지 ~한, 단순한 = **insignificant, simple,** bare, very
  The nominee for the Nobel Prize was a **mere** university student.
  노벨상 후보는 단지 대학생에 지나지 않았다.
- **ad** **merely** 단지, 오직 = **no more than, only, simply,** just
- 관련어 **barely** 겨우, 간신히; 거의 ~않는 = **just; almost not**

plausible
[plɔ́:zəbl]

- **a** 그럴듯한 = **believable, possible, reasonable,** credible, likely, probable
  You will catch no **plausible** reason for its failure.
  너는 실패에 대한 그럴듯한 이유를 찾을 수 없을 것이다.
- 관련어 **implausible** 있을 법하지 않은 = **unbelievable, unconvinced, unlikely**

pragmatic
[prægmǽtik]

- **a** 현실적인, 실제적인 = **practical, realistic,** sensible
  In business, the **pragmatic** approach to problems is often more successful than an idealistic one.
  비즈니스에서는 문제에 대한 실제적인 접근이 이상적인 접근법보다 더 성공적인 경우가 종종 있다.
- 관련어 **reasonable** 도리에 맞는, 온당한, 적당한 = **consistent, sensible**
  practical 실용적인; 실제적인 = **effective, efficient, obtainable; realistic, pragmatic**

prevailing
[privéiliŋ]

a 널리 퍼진, 우세한, 지배적인 = **current, (pre)dominant, existing, widespread,** common, prevalent, usual

This syndrome is a **prevailing** theme among these culture areas.
이 신드롬은 이들 문화권에서는 널리 퍼진 주제이다.

prevail
[privéil]

v 1. 이기다, 승리하다 = **triumph,** beat, overcome
2. 지배적이다, 우세하다 = **be dominant, dominate,** predominate, rule

관련어 prevalent 널리 퍼진, 유행하는 = **most common, widespread**
widespread 일반적인, 널리 보급된 = **common**
dominate 지배하다, 억제하다 = **control**

simultaneously
[sàiməltéiniəsli]

ad 동시에 = **at the same time,** at once, coincidentally, coincidently, together

The primaries are held **simultaneously** on Tuesday.
예비 선거는 화요일에 동시에 치러진다.

skeptical
[sképtikəl]

a 1. 의심스러운 = **distrustful, doubtful, doubting, suspicious,** mistrustful, questioning, unbelieving, uncertain

Honestly, I'm really **skeptical** about their real intention to change their attitudes toward the issue.
사실 난 그들이 그 사안에 대한 자신들의 입장을 바꾼 진정한 의도가 무엇인지 정말 의심스럽다.

2. 불확실한, 모호한 = **distrustful, doubtful, doubting dubious, suspicious, uncertain, unconvinced**

n skepticism 회의(적인 태도), 회의론 = **doubt,** distrust, mistrust, suspicion

staple
[stéipl]

a 기본적인, 주요한 = **basic,** chief, fundamental, main, principal, predominant

This country imports **staple** foods such as wheat and vegetables.
이 나라는 밀이나 야채 같은 주요 식량을 수입한다.

n 주요 상품[성분] = **basic item, regular figure[feature]**

관련어 chief 주요한 = **major**

substantial
[səbstǽnʃəl]

a 1. 상당한, 많은, 충분한 = **considerable, enormous, large, significant**

The head coach, Alex Ferguson from England, earns a **substantial** income. 영국 출신 감독인 알렉스 퍼거슨은 상당한 소득을 올린다.

2. 튼튼한, 견고한 = **sturdy**
3. 중요한, 본질적인 = **considerable, significant,** consequential, important, material

ad substantially 상당히, 현저하게 = **significantly**

관련어 sturdy 튼튼한 = **well-built**
solid 견고한, 단단한 = **firm, fixed, hard, substantial**

시 나 공 비 법

considerable, significant, substantial 등 이 어휘들은 '중요한', 그리고 '상당한'의 의미를 모두 가지고 있다.

unique
[juːníːk]

- (a) 1. 특유의, 독특한 = **distinct, original, particular,** only
  Each person's genetic code is **unique** except in the case of identical twins.
  사람의 유전자 코드는 일란성 쌍둥이의 경우를 제외하고는 각자 독특하다.
  2. (어떤 종류, 상황, 지역에) 특유한(~to) = **existing only in,** peculiar to, specific to
- (ad) **uniquely** 유례없이, 특유의 방법으로 = **exceptionally, without variation**
- (관련어) **particular** 특유의 = **specific**

duration
[djuəréiʃən]

- (n) (지속) 기간 = **length, span,** term, time
  The **duration** of this movie is over 130 minutes.
  이 영화의 상영 시간은 130분이 넘는다.
- (a) **durable** 튼튼한, 오래 가는 = **long-lasting**
- (관련어) **span** 일정 기간, 전 기간, 전 범위 = **duration, era, period**

impetus
[ímpitəs]

- (n) 자극, 기동력 = **incentive, motivation, stimulus,** catalyst, impulse, motivation
  The task force's report may provide further **impetus** for reform.
  대책 팀의 보고서는 개혁을 위한 추가적인 동력을 제공할 수 있다.
- (관련어) **incentive** 자극, 동기 = **motive**
  stimulus 자극(하는 것) = **impetus**
  impulse 추진력, 자극; 충동, 충격

consensus
[kənsénsəs]

- (n) 의견 일치, 합의 = **agreement,** assent, concord, consent, harmony
  Some comparatively minor decisions are influenced by the **consensus**.
  비교적 작은 결정들은 합의에 의해 영향을 받는다.
- (관련어) **census** 인구조사(를 하다)

key
[kiː]

- (a) 중요한, 중대한 = **centered, central, essential, important, substantial, (more) significant,** crucial
  The **key** factors for this field increased industrial productivity, but caused a territorial dispute.
  이 분야의 핵심 요소들은 산업생산량을 증가시키기도 했지만 영토 분쟁의 원인이 되기도 했다.
- (n) 실마리, 요소 = **critical factor**

Day 03 Quiz

앞에서 학습한 내용들을 바로 확인해 보는 코너입니다.

❶ 아래 단어들의 유의어를 보기에서 찾아 빈칸에 쓰시오.

A ⓐ divert   ⓑ include   ⓒ suggest   ⓓ fascinate   ⓔ feed   ⓕ expand

1. allude _____   2. encompass _____   3. forage _____
4. inflate _____   5. intrigue _____   6. deviate _____

B ⓐ basic   ⓑ predominant   ⓒ short-lived   ⓓ doubtful   ⓔ believable   ⓕ unavoidable

1. ephemeral _____   2. plausible _____   3. skeptical _____
4. staple _____   5. inevitable _____   6. prevailing _____

❷ 문장 내에서 진하게 표시된 어휘의 유의어를 고르시오.

1. The association plans to **harness** new technology for our nuclear resource.
   ⓐ use   ⓑ haul   ⓒ impair   ⓓ engross

2. The publisher **restricted** writers' royalty to a maximum of 9%.
   ⓐ limited   ⓑ impressive   ⓒ reliable   ⓓ suitable

3. The two companies had a **consensus** of opinion about the new plan.
   ⓐ difference   ⓑ agreement   ⓒ transition   ⓓ vestige

4. The minute details in his compositions are very **dramatic** in his paintings.
   ⓐ costly   ⓑ agile   ⓒ striking   ⓓ enthusiastic

5. The new administration failed to devise **feasible** plans.
   ⓐ greedy   ⓑ possible   ⓒ sticky   ⓓ radical

정답 & 해석

❶ A. 1. ⓒ 2. ⓑ 3. ⓔ 4. ⓕ 5. ⓓ 6. ⓐ
   B. 1. ⓒ 2. ⓔ 3. ⓓ 4. ⓐ 5. ⓕ 6. ⓑ
❷ 1. ⓐ 2. ⓐ 3. ⓑ 4. ⓒ 5. ⓑ

1. 협회는 원자력 자원에 필요한 신기술을 활용할 계획이다.
2. 출판사는 작가의 인세를 최대 9%로 제한했다.
3. 두 회사는 새로운 계획에 대해 일치된 견해를 갖고 있다.
4. 그의 구성의 상세함은 그의 그림에서 매우 극적으로 나타나 있다.
5. 새 행정부는 실현 가능한 계획을 세우는데 실패했다.

Not 빈출, But 기출! 고득점을 원하면 놓치지 말아야 할 코너!

Word	의미	유의어
anyone could see	~임이 명확[분명]했다	it was clear that
apex	정상, 절정	crest
appraisal	평가(액), 견적	evaluation
associate	연결 짓다; 결합하다	connect, relate
at the same time	동시에	simultaneously, coincidently
spurt	전력으로 하다	sudden increase
stance	자세	posture

Do it this way! Writing, Listeing 에서는 이렇게 쓰입니다.

WRITING

furthermore

Furthermore, when it comes to health, it is more desirable to work out.

뿐만 아니라 건강을 위해서는 운동을 하는 것이 더 바람직하다.

> 영작을 할 경우에 본론 문단 두 번째를 시작하는 말로 Furthermore가 제격입니다.

LISTENING

prevail

The **prevailing** view was that the continents grew slowly and over millions of years.

지배적인 견해는 대륙이 서서히 수 백만 년에 걸쳐 커졌다는 것이다.

> Listening의 강의(lecture) 파트에서 교수나 강사가 새로운 가설이나 신모델을 제시하면서 지금까지의 지배적인 이론이나 기존 가설에 대한 설명을 전개할 때 위와 같이 prevail, 또는 prevailing이 자주 사용됩니다.

Day 04 시험에 나오는 0순위 Voca

TOEFL Reading Voca 문제의 52%가 여기서 출제된다!

🔘 0-1_Day 04.mp3

allocate
[ǽləkèit]

- ⓥ 1. 할당하다, 배정하다 = **allot, assign, disperse, distribute, provide,** allow

  The government **allocated** $1 billion for an AIDS cure.
  정부는 에이즈 치료를 위해 10억 달러를 배정했다.

  2. (위치를) 정하다, (일, 임무에) 배치하다 = **allot, assign, designate**
- ⓝ **allocation** 할당, 배급 = **assignment, distribution,** allotment
- 관련어 **assign** 배정하다, 지정하다 = **specify**

  designate 확인하다, 지정하다 = **identify**

  allot 할당[배당]하다 (= assign); (용도에) 충당하다, 맞추다; 지정하다

collect
[kəlékt]

- ⓥ 모으다, 수집하다 = **accumulate, gather,** assemble, congregate

  The public library system will **collect** more than 11,000 free compact discs this summer.
  공공도서관에서는 이번 여름 11,000개가 넘는 무료 CD를 수집할 예정이다.
- ⓐ **collective** 집합적인, 집단적인 = **combined**
- ⓐⓓ **collectively** 집합적으로, 총괄하여 = **all together, in a whole**
- 관련어 **congregate** 모으다, 집합시키다 = **accumulate, gather**

compensate for
[kάmpənsèit fər]

- ⓥ (결점, 손해 등을) 보완하다, 상쇄하다 = **adjust, balance, make up for,** recoup, remunerate

  She had to pay thousands of dollars to **compensate for** the big loss.
  그녀는 큰 손실을 메우기 위해 수 천 달러를 지불해야 했다.
- 관련어 **recoup** 벌충하다, 보상하다

  remunerate 회복하다, 보상하다

consume
[kənsjúːm]

- ⓥ 1. 소비하다, 써 버리다 = **completely use, use up,** dissipate, exhaust, expend, squander

  The old refrigerators **consume** much more electricity than new models.
  구형 냉장고들은 신형 모델에 비해 훨씬 많은 전기를 소모한다.

  2. 다 먹다, 먹어 치우다 = **eat,** devour, swallow

  3. 소멸시키다, 태워버리다 = **destroy,** demolish, wipe out, annihilate, devastate
- ⓝ **consumption** 소비(액); 소비량 = **cost, use**
- 관련어 **devour** 게걸스럽게 먹다 = **eat**

  engulf 빨아들이다, 휩쓸리게 하다 = **swallow**

  annihilate 전멸[몰살]시키다 = **completely destroyed[removed]**

  efface 지우다, 말살하다 = **destroy, eradicate**

  devastate 파괴하다 = **destroy**

decline
[dikláin]

- **1.** 거절하다 = **refuse, reject,** disapprove, dismiss, reprobate
  The Minister of Defense **declined** the invitation from the committee on the grounds that he had a busy schedule.
  국방장관은 바쁜 일정을 이유로 위원회측의 초대를 거절했다.
- **2.** 쇠퇴하다, 저하하다 = **decrease, weaken,** descend, deteriorate, sink, worsen

관련어 **deteriorate** 악화[저하]시키다 = **get worse**
dismiss 거절하다 = **reject,** disregard

document
[dákjumənt]

- 기록하다, 문서화하다 = **record**
  His interest in politics has been well-**documented** by the media.
  정치에 대한 그의 관심은 언론에 의해 잘 기록돼 왔다.

관련어 **record** ⓥ 기록하다, 가리키다 = **document, write down**
ⓝ 기록(문서), 증거, 유적 = **document, evidence**
archive 옛 기록, 공문서; 공문서[기록] 보관소 = **official document, record; store**
article 물건, 물품 = **item, object;** 기사, 논설, 논문 = **document**

embed
[imbéd]

- 박아[끼워]넣다, (마음에) 깊이 간직하다 = **implant, insert, encase, enclose, imprint, lodge**
  I think that regional feeling is deeply **embedded** in our society.
  나는 지역 감정이 우리 사회에 뿌리 깊게 박혀 있다고 생각한다.

> **시나공비법**
> encase와 enclose는 '(상자 등에) 넣다, 싸다'의 의미이므로, 보기에 implant나 insert와 함께 출제될 경우 우선 순위에서 밀립니다!

engage
[ingéidʒ]

- **1.** 고용하다 = **hire,** employ, put on, take on
  My boss **engaged** his son as a private secretary.
  내 상사는 자신의 아들을 개인 비서로 고용했다.
- **2.** 끌어 넣다, 관련을 갖게 하다 = **involve,** engross, immerse, occupy
- **3.** ~에 착수하다(in); ~에 관여[참여]하다(in) = **practice,** embark on; join in, participate in, take part in

ⓐ **engaged** 바쁜, 짬이 없는, ~에 몰두해 있는 = **busy, involved, occupied**

> **시나공비법**
> employ는 Reading 지문에서 '사용하다(= use)'의 의미로 더 많이 사용됩니다.

integrate
[íntəgrèit]

- 통합하다 = **combine, interconnect, unify, unite,** assimilate, incorporate
  Many opinions of South Koreans who try to **integrate** will accept.
  통합을 위해 노력하는 한국인들의 많은 의견이 수용될 것이다.

ⓝ **integration** 통합, 융합 = **union**

관련어 **assimilate** 동화하다, 융합하다 = **absorb**
disintegrate 분해시키다, 붕괴시키다 = **break down[up]**
disintegration 분해, 붕괴, 분열 = **breaking apart**

integral
[íntəgrəl]

- **a** 1. 완전한 = complete, entire
- 2. 없어서는 안 될, 필수의 = essential, fundamental, necessary
- **n** integrity 성실, 정직 (honesty), 고결; 완전, 무결(의 상태)

> **시나공비법**
> incorporate은 '통합하다(= combine, integrate)' 의미 외에도 '포함하다(= include), 법인 조직[단체, 회사]로 만들다'의 의미로도 자주 등장합니다.

isolate
[áisəlèit]

- **v** 격리하다, 고립시키다 = **separate,** insulate, seclude, segregate
  The magnificent poet, Emily Dickinson, **isolated** herself from society.
  위대한 시인 에밀리 디킨슨은 스스로 자신을 사회로부터 격리시켰다.
- **a** isolated 격리된, 분리된 = **remote, solitary,** secluded, secret
- **관련어** irreversibly isolated 불변인(돌이킬 수 없게 고립된) = **permanent**
  segregate 분리시키다, 격리시키다 = **separate**
  insulate 고립시키다; 절연시키다; 섬으로 만들다
  seclude 은둔시키다; 격리하다

magnify
[mǽgnəfài]

- **v** 크게 하다, 확대하다 = **amplify, enlarge, intensify,** enhance, heighten, strengthen
  This specifically developed macro lens **magnifies** the object up to 200 times to film even the tiny movements by the smallest insect.
  이 특별히 개발된 접사 렌즈는 사물을 200배까지도 확대하여 작은 벌레의 아주 미세한 움직임까지도 촬영이 가능케 해 준다.

magnitude
[mǽgnətjùːd]

- **n** 1. 크기, 규모 = **extent, size,** dimension, proportion
- 2. 중요(성) = **importance,** consequence, significance

modify
[mádəfài]

- **v** 고치다, 수정하다 = **adjust, change, revise,** alter, mutate, vary
  The whole idea have been **modified** to improve fuel consumption.
  연료 소비 개선을 위한 모든 아이디어들이 수정되었다.
- **n** modification 변경, 수정 = **alteration, change,** mutation, variation
- **관련어** alteration 변경, 수정 = **adaptation, change, modification**

trigger
[trigər]

- **v** 발생시키다 = **activate, cause, initiate, start,** generate, give rise to, lead to, precipitate
  The ruling **triggered** a race riot in the U.S. and Europe.
  판결은 미국과 유럽에서 인종 폭동을 야기시켰다.
- **관련어** precipitate (발생을) 촉진하다, 초래하다, 일으키다 = **bring about**

verify
[vérəfài]

- **v** 확증하다, 입증하다 = **confirm, establish the truth of,** corroborate, substantiate, support, validate
  These figures are surprisingly high and they'll have to be **verified.**
  이 수치들은 의외로 높아 검증해 볼 필요가 있다.
- **관련어** corroborate 확증하다, 입증하다 = **confirm**
  substantiate 확증하다 = **confirm**

validate 옳다는 것을 증명하다; (법적으로) 유효하게 하다

comparable
[kǽmpərəbl]

a 유사한, 거의 동등한 = **equivalent,** analogous, akin, close, near, similar
The tools used by my father were very **comparable** to the tools used by my grandfather.
아버지가 사용했던 도구들은 할아버지가 사용했던 도구들과 아주 유사했다.

ad **comparably** 비교할 수 있을 만큼, 비슷하게 = **similarly**

관련어
1. **akin** 유사한, 비슷한 = **similar to**
2. **analogous** (서로) 유사한 = **comparable, similar**
   analogous to ~와 같은 = **like, similar to**
3. **comparatively** 비교적 = **relatively,** approximately, nearly
   ex. The current difficulties that the company faces are **comparatively** easy to cope with.
   현재 회사가 당면한 어려움들은 비교적 쉽게 해결될 수 있다.

compelling
[kəmpéliŋ]

a 강요하는, 저항하기 어려운 = **attractive, constrained, convincing, forceful, overwhelming, persuasive, unavoidable,** irresistible
The actuality and the brutality of the action scenes will be highly **compelling**.
액션 장면의 사실감과 잔혹성은 관객들로 하여금 영화에 빠져들게 할 것이다.

v **compel** 강요하다, 억지로 시키다 = **force, oblige, require,** coerce, constrain

관련어 **constrain** 강요하다 = **oblige, restrict**

> **시나공 비법**
> attractive는 문맥상 '(너무나 매력적이어서, 흡인력이 있어서) 저항하기 어려운'으로 사용되니 주의하길 바랍니다.

comprehensive
[kàmprihénsiv]

a 광범위한, 포괄적인, 철저한 = **broad, complete, inclusive, long, showing extensive understanding, thorough,** general
The company has a **comprehensive** health plan for its employees.
회사는 종업원들에게 종합 건강보험을 제공한다.

a **comprehensible** 이해할 수 있는 = **understandable,** apprehensible

v **comprehend** 이해하다, 파악하다 = **understand,** appreciate, apprehend

conspicuous
[kənspíkjuəs]

a 1. 눈에 띄는, 현저한 = **(easily / very) noticeable,** marked, outstanding, prominent, remarkable
The sheriff was **conspicuous** wearing sunglasses and a cowboy hat.
보안관이 선글라스를 끼고 카우보이 모자를 쓰고 있어 유독 눈에 띄었다.

2. 확실히 보이는, 뚜렷한 = **evident, obvious,** apparent, clear, distinct, manifest

관련어 **apparent** 명백한, 분명한; 외관상의 = **clear, evident, obvious, seen clearly; seeming**

clear 명백한, 분명한 = **apparent**

evident 명백한 = **apparent, clear, obvious**

obvious 명백한, 눈에 띄는 = **apparent, clear, conspicuous, evident**

manifest 명백한 = **apparent, clear, definite, distinct, evident, obvious**

noticeable 뚜렷한, 현저한 = **appreciable, outstanding, remarkable**
patent 명백[명확]한 = **apparent, clear, distinct, evident, manifest, obvious**

> **시 나 공 비 법**
> '명백한, 분명한'의 의미를 지닌 어휘들(apparent, clear, conspicuous, evident, manifest, obvious, patent, seen clearly)은 모든 영어 지문, 책, 방송 등에서 자주 나오니 반드시 알아 두기 바랍니다.

constant
[kánstənt]

- **ⓐ** 일정한, 변함없는 = **continuous, occurring periodically[regularly], stable, steady, unceasing, unchanging, uninterrupted,** uniform
  The fridge keeps food at a **constant** temperature.
  냉장고는 음식을 일정한 온도로 유지해 준다.
- **ⓐⓓ** **constantly** 변함없이, 일정하게 = **always, continually, continuously,** ever, invariably, perpetually

continued / continuous
[kəntínju(:)d] / [kəntínjuəs]

- **ⓐ** 끊임없는, 지속적인 = **constant, ongoing,** continual, incessant, perpetual, unceasing, uninterrupted
  There has been a **continued** misunderstanding between Washington and Seoul.
  한미 정부 사이에 끊임없는 오해가 있어 왔다.
- **ⓝ** **continuity** 연속성, 연속 (상태), 밀접한 연속 관계 = **uninterrupted connection, succession,** continuation
- **관련어** **perpetual** 영구적인, 끊임없는 = **constant, continuous**
  continual (종종 좋지 않은 뜻으로 쓰이기도 하며) 간격이 많이 짧은, 연속적인
  continuous 시작과 끝이 있으면서 계속 일어나고 있는

copious
[kóupiəs]

- **ⓐ** 풍부한 = **abundant, plentiful,** ample, bountiful, plenty
  This newly made electronic translating machine has **copious** and useful date in it.
  이번에 새로 만들어진 전자 번역기는 유용한 자료들을 풍부하게 수록하고 있다.

> **시 나 공 비 법**
> '풍부한'은 각종 영어 시험에서 제일 많이 등장했거나 등장하고 있는 의미 중의 하나이니, copious 외에도 abundant, ample, bountiful, plentiful, plenty, profuse 등의 어휘들은 반드시 숙지하기 바랍니다.

crude
[kru:d]

- **ⓐ** 1. 천연 그대로의, 미가공의 = **primitive, raw, rough, simple, unsophisticated**
  The oil analysts say that the **crude** oil price will soon go up sharply.
  원유 애널리스트들에 따르면 원유가가 곧 급등할 것이라고 한다.
  2. 거친, 무례한 = rude, vulgar

deliberate
[delíbərit]

- **ⓐ** 1. 의도적인, 고의의 = **calculated, intentional, premeditated, purposeful,** intended
  According to the film, Dr. Hwang has criticized the article for its **deliberate** attempts to twist history.
  영화에 따르면 황 박사는 역사를 왜곡하려는 의도적인 시도를 하는 기사를 비판했다.

2. 신중한 = **careful, meticulous, scrupulous,** foresighted, provident, prudent

ⓝ deliberation 협의, 심의 = **discussion,** contemplation, consideration, reflection, thought

관련어 far-sighted 선견지명이 있는, 현명한 = **foresighted, wise**

provident 선견지명이 있는; 신중한; 검소한

prudent 사려 깊은, 현명한; 신중한; 검약하는

> **시나공비법**
> meticulous, scrupulous는 일반적인 '신중한' 보다는 의미가 강한 어휘이므로 Speaking이나 Writing에서 사용시에 주의 바랍니다!

elaborate
[ilǽbərit]

ⓐ 1. 정교한, 공들인 = **detailed, developed, sophisticated**
It was an **elaborate** marketing strategy involving many departments.
그것은 여러 부서가 관련된 정교한 마케팅 전략이었다.

2. 복잡한 = **(more) complex, complicated, involved,** compound, intricate ↔ **simple** (단순한)

3. 수고를 아끼지 않는 = **deliberate**

ⓥ 공들이다, 정성 들여 만들다 = **detail**

ⓝ **elaboration** 성장, 진화 = **development**

관련어 complex 복잡한 = **complicated, elaborate, intricate**

complicated 복잡한, 난잡한 = **complex, confused, elaborate, made it more difficult**

involved 복잡한, 뒤얽힌 = **complicated**

> **시나공비법**
> 1 '복잡한'이라는 의미의 어휘가 자주 유의어 문제에 등장하니 유의어들도 철저히 체크하고 품사에 따라 발음이 틀려지니 발음에 유의하기 바랍니다.
> 2 형용사적 의미 3가지를 철저히 확인해야 합니다.
> 3 형용사와 동사일 때 발음의 차이가 있음을 주의 바랍니다.

eventually
[ivéntʃuəli]

ⓐⓓ 1. 결국, 언젠가는 = **finally, in the end, in time, over time, ultimately,** sooner or later, yet
I am positive that Michael will **eventually** enter the prestigious university.
난 마이클이 언젠가는 명문 대학에 입학할 것으로 확신한다.

2. 그 후에, 나중에 = **later,** afterward(s)

ⓐ **eventual** 최종적인, 결과로서 생기는 = **ending, final, later,** concluding, last, ultimate

관련어 later ⓐ 더 나중의, 더 최근의, 다음의 ⓐⓓ 그 후에, 마침내; 나중에

ex. 1. **sequent** 연속되는, 다음의 = **later**

2. **subsequent** 연달아 일어나는, 연속적인 = **following (in time), later, succeeding, successive**

3. **subsequently** 그 다음에, 이후에 = **afterward(s), later**

4. **consequent** 결과로서 일어나는 = **later, resultant, resulting**

> **시나공비법**
> 문장상의 연결어로도, 그리고 유의어 문제로도 자주 등장하므로 동의어까지 모두 확실히 알아두길 바랍니다.

exclusively
[iksklú:sivli]

ad 오로지, 독점적으로 = **entirely, only, solely**
This new mobile phone is available **exclusively** to the VIPs.
이 신형 휴대전화는 오로지 VIP 고객들만 사용할 수 있다.

v exclude 배제하다 = **expel, keep out, rule out**
a exclusive 유일한, 독점적인; 배타적인 = **only, sole,** unique; excluding
a excluding 배제하는, 제외하는 = **other than**
a excluded 제외된, 배제된 = **not permitted in**

> **시나공비법**
> exclusively는 '독점적으로; 오로지'의 의미 외에도 '배타적으로'의 의미로도 종종 사용됩니다.

indispensable
[ìndispénsəbl]

a 필수의 = **essential, necessary, requisite,** imperative, prerequisite
International cooperation is **indispensable** to resolving the problem of drug trafficking.
마약 거래 문제를 해결하기 위해서는 국제적인 협조가 필수적이다.

ingenious
[indʒí:njəs]

a 독창적인, 영리한 = **clever, comprehensive, creative, innovative,** original
Every institute needs an **ingenious** research worker who studied in an advanced country.
모든 연구소는 선진국에서 공부한 창의적인 연구원을 필요로 한다.

n ingenuity 재간, 창의력 = **cleverness, inventiveness, resourcefulness**

관련어 1. 다음 두 단어들과 혼동하지 말기 바랍니다!
 ingenuous 솔직한, 숨김없는; 천진한, 꾸밈없는 = **innocent, simple, trusting**
 indigenous 고유한, 토착의 = **native, aboriginal,** born, endemic, native
2. inventive 창조적인, 새로운 = **clever, creative, innovative, new**

minute
[mainjú:t]

a 미세한 = **tiny, (very) small,** diminutive, miniature
There are **minute** differences among these three sentences.
이 세 문장들 간에는 미세한 차이가 있다.

ad minutely 상세히, 엄밀하게 = **carefully, in detail**
관련어 miniature 소규모[소형]인; 축소된 = **small**
 infinitesimal 극소의, 아주 작은 양의 = **minute,** insignificant, tiny

> **시나공비법**
> 형용사일 때 minute의 발음에 주의하기 바랍니다!

particular
[pərtíkjulər]

a 특유의 = **authentic, specific,** especial, individual, special
The Sumerians had their own **particular** language and religion.
수메리안은 그들만의 특유한 언어와 종교를 갖고 있었다.

ad particularly 특히, 현저하게 = **distinctively, (e)specially, notably, uniquely**
관련어 certain 정해진, 특정한, 분명한 = **particular, specific, specified**
 eclectic 선택된; 다양성을 지닌 = **particular, select, selective;** diverse, various
 given 지정된, 정해진 = **particular, specified**

specific/specified 지정된, 명시된 = **state**, 특유의 = **particular, typical**
unique 특유의, 독특한 = **distinct, original, particular**

> **시 나 공 비 법**
> 동의어 중 authentic은 문맥상 동의어로, '확실한, 믿을 만한(dependable, reliable), 진정한(genuine, real, true)'의 의미를 갖고 있습니다.

prolific
[proulífik]

- ⓐ 다산의, 풍부한 = **abundant, fertile, productive,** fecund, fruitful, luxuriant, productive
  In the Middle East, Saudi Arabia has **prolific** oil reserves, but others have more as we know.
  중동의 사우디아라비아는 석유 매장량이 풍부하지만, 아는 바와 같이 다른 나라들이 더 많은 매장량을 보유하고 있다.
- 관련어 **fertile[fertilized]** 비옥한, 풍부한 = **bountiful, productive,**
  luxuriant 풍부한, 넘칠 듯한 = **rich**
  fecund 다산의; 비옥한

aggregate
[ǽgrəgèit]

- ⓝ 집단, 집합체 = **collection,** blend, combination, mass, mix
  The group was an **aggregate** of main political parties.
  그룹은 주요 정당들의 집합체이다.
- ⓐ 종합한 = **combined, overall,** composite, total
- ⓥ (한데) 모으다 = **combine, gather**
- ⓝ **aggregation** 무리, 집단 = **collection, group,** crowd, flock, mass, multitude, myriad
- 관련어 **overall** 종합적으로, 전반적으로 = **altogether, as a whole, generally, totally**
  multitude 군중, 무리(a large group)

application
[æpləkéiʃən]

- ⓝ 적용, 사용 = **use, utilization,** exercise, employment, practice
  It is difficult to use words of varied **application**.
  용법이 다양한 어휘들을 사용한다는 것은 쉽지 않다.

apply
[əplái]

- ⓥ 1. (어떤 목적에) 쓰다 = **use,** employ, exercise, exploit, harness, operate, utilize
  2. 고용하다 = hire, engage, put on, take on
- 관련어 **employ** 고용하다, 이용하다 = **use, hire** | **utilize** 이용하다 = **employ, use**

attribute
[ǽtrəbjùːt]

- ⓝ 특성, 특질, 속성 = **characteristic, quality, trait,** character, feature
  The woman teaching in the class has many **attributes** of a great instructor.
  수업을 가르치는 여성은 훌륭한 강사로서의 여러 특성을 갖고 있다.
- ⓥ ~탓으로 돌리다 = **ascribe, associate, credit,** assign, charge, impute
  attributed to = caused by, explained by ~ 탓으로 돌려진, ~에 기인된
- 관련어 impute 돌리다, 전가하다

> **시 나 공 비 법**
> tendency(경향, 성향)나 nature(성질, 기질, 성향) 등이 문맥상 '특징'이라는 어휘들의 유의어가 되는 경우도 있습니다

breakthrough
[bréikθrù:]

(n) 비약적 전진, 갑작스런 발전 = **(sudden) advance[development],** success, improvement

This new approach is among the many technical **breakthroughs**.
이 새로운 방법은 많은 기술 발전들 중 하나이다.

fragment
[frǽgmənt]

(n) 조각, 파편 = **flake, part, piece,** bit, grain, particle, shred

After a fierce demonstration, the road was covered with **fragments** of Molotov cocktails.
격렬한 시위가 끝난 뒤 도로는 화염병 조각들로 뒤덮였다.

(v) 부수다 = **break up[down], divide,** burst, shatter, shiver, smash

(n) fragmentation 분열(된 것) = **division (into fragments)**

(a) fragmentary 미완성의 = **incomplete, partial**

관련어 shatter 파괴하다 = **destroy**

partial 불완전한, 부분적인; 편파적인, 불공평한 = **incomplete; biased, prejudiced**

link
[liŋk]

(n) 연결하는 것, 유대, 인연 = **connection,** association, relationship

The **link** between air pollution and the environment is considered very serious.
대기 오염과 환경과의 관계는 매우 깊은 것으로 여겨진다.

(v) 연결하다, 잇다 = **associate, collaborate, connect, correlate, put together, unite**

(a) linked 연결된, 관련된 = **connected, related**

onset
[ánsèt]

(n) 개시, 착수 = **beginning, start,** commencement, opening

With the **onset** of war, oil prices climbed past $70.00 a barrel.
전쟁의 시작과 함께 유가는 배럴당 70달러 위로 상승했다.

paradox
[pǽrədàks]

(n) 모순, 역설 = **contradiction,** anomaly

It's a curious **paradox** that drinking a lot of water can often make you feel thirsty.
많은 물을 마시는 것이 종종 갈증을 느끼게 한다는 사실은 흥미로운 모순이다.

(a) paradoxical 역설적인 = **(seemingly) contradictory, surprising**

관련어 anomaly 이형, 변이, 파격 = **irregularity**

sequence
[sí:kwəns]

(n) 1. 연속 = **progression, series, string, succession,** subsequence

A **sequence** of scandals and revelations has been undermining the university over the past 2 years.
스캔들과 폭로의 연속은 지난 2년 동안 대학의 이미지를 손상시켰다.

2. 결과 = **effect, product, result,** consequence, outcome

3. 순서 = **order**

(a) sequent 연속되는, 다음의 = **later**

(ad) sequentially 연속적으로 = **consecutively, one after another, successively**

관련어 string 연속 = **series**

subsequence 연속, 연달아 일어남 = **series, string, succession**

consecutive 연속적인, 계속되는 = **successive**

Day 04 Quiz

앞에서 학습한 내용들을 바로 확인해 보는 코너입니다.

1 아래 단어들의 유의어를 보기에서 찾아 빈칸에 쓰시오.

A ⓐ designate   ⓑ initiate   ⓒ use up   ⓓ implant   ⓔ assimilate   ⓕ change

1. integrate _____
2. modify _____
3. trigger _____
4. allocate _____
5. consume _____
6. embed _____

B ⓐ trait   ⓑ tiny   ⓒ contradiction   ⓓ specific   ⓔ overwhelming   ⓕ creative

1. attribute _____
2. ingenious _____
3. paradox _____
4. minute _____
5. compelling _____
6. particular _____

2 문장 내에서 진하게 표시된 어휘의 유의어를 고르시오.

1. Through a **comprehensive** analysis, you should complete the second project.
   ⓐ summarized   ⓑ required   ⓒ centered   ⓓ inclusive

2. The surgeon performed the operation with **deliberate** care.
   ⓐ careful   ⓑ countless   ⓒ inadequate   ⓓ cunning

3. Innovative ideas usually come from **prolific** imaginations.
   ⓐ fertile   ⓑ intelligent   ⓒ sedentary   ⓓ short-lived

4. The successful cloning of a sheep was a major **breakthrough** in genetic engineering.
   ⓐ dissemination   ⓑ collaboration   ⓒ facility   ⓓ advance

5. **Eventually**, they will try to make an appeal for aid because of this trouble.
   ⓐ Ultimately   ⓑ Strikingly   ⓒ Definitely   ⓓ Sporadically

---

정답 & 해석

1 A. 1. ⓔ 2. ⓕ 3. ⓑ 4. ⓐ 5. ⓒ 6. ⓓ
   B. 1. ⓐ 2. ⓕ 3. ⓒ 4. ⓑ 5. ⓔ 6. ⓓ
2 1. ⓓ 2. ⓐ 3. ⓐ 4. ⓓ 5. ⓐ

1. 종합적인 분석을 통해 당신은 두 번째 프로젝트를 완수해야만 한다.
2. 의사는 세심하게 주의를 기울여 수술을 진행했다.
3. 혁신적인 아이디어는 일반적으로 풍부한 상상력에서 나온다.
4. 양의 성공적인 무성생식은 유전공학 분야에서 비약적 발전을 이루었다.
5. 그들은 결국 이 문제로 인해 도움을 요청하려 할 것이다.

Not 빈출, But 기출!
고득점을 원하면 놓치지 말아야 할 코너!

Word	의미	유의어
back up	지지하다	support
belittle	과소평가[경시]하다, 얕보다	decry, disregard
blow	(바람 불어) 움직이다	move, drive
in the same breath	즉시, 동시에, 잇따라	immediately
capture	붙잡다, 포획하다	trap
cease	중단하다	stop
collapse	붕괴하다, 무너지다	fall inward
collate	순서대로 모으다, 수집(분석)하다	assemble

Do it this way!
Speaking, Listening 에서는 이렇게 쓰입니다.

SPEAKING

trigger

Pollen or other allergens can **trigger** an asthma attack.

꽃가루나 다른 알레르겐은 천식을 유발할 수 있다.

> Speaking에서 특정한 병(disease)을 설명하는 강의에서 교수가 어떤 문제의 원인을 설명하는 내용이 등장하기도 합니다. 예를 들어 강의가 질병인 천식(asthma)에 관한 것이고, 병이 꽃가루나 알레르기에 의해 생긴다고 말할 수 있고, 이와 같은 내용을 바꿔 말하기 위해(to paraphrase this) 위의 표현을 사용할 수 있습니다.

LISTENING

eventually

So **eventually** the asteroid probably has an influence on the nature and life on Earth.

따라서 결국 그 소행성은 지구상에 존재하는 자연과 생명체에 영향을 미친다고 볼 수 있다.

> 주로 시험에서 인과 관계의 결과를 말할 때 사용됩니다. 앞 부분에는 그에 대한 원인이 등장하므로 주의하세요. = as a result, end up ~ing

breakthrough

One of the **breakthroughs** appears to be in cancer treatment.

> 신약과 같은 새로운 것이나 연구를 통해 알아낸 혁신적인 발견 등을 얘기할 때 강의(lecture)나 대화(conversation)에서 자주 등장합니다.

Day 05 시험에 나오는 0순위 Voca

TOEFL Reading Voca 문제의 52%가 여기서 출제된다!

🔊 0-1_Day 05.mp3

assert [əsə́:rt]
- ⓥ 단언하다, 주장하다 = **(belligerently) argue, claim, forcefully establish, maintain,** declare, insist
  - He **asserts** that one of his roommates stole his wallet.
  - 그는 룸메이트들 중 한 명이 자신의 지갑을 훔쳤다고 주장한다.
- ⓐ **assertive** 주장이 강한, 자신 있는 = **forceful**
- ⓝ **assertion** 주장, 단언(함) = **argument, claim, strong statement[belief]**

depict [dipíkt]
- ⓥ 묘사하다, 그리다 = **picture, portray, represent,** delineate, describe, image
  - The artist **depicted** the political situation in South Korea as wonderful.
  - 화가는 한국의 정치 상황을 놀라운 것으로 묘사했다.
- 관련어 **portray** (생생하게) 표현[묘사]하다 = **show**
  - **represent** 나타내다 = **depict, describe, portray**

> 시나공 비법
> '상세히, 생생하게' 묘사하는 depict와는 달리, portray는 '성실히, 충실히'를 나타내는 경우에 주로 사용됩니다.

devastate [dévəstèit]
- ⓥ 황폐시키다 = **destroy,** decimate, demolish ruin, wreck
  - The earthquake **devastated** the island, but ironically the island is crowded with tourists.
  - 지진은 섬을 파괴했지만, 아이러니하게 섬은 관광객들로 붐빈다.
- ⓝ **devastation** 파괴, 황폐하게 함, 황폐함 = **destruction,** decimation, extermination, extinction, havoc, ruin
- ⓐ **devastating** 파괴적인 = **destructive,** ruinous, disastrous
- 관련어 **havoc** (대규모) 파괴 = **destruction, ruin**
  - **wreck** ⓝ 파괴; 난파선 ⓥ 파괴하다, 배를 난파하다
  - **extermination** 박멸, 멸종

diffuse [difjú:s]
- ⓥ 퍼뜨리다, 유포하다 = **distribute, spread,** extend, disperse, disseminate, propagate
  - They launched a campaign to **diffuse** their ideas and plans.
  - 그들은 자신들의 생각과 계획을 퍼뜨리기 위해 캠페인을 펼쳤다.
- ⓝ **diffusion** 전파, 보급, 확산 = **dispersal,** dispersion, dissemination, dissipation
- 관련어 **propagate** 증식[번식]시키다 = **multiply**

dwell
[dwel]

- **v** 거주하다 = **live,** reside, be settled
  The group of writers decided to go to the UK as political exiles and **dwell** there permanently in order to continue to fight for their artistic freedom of speech.
  작가 그룹은 자신들의 예술 표현의 자유를 위한 투쟁을 지속하기 위해 영국으로 정치적인 망명을 해 영구히 그곳에 거주하기로 했다.
- **n** **dweller** 거주인 = **inhabitant**
- 관련어 **habitation** 거주지, 주소 = **dwelling,** home, house, residence

embark
[imbá:rk]

- **v** 1. 시작하다, 착수하다 = **start, begin, establish, initiate,** commence, inaugurate
  The police confirmed that they have **embarked** on the inquiry.
  경찰은 조사가 착수되었음을 확인했다.
  2. 배에 태우다, 싣다 = **board ship, go on board**

execute
[éksəkjù:t]

- **v** 실행하다, 달성하다 = **carry out, conduct, perform, produce,** accomplish, achieve, bring about, complete
  We decided to **execute** the plan immediately.
  우리는 계획을 즉시 실행하기로 했다.
- 관련어 **conduct** 전도하다, 보내다; 수행하다, 처리하다 = **transmit; administer**

flee (from)
[fli:]

- **v** 달아나다, 도피하다 = **run away (from),** escape, take off
  The disaster was started by a migration of them **fleeing** the fire.
  참사는 화재를 피하려는 그들의 이주에 의해 시작되었다.

induce
[indjú:s]

- **v** 1. 설득하여 ~시키다 = **persuade, stimulate,** convince, draw, prevail,
  The president **induced** him to accept the offer by promising editorial freedom.
  사장은 자유로운 편집을 약속함으로써 그가 제의를 수락하도록 설득했다.
  2. 유발하다, 야기하다 = **bring about, cause, generate,** engender, entail, produce
- **n** **inducement** 동기, 자극 = **incentive,** encouragement, stimulus, spur, impetus, motive, motivation
- 관련어 **entail** 유발하다, 일으키다 = **cause**
  engender (감정 등을) 생기게 하다 = **cause**
  motive 동기; 자극 = **motivation, purpose, reason,** cause, grounds; **incentive, inducement, stimulus**

merge
[mə:rdʒ]

- **v** 합병하다, 병합하다 = **blend, combine,** fuse, mingle
  The channels **merge** into the Mississippi River and then the Ohio River.
  수로들은 미시시피 강에 이어 오하이오 강과 합류한다.

proliferate
[proulífərèit]

- **v** (빠르게) 증식[증가]하다 = **increase, become numerous, multiply,** grow rapidly
  The comic magazines which **proliferated** in the 1900s are evaluated again.
  1900년대 빠르게 증가했던 희극 잡지들이 재평가 받고 있다.

- ⓐ **proliferating** 증식하는, 늘어나는 = **numerous**
- ⓝ **proliferation** 증식; 확산 = **growth, increase**
- 관련어 **multiply** 늘리다, 증대[증가]시키다 = **increase**

retain
[ritéin]

- ⓥ 1. 보유하다, 유지하다 = **keep, maintain, preserve, save,** conserve

  The coach **retains** her health by eating sensibly and exercising.
  코치는 분별있게 먹고, 운동함으로써 자신의 건강을 유지한다.

  2. 기억하다 = **remember,** memorize, store

secrete
[sikríːt]

- ⓥ 1. 분비하다 = **discharge, produce, release,** emit, excrete, send out

  The liquid is **secreted** in response to rising blood pressure.
  액은 혈압의 상승으로 분비된다.

  2. 비밀로 하다, 숨겨두다 = **conceal, hide,** veil, screen

> **시나공비법**
> '(냄새나 액체를) 내뿜다, 방출하다'의 의미인 release, discharge, emit, exude, give off, belch 등을 함께 알아두면 편리합니다.

synthesize
[sínθisàiz]

- ⓥ 합성하다 = **integrate,** combine

  The engineer **synthesized** new chemicals in a short period of time.
  엔지니어는 짧은 시간 안에 새로운 화학물질들을 합성했다.

- ⓝ **synthesis** 합성 = **combination,** blend, fusion, union

witness
[wítnis]

- ⓥ 목격하다 = **observe,** note, notice, perceive, see, watch

  Ambulance crews **witness** tragic scenes like this every day.
  앰뷸런스 구급 대원들은 이와 같은 비극적인 장면을 매일 목격한다.

amazing
[əméiziŋ]

- ⓐ 놀라운 = **remarkable,** astonishing, astounding, shocking, startling, stunning, surprising

  Our club had an **amazing** and great time during the field trip to Korea.
  우리 클럽은 한국으로 견학 갔을 때 놀랍고 재미있는 시간을 보냈다.

- 관련어 **astonishing** 놀라운 = **amazing, astounding, incredible, startling**
  astounding 크게 놀라게 하는, 놀라운 = **incredible**
  startling 놀라운 = **surprising**
  stunning 놀랄 만큼 멋진 = **amazing, impressive**

erratic
[irǽtik]

- ⓐ 1. 변덕스러운 = **unpredictable**

  She can be very **erratic,** one day she is friendly and the next she'll hardly speak to you.
  그녀는 변덕이 심해 어떤 날은 상냥하다가 다음 날은 거의 말을 하지 않는다.

  2. 별난, 이상한 = **aberrant, abnormal, eccentric, irregular, strange, peculiar**

- 관련어 **eccentric** 정도를 벗어난, 별난 = **unusual**
  abnormal 비정상적인, 유별난 = **unusual**

evident
[évidənt]

- a 분명한 = **apparent, clear, manifest, noticeable, obvious,** distinct
  According to the public prosecutor, it is **evident** that the lawmaker is guilty.
  검사에 의하면, 의원이 유죄인 것은 분명하다.

evidence
[évidəns]

- n 증거 = **proof,** confirmation, testimony
- v 분명히 ~하다, 입증하다 = **indicate, reveal,** demonstrate, illustrate, manifest

관련어 **apparent** 명백한, 분명한; 외관상의 = **clear, evident, obvious, seen clearly;** seeming

clear 명백한, 분명한 = **apparent**

conspicuous 띄는, 현저한; 확실히 보이는, 뚜렷한 = **(very) noticeable; evident, obvious**

manifest 명백한 = **apparent, clear, definite, distinct, evident, obvious**

noticeable 뚜렷한, 현저한 = **appreciable, outstanding, remarkable**

obvious 명백한, 눈에 띄는 = **apparent, clear, conspicuous, evident**

patent 명백[명확]한 = **apparent, clear, distinct, evident, manifest, obvious**

> **시나공비법**
> '명백한, 분명한'의 의미의 어휘들(apparent, clear, conspicuous, evident, manifest, obvious, patent, seen clearly)은 모든 영어 지문, 책, 방송 등에서 자주 나오니 반드시 알아 두기 바랍니다.

formidable
[fɔ́:rmidəbl]

- a 1. 다루기 힘든 = **difficult (to deal with),** arduous, hard, laborious
  There is little doubt that the most **formidable** opponent to Obama is McCain.
  오바마에게 가장 만만치 않은 상대는 맥케인 임이 확실하다.
  2. 경외심을 일으키는, 강력한 = **impressive,** alarming, great, powerful, tremendous

관련어 **arduous, laborious** 몹시 힘 드는, 벅찬; 근면한, 꾸준한 = **difficult; diligent**

immense
[iméns]

- a 1. 막대한, 거대한 = **enormous, extreme, extremely strong, great, huge, large, tremendous, vast**
  The angry Baghdad citizens broke down **immense** statues at the Presidential Palace.
  성난 바그다드 시민들이 대통령 궁에 있던 거대한 동상들을 파괴했다.
  2. 매우 많은 = **numerous,** many, various, voluminous

implausible
[implɔ́:zəbl]

- a 믿기 어려운, 그럴듯하지 않은 = **unbelievable, unconvinced, unlikely,** inconceivable, unconvincing, unimaginable
  It is **implausible** that he would fail the qualifying exam for his doctoral degree.
  그가 박사학위 자격시험에 떨어질 것이라는 것은 믿기 어려운 일이다.

관련어 **plausible** 그럴 듯한 = **believable, possible**

0-5

meager [míːgər]
- **a** 부족한, 불충분한 = **part, scanty, scarce, thin, very low,** inadequate, deficient
  The institute researchers were disappointed by a **meager** 5% pay raise.
  연구소 연구원들은 겨우 5%의 봉급 인상에 실망했다.
- 관련어 **scanty** 얼마 안되는; 좁은, 가는 = **few; thin**
  inadequate 부족한, 불충분한 = **deficient**

optimal [áptəməl]
- **a** 최선의, 최상의, 최적의 = **best, favorable, ideal, most satisfactory**
  Under **optimal** conditions, learning English can be easy.
  최상의 조건에서는 영어 학습이 쉽다.
- **v** **optimize** 효과적으로 하다 = **make the best[most effective] use of**
- **a** **optimum** 최고[최적]의 = **best**
- 관련어 **favorable** 호의적인; 유리한; 알맞은; 호감을 주는

potent [póutənt]
- **a** 강력한, 세력이 있는 = **powerful, strong,** forceful, robust
  The senator is a **potent** force in her political party.
  상원 의원은 그녀가 소속된 당에서 실세이다.
- 관련어 **robust** 강건한, 튼튼한 = **healthy**

potential [pəténʃəl]
- **a** 가능성 있는 = **promised, possible,** likely, probable
  The increasing number of illegal immigrants is considered as a **potential** threat to national security.
  불법 이민자들의 증가는 국가 안보에 위협이 될 가능성이 있는 것으로 여겨진다.
- **n** 가능성, 잠재성 = **capacity, possibility,** potentiality
- **phr** **potential for** = **likelihood of** ~의 가능성

reluctant [rilʌ́ktənt]
- **a** 마지못해 하는, 싫은 = **averse, disinclined, hesitant, loath, unwilling,** afraid
  I was enjoying my life in Seoul and was **reluctant** to leave Korea.
  서울에서의 생활이 즐거웠기 때문에 한국을 떠나기가 싫었다.
- 관련어 **unwilling** 마음 내키지 않는 = **reluctant, unintentional**

sole [soul]
- **a** 유일한 = **only, solitary,** alone, lone, singular, unique
  Mark Saunders is the **sole** beneficiary of a large fortune of his uncle, the late Mr. Robinson.
  마크 손더스는 사망한 그의 삼촌 로빈슨 씨의 많은 유산을 물려받을 유일한 상속인이다.
- **ad** **solely** 오직, 오로지 = **only,** just, merely, simply, exclusively, entirely
- 관련어 **lone** 혼자의, 단독의 = **single,** only, sole, solitary

ultimately [ʌ́ltimitli]
- **ad** 결국, 마침내 = **eventually, finally, in the end, in the final analysis**
  Ultimately the war ended; it cost too much in both lives and dollars.
  결국 전쟁은 끝났지만 그것은 너무나 많은 인명 피해와 재산 손실을 가져왔다.
- **a** **ultimate** 근본적인; 최후의; 결정적인 = **fundamental; eventual,** final
- 관련어 **eventually** 1. 결국, 언젠가는 = **finally, in the end, in time, over time, ultimately**
  2. 그 후에, 나중에 = **later**

virtually
[vɚ́ːrtʃuəli]

ad 1. 실질적으로, 사실상 = **actually, essentially, possibly, practically**
Vaccines have **virtually** eliminated many childhood diseases.
백신은 사실상 많은 유년기 질병들을 제거했다.

2. 거의 = **almost (totally), nearly**

관련어 **nearly** 거의 = **almost**

convention
[kənvénʃən]

n 관례, 관습, 인습 = **(usual) practice, (usually practiced) custom, (generally accepted) practice, standard, norm, tradition**
They are not the inheritors of a great cultural **convention**.
그들은 위대한 문화 전통의 계승자는 아니다.

a **conventional** 평범한, 진부한 = **customary, traditional, usual**

관련어 **norm** 표준; 규범, 전형 = **rule, standard**

criterion
[kraití(ː)əriən]

n 표준, 기준 = **standard, measure, gauge, benchmark, yardstick, touchstone**
Their business income is not the only **criterion** for distributing funds.
그들의 사업소득이 자금 분배의 유일한 기준은 아니다.

관련어 **yardstick** 기준, 척도 = **criterion, guideline, measure, standard**
gauge 표준 치수, (평가, 판단의) 기준[수단]; 용량, 범위; 계(측)기
benchmark (측정을 위한) 기준(점)
touchstone 시금석; (진가 판단의) 기준, 표준

now and then

phr 때때로; 가끔 = **occasionally, at times, from time to time, on occasion, once in a while, sometimes**
He was found guilty of accepting illegal payments from many companies **now and then**.
그가 가끔 많은 기업들로부터 불법 자금을 받았다는 혐의가 유죄로 밝혀졌다.

관련어 **occasional** 때때로의 = **incidental, infrequent, irregular, sporadic**
from time to time 때때로, 가끔 = **now and then, occasionally**

objective
[əbdʒéktiv]

n 목적, 목표 = **purpose, aim, goal, intention**
The most important **objective** of this ship is to scrutinize the bottom of the sea.
이 배의 가장 중요한 목적은 해저를 정밀 조사하는 것이다.

a 객관적인, 편견 없는 = **unbiased, fair, impartial, unprejudiced**

관련어 **critical** 중요한; 비판적인; 위험한 = **important, necessary; partial; crucial, dangerous**
partial 불완전한, 부분적인; 편파적인, 불공평한 = **incomplete; biased, prejudiced**
bias 일반적 선입관, 편견(을 품게 하다)
prejudice (불합리한, 혹은 혐오적) 편견, 경향(을 품게 하다)

O-5

obsession
[əbséʃən]

(n) (~에 대한) 집착 = **fixation,** passion, preoccupation
The origin of his **obsession** with integration may be based on their culture.
통합에 대한 그의 집착은 그들의 문화에서 기인하는지도 모른다.

> **시나공 비법**
> 일반적으로 obsession with = fixation on의 형태로 동의어 문제로 출제됩니다.

relic
[rélik]

(n) 유물, 유적 = **remains, remnants**
These old buildings are the last **relics** of a colonial past.
이 낡은 건물들은 과거 식민지 시대의 마지막 흔적이다.

ratio
[réiʃiou]

(n) 비, 비율 = **proportion,** distribution, relative amount[number/size]
The report shows that poor families spend a larger **ratio** of their income on food.
보고서는 가난한 가정들이 소득의 상당 부분을 식비로 지출한다는 것을 보여준다.

관련어 **proportion** (대응) 정도, 양 또는 크기 = **amount, percentage, ratio, (relative) size**

repercussion
[rìːpərkʌ́ʃən]

(n) 영향, 반향 = **consequence, effect,** result, outcome
The mayor of LA argued that he had nothing to do with the political **repercussions** of the scandal.
LA 시장은 자신은 스캔들의 정치적 파장과는 아무런 관련이 없다고 주장했다.

scores (of)
[skɔːrs]

(n) 다수, 많음 = **a large number[large numbers] (of),** a great[good] deal (of), a great many, a lot (of)
The central government received **scores of** complaints about rising taxes.
중앙 정부는 세금 인상에 대한 많은 불만 사항들을 접수했다.

stipulation
[stìpjuléiʃən]

(n) 규정, 조건 = **requirement,** condition, provision, reservation
These schools usually have the **stipulation** that every student should wear uniforms.
이들 학교들은 대체적으로 모든 학생이 교복을 입어야 한다는 규정을 갖고 있다.

(v) **stipulate** 계약 조건으로서 요구하다 = **require,** demand, impose, prescribe

관련어 **prescribe** (규칙을) 정하다, 규정하다, 지시하다; 처방하다

transition
[trænzíʃən]

(n) 변이, 변화 = **change, move,** alteration, metamorphosis, shift
The **transition** from college to military school can be difficult for students.
대학에서 군사 학교로의 변화는 학생들에게는 힘든 일일 수 있다.

> **시나공 비법**
> shift는 주로 '장소나 위치 등을 바꿈[바꾸다](= change)'의 의미로 사용됩니다.

Day 05 Quiz

앞에서 학습한 내용들을 바로 확인해 보는 코너입니다.

❶ 아래 단어들의 유의어를 보기에서 찾아 빈칸에 쓰시오.

A ⓐ conserve ⓑ discharge ⓒ run away (from) ⓓ live ⓔ multiply ⓕ observe

1. retain _____   2. witness _____   3. dwell _____
4. secrete _____   5. proliferate _____   6. flee _____

B ⓐ requirement ⓑ impressive ⓒ unwilling ⓓ a large number of ⓔ scanty ⓕ unbelievable

1. implausible _____   2. meager _____   3. reluctant _____
4. scores of _____   5. stipulation _____   6. formidable _____

❷ 문장 내에서 진하게 표시된 어휘의 유의어를 고르시오.

1. The early inhabitants in America **depicted** their hunting rituals on the walls of caves and cliffs.
   ⓐ represented   ⓑ allured   ⓒ released   ⓓ triggered

2. For next semester, my club **diffuses** invitations in our campus.
   ⓐ distributes   ⓑ renders   ⓒ qualifies   ⓓ gleans

3. An **evident** feature of Native American music is male dominance.
   ⓐ murky   ⓑ special   ⓒ apparent   ⓓ perilous

4. **Ultimately** the war ended, it cost too much in both lives and dollars.
   ⓐ Finally   ⓑ Actually   ⓒ Almost   ⓓ Nearly

5. Football fans looking for some **amazing** new trend may have been disappointed in 2006.
   ⓐ dense   ⓑ detailed   ⓒ remarkable   ⓓ even

정답 & 해석

❶ A. 1. ⓐ 2. ⓕ 3. ⓓ 4. ⓑ 5. ⓔ 6. ⓒ
   B. 1. ⓕ 2. ⓔ 3. ⓒ 4. ⓓ 5. ⓐ 6. ⓑ
❷ 1. ⓐ 2. ⓐ 3. ⓒ 4. ⓐ 5. ⓒ

1. 초기 아메리카 거주자들은 사냥 의식을 동굴과 절벽에 표현했다.
2. 다음 학기를 위해 우리 클럽은 교내에서 안내서를 배포한다.
3. 아메리카 원주민 음악의 두드러진 특징은 남성 지배적이라는 것이다.
4. 결국 전쟁은 끝났지만 그것은 무수한 인명 피해와 재산 손실을 가져왔다.
5. 놀랄 만한 새로운 변화를 기대했던 축구팬들은 2006년에 실망했을지도 모른다.

Not 빈출, But 기출! 고득점을 원하면 놓치지 말아야 할 코너!

Word	의미	유의어
circumvent	일주하다, 돌다	get around
colossal	거대한, 어마어마한	enormous
commence	시작[개시]하다	begin
commending	칭찬하는, 추천하는	admiring
compose	구성하다	make up
concede	인정하다, 시인하다	admit (unwillingly)
conclude	결정하다	decide
constricted	죄어진, 수축된; 억제된	narrow
contain	포함하다	include
contour	윤곽(선)	outline
contraction	수축; 절감	reduction
contradictory	모순적인	inconsistent

That which we persist in doing becomes easier,

not that the nature of the task has changed,

but our ability to do has increased.

우리가 어떤 일에 끈기 있게 도전할 때 일이 더욱 쉬워지는 것은
일의 성격이 바뀌어서가 아니라,
우리의 능력이 향상되었기 때문이다.

— Emerson(에머슨)

Day 06 시험에 나오는 0순위 Voca

TOEFL Reading Voca 문제의 52%가 여기서 출제된다!

🎧 0-1_Day 06.mp3

adopt [ədápt]
v 채택하다, 채용하다 = **begin to use, take on**
Psychologists have **adopted** several approaches to understand aggressive behavior in people.
심리학자들은 사람들의 공격적인 행동을 이해하기 위한 몇 가지 접근법을 채택했다.
관련어 take on ~을 고용하다; (일, 책임 등을) 떠맡다; (경향 등을) 띠다

annihilate [ənáiəlèit]
v 전멸[몰살]시키다 = **completely destroyed[removed]**
All the forests in the world will be severely **annihilated** by environmental pollution and human activities.
세상의 모든 산림들이 환경 오염과 인간 활동에 의해 심각하게 파괴될 것이다.

anticipate [æntísəpèit]
v 1. 기대하다 = **expect**
Economists **anticipate** our economy will improve next year.
경제학자들은 내년에는 우리 경제가 개선될 것으로 기대한다.
2. 예상하다, 예기하다 = **foresee, predict,** apprehend, divine, foretell, visualize
관련어 **unanticipated** 예상치 못한 = **not expected**

assimilate [əsíməlèit]
v 1. 동화되다, (자기 것으로) 흡수하다 = **absorb,** blend, combine, embody, incorporate, integrate, merge
When learning a foreign language, it is important to understand and **assimilate** into that society and culture.
외국어를 배울 때 그 사회와 문화를 이해하고 그것에 동화되는 것이 중요하다.
2. 비기다, 비유하다 = compare, liken, match, parallel

cite [sait]
v 언급하다 = **mention, refer to,** make reference to
The professor **cited** evidence that shows that his theory is suitable for our project.
교수는 그의 이론이 우리 프로젝트에 적절하다는 것을 보여주는 증거를 언급했다.

coincide with [kòuinsáid wið]
v 1. 일치하다 = **accord with, agree with, correspond with,** answer to
Fortunately, his favorite sport **coincides with** his brother-in-law.
운 좋게도 그가 좋아하는 운동은 그의 처남과 일치한다.
2. 동시에 일어나다 = **be[occur, happen] at the same time (as), concur with**
n **coincidence** 우연 = **chance happening**

commission
[kəmíʃən]

- Ⓝ 1. 위탁, 위임, 고용 = **hire,** employ, engagement
  That day care center for senior citizens is funded and run on **commission** by the local council.
  노인들을 위한 요양 시설은 지방 의회의 기금으로 위탁 운영된다.
  2. 명령, 지시 = **order**
- [관련어] **commission** 권한이나 역할을 주는 경우
  employ 일을 주고 돈 등을 는 경우
  engagement 돈을 주고 노동을 의무화하는 경우
  hire 돈 등을 주고 사람 또는 물건을 사용하는 경우

confine
[kənfáin]

- Ⓥ 한정하다, 제한하다 = **limit, restrict,** bar, circumscribe
  You have to **confine** your use of this computer for the final project.
  당신은 이 컴퓨터를 최종 프로젝트를 위해서만 사용해야 한다.
- Ⓝ 1. 경계, 범위 = **boundary, limits,** bounds, edges
  2. 한계 = **boundary, limits,** bounds
- [관련어] **bar** 막다, 금하다; 가두다 = **exclude**
  limit Ⓥ 한정하다, 제한하다 = **confine, end, restrict** Ⓝ 경계선 = **boundary**
  boundary 경계, 한계를 나타내는 것, 경계(선) = **border, dividing line, limit**

contract
[kɑ́ntrækt]

- Ⓥ 줄이다, 줄어들다 = **shorten,** reduce
  His son's name was soon **contracted** to GSLee after his birth.
  그의 아들의 이름은 출생 후 곧 GSLee로 줄여 부르게 되었다.

> **시나공 비법**
> 일반적으로 '계약하다(agree, pledge, promise, undertake)'로 자주 사용됩니다.

impart
[impɑ́ːrt]

- Ⓥ (물건이나 성향을) 주다 = **give, provide,** afford, bestow, confer, grant, supply
  The sweet smell of rose **imparts** a noticeably cheerful air to this room.
  장미향은 이 방의 분위기를 상당히 환하게 만든다.
- [관련어] **afford** 1. 가져오다, 주다 = **offer, provide** 2. ~을 할 [소유할/지불할] 여유가 있다

pioneer
[pàiəníər]

- Ⓥ (새 분야를) 개척하다, 인도하다 = **first develop[start], initiate, introduce**
  Although the French claims to have marked the history as the first filmmaking country, it was Thomas Edison, from the U.S., who invented and **pioneered** moving pictures.
  프랑스인들은 자국이 역사상 최초로 영화를 만들었다고 주장하지만, 영화를 발명하고 개척한 이는 미국의 토마스 에디슨이었다.
- Ⓝ 개척자, 선구자 = **leader,** developer, innovator
- Ⓐ **pioneering** 선구적인, 개척의 = **original**

thrive
[θraiv]

- Ⓥ 번영하다, 성공하다 = **do well, expand, flourish, prosper,** boom
  Unfortunately, his business **thrived** in the 1990's, after his father's death.
  불행히도 그의 사업은 그의 아버지가 사망한 후인 1990년대에 번창했다.
- Ⓐ **thriving** 번영[번성]하는 = **prosperous, successful,** burgeoning, developing, expanding, flourishing, growing

관련어 **burgeoning** = **increasing, rapidly expanding** (burgeon: 갑자기 발전[성장]하는)

expand 확대[확장]하다, 팽창시키다 = **inflate, spread, stretch**

prosperous 번영(번창)하는; 유복한 = **flourishing, thriving; wealthy**

> **시나공비법**
> expand가 보기로 출제될 경우 다른 유의어들보다 선택 순위가 낮음을 유의하기 바랍니다! '번창하다'보다는 '확장하다'의 의미가 강하기 때문이다.

---

abrupt
[əbrʌ́pt]

ⓐ 1. 갑작스러운, 뜻밖의 = **sudden, surprising,** hasty, impetuous, precipitate, precipitous

Owing to his **abrupt** treachery, we gave up everything for this plan.
그의 갑작스러운 변심으로 인해, 우리는 이 계획을 위한 모든 것을 포기했다.

2. 험준한, 가파른 = **sharp,** arduous, precipitate, precipitous, steep

관련어 **arduous** 1. (정신적, 또는 육체적으로) 힘든, 어려운 = **difficult**
2. 끈기 있는, 근면한 = **diligent**   3. 오르기 힘든, 험한

precipitate 곤두박이치는; 깎아지른; 다급한, 황급한; 불시의, 돌연한
precipitous 절벽의, 깎아지른 듯한; 황급한, 허둥대는
impetuous 충동적인, 성급한; 격렬한, 맹렬한

---

adequate
[ǽdəkwit]

ⓐ 충분한 = **rich, sufficient,** enough, requisite

The problems of finding **adequate** resources result from various human activities.
충분한 자원을 탐색해야 하는 문제들은 다양한 인간 활동으로부터 기인한다.

관련어 **(pre)requisite** (미리) 필요한 것, 필수 조건 = **necessity, requirement**

inadequate 부족한, 불충분한 = **deficient**

self-sufficient 자급자족할 수 있는 = **independent**

---

alternative
[ɔːltə́ːrnətiv]

ⓐ 대안적인, 대체 가능한 = **different,** alternate, another, other, substitute

This evidence for the theory has an **alternative** explanation compared to the past.
이론을 위한 이 증거는 과거와는 다른 해석을 갖게 한다.

ⓝ 1. 양자택일 = **choice,** preference, selection

2. 대안 = **option, substitute**

3. 교대, 교체 = **rotation**

ⓥ **alternate** 교대로 일어나다, 번갈아 하다 = **change regularly, rotate, take turns**

ⓝ **alternation** 교대, 하나씩 거름 = **change, rotation**

관련어 **substitute** ⓥ 대신하다, 치환하다 = **exchange, replace**
ⓝ 대리인, 대역, 대용품 = **alternative, replacement**

option 선택, 취사 = **choice**

---

arid
[ǽrid]

ⓐ 불모의, 습기가 없는 = **barren, (very) dry,** infertile, sterile, unproductive, unfruitful

The desert is so **arid** that no plant can grow there.
사막은 불모지라 어떠한 식물도 성장할 수 없다.

- **n** aridity 건조, 불모 = **dryness**
- 관련어 barren 불모의 = **lifeless**
  dry 건조한 = **arid**
  sterile 불모의 = **unproductive**

compact
[kəmpǽkt]

- **a** 1. 조밀한, 밀집한 = **compressed (together), dense, firm**
  I was told that your city had a **compact** cluster of buildings.
  당신이 사는 도시는 건물들이 밀집 지역을 이루고 있다고 들었다.
  2. 작은 = **smaller,** little
  3. 간결한 = concise, succinct
- **v** 압축하다, 간결하게 하다 = **compress together, press together**
- 관련어 compress 압축하다, 꽉 누르다 = **compact, crush**

complex
[kámpleks]

- **a** 복잡한 = **complicated, elaborate, intricate,** involved, sophisticated
  Finding a cure for AIDS involves **complex** scientific research.
  에이즈 치료법을 발견하는 데에는 복잡한 과학적 연구가 수반된다.
- **v** 복잡하게 하다 = **make it more difficult**
- **n** 단지, 종합 빌딩 = **group of buildings, system**
- **n** complexity 복잡성, 복잡함 = **sophistication,** complication, intricacy
- 관련어 complicated 복잡한, 난잡한 = **complex, confused, elaborate**
  elaborate 정교한, 공들인; 복잡한 = **detailed; (more) complex, complicated, involved**
  intricate 복잡한, 난해한 = **complex, complicated, elaborate**

> 시나공 비법
> '복잡한'의 의미를 갖는 어휘들(complex, complicated, elaborate, intricate, involved)은 자주 등장하므로 반드시 숙지하길 바랍니다.

eclectic
[ikléktik]

- **a** 1. 다방면에 걸친, 다양성을 지닌 = **diverse, various,** comprehensive, extensive, varied
  The musical trend we experienced 2 years before his arrival was very **eclectic**.
  그가 등장하기 2년 전 우리가 경험했던 음악 트렌드는 매우 다양성을 지녔다.
  2. 선택된 = **particular, select, selective,** nice, overparticular
  The special club includes an **eclectic** group of top scientists.
  특별 클럽은 선택된 최고 과학자 그룹을 포함한다.
- 관련어 particular 특유의 = **authentic, specific**

exceptional
[iksépʃənəl]

- **a** 이례적인, 극히 예외적인 = **excellent, extraordinary, uncommon, unusual,** remarkable, unimaginable, unique ↔ **ordinary** (보통의, 일반적인)
  The academic society has shown **exceptional** growth over the past 7 years.
  학회는 지난 7년 동안 이례적인 성장을 해 왔다.
- **n** exception 제외, 예외 = **exclusion**
- 관련어 extraordinary 보통이 아닌, 비범한 = **exceptional, unusual**

extant
[ékstənt]

ⓐ 지금도 남아있는, 현존하는 = **in existence, living, existing, remaining, still existent, surviving** ↔ **extinct** (멸종[소멸]된)

Remembering ancestors with food and drinks with relatives on anniversaries is one of the most important **extant** cultural practices in Korea.
기념일에 친지들과 음식과 술을 마련하여 조상을 기리는 것은 한국에 지금도 남아있는 가장 중요한 문화적 관습 중 하나이다.

impermeable
[impə́ːrmiəbl]

ⓐ 통과할 수 없는, 스며들지 않는 = **impenetrable, impassable, impervious**

The coating you select will need to be **impermeable** to light.
네가 선택하는 코팅은 빛이 통과되지 않는 것이어야 한다.

관련어 **permeate** 침투하다, 스며들다; 퍼지다, 보급되다
impervious 불침투성의, 견디는 = **resistant**

inadequate
[inǽdəkwit]

ⓐ 부족한, 불충분한 = **deficient, insufficient, meager, scanty**

The Red Cross says that supplies of food and medicine are **inadequate**.
적십자사에 따르면 식량과 의약품 공급량이 충분하지 않다고 한다.

관련어 **found wanting** 부족한 = **inadequate**(wanting: 모자라는, 부족한)
scanty 얼마 안되는; 좁은, 가는 = **few; thin**

momentous
[mouméntəs]

ⓐ 중대한, 중요한 = **significant, critical, crucial, decisive, important, pivotal**

The impacts of asteroids have had **momentous** influences on Earth.
소행성간의 충돌은 지구에 중대한 영향을 미쳤다.

관련어 **decisive** 결정적인, 중대한 = **definitive, important, significant**
pivotal 중추적인, 아주 중요한

notable
[nóutəbl]

ⓐ 1. 주목할 만한, 뛰어난 = **distinguished, prominent, remarkable, special**

Arranging a 4-way talk was a **notable** achievement.
4자 회담 주선은 주목할 만한 성과였다.

2. 유명한 = **famous, prominent, well-known,** celebrated, eminent, preeminent, renowned

3. 중요한 = **important, significant**

ⓝ 저명인사, 유명인 = **famous person, celebrity, hero**

ⓐⓓ **notably** 특히, 상당히 = **especially,** eminently, exceptionally, extremely, remarkably, strikingly

관련어 **remarkable** 주목할 만한; 비범한, 예외적인 = **incredible, notable, noticeable, prominent; extraordinary**
eminent 두드러진, 탁월한 = **distinguished, exceptional**
preeminent 현저한, 주목할 만한 = **foremost, outstanding, significant**
renowned, celebrated 유명한, 이름 높은 = **famous**
obscurity 무명; 미천(함); 무명의 사람[사물, 장소]

> 시 나 공 비 법
> **notable**은 세 가지 형용사(1. 뛰어난, 주목할 만한 2. 유명한 3. 중요한)로 골고루 사용됩니다.

periodically
[pìəriádikəlli]

- *ad* 1. 주기적으로 = **at regular intervals of time, at (short) intervals, regularly**
  This book fair is held here **periodically**.
  이 도서 전시회는 이곳에서 정기적으로 열린다.
  2. 간간히, 가끔 = **from time to time, once in a while,** intermittently
- *a* **periodic(al)** 정기적인, 규칙적인 = **recurred regularly, regularly occurring, regular,** recurring, repeated
- *n* **period** 시기, 시대 = **era,** age, day(s), epoch, time
- 관련어 **from time to time** 때때로, 가끔 = **now and then, occasionally**
  intermittently 간간히, 가끔 = **from time to time, periodically, sporadically**
  recurring 되풀이하여 발생하는 = **repeated**
  era 시대, 시기 = **period,** age, epoch, phase, span, time

phenomenal
[finámənəl]

- *a* 보통이 아닌, 놀랄 만한 = **extraordinary, incredible, outstanding,** rare, remarkable, singular, unique
  The singer's new recording is a **phenomenal** success.
  가수의 새 음반은 놀라운 성공이다.
- *n* **phenomenon** 사건 = **event, occurrence,** fact
- 관련어 **extraordinary** 보통이 아닌, 비범한 = **exceptional, unusual**
  outstanding 현저한, 두드러진; 미결제[미해결]의 = **excellent, remarkable; unpaid**
  singular 뛰어난, 보기 드문(rare); 하나뿐인, 유일한; 이상한, 기묘한

subsequent
[sʌ́bsəkwənt]

- *a* 연달아 일어나는, 연속적인 = **following (in time), later, succeeding, successive,** consecutive, sequent, sequential, serial
  In the first e-mail, he said he would join our project, but in **subsequent** e-mails he changed his mind.
  그는 첫 이메일에서 우리 프로젝트에 합류하겠다고 말했지만, 그 다음 이메일에서는 마음을 바꿨다.
- *ad* **subsequently** 그 다음에, 이후에 = **afterward(s), later,** latterly, next
- *n* **subsequence** 연속, 연달아 일어남 = **series, string, succession**
- 관련어 **consecutive** 연속적인, 계속되는 = **successive**
  sequence 연속; 결과; 순서
  consequence 결과; 중요성
  subsequence 연속; 잇달아 일어나는 일

> **시나공비법**
> TOEFL을 포함해 모든 영어 시험에 가장 많이 출제되는 어휘 중 하나이므로 유의어까지 반드시 숙지하기 바랍니다.

uniformly
[júːnəfɔ́ːrmli]

- *ad* 고르게, 규칙적으로, 한결같이 = **consistently, evenly, invariable, without variation,** smooth(ly)
  Contrary to our expectations, he rode this motorcycle **uniformly**.
  우리의 예상과는 달리, 그는 오토바이를 일정한 속도로 몰았다.
- *a* **uniform** 일정한, 변함없는, 한결같은 = **consistent, constant, even,** regular

viable
[váiəbl]

- **a** 1. 살아갈 수 있는 = **able to survive, capable of surviving**
  In the future, small stores can't be **viable** without selling e-contents including e-books.
  앞으로 소규모 상점들은 e-book들을 포함한 e-content들을 판매하지 않고는 생존할 수 없다.
  2. 실행[성공] 가능한 = **feasible, practical, successful,** achievable, possible
- **n** viability 생존 = **ability to live**
- 관련어 **practical** 실용적인; 실제적인 = **effective, efficient, obtainable;** realistic, pragmatic

> **시나공 비법**
> 공적인 문서에서는 '성장[발전]할 수 있는'의 의미로 자주 사용됩니다.
> ex. Seoul is a **viable** city for social development as before.
> 서울은 여전히 사회적 발전이 가능한 도시이다.

vital
[váitəl]

- **a** 1. 필수적인, 아주 중요한 = **essential, important,** fundamental
  It is **vital** for diplomats to have a good command of at least two foreign languages.
  외교관들이 적어도 두 개의 외국어를 유창하게 구사할 수 있는 능력은 필수이다.
  2. 활기 있는, 기운찬, 활발한, 생기에 넘치는 = **alive**
- **n** vitality 체력, 원기 = **energy, life, liveliness**

swiftly
[swíftli]

- **ad** 신속하게 = **quickly,** rapidly
  He moved **swiftly** to the penalty area and perfectly executed his 30th goal this season.
  그는 신속히 페널티 지역으로 움직여 완벽하게 이번 시즌 그의 서른 번째 골을 성공시켰다.

albeit
[ɔːlbíːit]

- **phr** ~(임)에도 불구하고 = **although, (even) though,** while
  The movie is still praised as one of the masterpieces in history from Asian cinema, **albeit** its approach and sentiment to a Confucian morality seems rather dated nowadays.
  그 영화는 유교적 윤리관을 다루는 방식이나 정서에 있어 이젠 시대에 뒤진 듯 보이기도 하지만, 아직도 아시안 영화 역사 상 최고의 작품 중의 하나로 호평 받고 있다.

boon
[buːn]

- **n** 은혜, 혜택, 선물; 큰 이익 = **(great) benefit,** advantage, aid, asset, help
  The researchers will get the **boons** of their hard work sooner or later.
  연구원들은 열심히 노력한 댓가로 조만간 큰 결실을 보게 될 것이다.
- 관련어 **asset** 유용한 것; 장점, 이점; 재산

challenge
[tʃǽlindʒ]

- **v** (정당성, 진술 등을) 의심하다[문제삼다] = **question,** call into question, disagree with, dispute, object to
  They **challenged** the final results when they found out they lost the competition.
  그들은 최종 결과 자신들이 경쟁에서 패배한 것으로 발표되자 이의를 제기했다.
- **n** 1. 난제, 문제 = **difficulty,** objection, protest, question
  The new government's first **challenge** is the economy.
  새 정부의 첫 번째 난제는 경제이다.

2. 도전, 대항 = **contest,** defiance
관련어 **question** 의구심을 갖다 = **take a critical look**
dispute 논쟁[언쟁]하다, 반박[논박]하다 = **contend**
protest 이의제기(하다(~against))

conjunction
[kəndʒʌ́ŋkʃən]

n 결합, 연결함; 합동 = **combination,** union
The FBI is working in **conjunction** with the MI5 to find militant Islamic extremist groups in London.
FBI는 MI5와 합동으로 런던 내 급진 이슬람 단체를 찾기 위한 조사를 벌이고 있다.

in conjunction with

phr 동시에 일어나는, 부수하는 = **concomitant with,** accompanying, accompanied by, along with, together with
관련어 **concomitant** 공존하는; ~와 동시에 일어나는 / 부수물, 수반하는 사항이나 특징

constraint
[kənstréint]

n 강제, 구속, 제약 = **limit, limitation, restriction**
For women, marriage can be a **constraint** as they are expected to become housewives.
여성에게 있어 결혼은 그들이 주부가 되도록 기대를 받을 경우 구속이 될 수도 있다.

v **constrain** 제한하다; 강요하다 = **force, limit,** confine, curb, restrict; compel, oblige

a **constrained** 제한된 = **restricted,** reserved, restrained

관련어 **limit** 경계선 = **boundary**

mandate
[mǽndeit]

n 1. 요구, 지시 = **order(ing),** instruction, command, charge, commission, ruling
Japan is already making every effort to have the central government execute its **mandates**.
일본은 중앙정부의 지시가 이행될 수 있도록 모든 노력을 기울이고 있다.

2. 위임 (사항), 권한 부여 = **authority**

v 명령[요구]하다 = **require,** authorize, dictate, direct, order

a **mandatory** 의무적인, 필수적인 = **essential, obligatory, required**

(pre)requisite
[prirékwizit]

n 전제 조건, 필수 조건 = **necessary condition, necessity, (something) requirement**
The North Korean government constantly demanded the removal of the economic sanction as a **prerequisite** to six party talks.
북한 정부는 끊임없이 경제 제재의 해제를 6자 회담을 전제 조건으로 요구했다.

a 필수의, 전제가 되는 = **essential, indispensable, integral, necessary, required, requisite, vital**

관련어 **indispensable** 필수적인 = **essential, necessary, requisite**

proximity
[prɑksíməti]

n 근접, 가까움 = **closeness, nearness**
All of my colleagues live in close **proximity** to each other.
나의 모든 동료들은 아주 가까운 곳에 살고 있다.

a **proximate** 가장 가까운, 바로 다음[앞]의 = **close distance from,** near, nearby, next

phr **in proximity to** ~가까이에 = **close to**

Day 06 Quiz

앞에서 학습한 내용들을 바로 확인해 보는 코너입니다.

❶ 아래 단어들의 유의어를 보기에서 찾아 빈칸에 쓰시오.

A | ⓐ able to survive ⓑ accord with ⓒ absorb ⓓ limit ⓔ refer to ⓕ order

1. assimilate _____
2. commission _____
3. viable _____
4. coincide with _____
5. cite _____
6. confine _____

B | ⓐ although ⓑ significant ⓒ in existence ⓓ at intervals ⓔ order ⓕ sudden

1. albeit _____
2. abrupt _____
3. periodically _____
4. momentous _____
5. mandate _____
6. extant _____

❷ 문장 내에서 진하게 표시된 어휘의 유의어를 고르시오.

1. Unfortunately, his business **thrived** in the 1990's, after his father's death.
   ⓐ flourished   ⓑ vanished   ⓒ dominated   ⓓ routed

2. He emphasized the importance of support for our businesses in the **arid** region.
   ⓐ daring   ⓑ barren   ⓒ steady   ⓓ striking

3. After the terrorist attacks in the United States, it was **vital** to increase airport security.
   ⓐ extraneous   ⓑ common   ⓒ essential   ⓓ irrelevant

4. Ji-sung moved **swiftly** to the penalty area and perfectly executed his 30th goal this season.
   ⓐ easily   ⓑ strictly   ⓒ quickly   ⓓ partially

5. The special club includes an **eclectic** group of top scientists.
   ⓐ ample   ⓑ suitable   ⓒ relative   ⓓ selective

정답 & 해석

❶ A. 1. ⓒ 2. ⓕ 3. ⓐ 4. ⓑ 5. ⓔ 6. ⓓ
   B. 1. ⓐ 2. ⓕ 3. ⓓ 4. ⓑ 5. ⓔ 6. ⓒ
❷ 1. ⓐ 2. ⓑ 3. ⓒ 4. ⓒ 5. ⓓ

1. 불행히도, 그의 사업은 그의 아버지가 돌아가신 후인 90년대에 번창했다.
2. 그는 척박한 지역에서의 사업을 위한 지원의 중요성을 강조했다.
3. 미국에서 테러리스트들의 공격 이후 공항 보안의 강화가 중요해졌다.
4. 지성은 신속히 페널티 지역으로 이동해 완벽하게 이번 시즌 그의 서른 번째 골을 성공시켰다.
5. 특별 그룹은 엄선된 최고 과학자 그룹을 포함한다.

<Passage 1>

The unique work of Robert Smith, a legendary American architect, has been a piece of Philadelphia's skyline for hundreds of years. **Virtually**, Smith's **exceptional** work, buildings like Carpenters' Hall, St. Peter's Church, and Christ Church, **ultimately** represented the **bulk** of the city's early skyline. Even today, Christ Church is an **astonishing** attraction in Philadelphia's old city district. The extraordinary Smith was born in Scotland, into a family of masons. At an early age he was taught in the building trades. He migrated to America in the mid-1700.

Smith is **considered** by many establishments to be the **prominent** master-builder of Colonial America. He was not only taught in the art of woodworking, but also in the arts of engineering and contracting. Smith would classically work directly with the clients, establishing the structure's design. Once the design was decided upon, Smith appointed a team and worked as general contractor.

Smith was also exceptionally involved in several political activities. He was a member of the American Philosophical Society and the First Continental Congress. Smith was later selected by the city as regulator of a coveted political position.

1. The word **Virtually** in the passage is closest in meaning to
   (A) Relatively   (B) More or less   (C) Actually   (D) Fairly

2. The word **exceptional** in the passage is closest in meaning to
   (A) harsh   (B) explicit   (C) unusual   (D) immutable

3. The word **ultimately** in the passage is closest in meaning to
   (A) invariably   (B) eventually   (C) supposedly   (D) drastically

4. The word **bulk** in the passage is closest in meaning to
   (A) majority   (B) bit   (C) endeavor   (D) issue

5. The word **astonishing** in the passage is closest in meaning to
   (A) startling   (B) interlocked   (C) complicated   (D) static

6. The word **considered** in the passage is closest in meaning to
   (A) persuaded   (B) obtained   (C) brought   (D) regarded

7. The word **prominent** in the passage is closest in meaning to
   (A) plausible   (B) analogous   (C) radical   (D) notable

<Passage 2>

"How did man originate? And who created all living things on Earth?" In Christian Europe during the 1700s, the principle of the Bible was commonly acknowledged. It stated that God created the Earth and all living things in it. God discharged a catastrophic flood, and one person, Noah, built an ark in preparation to shelter two of every animal to save each species. When the flood settled, the animals came ashore and reproduced, covering the Earth with **diverse** species of animals.

The validity of the story of the ark had to be reassessed. The discovery of remote lands with their own group of animals caused many people to put into consideration the geological distribution of animals for the first time. How did all the animals end up where they are if they all came ashore from the ark? Animal bone fossils were also contributing to the confusion. People began to **assert** that extinct animals had once populated the Earth. At first, gigantic bones excavated were believed to be the **remnants** of people that once roamed the Earth, but the perspective changed, and they were acknowledged as the remains of elephants that once existed in Europe.

8. The word **diverse** in the passage is closest in meaning to
   (A) various   (B) crucial   (C) modest   (D) indigenous

9. The word **assert** in the passage is closest in meaning to
   (A) depict   (B) trigger   (C) claim   (D) imitate

10. The word **remnants** in the passage is closest in meaning to
    (A) decorations   (B) remains   (C) impressions   (D) concerns

Vocabulary 그룹으로 기억하는 어휘

■ **명백한, 분명한(clear)**
= clear, apparent, conspicuous, definite, distinct, evident, lucid, manifest, obvious, patent, plain, visible

clear evidence: 틀릴 여지가 없는
apparent that it will be possible: 너무나 뻔한, 명료한
conspicuous trace: 눈에 띄는, 잘 보이는
definite reasons: 명확하게 한정된; 명확한, 정확한(exact, accurate)
distinct differences: (지각에 의해서) 분명히 인식할 수 있는, 뚜렷한, 분명한
evident, patent truth: 외관으로 봐도 확실한, 공공연한
a **lucid** explanation: 이해하기 쉬운, 명쾌한
manifest to everyone's thought: 곧 알 수 있을 듯이 분명한
the fact is **obvious**: 의심의 여지가 없을 정도로 확실한
this **plain** reasons: 아주 단순, 명료한
her **visible** makeup: 눈에 띄는, 두드러진

이 외에도 palpable, unambiguous, unequivocal, unmistakable 등이 있다.

> **참고** 반의어
>
> 1. 분명치 않은(not clearly expressed)
>   ambiguous, confusing, cryptic, enigmatic, equivocal, fuzzy, indefinite, murky, nebulous, obscure, dim, faint, hazy, mysterious, puzzling, uncertain, unclear, unfathomable, vague
>
> 2. 흐린(not seen or understood clearly)
>   dim, faint, hazy, murky, nebulous, obscure, opaque, unclear, vague

Vocabulary

시험에 나오는 것만 외운다

■ **복잡한(complicated)**
= complex, complicated, compound, elaborate, intricate, involved, knotty, made it more difficult, tangled

complex system: 여러 가지 성분이나 요소로 구성되어 파악 및 분석하는데 부가적인 요소를 필요로 하는 복잡함

complicated question: 그 복잡함이 심해 이해, 분석이 어려움을 나타내는 가장 일반인 복잡함

compound camera: '합성'의 의미가 내포된 복잡함을 의미

elaborate procedures: 거의 complicated와 같은 성격으로 쓰여지며, 공들여 만들어진(detailed) 의미를 내포

intricate story: 가장 포괄적인 복잡한 의미를 가진 단어 중의 하나로 얽힌 듯한 의미를 내포

involved issue: 복잡한 의미로도 쓰이지만, '연루된, 관련된, 또는 바쁜' 의미로 많이 사용

knotty problem: 복잡하고 어렵다는 의미

tangled case: 사건 등이 일어날 만큼 복잡하고 혼란스런 의미

이 외에도 convoluted, labyrinthine 등이 있다.

> **참고1** **complex**
> (배열, 구성, 배치 등이) 복잡한, 까다로운(↔ simple)
> (이해나 처리가 어려운 정도로) 복잡한, 뒤얽힌(intricate)
>
> **complicated**
> (부분이) 세밀하게 서로 관련된, 복잡한, 뒤얽힌 / 분석, 설명, 이해하기 어렵게 복잡한
>
> **convoluted, intricate, involved, knotty, labyrinthine, tangled**
> (기계, 일, 줄거리 등이) 복잡하게 얽힌, 복잡[난해]한, 분명치 않은
>
> **참고2** complex, complicated, detailed, elaborate, fancy, intricate, involved, sophisticated 등은 '신중하게 만든, 또는 그렇게 행한'의 의미로 사용되기도 합니다.

Vocabulary   iBT TOEFL Reading Technique

■ Factual Information & Negative Factual Information Question

일반적으로 iBT TOEFL Reading에서 Vocabulary와 함께 가장 큰 비중을 차지하는 문형으로서, Passage 당 적게는 3문제, 많게는 8문제까지도 출제됩니다. 간단히 Fact/Negative Fact라고도 하며, Passage에 언급된 사실을 제대로 이해했는지를 체크하는 문형입니다.

1. 일단 문제가 요구하는 답의 주제어(Key Word(s))가 무엇인지 파악해야 합니다.

2. 질문의 주제어(Key Word(s))와 관련 있는 어휘, 또는 동의어가 지문에 있는지 살펴 보고, 그 어휘가 포함된 문장과 그 주변을 집중적으로 검토해야 합니다.

3. 일반적으로 Passage 상의 사실 정보를 묻는 문제가 Fact이므로, 너무 깊게 생각하지 말고 사실 그대로의 의미를 객관적으로 받아들여 관련 보기를 찾습니다.

4. Fact 문제는 보통 내용이 전개되는 순서로 문제가 출제된다는 것을 최대한 활용하기 바랍니다.

5. 이렇게 문제가 전개되는 순서대로 Passage를 해석 및 분석하다 보면 저절로 Passage 전체의 흐름이 파악되어 주로 마지막 문제로 나오는 Prose Summary나 Fill in a Table 문제를 실수 없이 풀 수 있어 일석이조의 효과를 볼 수 있습니다.

Vocabulary iBT TOEFL Reading & Listening을 위한 배경 지식 시험에 나오는 것만 외운다

■ 도자기의 역사(The History of Pottery)

자기의 기원은 구석기 시대에 시작된 것으로 추정되며, 당시 자기류들은 다른 철이나 나무들과는 달리 높은 외형적 저항성을 가지고 있는 것으로 알려져 있다. 자기류들은 주로 곡물 등을 저장하는 목적으로 사용됐지만, 물을 저장할 경우에는 그 모양이 쉽게 변하는 단점이 있어, 이러한 단점을 보완하기 위해 자기 내부에 다른 물질을 입히는 등의 노력이 있어 왔다.

이러한 발전은 계속되어 heating, firing, decorating 등의 과정에서 많은 변화들이 일어났다. 그리스 시대에 철(iron)이 함유된 자기가 대표적인 예인데, 제조 과정을 보면 다음과 같다. 먼저 모양을 만든 후(이 작업에서 많은 무늬 등을 넣는다), kiln이라는 가마를 이용해 도자기를 굽는데 여기서 산화작용(oxidization)이 일어나 자기 색이 빨간색(reddish-orange)으로 변한다.

이 상태에서 가마의 온도를 더 높이면서 산소를 없애면 색이 검정색으로 변하고, 마지막 단계에서 온도를 더 올리는 동시에 다시 가마에 산소를 주입하면 그림이 그려진 부분을 제외하곤 다시 빨간색으로 변하는데, 여기서 디자인된 부분만 색깔이 변하지 않는 이유는 그 부분만 산소에 노출되지 않기 때문이다.

Vocabulary iBT TOEFL Reading & Listening을 위한 배경 지식

■ 초기 미국의 순수 예술(Fine Art)

미국에서 순수 예술의 발전은 필연적(inevitable)인 상황이었다. 초기 미국 예술가들은 그림, 문학 등의 모든 예술을 영국 방식으로 표현했다. 이들 예술 분야는 초기에는 국가 형성의 시기와 맞물려 유럽에 비해 수준이 상당히 낮았다. 그러나 워싱턴 어빙, 벤자민 프랭클린 등이 유럽 식민지로서의 미국에서 벗어나 순수한 "미국만의 예술 창조"를 주장했으며, 시인이자 사상가인 랄프 왈도 에머슨은 자신의 문학 작품에서 미국의 풍경을 배경으로 한 미국적인 작품을 내 놓기도 했다. 이러한 운동은 필라델피아에서 보스턴으로 이어졌고, 훗날 서부로 퍼지면서 서부개척시대가 열리는 계기가 되었다.

초기 그림들의 경우 아마추어 화가들이 자신들이 그리고 싶은 것을 그리기 보다는 생계유지를 위해 판화(engraving)나 초상화(portraiture) 위주의 세련되지 못한(unsophisticated) 그림들이 주를 이뤘다. 그 중에서도 두각을 나타낸 이들이 있었는데, 이들은 좀더 깊이 있는 그림을 그리기 위해 유럽, 주로 영국으로 가기도 했다. 음악의 경우 초기에는 바이올리니스트 등의 소수 연주가들이 바흐나 헨델 등과 같은 음악을 연주할 수 있는 보스턴이나 뉴욕 등의 큰 도시에서 아마추어들로 구성된 길거리 공연(performance)을 하기도 했지만, 이것으로 그들의 생계를 유지하기에는 쉽지 않은 일이었다. 이들은 미국 식민지 출신의 작곡작가 아닌 헨델(Handel), 바흐(Bach) 등 유럽 작곡자들의 음악을 주로 연주했으며, 결국에는 극장에서 공식 콘서트를 열기도 했다. 그러나 음악 역시 그때까지 큰 발전을 이루진 못했다.

연극의 경우도 다른 예술 분야와 마찬가지로 초기에는 크게 다를 것이 없었다. 초기에는 음란(immoral)하다는 이유로 공연할 극장조차 없었지만, 무용수들의 요구로 최초의 극장이 생긴 이후, 문화적 욕구가 증가함에 따라 많은 도시에 정기공연을 할 수 있는 극장들이 대거 등장하기 시작하였다. 이러한 변화와 함께 사람들의 인식에도 변화가 생기게 되어 몇몇 도시에서는 연극단도 등장했고, 유럽에서 공연 팀이 와서 셰익스피어(William Shakespeare) 작품 등을 공연하기도 하였다.

Vocabulary

iBT TOEFL Reading & Listening을 위한 분야별 어휘   시험에 나오는 것만 외운다

■ 예술사 및 미국사(Art History and American History)

예술사(Art History)

1	abstract painting[picture]	추상화
2	accompaniment	반주(부)
3	aesthetic	미적인, 미(학)의
4	aisle	극장 등의 통로
5	antique	골동품
6	appreciation	(예술품) 평가, 이해
7	arrange	편곡하다
8	blur	희미해지다
9	bow	(현악기) 연주하다
10	cacophony	불협화음
11	caricature	풍자화
12	chamber music	실내악
13	chiaroscuro	명암법
14	chord	화음
15	chromatic	색채의
16	composer	작곡가
17	concerto	협주곡
18	connoisseur	(감식) 전문가, 감정가
19	conservatory	음악학교, 예술학교
20	copperplate print	동판화
21	deformation	변형
22	emboss	양각으로 새기다
23	etching	부식 동판술
24	execution	연주솜씨
25	hue	색, 색상, 색조
26	improvisation	즉흥 연주
27	limpid	맑은, 투명한
28	lithograph	석판화
29	lucent	빛나는, 반투명의
30	luminous	밝은, 빛나는, 번쩍이는
31	lurid	짙은, 선정적인, 타는 듯이 붉은
32	luster	광택
33	mason	석공
34	motley	잡색의
35	opaque	불투명한, 광택이 없는

Vocabulary iBT TOEFL Reading & Listening을 위한 분야별 어휘

36	overture	서곡
37	pantomime	무언극
38	pigment	안료, 그림물감
39	solemn	장엄한
40	threnody	비가
41	vandal	예술품 파괴자
42	vantage point	관점 (from vantage point ~관점에서)
43	variation	편곡, 변주
44	Washes, wash drawing	담채(화)
45	wood carving	목각(술)

미국사(American History)

46	agrarian	토지의, 토지 보유의
47	annex	(영토 등을) 병합[합병]하다
48	anomaly	예외, 이례, 변칙
49	armed conflicts	무력 충돌
50	armistice	휴전, 정전
51	armor	갑옷과 투구
52	artillery	포, 포병
53	benefactor	후원자
54	captive	포로, 사로 잡힌
55	carnage	대학살
56	casualty	사상자(수), 뜻하지 않은 사고
57	ceasefire	휴전
58	class-warfare	계급 투쟁
59	commoner	평민
60	convention	관습, 대회, 협정
61	crusade	십자군/개혁 운동에 참여하다
62	disarmament	군비 감축
63	dismemberment	(국토, 영토 등의) 분할
64	doctrine	주의, 교리, 교의(dogma)
65	domesticate	길들이다
66	electoral college	선거인단
67	famine	굶주림, 기근
68	feudalism	봉건주의
69	framer	입안자, 고안자

Vocabulary

70	hierarchy	계급 조직
71	imperialism	제국주의
72	indiscriminate	무차별의, 마구잡이의
73	infidel	이교도, 이단자; 무신론자
74	institution	제도, 관습
75	integration	통합, 인종 차별의 폐지
76	itinerant preacher	순회 설교사
77	locomotive	기관차
78	massacre	대량학살
79	monarchy	군주정치, 군주제
80	monument	기념비, 기념관
81	patent	특허(권)
82	persecute	박해하다, 학대하다
83	philanthropist	박애주의자, 자선가
84	Prohibition	금주법
85	promulgate	(법률, 명령 등을) 공포하다
86	public domain	토지 공유지
87	racial discrimination	인종차별
88	ratify	비준하다
89	Reformation	종교개혁
90	regime	정체, 제도
91	regrate	(곡물, 식료품 등을) 매점하다
92	Representative	하원의원
93	segregation	격리, 인종 차별
94	slavery	노예제도
95	suppression	탄압, 억압
96	Supreme Court	대법원
97	tactic	전술
98	trial and error	시행착오
99	unconstitutional	위헌의
100	women's suffrage	여성 참정권

1-1

abound in | afford | bombard | compress | conquer | course | derive | disband | dissipate | elongate | emphasize | employ | encourage | exert | extract | fabricate | furnish | generate | handle | intensify | mount | retard | assorted | controversial | conversely | deceiving / deceptive | dependable | enigmatic | entire | explicit | miniature | resilient | utterly | advent | counterpart | equilibrium | feat | in earnest | mechanism | trauma

1-2

impose | match | reconcile | regard | size up | stimulate | tantalize | vow | hazardous | immobile | incompatible with | inordinate | interlocked | intimate | intricate | intrinsic | inviolable | involved | justified | luminous | manageable | meticulous | moderate | moreover | myriad | pertinent | prestigious | rapidly | reasonable | rigid | routine | sought-after | startling | static | tentative | hint | be inclined to | impediment | mastery | terrain

1-3

ascend | assist | authorize | belch | blur | boast | cling | cluster | concentrate | obtain | perish | regenerate | shatter | strew | urge | aberrant | accustomed to | adept | bountiful | brittle | bustling | chancy | clear | intermittent | opaque | overly | palatial | precarious | pristine | ritual | ruthlessly | stringent | traditional | unsophisticated | unwieldy | vibrant | allegiance | confidence | prior to | sophistication

1-4

converge | deem | deflect | discern | evoke | exhibit | expand | figure out | give rise to | grasp | locate | meet | purposely | recur | regulate | transplant | vanish | anxious | contemporary | decisive | dim | monotonous | random | obvious | remote | renowned | slight | tremendous | undisputed | constellation | dimension | demise | flaw | hallmark | hurdle | nevertheless | on the whole | prowess | scrutiny | whereas

1-5

appreciate | convince | diverge | embellish | encounter | endow | ensue | exceed | exempt | flow | found | orchestrate | disputatious | enduring | eminent | enormous | excessive | fragile | hypothetical | improbable | incidentally | intangible | intermediate | progressive | overwhelmingly | previous | primordial | steadfast | subjective | susceptible | urbane | versatile | widespread | conjecture | enactment | insight into | orientation | perspective | principle | yardstick

1-6

alter | anchor | corroborate | dictate | fascinate | precipitate | resume | reveal | suppress | surmise | suspend | transmit | undergo | fashionable | consistent | detrimental | differential | dynamic | eccentric | full-fledged | immerse | instructive | intrusive | irrevocable | ongoing | paramount | persuasive | precious | prohibitive | suitable[suited] | timid | transitory | typical | unambiguous | anarchy | implement | subsistence | spell | surveillance | threshold

1

시험에 나오는 1순위
Voca

••••••••••••••••••••••••

| 전문가가 분석한 1순위 VOCA 학습 전략 |

1순위 VOCA까지 마치면 당신은 시험 볼 준비를 마친 상태!
0순위에 이어 1순위 어휘까지 학습을 마치면,
이제 모든 섹션(Reading, Listening, Speaking, Writing)에
대한 준비가 되었다고 할 수 있습니다. 물론 0순위 어휘와 마찬가지로,
중요도와 기출빈도가 상당히 높은 VOCA들의 결정체라 할 수
있습니다(0순위, 1순위의 어휘에서 TOEFL Reading의
VOCA 문제가 75% 이상 출제됩니다). 0순위에 이어 1순위까지의
어휘로 Speaking과 Writing에서의 활용도를
높이기 위해 예문까지 철저히 학습하기 바랍니다.

Day 07

1-1 시험에 나오는 1순위 *Voca*

0~1순위 어휘에서 TOEFL Reading Voca 문제의 75%가 출제된다!

🔊 1-1_Day 07.mp3

abound in
[əbáund in]

ⓥ 1. (in) ~에 많이 있다 = **be numerous (in),** be abundant (in)
The jungle here **abounds in** rare predators including lions.
이곳 정글에는 사자를 포함한 진귀한 포식자들이 많다.

2. (in, with) ~이 풍부하다, 넘칠 듯 많다 = **be filled with, be full of, teem with**

afford
[əfɔ́:rd]

ⓥ 1. 가져오다, 주다 = **offer, provide,** furnish, give, supply
This hotel will **afford** you the most great comforts and amazing views.
이 호텔은 당신에게 최고의 편안함과 놀라운 경치를 제공해 줄 것이다.

2. ~을 할 수 있다, ~할 여유가 있다 = allow, spare

3. ~을 살 여유가 있다 = pay for

ⓐ **affordable** (가격이) 감당할 수 있는, 알맞은 = **within the public citizen's pockets**

관련어 **manageable** 다루기 쉬운, 순종하는 = **affordable, controllable**

> 시나공비법
> 나라 또는 개인들의 경제 사정이 좋아져 무언가를 구입할 수 있는, 또는 할 수 있는 상황의 내용에 활용할 수 있습니다.

bombard
[bámbɑ:rd]

ⓥ 충격을 주다, 공격하다 = **hit, strike**
The Israeli army has been **bombarding** Gaza and sending in troops.
이스라엘군은 가자 지구를 공격하고 군대를 파견해 왔다.

관련어 **strike** 부딪히다, 충돌하다 = **bombard, come in[into] contact with, hit**

compress
[kámpres]

ⓥ 압축하다, 채워 넣다 = **compact, crush,** pack, press, squeeze
In the end, the clothes we had before was already **compressed** into his suitcase.
마침내 우리가 전부터 갖고 있던 옷들은 이미 그의 가방에 채워졌다.

conquer
[káŋkər]

ⓥ 1. 정복하다 = **defeat,** beat, triumph over, vanquish
Their new weapons enabled them to **conquer** their opponents who used the old.
그들의 신무기들은 구식 무기를 사용한 적들을 정복할 수 있게 했다.

2. (곤란, 장애 등을) 극복하다 = overcome, control, cope with, deal with, get over, master, triumph over

관련어 **triumph** 승리(를 거두다); 이겨내다

course
[kɔːrs]

- **v** (~through) 따라 나아가다, 흐르다 = **run (through),** flow (through), stream (through)

  The polluted water we produced **courses** through the pipe nearby your house.
  우리가 만들어 낸 오수가 당신의 집 근처의 관을 따라 흐르고 있다.

- **n** 전진 (운동), 진행 = **process(ion), progress(ion), way**

- 관련어 **in the course of** ~하는 동안, ~하는 중에 = **during**

  run its course 시간과 함께 과정을 다하다; 생명이 다하다

derive
[diráiv]

- **v** 1. (~from) 유래하다, 얻다, 이끌어내다 = **arise, gain, obtain, originate, acquire, attain, extract**

  The word 'caesarean' is **derived** from the Roman emperor, Caesar.
  '제왕 절개술'이라는 단어는 로마 황제 시저에서 유래한다.

  2. 연역[추론]하다 = **calculate**

- **a** **derived** 유래된 = **obtained, originated, resulting**

- 관련어 **extract** 1. 끌어내다, 얻다, 발췌하다 = **abstract, derive, draw, obtain**

  2. 뽑다, 빼내다 = **eliminate, remove, withdraw**

disband
[disbǽnd]

- **v** 해체하다, 해산하다 = **dismiss,** break up, disentangle, disperse, dissolve, scatter, separate

  The president assured all the members of the staff that the trade union won't **disband**.
  사장은 전 직원들에게 노동조합을 해체하지 않을 것임을 보장했다.

- 관련어 **dismiss** 거절하다 = **reject, disregard**

  disentangle 풀다 = 해산[해방]하다 = **disband**

dissipate
[dísəpèit]

- **v** 1. 흩어지게 하다, 분산시키다 = **disperse,** be dispelled, disappear, dissolve, scatter, vanish

  It must have been their growing unpopularity amongst the unwashed electorates in the constituencies that **dissipated** the unnecessary tension between the two political parties.
  두 정당 간의 불필요했던 긴장관계를 해소시킨 것은 지역구 내 일반 유권자들 사이에서 떨어져가는 인기가 작용했음이 분명하다.

  2. 낭비하다 = **squander, waste**

- 관련어 **disperse** 흩어지게 하다, 분산시키다 = **dissipate, scatter, spread (out)**

  strew 흩뿌리다, 뿌려서 덮다 = **scatter**

  dispel 쫓아버리다, 사방으로 흩어지게 하다

elongate
[ilɔ́ːŋgeit]

- **v** (시간, 공간적으로) 연장하다, 늘이다 = **lengthen, stretch,** extend

  The mountains were **elongated** with several rivers as you know.
  알다시피 산들은 여러 개의 강과 함께 길게 뻗어 있다.

- 관련어 **stretch** 펴다, 연장하다 = **expand, extend**

  extend 뻗다, 늘이다; 연장하다 = **protrude, reach, stretch; increase, prolong, stretch**

1-1

emphasize
[émfəsàiz]

- ⓥ 강조하다 = **stress,** highlight, spotlight, underline
  He **emphasizes** similarities between the diets of reptiles and the diets of amphibians.
  그는 파충류와 양서류가 먹는 먹이들간의 유사성을 강조한다.

employ
[implɔ́i]

- ⓥ 쓰다, 사용하다 = **use,** apply, exercise, exert, make use of, practice, put into practice, utilize
  The assemblyman **employed** his authority given by government with absolute carelessness.
  의원은 정부로부터 부여 받은 권한을 아주 경솔하게 사용했다.
- ⓐ **employed** 사용되고 있는 = **working, in use,** in employment in work
- 관련어 **exert** (힘, 능력 등을) 쓰다, 행사하다 = **apply, attempt, employ, use**

> 시나공 비법
> 실생활에서는 '고용하다'의 의미로 더 많이 사용됩니다.

encourage
[inkə́:ridʒ]

- ⓥ 1. 격려하다, 북돋우다 = **motivate,** inspire, spur on, stimulate, stir (up)
  Frank **encouraged** Diana in her ambition to become a professor.
  프랭크는 교수가 되려는 다이애나의 포부를 격려해 주었다.
  2. 촉진하다, 조성하다 = **promote,** advance, champion, foster, further, support
- 관련어 **promote** 촉진하다, 조성하다 = **encourage**
  spur 자극하다 = **stimulate** / 자극 **stimulus**
  stimulate 자극하다, 격려하다 = **activate, cause, encourage, promote, spur**
  champion 옹호(지지)하다, 지키다 = **promote, support**
  foster 촉진하다, 조성하다 = **encourage, promote**
  stir 휘젓다; 각성시키다, 불러 일으키다; 선동하다, 부추기다

exert
[igzə́:rt]

- ⓥ 행사하다, 가하다 = **apply, attempt, employ, use,** exercise, put out, wield
  No pressure is being **exerted** on hospital managers or consultants.
  병원 관리자나 컨설턴트들에게 어떠한 압력도 가해지지 않고 있다.
- 관련어 **wield** (힘, 능력, 권력 등을) 사용하다, 발휘하다 = **exercise**

extract
[ékstrækt]

- ⓥ 1. 끌어내다, 얻다, 발췌하다 = **abstract, derive, draw, obtain**
  The oil, which is **extracted** from olives, is used for cooking.
  올리브에서 추출된 기름은 요리하는데 사용된다.
  2. 뽑다, 빼내다 = **eliminate, remove, withdraw** ↔ **embed** (심다, 묻다)
- 관련어 **embed** 박아[끼워]넣다, (마음 속에) 깊이 간직하다 = **implant, insert, encase, enclose**

fabricate
[fǽbrəkèit]

- ⓥ 제작(조립, 조작)하다 = **produce, build, construct, forge, fashion, make**
  In the 1970's, theses automobiles were **fabricated** in the workshop.
  1970년대에 이 자동차들은 작업장에서 만들어졌다.

관련어 **fashion** ⓝ 상태, 형식; 방법, 방식 = **shape, mode; way**
ⓥ (재료를 써서) 물건을 만들다 = **make**

furnish
[fə́ːrniʃ]

ⓥ 공급하다, 제공하다 = **equip, provide,** afford, bestow, give, offer, supply
Britain **furnished** Samuel Adams and his advocates with an amazing issue in 1773.
영국은 1773년에 사무엘 아담스와 그의 지지자들에게 놀라운 이슈를 제공했다.

관련어 **equip** 설비를 갖추다 = **furnish**

> **시나공비법**
> furnish는 주로 살림에 필요한 편의, 설비를 공급하는데 사용되며, equip은 일반적으로 특정한 행동이나 기능을 하도록 필요한 장비를 장치할 때 사용됩니다.

generate
[dʒénərèit]

ⓥ 발생시키다, 일으키다 = **cause, create, produce,** provide, make, originate
The clever salesman has **generated** a big increase in SUV sales.
영리한 영업 사원은 SUV 차량의 판매량을 크게 증가시켰다.

관련어 **regenerate** 새롭게 하다 = **renew, revive**
induce 유발하다, 야기하다 = **bring about, cause, generate**

handle
[hǽndl]

ⓥ 다루다, 처리하다 = **process,** control, deal with, manage, operate
The New York mayor **handles** all new policies in the city as well as related cities.
뉴욕 시장은 뉴욕 시와 관련 도시들의 모든 새로운 정책들을 다룬다.

관련어 **treat** 다루다, 취급하다 = **handle, deal, manage, manipulate**
cope with 대처하다, 다루다 = **adapt to, deal with, handle**

intensify
[inténsəfài]

ⓥ 강화하다 = **fortify, reinforce, strengthen,** aggravate, deepen, enhance
The International Red Cross is **intensifying** its efforts to help victims of the train explosion.
국제 적십자사는 열차 폭발의 희생자들을 돕기 위한 노력을 강화하고 있다.

ⓐ 1. **intense** (감정적으로) 극도의, 강렬한 = **extreme, high, profound, strong**
2. **intensive** 강렬한, 집중적인, 열심인 = **concentrated, eager, exhaustive**
ⓝ **intensity** 강렬함, 격렬함 = **strength**

관련어 **aggravate** ~을 악화시키다 = **make worse,** exacerbate, exasperate, worsen

mount
[maunt]

ⓥ 오르다, 증가하다 = **grow, increase,** escalate, rise, soar
According to the report, his company's profits had **mounted** by over 15 percent in 2011.
보고서에 의하면 그의 회사 수익이 2011년에 15퍼센트 이상 증가했다.

> **시나공비법**
> 일반적으로 산이나 언덕, 계단 등을 오를 때나, 무언가에 올라탈 때 주로 사용됩니다.

1-1

retard
[ritá:rd]

- **(v)** 늦추다 = **slow (down), delay, hold[put, set] back, postpone**
  Their poor technology and early restrictions **retarded** their advancement.
  그들의 열악한 기술과 초기의 제약 사항들이 그들의 발전을 지연시켰다.

assorted
[əsɔ́:rtid]

- **(a)** 고루 갖춰진, 갖가지의 = **various,** diverse, eclectic, miscellaneous, mixed, varied, varying
  These solutions contributed to an **assorted** number of environmental issues.
  이 해결책들은 다양한 환경문제들에 공헌을 했다.
- **관련어** **diverse** 다양한; ~과 다른, 별개의 = **varied, various**
  eclectic 다양성을 지닌; 선택된 = **diverse, various;** particular, select, selective
  miscellaneous 갖가지 잡다한, 잡동사니의; 다재(多才)한; 갖가지 주제를 다룬

controversial
[kàntrəvə́:rʃəl]

- **(a)** 논란이 많은 = **debatable, disputed,** contentious
  He wrote the very **controversial** book, but I think he's since regretted it.
  그는 논란이 많은 책을 썼지만, 나는 그가 그 후로 후회했다고 생각한다.
- **(n)** **controversy** 논쟁, 논의 = **disagreement, debate,** argument, contention, dispute
- **관련어** **debate** 논쟁하다 = **argue, discuss**
  debatable 논쟁의 여지가 있는 = **questionable**
  contentious 논쟁을 일으키는 = **disputed**
  contention 논쟁 = **debate**

conversely
[kənvə́:rsli]

- **(ad)** (이와) 반대로 = **on the contrary, on the other hand,** again, contrary, oppositely
  Conversely, Lee, his best friend ardently supported Alexander Chapman Ferguson's arrival.
  반대로 그의 가장 친한 친구인 리는 알렉산더 챕먼 퍼거슨의 등장을 열렬히 지지했다.
- **(n)** **converse** 정반대(의) = **opposite,** contrary, reverse
- **(v)** **convert** 바꾸다, 변환하다 = **alter, change, transform,** metamorphose, translate
- **(n)** **conversion** 전환, 변환, 변화 = **alteration, change, shift, transformation**
- **관련어** **on the other hand** 반면에, 그와 반대로 = **conversely, however**

deceiving / deceptive
[disí:viŋ / diséptiv]

- **(a)** 속이는, 믿지 못할 = **fraudulent, misleading,** beguiling, deluding, false
  We all have to be careful with the **deceiving** ads.
  우리 모두 다분히 소비자들을 속이려는 광고들을 조심해야 한다.
- **(ad)** **deceitfully** 속이려고, 허위로 = **misleadingly**
- **관련어** **misleading** 사람을 잘 못하게 하는, 오해시키는, 속이는 = **inaccurate, misplacing**
  fraudulent 사기적인, 속이기 위한
  beguile, delude 현혹시키다, 속이다

dependable
[dipéndəbl]

- **(a)** 믿을 수 있는, 의지할 수 있는 = **reliable** ↔ **unreliable** (믿을 수 없는)
  Jeffrey is a **dependable** accountant.
  제프리는 믿을 만한 회계사이다.

1-1

- **a** **dependent** 의지하는 = **reliant,** conditional, contingent, relative, relying on
- **v** **depend on** 의지하다, 믿다, 달려 있다 = **rely on**
- 관련어 **rely on** 의지하다, 믿다 = **depend on**

---

enigmatic
[ènigmǽtik]

- **a** 수수께끼의[같은], 알기 어려운 = **mysterious, puzzling,** unfathomable
  Mr. Park arrived at this party with an **enigmatic** beautiful lady.
  미스터 박은 신비롭고 아름다운 여자와 함께 이 연회에 나타났다.
- **n** **enigma** 수수께끼, 이해할 수 없는 것 = **mystery, puzzle,** conundrum, paradox, riddle
- 관련어 **puzzling** 모호한, 알기 어려운 = **difficult to explain, enigmatic, mysterious**
  paradox 모순, 역설 = **contradiction**
  conundrum, riddle 수수께끼, 난문, 알아맞히기

---

entire
[intáiər]

- **a** 전체의, 완전한 = **complete, whole,** full, integral, perfect
  A strong earthquake jolted an **entire** village of an Iranian town.
  강진이 이란 도시의 한 마을 전체를 뒤흔들어 놓았다.
- **ad** **entirely** 완전히, 전부 = **completely, wholly, totally,** altogether, fully, perfectly
- 관련어 **whole** 전체의, 완전한 = **entire**
  integral 완전한 (구성 이루는); 없어서는 안 될, 필수의 = **complete, entire; essential, necessary**
  exclusively 오로지, 전적으로 = **entirely, solely**

---

explicit
[iksplísit]

- **a** 분명한, 솔직한 = **clear, clearly stated, obvious,** easily understandable, plain, straightforward
  She was very **explicit** about what she thought was wrong with the plans.
  그녀는 자신이 생각하는 계획의 문제점에 대해 아주 솔직했다.
- 관련어 **obvious** 명백한, 눈에 띄는 = **apparent, clear, conspicuous, evident**
  straightforward 곧장 나아가는; 정직한; 직접의, 솔직한

---

miniature
[míniətʃər]

- **n** 소규모[소형]인; 축소된 = **small,** little, mini, minute, small(-scale), tiny
  It has been 68 years since the **miniature** models first appeared on Korean roads.
  소형 모델들이 한국의 도로에 등장한지 68년이 되었다.
- 관련어 **minute** 미세한, 매우 작은 = **tiny, (very) small**
  infinitesimal 극소의, 아주 작은 양의 = **minute**

---

resilient
[rizíljənt]

- **a** 회복력 있는, 강한 = **easy[able, quick] to recover,** durable, hardy, strong
  Everyone became known they were the most **resilient** people as they resolutely changed all they did before.
  그들이 전에 했던 모든 것을 과감히 바꿈에 따라 그들이 강인한 사람들임을 모두 알게 되었다.

133

1-1

utterly [ʌ́tərli]
- (ad) 완전히, 전적으로, 철저히 = **absolutely, completely,** altogether, entirely, thoroughly, wholly
- Having a baby changes your life **utterly**.
- 아기를 갖는 것은 당신의 삶을 완전히 변화시킨다.

advent [ǽdvent]
- (n) 출현, 도래 = **appearance, arrival, beginning, coming, emergence, introduction**
- The **advent** of the Internet age completely changed modern society.
- 인터넷 시대의 도래는 현대 사회를 완전히 변모시켰다.

> 시나공비법
> advent(전진, 진전)와 혼동하지 마시기 바랍니다!

counterpart [káuntərpà:rt]
- (n) 상대, 동등한 것 = **complement, equivalent, parallel,** correlate, correspondent, match
- Our foreign minister is to meet his **counterpart** of Canada to discuss the FTA.
- 외무장관이 자유 무역 협정을 논의하기 위해 캐나다 외무장관을 만날 예정이다.
- 관련어 **equivalent** ⓐ 동등한, 상당하는 = **same** ⓝ 상당물, 대응물 = **balance**
  complement ⓥ 보충하다, 보완하다 ⓝ 보완물, 보충물 = **supplement**
  parallel 일치하는, 대응하는, 유사한; 평행의, 평행하는

equilibrium [ì:kwəlíbriəm]
- (n) 평형 (상태), 균형 (상태) = **balance,** equality, symmetry
- This instrument is known to increase the **equilibrium** for shear strength.
- 이 기구는 전단강도의 균형을 증가시켜 준다고 알려져 있다.
- 관련어 **symmetry** 대칭, 균형 = **balance**

feat [fi:t]
- (n) 위업, 공적 = **accomplishment, (remarkable) achievement,** attainment
- Their **feat** proved that the birds had various ideas for their flying.
- 그들의 성과는 새들이 비행을 위한 다양한 생각을 갖고 있음을 밝혀냈다.

in earnest [in ə́:rnist]
- (phr) 본격적으로, 진심으로 = **seriously,** fervently, purposefully, resolutely, thoughtfully
- Those days, the attack on religious freedom began **in earnest** in most undeveloped countries.
- 그 시대에 종교 자유에 대한 탄압은 대부분의 후진국들에서 본격적으로 시작되었다.

mechanism [mékənìzəm]
- (n) (정해진) 절차, 방법 = **means, method (for evaluating), way (to achieve),** process, procedure, system, technique
- They have **mechanisms** for maintaining a warm body temperature.
- 그들은 따뜻한 체온을 유지하는 방법들을 갖고 있다.

trauma
[trɔ́:mə]

n 1. 외상 = **damage,** injury, wound

Many boxers and martial artists suffered serious brain trauma.
많은 권투 선수들과 격투기 선수들이 심한 뇌 손상을 입었다.

2. 정신적 충격, 쇼크 = **stress,** distress, pain, shock, strain, suffering

a **traumatic** 큰 (정신적) 충격을 준 = **distressing, highly stressful,** painful, shocking

> **시나공비법**
> 주로 damage는 물건에 대해, injury는 사람에 대해, harm은 사람과 물건에 모두 사용됩니다.

Day 07 Quiz

앞에서 학습한 내용들을 바로 확인해 보는 코너입니다.

❶ 아래 단어들의 유의어를 보기에서 찾아 빈칸에 쓰시오.

A | ⓐ disperse　ⓑ apply　ⓒ use　ⓓ motivate　ⓔ provide　ⓕ originate

1. exert _____ 2. employ _____ 3. derive _____
4. furnish _____ 5. dissipate _____ 6. encourage _____

B | ⓐ easy to recover　ⓑ various　ⓒ obvious　ⓓ balance　ⓔ reliable　ⓕ equivalent

1. assorted _____ 2. dependable _____ 3. counterpart _____
4. equilibrium _____ 5. resilient _____ 6. explicit _____

❷ 문장 내에서 진하게 표시된 어휘의 유의어를 고르시오.

1. The chairman's autocracy **generated** this nonviolent movement.
   ⓐ caused　ⓑ balanced　ⓒ selected　ⓓ reformed

2. The **advent** of the Internet age completely changed modern society.
   ⓐ operate　ⓑ appearance　ⓒ intertwine　ⓓ argue

3. Those days, the attack on religious freedom began **in earnest** in most undeveloped countries.
   ⓐ seriously　ⓑ enthusiastically　ⓒ extremely　ⓓ carefully

4. Many boxers and martial artists suffered serious brain **trauma**.
   ⓐ cancer　ⓑ acceleration　ⓒ change　ⓓ damage

5. This hotel can **afford** you the most great comforts and amazing views.
   ⓐ weaken　ⓑ force　ⓒ reinforce　ⓓ provide

정답 & 해석

❶ A. 1. ⓑ 2. ⓒ 3. ⓕ 4. ⓔ 5. ⓐ 6. ⓓ
　 B. 1. ⓑ 2. ⓔ 3. ⓕ 4. ⓓ 5. ⓐ 6. ⓒ
❷ 1. ⓐ 2. ⓑ 3. ⓐ 4. ⓓ 5. ⓓ

1. 회장의 독선이 비폭력 운동을 촉발시켰다.
2. 인터넷 시대의 도래가 현대 사회를 완전히 변화시켰다.
3. 이 시대에 종교 자유에 대한 탄압은 대부분의 후진국들에서 본격적으로 시작되었다.
4. 많은 권투 선수과 격투기 선수들이 심한 뇌손상을 입었다.
5. 이 호텔은 당신에게 최고의 편안함과 놀라운 경치를 제공해 준다.

Not 빈출, But 기출! 고득점을 원하면 놓치지 말아야 할 코너!

Word	의미	유의어
correlate	연관시키다, 연관되다	associate, match
customary	관습/습관적인, 통례의	traditional
damage	손해(를 입히다), 해(치다)	harm
deficient (of part)	부족한	not enough
demonstrate	논증하다; 명시하다, 나타내다	indicate
denote	표시하다, 나타내다	indicate
revere	숭배하다, 공경하다	greatly admire

Do it this way! Listening, Speaking 에서는 이렇게 쓰입니다.

LISTENING, SPEAKING

on the other hand

On the other hand, a wood component called lignin is the major source of the fake vanilla extract.

반면에 리그닌이라고 불리는 나무의 성분은 인공 바닐라 추출의 주된 소스이다.

> 주로 Listening의 비교 유형의 강의(lecture)나 대화(conversation)에서 잘 나오는 표현으로, 비교 포인트와 어떤 점이 다른지를 꼭 들어야 하는데, 그 때를 알려주는 signal words입니다. 게다가 Speaking에서도 반대 입장을 표현할 때 효과적으로 사용할 수 있습니다. 즉, 이 표현은 전 섹션(Reading, Listening, Speaking, Writing)에서 자주 등장하거나, 사용할 수 있는 상당히 중요한 표현이므로 반드시 숙지하기 바랍니다!

Day 08 시험에 나오는 1순위 Voca

0~1순위 어휘에서 TOEFL Reading Voca 문제의 75%가 출제된다!

🔊 1-2_Day 08.mp3

---

impose
[impóuz]

- **v** 1. 강요하다 = **force,** inflict, press, urge
  Nevertheless, he **imposed** his plans on other researchers.
  그럼에도 불구하고 그는 그의 계획을 다른 연구자들에게 강요하였다.
  2. 부과하다, 지우다 = apply, charge, levy
- **a** **imposing** 훌륭한, 남의 눈을 끄는 = **enormous, heavy, impressive,** substantial, grand
- **v** **impose on** = **place on** ~에 두다, 부여하다
- 관련어 **urge** 강력히 주장하다; 조장하다, 촉구[재촉]하다 = **advocate; encourage**
  inflict (고통, 부담, 벌 등을) 가하다
  levy 징수하다, 과세하다; 소집하다, 징집하다

---

match
[mætʃ]

- **v** 대등하다, 필적하다 = **(be) equal (to),** be the same as
  I'm good at billard, too. But I'm no **match** for you.
  나도 당구를 잘 하지만, 당신에게는 당할 수가 없군요.
- **n** (~과) 대등한[필적할 만한] 사람[것], 공통적인 사람[것] = **equal, equivalent**

---

reconcile
[rékənsàil]

- **v** 1. 화해시키다 = **bring together, make people friendly, settle,** make peace between
  It was a seeming impossibility to **reconcile** with his deadly enemy who is his own brother.
  자신의 친형이기도 한 원수와 화해하는 것은 겉으로는 불가능해 보였다.
  2. 인정하다, 감수하다 = **accept as true,** accept, come to accept
- 관련어 **bring together** ~을 긁어 모으다; 묶다, 합치다; ~을 접촉[재회, 화해]시키다

---

regard
[rigáːrd]

- **v** 생각하다, 고려하다 = **consider,** deem, judge, look on, see, think of, view
  The mayor is **regarded** as a strong candidate for the new governor.
  시장은 강력한 신임 주지사 후보로 여겨지고 있다.
- 관련어 **deem** ~라 생각하다, 여기다 = **consider**
  evaluate 평가[판단]하다 = **judge**

---

size up
[saiz ʌp]

- **v** 1. (가치, 상황 등을) 평가[판단]하다 = **evaluate,** assess, judge
  At the interview, the senior members not only examine and check an academic record or work experiences of an applicant but also **size up** the caliber of a person as a team member.
  인터뷰에서 상사들은 지원자의 학력과 경력을 조사하고 검증하는 것뿐만 아니라 동료로서의 인간됨을 가늠해 보기도 한다.
  2. 치수를 재다 = **gauge, measure, survey**

stimulate
[stímjulèit]

- **(v)** 자극하다, 격려하다 = **activate, cause, encourage, prompt, spur,** provoke

  The language institute offers a variety of prizes to **stimulate** the study groups.
  어학원은 학생들의 스터디 그룹을 장려하기 위한 다양한 포상을 제공한다.

- **(n)** **stimulus** 자극, 격려(되는 것) = **impetus,** catalyst, impulse, instigation, motivation, spur, stimulant

- **관련어** **spur** 격려하다, 자극하다 = **stimulate**

  provoke 자극하여 ~하게 하다 = **bring about, incite, stimulate**

  catalyst 촉매; 계기, 자극

  instigation 선동; 자극

tantalize
[tǽntəlàiz]

- **(v)** 1. 유혹하다, 꾀어내다 = **tempt,** allure, entice, lure

  Unlike most of modern Hollywood erotica, back in the 60's, Marlon Brando's simple tank top was more than enough to **tantalize** female audiences.
  최근 할리우드 애로물과 달리 60년대에는 말론 브란도의 단순한 러닝셔츠 차림 만으로도 여성 관객들을 유혹하기에 충분했다.

  2. 애타게 하다, 애먹이다 = **annoy,** harass, torment, worry, vex

vow
[vau]

- **(v)** 맹세하다, 서약하다 = **pledge, promise,** swear

  He **vowed** to devote everything to nurture his daughter unconditionally.
  그는 조건없이 그의 모든 것을 딸을 키우는데 바칠 것을 맹세했다.

- **(n)** 맹세, 서약 = **oath, pledge, promise,** assurance, guarantee, profession

- **관련어** **pledge** 서약, 맹세; 저당, 보증 = **promise, oath, vow; guarantee, warranty**

  profession 공언, 선서; (지적인) 직업

> **시나공 비법**
> 발표문, 선언문, 취임문 등에 자주 사용되는 어휘입니다.

hazardous
[hǽzərdəs]

- **(a)** 위험한 = **dangerous, severe,** jeopardous, perilous, risky

  It was proved that these chemicals were **hazardous** to human health.
  이 화학 물질들은 인체에 해롭다는 것이 밝혀졌다.

- **(n)** **hazard** 위험 = **danger, risk,** jeopardy, peril

> **시나공 비법**
> '중요한' 의미로 주로 알고 있는 critical, crucial 등도 '위험한'의 의미를 갖고 있음을 유의하시길!

immobile
[imóubi(:)l]

- **(a)** 정지된, 움직이지 않는 = **motionless, stationary,** standing, static

  He stands there, **immobile**, without taking his eyes off Katherine.
  그는 캐서린에게서 눈을 떼지 못한 체 움직이지 않고 그곳에 서 있다.

- **(n)** **immobility** 부동 (상태), 정지 = **absence of motion**

- **관련어** 비교: **stagnant** 고여서 흐르지 않는; 발전이 없는; 활기가 없는

1-2

incompatible with
[ìnkəmpǽtəbl wið]

- **v** (~과) 맞지 않다, 용납하지 않다 = **in conflict with,** at odds with, contrary to, different to, inconsistent with, in opposition to

  This new computer program is **incompatible with** Windows 7.
  이 신형 컴퓨터 프로그램은 Windows 7과 호환되지 않는다.

inordinate
[inɔ́:rdənèit]

- **a** 과도한, 지나친 = **excessive,** extravagant, extreme, immoderate, lavish

  If the company discloses its construction cost of apartments, it is expected that the cost would strike many people as **inordinate**.
  만약 주택 조합이 아파트 건축 분양가를 공개한다면 터무니 없는 건축비가 많은 사람들을 놀라게 할 것으로 예상된다.

- **관련어** **excessive** 과도한, 지나친 = **extreme, larger than, too much**

  lavish 남아도는; 호화로운, 사치스러운 = **rich**

interlocked
[íntərlákt]

- **a** 연결된 = **linked,** (inter)connected, coupled, engaged, interlinked, joined, united

  There are many **interlocked** programs that can solve this situation.
  이 상황을 해결할 수 있는 많은 연결 프로그램들이 있다.

intimate
[íntəmit]

- **a** 친숙한 = **close, friendly,** familiar

  He was one of my **intimate** classmates in elementary school.
  그는 초등학교 시절 나와 친한 급우들 중 한 명이었다.

- **a** **intimate with** 친밀한 = **familiar with**

> **시나공비법**
> intimidate(위협해 ~시키다 = frighten)과 혼동하지 마세요!

intricate
[íntrəkit]

- **a** 복잡한, 난해한 = **complex, complicated, elaborate,** involved, sophisticated

  Congress has been sorting through the **intricate** business relationships that link some conglomerates to their auditors and bankers.
  의회는 일부 재벌과 그들의 회계 감사들과 은행들과의 복잡한 사업관계를 자세히 살펴봐 왔다.

- **n** **intricacy** 복잡(함), 복잡한 사항 = **complexity**
- **관련어** **complex** 복잡한 = **complicated, elaborate, intricate**

  complicated 복잡한, 난잡한 = **complex, confused, elaborate, made it more difficult**

  elaborate 정교한, 공들인; 복잡한 = **detailed; (more) complex, complicated, involved**

> **시나공비법**
> sophisticated는 '복잡한'의 의미보다는 '세련된, 학문[교양]이 있는, 진보된'의 의미로 더욱 많이 사용됩니다.

intrinsic
[intrínsik]

- **a** 본질적인, 본래 갖추어진 = **fundamental, inherent,** essential, inborn, ingrained, innate, integral

  My continual study of art results from **intrinsic** motivation.
  예술에 대한 나의 지속적인 연구는 본질적 동기에 기인한다.

관련어 **inherent** 본래의,고유한 = **essential, inborn, innate, intrinsic**
(deeply) ingrained 깊이 뿌리내린, 뿌리깊은; 천성의 = **(firmly) established**

> 시나공비법
> 같은 '타고난'의 의미이지만, congenital, connate는 '(질병을) 타고난'의 의미로 많이 사용됩니다.

inviolable
[inváiələbl]

ⓐ 불가침의, 침범할 수 없는 = **without exception,** allowing no attack, allowing no exception.
As we all know, freedom is an absolutely **inviolable** right.
우리 모두 알다시피 자유는 침범할 수 없는 절대적 권리이다.

involved
[inválvd]

ⓐ 복잡한, 뒤얽힌 = **complicated,** complex, elaborate, intricate
Everyone did not want to hear this long, boring and **involved** history.
모두가 이 길고 지루하며 복잡한 역사를 듣기 싫어했다.

involve
[inválv]

ⓥ 1. ~을 필요로 하다, 수반하다 = call for, demand, necessitate, require, take into account
2. 필연적으로 포함하다 = contain, encompass, include, incorporate

관련어 **complicated** 복잡한, 난잡한 = **complex, confused, elaborate, made it more difficult**
consider 생각하다, 여기다 = **take into account, think about[of], view**
encompass 포함하다, 내포하다 = **include**
call for 요구하다, 필요로 하다

> 시나공비법
> involve는 '~와 연루[관계]시키다(in), ~와 관계하다(with)'로 더욱 자주 사용됩니다.

justified
[dʒʌ́stəfàid]

ⓐ 1. 옳은, 정당한 = **appropriate, right, supported,** just, logical, reasonable, valid
It is not **justified** to allow your little child to go overseas by himself.
당신의 어린 자녀가 혼자 해외에 가도록 허락하는 것은 옳지 않다.
2. 효과적인 = **effective,** solid, valid

관련어 **appropriate** 적절한, 어울리는 = **suitable, suited**
solid 견고한, 단단한 = **firm, fixed, hard, substantial**

luminous
[lú:mənəs]

ⓐ 빛나는, 밝은 = **brilliant, gleaming, shining,** bright, glowing, lucent, lucid
Halogen lights are more **luminous** than fluorescent lights.
할로겐의 빛은 형광등의 불빛보다 더 밝게 빛난다.

> 시나공비법
> lucent는 '맑은'이나 '반투명의', lucid는 '명백한'이나 '맑은, 투명한'으로 더 많이 지문에 등장합니다.

manageable
[mǽnidʒəbl]

a 다루기 쉬운, 관리 가능한 = **affordable, controllable, easy to handle**
He will now try to cut down the task to a **manageable** size.
그는 이제 임무를 관리 가능한 규모로 축소시키려고 할 것이다.

v **manage** 잘 해내다 = **succeed**

meticulous
[mətíkjuləs]

a (지나치게) 꼼꼼한, 세심한 = **(extremely) careful, detailed, conscientious, painstaking**
His **meticulous** way of working is well known amongst his colleagues at work.
그의 꼼꼼한 일 처리 방식은 직장 동료들에게 잘 알려져 있다.

관련어 **conscientious** 성실하고 양심적인; 꼼꼼한, 세심한
painstaking 근면한, 공들이는; 애쓴 = **taking great effort**

moderate
[mάdərit]

a 적절한, 적당한 = **adequate, reasonable,** acceptable, modest
Until now, there has been a **moderate** increase in sales.
지금까지 매출은 완만한 증가를 해 왔다.

v 완화하다 = **lessen,** calm down, decrease, diminish

moreover
[mɔːróuvər]

ad 게다가, 더욱이 = **additionally, furthermore, in addition,** as well, besides, likewise
The loss of last night's football match was cruel and shocking for English fans. **Moreover**, the result eliminated the team from this tournament.
어제 저녁 축구 경기 패배는 영국 팬들에게 잔인하고 충격적이었다. 게다가 경기 결과는 팀을 이번 토너먼트에서 탈락하게 했다.

관련어 **likewise** 비슷하게 = **similarly**

> **시나공 비법**
> beside는 '게다가'의 의미로도 사용되지만, 주로 '~옆의, 가까이에(neighboring)', '~과 비교하면(compared with)'의 의미로 사용됩니다.

myriad
[míriəd]

a 무수한 = **countless, innumerable, many, numberless, numerous, unnumbered**
These **myriad** of problems will be enough to delay the project.
이러한 수 많은 문제점들은 프로젝트를 지연시키기에 충분하다.

n 무수, 다수 (~of) = **multitude (of),** a large[great] number (of), a large[great] quantity, scores [of]

관련어 **scores (of)** 다수, 많음 = **large numbers [a large number] (of)**

pertinent
[pə́ːrtənənt]

a 적절한, 관계가 있는 = **applicable, appropriate, relative, relevant, apposite, material**
After we had all the **pertinent** data, we could make a decision.
모든 관련 정보를 입수한 후에 우리는 결정을 내릴 수 있었다.

관련어 **appropriate** 적절한, 어울리는 = **suitable, suited**

prestigious
[prestídʒiəs]

a 유명한, 신망이 있는 = **highly regarded,** celebrated, distinguished, eminent, leading, renowned, reputable

It is very surprising fact for us that the prestigious company hired him for the position.
유명한 회사에서 그를 그 직책에 고용했다는 사실은 우리에게는 매우 놀라운 일이다.

n **prestige** 지위, 명성 = **high regard, status,** celebrity, eminence, prominence reputation, renown

관련어 **celebrated, renowned** 유명한 = **famous**
eminent 두드러진, 탁월한 = **distinguished, exceptional**
status 지위, 신분; 사회적 비중 = **quality; importance**
reputable 평판 좋은(= **respectable**)
celebrity 유명 인사; 명성

rapidly
[rǽpidli]

ad 빨리, 급속히 = **fast, quickly,** briskly, hastily, soon, speedily, swiftly

Under his leadership, Pennsylvania's governing body functioned smoothly, and boomed rapidly.
그의 리더십 아래 펜실베니아 위원회는 순조롭게, 그리고 빠르게 발전할 수 있었다.

관련어 **swift** 재빠른, 신속한 = **quick**
brisk 활발한, 민활한 = **active, energetic, fast**
briskly 기운차게, 활발히 = **energetically**
agile 날랜, 민첩한 = **quick (and active)**

reasonable
[ríːzənəbl]

a 도리에 맞는, 적당한 = **consistent, sensible,** coherent, logical, rational, sound, valid

It's a great apartment, the rent is reasonable and the location is good.
멋진 아파트군요, 임대료도 저렴하고 위치도 좋아요!

관련어 **consistent** ~와 일치하는, 모순이 없는; 변함없는
consistently 한결 같이 = **regularly**
legitimate 합법적인; 이치에 맞는 = **reasonable**
coherent 앞뒤가 맞는, 조리가 선 = **logical, proper**

rigid
[rídʒid]

a 1. 견고한, 단단한 = **hard, stiff,** incompliant, inelastic, inflexible, unyielding

I need a rigid box that won't break when it is full of heavy books.
무거운 책으로 채워졌을 때 부서지지 않을 견고한 상자가 필요하다.

2. 엄격한, 엄한 = **strict,** rigorous, severe, stringent

관련어 **stringent** 엄중한, 엄격한 = **strict**

routine
[ruːtíːn]

a 정기적인, 통상적인 = **common, ordinary, regular,** frequent, general, habitual, usual

A routine medical checkup is advisable at least once a year.
정기 건강 검진은 적어도 1년에 한 번은 하는 것이 바람직하다.

ad **routinely** 일상적으로 = **often,** consistently, frequently, generally, normally, ordinarily, regularly

sought-after
[sɔ́ːt-ǽftər]

ⓐ 인기 있는, 수요가 있는 = **desirable,** attractive, fashionable, popular, preferred

Recently, women's mini-skirts are much **sought-after** due to their growing popularity of TV dramas.
최근 여성의 미니스커트가 TV 드라마의 붐으로 인해 많은 인기를 얻고 있다.

관련어 seek after[for] ~을 추구하다, 얻으려 하다
ex. His affair is not to **seek for** love. 그의 행동은 사랑을 얻으려는 게 아니다.

startling
[stáːrtliŋ]

ⓐ 놀라운 = **surprising,** amazing, astonishing, remarkable, shocking, staggering, stunning

The world was rushed into war with **startling** velocity.
세계는 놀랄 만한 속도로 전쟁에 돌입했다

ⓥ **startle** 깜짝 놀라게하다; 자극하여 ~시키다 = **surprise,** frighten, scare, shock

관련어 **astonishing** 놀라운 = **amazing, astounding, incredible, startling**
stunning 놀랄 만큼 멋진 = **amazing, impressive**
staggering 놀라운 = **shocking**

static
[stǽtik]

ⓐ 거의 변하지 않는 = **unchanging,** constant, consistent, invariable, stable, steady, unvarying

The consumer price has remained **static,** but we expect it lower than before.
소비자 물가가 변동없이 유지되고 있지만, 전보다 낮아질 것으로 예상된다.

관련어 **uniform** 고른, 한결 같은 = **consistent, evenly, invariable**

tentative
[téntətiv]

ⓐ 불확실한, 조심스러운 = **uncertain,** cautious, hesitant, timid

His contract as the manager of the school is a rather **tentative** one since his performance for the next 3 months will be reviewed and judged.
향후 석 달간의 업무 실적이 검토되고 판단돼야 하기 때문에 학교 운영자서의 그의 계약은 아직은 불확실하다.

ad **tentatively** 임시적으로 = **without certainty**
ⓝ **tentativeness** 망설임 = **hesitation**

관련어 **cautious** 조심하는, 신중한 = **careful**
timid 겁 많은, 소심한 = **fearful, shy,**

> **시나공비법**
> 일반적인 문서나 Reading 지문상에서 conditional, provisional, temporary, tentative 등의 어휘는 '임시'의 의미로 더 많이 사용됩니다.

hint
[hint]

ⓝ 암시, 시사 = **clue, indication,** cue, lead, suggestion

She gave me a **hint** as to why she was angry at me.
그녀는 그녀가 왜 나에게 화났는지에 대한 힌트를 주었다.

관련어 **clue** 단서, 실마리; 증거 = **indication; proof**

be inclined to

phr ~하는 경향이 있다 = **be likely[apt, liable, prone, susceptible] to, tend to, inclined**

The firm **is inclined to** progressivism in every aspect.
회사는 모든 면에서 진보주의적 성향을 보이고 있다.

(n) **inclination** 경향, 성향 = **preference, tendency,** disposition, inclining, leaning, penchant

관련어 **prone (to)** ~의 경향이 있는, ~하기 쉬운 = **likely (to)**
disposition 기질, 성질 = **temperament**
penchant 강한 기호, 경향 = **inclination**

시나공비법
inclined는 지문에서 '비스듬한, 기운(= slant)'의 의미로도 사용됩니다.

---

impediment
[impédəmənt]

(n) 장애(물), 방해(물) = **barrier, clog, encumbrance, hindrance, obstacle, obstruction**

Conflict between the two members is an **impediment** to winning the game.
두 선수 간의 갈등은 경기에서 승리하는데 있어 방해물이다.

(v) **impede** 막다, 방해하다 = **inhibit, interrupt, prevent,** bar, block, hinder, obstruct

관련어 **barrier** 방벽, 장애물 = **obstacle**
obstacle 장애물 = **barrier, hindrance**
inhibit 억제하다, 방해하다 = **hinder, restrain, restrict, slow down**
interrupt 중단하다, 중단시키다 = **break off**
prevent 방해하다 = **preclude**
hinder 방해하다, 지연시키다 = **interfere with**
bar 막다, 금하다; 가두다 = **exclude**
clog (v) 방해하다; 막다 (n) 방해(물), 장애(물)
encumber 방해하다; 막다

---

mastery
[mǽstəri]

(n) 1. 지배(권/력), 통제권 = **control,** command, domination, preeminence, superiority

The sovereign finally obtained the **mastery** over this region.
군주는 마침내 그 지역에 대한 지배권을 얻었다.

2. 통달, 전문적 기능[지식] = **expertise, proficiency, prowess, skill**

관련어 **sovereign** 절대군주 = **master**

---

master
[mǽːstə]

(v) 1. 지배[지휘]하다 = **control,** overcome, overpower, suppress
2. 터득하다, 마스터하다 = **learn,** grasp, understand

관련어 **suppress** 진압하다; 억제하다

---

terrain
[təréin]

(n) (지질학적) 지형, 지세 = **land (surface), landscape, surface of land,** area, field, sphere, territory

It took a very long time to cross the uneven **terrain**.
울퉁불퉁한 지형을 건너는 데 꽤 오랜 시간이 걸렸다.

관련어 **landscape** 경치, 경관 = **scenery**

Day 08 Quiz

❶ 아래 단어들의 유의어를 보기에서 찾아 빈칸에 쓰시오.

A ⓐ excessive ⓑ tempt ⓒ encourage ⓓ stationary ⓔ friendly ⓕ measure

1. size up _____
2. immobile _____
3. inordinate _____
4. tantalize _____
5. intimate _____
6. stimulate _____

B ⓐ indication ⓑ uncertain ⓒ controllable ⓓ landscape ⓔ in addition ⓕ desirable

1. manageable _____
2. moreover _____
3. hint _____
4. terrain _____
5. sought-after _____
6. tentative _____

❷ 문장 내에서 진하게 표시된 어휘의 유의어를 고르시오.

1. The committee planned to **impose** a maximum of $1 billion in penalties on the criminal syndicate.
   ⓐ facilitate   ⓑ force   ⓒ make calm   ⓓ devise

2. It was proved that these chemicals were **hazardous** to human health.
   ⓐ marvelous   ⓑ dangerous   ⓒ extreme   ⓓ singular

3. Spanish Flamboyant architects developed their own **intricate** forms.
   ⓐ simple   ⓑ vast   ⓒ limited   ⓓ complex

4. In the countryside, more **luminous** stars are visible in the night sky than in the city.
   ⓐ dull   ⓑ brilliant   ⓒ enormous   ⓓ extended

5. Lack of knowledge is an **impediment** to job advancement.
   ⓐ obstacle   ⓑ configuration   ⓒ philosophy   ⓓ influence

정답 & 해석

❶ A. 1. ⓕ 2. ⓓ 3. ⓐ 4. ⓑ 5. ⓔ 6. ⓒ
   B. 1. ⓒ 2. ⓔ 3. ⓐ 4. ⓓ 5. ⓕ 6. ⓑ
❷ 1. ⓑ 2. ⓑ 3. ⓓ 4. ⓑ 5. ⓐ

1. 위원회는 범죄 조직에 대해 최고 10억 달러의 벌금을 부과할 계획이었다.
2. 이 화학 물질들이 인체에 해롭다는 것이 밝혀졌다.
3. 고딕 건축가들은 그들만의 복잡한 형태를 발전시켰다.
4. 지방에서는 도시에서 보다 밤에 더욱 빛나는 별들이 잘 보인다.
5. 지식의 부족은 보다 나은 직업을 구하는데 있어 장애물이다.

Not 빈출, But 기출! 고득점을 원하면 놓치지 말아야 할 코너!

Word	의미	유의어
address	(문제, 상황 등을) 고심하다[다루다]	deal with
desolated	황폐한, 적막한	deserted
despite	~에도 불구하고, ~이지만	even though
destitute of	~이 없는	lacking
deteriorate	악화; 저하시키다	get worse
disrupt	붕괴[분열]시키다; 혼란시키다	destroy; disorder, disturb, interfere with
disruption	분열, 붕괴	disturbance
dormant	잠자는 (듯한), 활발치 못한	inactive
restore	회복하다; 복귀시키다, 되돌리다	return
suffice	충분하다, 족하다	be enough

Do it this way! Listening 에서는 이렇게 쓰입니다.

LISTENING

amazing

It is **amazing** that the cement made by barnacles is one of the most powerful glues known.

만각류로 만들어진 시멘트가 가장 강력한 접착제 중의 하나라는 것은 놀라운 일이다.

> 주로 Listening의 강의(lecture)에서 지금까지 몰랐던 대단한 사실을 가리키거나 동물이나 인물의 놀라운 행동을 표현할 때 등장하며, 시험에서는 주로 detail 한 질문이 나옵니다.

1-3 Day 09 시험에 나오는 1순위 Voca

0~1순위 어휘에서 TOEFL Reading Voca 문제의 75%가 출제된다!

🔊 1-3_Day 09.mp3

ascend [əsénd]

- **v** (지위, 정도가) 오르다, 올라가다 = **climb, raise, rise, go (up(ward))**
  Betraying your co-workers to **ascend** to the top of the social hierarchy is not a moral thing to do.
  사회 계층의 정상으로 오르기 위해 동료를 배신하는 것은 도덕적이지 못하다.

- **관련어** ascendant 우세(한), 지배적인; 상승하는
  in the ascendant 지배하는 기세로[입장에서는] = **rising in importance**

assist [əsíst]

- **v** 도와주다 = **help, aid, serve, support**
  The confession of the murderer **assisted** in closing the case that lasted five years.
  살인범의 자백은 발생한지 5년이 된 사건을 종료하는 데 도움이 되었다.

- **n** assistance 원조, 지원 = **aid, help,** assist, backing, boost, support
- **관련어** assist in = **help with**

authorize [ɔ́:θəràiz]

- **v** 권한을 주다, 권리를 위임하다 = **empower,** accredit, certify, commission, enable, invest, qualify
  Who **authorized** you to send out the order today?
  누가 당신에게 오늘 주문을 내도록 권한을 주었죠?

- **n** authority 권위자, 대가; 권위, 권력 = **expert,** specialist; power
- **a** authoritative 정식의, 공식의 = **official,** approved, definitive, recognized, reliable
- **관련어** accredit 파견하다; 인가하다
  certify 증명하다; 보증하다; 면허증[허가증]을 주다
  commission 권한을 주다

> **시나공 비법**
> commission은 주로 동사로서 '위탁, 위임, 고용(=hire),' '명령, 지시(=order)'의 의미로 지문에 나오거나 유의어 문제로 출제됩니다.

belch [beltʃ]

- **v** (연기 따위를) 내뿜다, 분출하다 = **(suddenly) emit, discharge, give off[out]**
  We wonder why some of the chimneys here in Harlem are **belching** smoke.
  왜 이곳 일부 할렘 지역의 굴뚝에서 연기가 나는지 모르겠다.

- **관련어** emit (액체, 열, 냄새 등을) 내뿜다, 방출하다 = **discharge**
  secrete 분비하다 = **discharge, produce, release**
  exude (증기, 냄새 등을) 내다 = **give off, release**

blur
[blə:r]

- **v** 흐리게 하다, 더럽히다 = **make less distinctive,** make vague, obscure
  Everything that was **blurred** became clear the moment I put my glasses on.
  안경을 쓰는 순간 흐렸던 모든 것이 선명해졌다.
- **n** 불선명, 흐릿함; 흐린 것 = **making less distinct;** indistinct shape

boast
[boust]

- **v** 1. (자랑거리로써) 가지다 = **(proudly) possess,** have, own
  Mr. Shin **boasts** the full collection of Beatles records as a fan.
  신 씨는 팬으로서 비틀즈 앨범 전집을 보유하고 있다.
  2. 자랑하다, 뽐내다 = **brag, swagger,** flaunt, pride

관련어
boast 일반적으로 '자랑하다'
swagger '큰소리로 뽐내다, 뽐내며 걷다'
brag boast보다는 degree가 센 '자랑하다, 호언장담하다'
flaunt 과시하다
pride 사람, 사물 그 자체에 대해 '자랑하다, 뽐내다'

cling
[kliŋ]

- **v** 들러붙다, 집착하다 = **adhere, cleave, hold tightly, stick,** cohere
  The family **clung** to the hope that their son would come back.
  가족은 아들이 돌아올 것이라는 희망을 버리지 않았다.
- **a** **clinging** 꼭 맞는 = **close-fitting**

cluster
[klʌ́stər]

- **v** 모으다, 무리를 만들다 = **combine, concentrate, gather, group, organize, pack, put together**
  Every year migratory birds **cluster** around the downstream of Nakdong river in Kyungsang province.
  철새들은 매년 경상도 지방의 낙동강 하류 부근에 무리를 만든다.
- **n** 송이, 묶음 무리, 집단 = **batch, bunch, collection, group,** bundle, set

concentrate
[kánsəntrèit]

- **v** 1. 집중하다 = **focus,** center
  We have to **concentrate** all of our energy on developing the whole industry.
  우리는 전 산업을 발전시키는데 전력을 다 해야 한다.
  2. 모이다, 모으다 = **converge,** assemble, cluster, collect, gather, meet

> **시나공비법**
> Listening 섹션에서의 대화(conversation) 중에 '과제나 공부 등에 전념하겠다(~my study / what I'm doing)'라는 대화에 자주 등장합니다.

obtain
[əbtéin]

- **v** 획득하다, 얻다 = **acquire, get, procure, receive,** gain, secure, win
  In 1988, Iraq unsuccessfully attempted to **obtain** biological agents from the U.K. military research center.
  1988년에 이라크는 영국의 군사 연구소로부터 생화학품을 입수하려고 시도한 적이 있다.
- **a** **obtainable** 얻을 수 있는, 손에 넣을 수 있는 = **accessible, available,** attainable, procurable, securable

관련어 enlist 입대하다(= join in); 협력하다; (지지, 협력 등을) 얻다(= obtain)
secure ⓐ 안전한, 확고한 ⓥ 지키다, 안전하게 하다; 확보[입수]하다; 정박하다

perish [périʃ]

- **v** 사라지다, 타락하다, 죽다 = **decay, die, disappear, spoil, vanish, wither**
  In Africa, too many people **perish** from poverty and hunger.
  아프리카에서는 많은 사람들이 가난과 배고픔으로 사망하고 있다.
- **a** **perishable** 사라지기 쉬운, 썩기 쉬운 = **easy[likely] to spoil, likely to decay, not permanent**

관련어 **wither** 시들게 하다, 약하게 하다

regenerate [ridʒénərèit]

- **v** 새롭게 하다, 재건하다 = **renew, revive,** breathe new life into, reanimate revitalize, rejuvenate
  It is essential that the declining neighborhoods **regenerate** into a more safe and eco-friendly environment.
  낙후된 이웃들을 좀 더 안전하며, 친환경적인 곳으로 재개발하는 것이 중요하다.

관련어 **rejuvenate** 원기[젊음]를 회복하다[시키다]

shatter [ʃǽtər]

- **v** 산산이 부서지다 = **break, destroy,** demolish, devastate, ruin, wreck
  My trust for my boyfriend **shattered** when I caught him entering the movie theater with another girl.
  다른 여자와 영화관에 들어가는 남자 친구를 보았을 때 그에 대한 믿음이 깨졌다.

관련어 **devastate** 파괴하다 = **destroy**
ruin 파괴하다, 붕괴하다 = **destroy, destruct, fall**
havoc ⓝ (대규모의) 파괴, 황폐(=destruction, ruin) ⓥ (대대적으로) 파괴하다
wreck ⓝ 파괴; 난파선 ⓥ 파괴하다, 배를 난파하다

strew [struː]

- **v** 흩뿌리다, 뿌려서 덮다 = **scatter,** disperse, spread
  The deadly tsunami only left behind **strewn** rubbles and flood debris.
  치명적인 쓰나미는 흩어진 파편과 침수로 인한 잔해들만을 남겼다.

관련어 **disperse** 흩어지게 하다, 분산시키다 = **dissipate, scatter, spread (out)**

urge [əːrdʒ]

- **v** 권고하다, 촉구[재촉]하다 = **advocate, encourage,** force, propel, spur
  Relief groups **urged** troops to bring more supplies as their supplies were running insufficient
  구조 단체들은 그들의 구조 물자가 부족해짐에 따라 군인들에게 보다 많은 물자를 공급해 줄 것을 재촉했다.
- **n** 자극, 추진, 충동 = **encouragement,** impetus

관련어 **at the urge of** ~의 권유(촉구)에 따라 = **on the recommendation of**
advocate 지지[옹호, 추천]하다 = **argue for, promote, recommend, speak in favor of, support**
spur 격려하다, 자극하다 = **stimulate**
impetus 자극, 기동력 = **incentive, motivation, stimulus**

> **시나공 비법**
> urge는 일반적으로 다른 사람에게 자신이 하지 않으려 했던, 또는 계획에 없던 일을 하도록 설득, 또는 강요를 하는 의미로 사용됩니다.

aberrant
[æbérənt]

- ⓐ 정도를 벗어난, 비정상적인 = **abnormal, atypical, anomalous, divergent, deviating, irregular**

  His unusual aberrant behavior at the convenient store caused me to call a guard; as a result, I was able to prevent a burglary.
  편의점에서의 그의 비정상적인 행동에 나는 경비원을 불렀고, 그 결과 나는 강도를 예방할 수 있었다.

- 관련어 **abnormal** 비정상인, 변칙의 = **unusual**
  anomalous 변칙의, 예외적인
  divergent 갈리는, 벗어난 (diverge: 갈리다, 갈라져 나오다(from))
  deviating 벗어난 (deviate: 벗어나다, 빗나가다(from))

accustomed to
[əkʌ́stəmd tu]

- ⓐ 익숙해진, 길들여진 = **used to,** familiar with

  The filmmaker became so accustomed to the wildlife lifestyle after living in the Amazon for months to shoot a documentary.
  영화 제작자는 다큐멘터리를 촬영하느라 수 개월 동안 아마존에서 보낸 후 야생 생활에 아주 익숙해졌다.

- 관련어 **be[grow] accustomed to** 길들여지다, 익숙해지다 = **be(come) used to**

adept
[ədépt]

- ⓐ 솜씨 좋은 = **skilful,** accomplished, deft, expert, proficient, talented, versatile

  The conservatives have never been adept at handling change.
  보수주의자들은 변화를 받아들이는데 아주 능숙하지 않다.

- 관련어 **versatile** 융통성 있는; 다재다능한 = **adaptable, flexible; all-around, expert, skillful**

bountiful
[báuntəfəl]

- ⓐ 풍부한 = **abundant, ample,** generous, lavish, plenty, plentiful

  The harvest of fruits and vegetables was bountiful last year.
  작년에는 과일과 야채가 풍작이었다.

- 관련어 **abundant** 풍부한 = **numerous, plentiful, plenty**
  ample 풍부한 = **abundant, more than enough, plentiful**

> **시나공 비법**
> generous는 Reading 지문이나 Listening에서 '돈을 잘 쓰는'이나 '마음이 넓은, 관대한'의 의미로 더 많이 등장합니다.

brittle
[brítl]

- ⓐ 부서지기 쉬운 = **(easily) breakable, easily broken,** delicate, fragile, friable

  Don't pack brittle objects in your suitcase!
  깨지기 쉬운 물건들은 가방에 넣지 말기 바랍니다!

- 관련어 **fragile** 깨지기 쉬운 = **delicate, easily broken[damaged]**
  delicate 우아한, 고상한; 여린, 약한; 정교한 = **dainty; dainty, weak; detailed**
  dainty 우아하고 섬세한; 연약한 = **delicate**
  friable 깨지기 쉬운

bustling
[bʌ́sliŋ]

- ⓐ 떠들썩한, 부산한 = **active, busy, lively,** crowded

  The atmosphere of the campus is tranquil and peaceful, in sharp contrast to the crazy bustle inside dorms.
  기숙사 안이 미친 듯이 소란스러운 것과는 대조적으로 캠퍼스의 분위기는 조용하고 평화로웠다.

chancy
[tʃǽnsi]

a 1. 위험한 = **risky,** hazardous, perilous
Investing your money in a **chancy** business can make you go out on the street penniless.
위험한 사업에 당신의 돈을 투자하는 것은 당신을 빈털터리로 내몰 수 있다.

2. 불확실한, 믿을 수 없는 = precarious, uncertain, unpredictable

관련어 **risky** 위험한 = **dangerous**

precarious 불확실한; 위태로운 = **dangerous, insecure, uncertain, unstable**

clear
[kliər]

a 명백한, 분명한 = **apparent,** evident, manifest, obvious, patent, perspicuous, plain
It is **clear** that one of his two daughters is lying.
그의 두 딸 중 한 명은 거짓말하고 있음이 분명하다.

v 제거하다, 처리하다 = **remove,** take away

관련어 **apparent** 명백한, 분명한; 외관상의 = **clear, evident, obvious, seen clearly; seeming**

conspicuous 띄는, 현저한; 확실히 보이는, 뚜렷한 = **(very) noticeable; evident, obvious**

obvious 명백한, 눈에 띄는 = **apparent, clear, conspicuous, evident**

patent 명백[명확]한 = **apparent, clear, distinct, evident, manifest, obvious**

perspicuous 이해하기 쉬운, 명료한

> **시나공비법**
> 주로 '(명백해서) 이해하기 쉬운'의 의미로 사용됩니다.

intermittent
[ìntərmítənt]

a 간헐적인, 주기적인 = **happening from time to time, sporadic,** irregular, occasional, periodic
Forecasters say there will be **intermittent** rain this weekend.
예보관들에 따르면 이번 주말에 간헐적으로 비가 올 것이라고 한다.

ad **intermittently** 산발적으로, 간헐적으로 = **from time to time, periodically, sporadically**

관련어 **from time to time** 때때로, 가끔 = **now and then, occasionally**

opaque
[oupéik]

a 1. 불분명한, 이해하기 힘든 = **unclear,** ambiguous, obscure, puzzling
The professor's lectures were very hard to understand because of his affinity for **opaque** words.
교수의 강의들은 분명치 않은 어휘들을 선호하기 때문에 이해하기 어렵다.

2. 불투명한, 흐릿한 = blurred, cloudy, hasty, misty

관련어 **ambiguous** 모호한 = **open to various interpretations, uncertain, unclear**

unambiguous 명백한 = **clear**

obscure(d) 흐린, 불분명한 = **blurred, dim, uncertain, unclear**

overly
[óuvərli]

ad 지나치게, 몹시 = **excessively,** inordinately, too

Even though it was a trip not **overly** dangerous, Susan's parents stuffed her bag with a first aid kit and a whistle.
그렇게 위험한 여행이 아님에도 불구하고 수잔의 부모님들은 비상 약품과 호루라기를 그녀의 가방에 싸 주셨다.

관련어 **excessive** 과도한, 지나친 = **extreme, larger than, too much**
inordinate 지나친, 과도한 = **excessive**

palatial
[pəléiʃəl]

a 호화로운, 웅대한 = **magnificent,** deluxe, grand, lavish, luxurious, splendid, opulent

I was in awe when I first encountered the **palatial** residences of emperors in China. I have never seen anything like it before.
중국 황제의 웅장한 저택을 처음 보았을 때 경외감이 들었다. 나는 이전에 그와 같은 것을 본적이 없었다.

관련어 **magnificent** 웅장한, 화려한 = **marvelous, splendid**
deluxe 호화로운, 사치스러운 = **lavish**
lavish 풍부한, 남아도는; 사치스러운 = **rich**
splendid 호화로운, 웅대한 = **marvelous**

precarious
[prikɛ́(:)əriəs]

a 1. 위태로운, 위험한 = **insecure, dangerous, unstable,** unsafe

He put himself in a **precarious** position when he decided to leave his family and join the gang.
그가 가족을 떠나 갱단에 가입하기로 결정했을 때 그는 자신을 위험한 상황에 빠뜨린 것이다.

2. 불확실한 = **insecure, uncertain, unstable,** unpredictable

관련어 **secure** ⓐ 안전한; 확고한 ⓥ 지키다, 안전하게 하다; 확보[입수]하다; 정박하다

pristine
[prísti:n]

a 1. 원시 상태의, 자연 그대로의 = **early, primitive**

Caroline Island is the perfect place if you want to experience one of the most **pristine** coral reefs in the world.
당신이 세계에서 완전한 산호초를 경험하길 원한다면 캐롤라인 섬은 최고의 장소이다.

2. 소박한 = **pure, unspoiled,** flawless, immaculate, perfect

관련어 **immaculate** 결점 없는, 완전한, 순결한

ritual
[rítʃuəl]

a 의식의, 의례적인 일 = **ceremonial,** ritualistic

Drinking coffee and studying at the library became a **ritual** during examination week.
커피를 마시며 도서관에서 공부하는 것이 시험 주간 동안의 의례적인 일이 되었다.

ruthlessly
[rú:θlisli]

ad 무자비하게 = **without mercy,** harshly, unmercifully

Even hearing the painful groans of the patient, the chiropractor **ruthlessly** pushed the bones to adjust the spine.
환자의 고통스러운 신음소리에도 아랑곳하지 않고 척추지압사는 무자비하게 척추를 맞추려고 그의 뼈를 눌렀다.

관련어 **harsh** 거친; 엄한, 호된

stringent
[stríndʒənt]

a 엄중한, 엄격한 = **strict,** firm, harsh, rigid, rigorous, severe

Stringent safety precautions were enforced after the accident at the public swimming pool.
공영 수영장에서 사고가 난 후에 엄격한 예방조치들이 취해졌다.

관련어 **harsh** 엄한, 엄격한 = **extreme, severe**

rigid 엄격한 = **strict**

rigorous 엄격한, 혹독한; 정밀한, 철저한 = **demanding, harsh, severe, strict; careful, exact, precise, thorough**

traditional
[trədíʃənəl]

ⓐ 전통적인, 관습적인 = **customary, typical, usual** ↔ **innovative** (혁신적인)
Many women have abandoned their **traditional** role as wife and mother.
많은 여성들이 아내와 어머니로서의 전통적인 역할을 포기해 왔다.

> **시나공비법**
> traditional vs. new: LC 강의(lecture)에서 새로운 이론을 제시하면서 그와 반대되는 전통적 기법이나 관례 등을 이용할 때 자주 사용됩니다.

unsophisticated
[ʌ̀nsəfístəkèitid]

ⓐ 단순한, 섞지 않은, 순수한 = **simple,** basic, crude, primitive, rudimentary
He used the most **unsophisticated** process in this experiment.
그는 이 실험에서 가장 단순한 과정을 사용했다.

관련어 **sophistication** = **expertise** (전문적 기술) / **technology** (공학적, 과학적 기술)
sophisticated 세련된; 기교적인; 복잡한, 정교한

unwieldy
[ʌnwíːldi]

ⓐ (무거워서) 다루기 힘든, 부피가 큰 = **awkward,** clumsy, heavy, massive, ponderous
The band members have **unwieldy** and elaborate music systems.
밴드 멤버들은 다루기 어렵고 정교한 음악 시스템들을 가지고 있다.

관련어 **awkward** 서투른; 다루기 힘든 = **clumsy**
ponderous 대단히 무거운, 다루기 힘든, 육중한
wieldy 다루기[쓰기] 쉬운, 쓰기 알맞은 (= manageable)

vibrant
[váibrənt]

ⓐ 1. 활기 넘치는, 활발한 = **active, vivid,** dynamic, energetic, lively, vigorous, vital, vivacious
The project team got off to a **vibrant** start at its first meeting.
프로젝트 팀의 첫 회동은 활기있게 시작되었다.

2. 생생한 = **vivid,** bright, brilliant, colorful, striking, strong

관련어 **vivid** 선명한; 활기[생명감] 넘치는 = **bright, brilliant, distinct, graphic, intense, rich; alive**
vivacious 활발한, 명랑한

allegiance
[əlíːdʒəns]

ⓝ 충성, 충의 = **loyalty,** devotion, faithfulness, fidelity, obedience
The patriotic brothers swore **allegiance** to their country and committed the rest of their lives to serve in the army.
애국 형제들은 그들의 국가에 충성을 맹세하였고, 그들의 남은 생애를 군복무에 바쳤다.

관련어 **obedience** 복종; 순종, 충실

confidence
[kánfidəns]

ⓝ 확신, 신뢰 = **certainty,** assertiveness
He lost **confidence** and backed out of the deal at the last minute.
그는 확신하지 못해 최종 순간에 그 거래에서 빠졌다.

ⓐ (self-)confident 자신 있는 = **assured, certain,** assertive

prior to
[práiər tu]

phr ~전의, ~에 우선하는 = **before,** earlier than, leading up to, preceding, previous to, until, up to

Prior to departure, you have to make sure that you put on the seatbelt and make sure all baggage is stored away properly.
출발 전에 당신은 안전벨트를 하고 수하물이 올바르게 선적되었는지 확인해야 한다.

sophistication
[səfistəkéiʃən]

n 1. 전문적, 공학[과학]적 기술 = **expertise, technology**

The **sophistication** has come to be perceived as one of the most desired processes in this period.
그 기술은 이 기간에 가장 이상적인 과정들 중의 하나로서 인식되게 되었다.

2. 세련, 정교(함) = refinement, urbanity
3. 세상 물정에 익숙함 = experience, worldliness

관련어 **urbane** 세련된, 도시풍의 = **cultivated**

> **시나공비법**
> 일반적으로 전문적인 기술에는 expertise가, 공학적이나 과학적 기술을 뜻할 때에는 technology가 유의어로 사용됩니다.

Day 09 Quiz

앞에서 학습한 내용들을 바로 확인해 보는 코너입니다.

❶ 아래 단어들의 유의어를 보기에서 찾아 빈칸에 쓰시오.

A ⓐ advocate   ⓑ empower   ⓒ focus   ⓓ stick   ⓔ destroy   ⓕ disappear

1. authorize _____   2. perish _____   3. shatter _____
4. cling _____   5. concentrate _____   6. urge _____

B ⓐ apparent   ⓑ loyalty   ⓒ lively   ⓓ awkward   ⓔ primitive   ⓕ sporadic

1. clear _____   2. bustling _____   3. pristine _____
4. unwieldy _____   5. allegiance _____   6. intermittent _____

❷ 문장 내에서 진하게 표시된 어휘의 유의어를 고르시오.

1. In Korea, the **traditional** way to greet a stranger is to bow to the person.
   ⓐ unsurpassed   ⓑ versatile   ⓒ customary   ⓓ mammoth

2. The professor's lectures were very hard to understand because of his affinity for **opaque** words.
   ⓐ prevailing   ⓑ essential   ⓒ sizable   ⓓ unclear

3. Drinking coffee and studying at the library became **ritual** during examination week.
   ⓐ eccentric   ⓑ ceremonial   ⓒ artful   ⓓ unique

4. **Prior to** departure, you have to make sure that you put on the seatbelt and make sure all luggages are stored away properly.
   ⓐ Before   ⓑ In addition to   ⓒ Besides   ⓓ Despite

5. We wonder why some of the chimneys here in Harlem are **belching** smoke.
   ⓐ meeting   ⓑ entering   ⓒ emitting   ⓓ beginning

정답 & 해석

❶ A. 1. ⓑ 2. ⓕ 3. ⓔ 4. ⓓ 5. ⓒ 6. ⓐ
   B. 1. ⓐ 2. ⓒ 3. ⓔ 4. ⓓ 5. ⓑ 6. ⓕ
❷ 1. ⓒ 2. ⓓ 3. ⓑ 4. ⓐ 5. ⓒ

1. 한국에서 낯선 사람을 환영하는 전통적인 방법은 그 사람에게 고개 숙여 인사하는 것이다.
2. 교수의 강의들은 그가 모호한 말들을 선호하는 관계로 이해하기가 매우 어렵다.
3. 커피를 마시며 도서관에서 공부하는 것이 시험주간 동안의 의식이 되었다.
4. 출발 전에, 당신은 안전벨트를 매고 모든 짐들이 제대로 실렸는지 확인해야 한다.
5. 왜 이곳 일부 할렘 지역의 굴뚝에서 연기가 나는지 모르겠다.

Not 빈출, But 기출! 고득점을 원하면 놓치지 말아야 할 코너!

Word	의미	유의어
edible	식용의	used for food, safe to eat
eerie	으스스한, 기분 나쁜	odd, strange
efficacy	유효성	effectiveness
eject	해고하다(주로 passive 형태로)	force out
elicit (from)	(숨어 있는 것을) 끌어내다, 알아내다	obtain (from)
elite	엘리트, 정예, 중추세력	upper-class
embodiment	구체화(된 것)	concrete example
embrace	받아들이다	accept

Beyond the east the sunrise,

Beyond the west the sea,

And the east and west, wander-thirst,

that will not let me be.

해 뜨는 동쪽 너머,
서쪽 바다 너머에,
동서로 헤매는 갈망이
날 놔두지를 아니하네.
— Gerald Gould(제럴드 굴드)

Day 10

시험에 나오는 1순위 Voca

0~1순위 어휘에서 TOEFL Reading Voca 문제의 75%가 출제된다!

🔊 1-4_Day 10.mp3

---

converge
[kənvə́ːrdʒ]

Ⓥ 모이다, 모으다, 집중시키다 = **concentrate, come together, meet, move closer,** focus

Ambulances, rescuers, police, and fire fighters all **converged** on the site of the Tower Building.
앰뷸런스, 구조대, 경찰 및 소방대원들은 모두 타워 빌딩이 있는 곳으로 모였다.

Ⓝ **convergence** 모으기, 모이기 = **gathering**

---

deem
[diːm]

Ⓥ 생각하다, 여기다 = **consider, regard,** account, view

According to this report, Iraq is now **deemed** safe.
보고서에 따르면 이라크는 이제 안전하다고 여겨진다.

시나공 비법
dim(ⓐ 흐릿한 ambiguous, faint, unclear, weak / Ⓥ 흐릿하게 하다)과 혼동하지 맙시다!

---

deflect
[diflékt]

Ⓥ 빗나가게 하다, 비끼게 하다 = **change in direction, divert,** deviate, distract, swing, veer

He also managed to **deflect** questions about his handling of Jersey City, just west of New York.
그는 또한 뉴욕 서부 저지 시 문제의 처리 방향과 관련된 질문을 빗겨갈 수 있었다.

관련어 **divert** (방향, 주위, 주의를) 딴 데로 돌리다, 전환시키다 = **distract, redirect, reroute**

시나공 비법
distract는 주로 주의나 관심을, deviate, swing과 veer는 주로 방향이나 코스를 바꾸는데 사용되며 deflect와 divert는 이 두 가지 경우에 모두 사용됩니다.

---

discern
[disə́ːrn]

Ⓥ (보고) 알아 보다, 분간하다 = **identify, observe,** distinguish, (e)spy, note, perceive, regard

It may be the language barrier that often makes it hard to **discern** between someone who is trustworthy and someone who is not when we come across foreigners.
외국인을 만날 때 누가 믿을 만하고 누가 믿을 만하지 않은지 구분하기 어려운 것은 언어 장벽 때문일지도 모른다.

---

discernable
[disə́ːrnəbl]

ⓐ 1. 인지할 수 있는 = **perceptible,** appreciable, detectable, palpable
2. 분별할 수 있는 = **identifiable, notable,** distinguishable,

관련어 **perceptible** 인지할 수 있는, 상당한 = **notable, noticeable**

evoke
[ivóuk]

- **v** 유발하다, 불러일으키다 = **arouse, bring about, bring to mind, cause, create in mind, produce, stimulate**
  The recent fire **evoked** memories of the inferno of 1990.
  최근 화재는 1990년에 발생한 대형 화재에 대한 기억을 불러 일으켰다.

exhibit
[igzíbit]

- **v** 전시하다, 보여 주다, 나타내다 = **demonstrate, display, show,** feature, present, illustrate
  The teacher **exhibited** great patience by not becoming angry with the noisy students.
  교사는 떠드는 학생들에게 화를 내지 않음으로써 대단한 인내력을 보여 주었다.
- 관련어 **display** 보여 주다, 전시하다 = **exhibit, show**

expand
[ikspǽnd]

- **v** 확대[확장]하다, 팽창시키다 = **inflate, spread, stretch,** augment, enlarge, increase, swell
  The company made a deliberate decision to **expand**.
  회사는 사세 확장을 위한 신중한 결정을 내렸다.
- **a** **expansive** 널찍한, (마음이) 넓은 = **large,** broad, extensive, wide
- **a** **expandable** 확장[확대] 가능한 = **able to be enlarged**
- **n** **expansion** 확장, 팽창 = **spread,** development, extension, growth, increase, swelling
- 관련어 **stretch** 펴다, 연장하다 = **expand, extend**
  swell 팽창하다, 부풀다 = **enlarge, expand, increase**
  inflate (가스 등으로) 팽창시키다

figure out
[fígjər aut]

- **v** 1. 이해하다 = **understand,** comprehend, grasp, make sense of
  Even the best doctors could not **figure out** what caused the cancer to reappear after the surgery.
  최고의 의사들조차 수술 뒤에 재발하는 암의 원인이 무엇인지 이해할 수 없었다.
  2. (문제의 원인을) 발견[해결, 결정]하다 = **determine,** fathom, discover, solve, work out
- 관련어 **work out** 해결되다; 계산되다(= be calculated)

give rise to

- **v** 일으키다, 낳다 = **cause,** produce, yield
  The exposure to the radiation **gives rise to** a mutation in the DNA structure.
  방사선 노출은 DNA 구조 변이를 일으킨다.
- 관련어 **yield** 양도하다; 생산, 산출하다; 포기하다, 내주다 = **give; produce; cede, surrender**

grasp
[græsp]

- **v** 1. 움켜쥐다, 꽉 쥐다 = **catch**
  The child **grasped** his mother's hand when the airplane took off.
  비행기가 이륙할 때 아이는 엄마의 손을 꽉 잡았다.
  2. 이해하다 = **understand,** comprehend, know

> **시나공 비법**
> 우리가 일반적으로 알고 있는 '잡다, 쥐다'의 의미인 catch, grasp, seize 등은 모두 '이해하다' (understand)의 의미를 갖고 있습니다.

1-4

locate [lóukeit]
- (v) 알아내다, 발견하다 = **find,** detect, discover, pinpoint, track down
- Professors are trying to **locate** the cause and solution of the difficult situation.
- 교수들이 어려운 상황의 원인과 해결책을 찾으려고 노력하고 있다.

meet [miːt]
- (v) 응하다, 만족시키다 = **deal with,** answer, come up with, fulfill, satisfy
- **Meeting** deadlines and making sure everything is done perfectly are two very important assets to have to be successful in your career.
- 마감 시간을 맞추고 모든 것이 완벽한지 확인하는 것은 훌륭한 경력을 쌓기 위한 두 가지 중요한 재산이다.
- [관련어] **satisfy** (필요성, 조건 등을) 충족시키다; 기쁘게 하다 = **fulfill, meet; please**
- **fulfill** 실행하다; 이행하다; 만족시키다 = **perform,** carry out; achieve, attain, realize

purposely [pə́ːrpəsli]
- (ad) 일부러, 고의로 = **intentionally,** calculatedly, deliberately, on purpose, wilfully
- The opposing party **purposely** delayed their vote in order to sabotage the President's plan.
- 야당은 대통령의 계획에 반대하기 위해 의도적으로 표결을 지체시켰다.
- [관련어] **deliberately** 의도적으로, 고의로 = **intentionally**
- **calculatedly** 의도적으로 = **deliberately**

purpose [pə́ːrpəs]
- (v) 의도하다, 결심하다 = **support,** determine, intend, propose
- (n) 1. 동기 = **motivation, motive, reason,** cause
- 2. 목적, 목표 = **intention,** ambition, aim, aspiration, goal, objective
- 3. 결심, 결의 = **determination**
- [관련어] **motive** 동기; 자극 = **motivation, purpose, reason,** cause, grounds; **incentive, inducement, stimulus**

recur [rikə́ːr]
- (v) 재발하다, 되풀이하다 = **reappear, repeat, return**
- The element of incestuous relationship **recurs** in his earlier work.
- 그의 초기 작품에는 근친상간에 대한 요소들이 되풀이 되어 나타난다.

regulate [régjulèit]
- (v) 규제하다, 조절하다 = **adjust, control,** govern, guide, handle, manage, rule
- The proposal seeks to change the way the airline industry is **regulated**.
- 제안은 항공업계에 대한 규제 방식을 바꾸고자 하는 것이다.
- (a) **regular** 정규적인, 규칙적인 = **consistent, routine,** constant, frequent, habitual, periodic, steady

transplant [trǽnsplæ̀nt]
- (v) 옮겨 심다, 옮기다 = **displace, place in another context, remove, shift, transfer, transpose**
- Even though the cost of **transplanting** hair one by one is a lot more expensive than simply wearing a wig, some people prefer the former means to look more natural.
- 머리털을 하나씩 이식하는 것이 단순히 가발을 쓰는 것보다 비용이 많이 들지만 사람들은 보다 자연스럽게 보이기 위해 전자를 선호한다.
- [관련어] **context** 배경, 상황
- **transpose** (위치, 순서 등을) 바꾸어 놓다

vanish
[vǽniʃ]

- ⓥ 없어지다, 사라지다 = **disappear, lose,** clear, evaporate, fade
  The child **vanished** on her way home from kindergarten class.
  아이는 유치원에서 집으로 가던 중 실종되었다.

anxious
[ǽŋkʃəs]

- ⓐ 1. 갈망하는, 바라는 = **eager,** desirous, keen
  She was an **anxious** fan of folk-rock in the 1960s.
  1960년대에 그녀는 포크록의 열렬한 팬이었다.
  2. 걱정하는, 염려하는 = bothered, concerned, apprehensive, troubled, uneasy, worried
- ⓥ **be anxious (about)** 걱정하다, 염려하다 = **worry (about)**
- ⓝ **anxiety** 근심, 걱정 = **worry, concern**
- 관련어 keen 예리한; 신랄한; 예민한; 갈망하는, 열심인
  bother (탈이 나서) 걱정하게 만들다.
  apprehend 걱정되다[하다]; 이해하다, 파악하다

contemporary
[kəntémpərèri]

- ⓐ 현대의, 당대의 = **current, modern, present day**
  She was **contemporary** of Morzart and may have known him.
  그녀는 모차르트와 동시대의 사람이었으므로 그를 알고 있었을지도 모른다.
- ⓐⓓ **contemporarily** 동시(대)에 = **at the same time**

decisive
[disáisiv]

- ⓐ 결정적인, 중대한, 명확한 = **definitive, determined, determining, important, significant**
  The mayor has one last **decisive** decision to make before the election.
  선거를 앞두고 시장은 마지막 한 가지 중요한 결정을 남겨 놓고 있다.

dim
[dim]

- ⓐ 흐릿한, 희미한 = **ambiguous, decreased, faint, lusterless, unclear, weak**
  The candlelight gave out a **dim** light.
  촛불이 희미한 불빛을 비추었다.
- ⓥ 어둡게 하다, 흐릿하게 하다 = **decrease,** cloud, darken, fog
- 관련어 **ambiguous** 모호한 = **open to various interpretations, uncertain, unclear**
  luster 광택, 윤

> **시나공비법**
> deem(ⓥ 생각하다, 여기다 = consider)과 혼동하지 마세요!

monotonous
[mənátənəs]

- ⓐ 단조로운, 지루한 = **boring, tedious, unvarying,** banal, humdrum, pedestrian
  It's **monotonous** work like most factory jobs.
  그건 대부분의 공장 일과 마찬가지로 단조로운 작업이다.

> **시나공비법**
> mono는 alone, one, single의 의미를 갖고 있습니다.

random
[rǽndəm]

ⓐ 되는 대로의, 마구잡이의 = **arbitrary, haphazard, occasional, rampant, unplanning, unsystematic, unusual**
Lotteries have **random** drawings of numbers to find a winner.
복권은 무작위로 번호를 뽑아 당첨자를 가린다.

ⓐⓓ (at~) 임의대로, 되는 대로 = **without a definite pattern,** arbitrarily, haphazardly, random(ly)

ⓝ **randomness** 무작위, 임의 = **lack of pattern**

관련어 **haphazard** 아무렇게나 (하는) = **random**
occasional 때때로의 = **incidental, infrequent, irregular, sporadic**
systematic 체계적인, 규칙적인 = **methodically**

obvious
[ábviəs]

ⓐ 분명한, 명백한 = **apparent, clear, conspicuous, evident,** distinct, manifest
It is **obvious** that one of his two aides is lying.
그의 두 보좌관 중 한 명은 거짓말하고 있음이 분명하다.

관련어 **apparent** 명백한, 분명한; 외관상의 = **clear, evident, obvious, seen clearly; seeming**
conspicuous 띄는, 현저한; 확실히 보이는, 뚜렷한 = **(very) noticeable; evident, obvious**
evident 명백한 = **apparent, clear, obvious**
patent 명백[명확]한 = **apparent, clear, distinct, evident, manifest, obvious**

> **시나공비법**
> '명백한, 분명한'의 의미의 어휘들(apparent, clear, conspicuous, evident, manifest, obvious, patent, seen clearly)은 모든 영어 지문, 책, 방송 등에서 자주 나오니 반드시 숙지하기 바랍니다.

remote
[rimóut]

ⓐ 1. 먼 = **distant, faraway**
The **remote** village is inhabited by only one old couple.
시에서 멀리 떨어진 마을에 한 쌍의 노부부만이 살고 있다.
2. 외딴, 벽지의 = **isolated, lonely, secluded**

renowned
[rináund]

ⓐ 유명한, 이름 높은 = **famous,** celebrated, eminent, notable, preeminent, prominent, well-known
Only the **renowned** chefs of the world were allowed to attend the convention to show off their excellent culinary talents.
세계적으로 유명한 요리사들만이 그들의 뛰어난 요리 재능을 보이기 위한 대회 참가가 허락되었다.

> **시나공비법**
> eminent, notable, preeminent, prominent는 '유명한' 의미 외에도 '눈에 띄는, 현저한'의 의미로도 자주 사용됩니다.

slight
[slait]

ⓐ 조금의, 약간의, 사소한 = **minor, mild, small**
There is a **slight** difference between these two convenience stores.
이 두 편의점 사이에는 약간의 차이가 있다.

ad) slightly 다소, 약간 = **a little, by very small amounts, somewhat,** moderately, more or less, pretty

관련어 **more or less / less or more** 다소, 어느 정도 = **fairly**
somewhat 다소, 약간 = **to some degree[extent]**

tremendous
[triméndəs]

a) 엄청난, 거대한 = **large,** enormous, huge, immense, massive, vast

It is a **tremendous** delight to have all of you here today to celebrate the 80th annual anniversary of our prestigious gentlemen's club.
우리의 저명한 젠틀맨 클럽의 80회 연례 기념 행사를 축하하기 위해 여러분들을 모실 수 있게 되어 대단한 영광입니다.

시나공비법
tremendous는 실생활에서는 '무서운, 소름 끼치는'의 의미로 가장 많이 쓰이며, 이외에도 '우수한'의 의미로도 사용됩니다.

undisputed
[ʌ̀ndispjúːtid]

a) 당연한, 명백한 = **accepted by everyone, accepted as true, acknowledged, no doubt,** admitted, indisputable, incontrovertible

Manchester United FC is the **undisputed** leader of the English football league.
맨체스터 유나이티드 구단은 영국 축구 리그의 명백한 선두 자리에 있다.

관련어 **dispute** 논쟁[언쟁]하다, 반박[논박]하다 = **contend**
acknowledge 인정하다 = **recognize**

constellation
[kɑ̀nstəléiʃən]

n) 집합체, 일단, 무리 = **collection, combination**

The big dipper is an easy star **constellation** to recognize.
북두칠성은 알아 보기 쉬운 별자리이다.

시나공비법
'천문학' 분야의 지문이나 강연(lecture) 등에서는 '별자리'의 의미로 등장하는 경우가 많습니다.

dimension
[diménʃən]

n) 1. 크기, 규모 = **size,** extent, magnitude, scale, scope

The **dimension** of space is something that we cannot completely fathom.
우주의 크기는 우리가 완전히 가늠할 수 없는 것이다.

2. 치수 = **size,** extent, measurements, proportions

demise
[dimáiz]

n) 사망, 소멸, 종말 = **decline, decrease, disappearance, end,** death, passing

The **demise** of the regime was sudden and unexpected.
정권의 종말은 갑작스럽고 예기치 못한 일이었다.

v) 사망하다 = **disappear, pass away**

flaw
[flɔː]

n) 결점, 흠 = **fault,** blemish, defect, shortcoming

The **flaw** of this building is that air-conditioning facilities are weak and have too much cracks.
이 건물의 결점은 냉방 시설이 열악하고 많은 균열을 갖고 있다는 것이다.

hallmark
[hɔ́:lmɑ̀:rk]

n 품질 증명, 우량[보증] 마크 = **sure signal,** official mark
The time when he played quarterback for the Patriots was the **hallmark** of his career.
그의 경력의 확실한 증명은 그가 패트리어트 팀에서 쿼터백으로 활약했을 때이다.

hurdle
[hə́:rdl]

n 장애(물) = **obstacle,** barrier, hindrance, impediment, obstruction, problem
Travelling across this desert will be a final **hurdle** we must overcome.
이 사막을 가로지르는 여행은 우리가 극복해야 하는 마지막 장애물이 될 것이다.

관련어 **obstacle** 장애물 = **barrier, hindrance**
impediment 장애(물), 방해(물) = **obstacle, obstruction**

nevertheless
[nèvərðəlés]

conj 그럼에도 불구하고 = **however, in spite of it,** still, nonetheless, though, yet
It is a difficult race. **Nevertheless,** thousands of runners participate every year.
그건 힘든 경주이다. 그럼에도 불구하고 매년 수천 명의 주자들이 참가한다.

관련어 **however** 그럼에도 불구하고, 그러나 = **although, though**

on the whole

phr 전반적으로, 대체로 = **in general,** as a (general) rule, by and large, generally (speaking), for the most part, overall
Though an individual can be very thoughtful, people are, **on the whole,** selfish.
각 개인은 매우 사려 깊을 수 있지만, 사람들은 전반적으로 이기적이다.

> **시나공비법**
> 약간의 뉘앙스 차이지만, on the whole은 '대체로, 보통(= almost always, normally, most of the time, ordinarily, typically, usually)'의 의미로도 자주 사용됩니다.

prowess
[práuis]

n 1. 기술, 능력 = **expertise,** ability, capability, capacity, mastery, proficiency, skill
His evidence based on olfactory **prowess** is unacceptable in this case.
이 경우에 후각적 능력에 근거한 그의 증거는 받아들일 수 없다.

2. (전쟁 시) 용감, 용맹(성) = **ambition,** audacity, bravery, boldness, courage, daring

관련어 **mastery** 지배(권/력), 통제권; 통달, 전문적 기능[지식] = **control;** expertise, proficiency, prowess, skill

scrutiny
[skrú:təni]

n 정밀한 조사 = **close observation, examination,** checkup, inspection, review, scan, survey
The accusations that the relationship with his secretary was inappropriate are now under media **scrutiny.**
그의 비서와의 관계가 부적절했다는 혐의는 이제 언론의 조사와 감시를 받게 되었다.

v **scrutinize** 정밀하게 조사하다 = examine, inspect, study, survey
관련어 **examine** 조사하다, 검사하다 = **inspect, investigate**

whereas
[hwɛəræz]

conj 1. ~이지만, ~임에 반하여 = **although, despite, on the contrary, while, though**

The artist must be about 70, **whereas** his wife looks about 50.
그 예술가는 70세 정도임이 틀림없지만 그의 아내는 50세 정도로 보인다.

2. ~이므로, ~인 까닭에 = **since**, as, because, for

관련어 **on the contrary** 이와 반대로 = **conversely**

시 나 공 비 법
Listening의 강의(lecture) 파트 중에 '비교'를 하거나 '댓구절'을 말할 때 자주 등장합니다.

Day 10 Quiz

앞에서 학습한 내용들을 바로 확인해 보는 코너입니다.

❶ 아래 단어들의 유의어를 보기에서 찾아 빈칸에 쓰시오.

A ⓐ observe ⓑ inflate ⓒ understand ⓓ find ⓔ come together ⓕ display

1. converge _____
2. grasp _____
3. locate _____
4. discern _____
5. exhibit _____
6. expand _____

B ⓐ small ⓑ expertise ⓒ intentionally ⓓ faint ⓔ tedious ⓕ examination

1. dim _____
2. prowess _____
3. scrutiny _____
4. slight _____
5. monotonous _____
6. purposely _____

❷ 문장 내에서 진하게 표시된 어휘의 유의어를 고르시오.

1. It is **obvious** that one of his two aides is lying.
   ⓐ apparent ⓑ unclear ⓒ dim ⓓ clever

2. Only the **renowned** chefs of the world were allowed to attend the convention to show off their excell ent culinary talents.
   ⓐ zealous ⓑ disastrous ⓒ famous ⓓ calculated

3. The child **vanished** on her way home from kindergarten class.
   ⓐ dispersed ⓑ disappeared ⓒ unprecedented ⓓ distributed

4. The mayor has one last **decisive** decision to make before the election.
   ⓐ unique ⓑ permanent ⓒ important ⓓ meticulous

5. Manchester United FC is the **undisputed** leader of the English football league.
   ⓐ forced ⓑ acknowledged ⓒ tailored ⓓ claimed

정답 & 해석

❶ A. 1. ⓔ 2. ⓒ 3. ⓓ 4. ⓐ 5. ⓕ 6. ⓑ
   B. 1. ⓓ 2. ⓑ 3. ⓕ 4. ⓐ 5. ⓔ 6. ⓒ
❷ 1. ⓐ 2. ⓒ 3. ⓑ 4. ⓒ 5. ⓑ

1. 그의 두 측근 중 한 명이 거짓말하고 있음이 분명하다.
2. 세계적인 유명 요리사들만이 그들의 훌륭한 요리 실력을 보여 주기 위한 컨벤션에 참여할 수 있도록 허락되었다.
3. 아이는 유치원에서 집으로 가던 중 실종되었다.
4. 선거를 앞두고 시장은 마지막 한 가지 중요한 결정을 남겨 놓고 있다.
5. 맨체스터 유나이티드 구단은 모두가 인정하는 영국 축구 리그의 선두 팀이다.

Not 빈출, But 기출! 고득점을 원하면 놓치지 말아야 할 코너!

Word	의미	유의어
engulf	빨아들이다, 휩쓸리게 하다	swallow
enjoy	즐기다, 경험하다	experience
enlist	입대하다; 징집하다; 얻다	join; recruit; obtain
entitled to	권리가 주어진	given the right to
eroded	침식된, 부식된	worn out
expedite	빨리 해치우다	accelerate

Do it this way! Speaking 에서는 이렇게 쓰입니다.

SPEAKING

on the contrary

On the contrary, antelopes are not easily domesticated.

그와 반대로 영양들은 쉽게 길러지지 않는다.

> Speaking에서 두 가지 상반된 내용이 언급되는 문제에서, 위와 같은 방식으로 상반된 내용을 효과적으로 표현할 수 있습니다.

Day 11
1-5 시험에 나오는 1순위 Voca
0~1순위 어휘에서 TOEFL Reading Voca 문제의 75%가 출제된다!

🔊 1-5_Day 11.mp3

appreciate
[əpríːʃièit]

- (v) 1. 이해하다, 인식하다 = **recognize, understand,** acknowledge, be aware of, be conscious of, comprehend, realize
  His paintings are highly **appreciated** by the Korean people.
  그의 그림들이 왜 한국 국민들에게 높이 평가 받고 있는지 이해한다.
  2. 평가하다 = **value, review,** admire, respect
- (a) **appreciable** 두드러진, 쉽게 알아 볼 수 있는 = **noticeable, significant,** detectable, discernible, observable, palpable
- (ad) **appreciably** 상당히, 매우, 꽤 = **considerably, noticeably**
- (n) **appreciation** 평가, 이해, 인식 = **understanding,** comprehension, perception
- 관련어 **be aware of** ~을 알고 있다 = **be familiar with**
  realize 실현[달성]하다 = **achieve**
  noticeable 뚜렷한, 현저한 = **appreciable, outstanding, remarkable**

> **시 나 공 비 법**
> '이해, 인식; 구별하다', '판단; 평가하다' 의미 외에도 실생활에서는 '감상하다'의 의미로도 자주 사용됩니다.

convince
[kənvíns]

- (v) 납득시키다, 확신시키다 = **persuade,** assure, satisfy
  His attorneys are trying to **convince** the jury of his innocence.
  그의 변호사들은 배심원단에게 그의 결백을 납득시키려 하고 있다.
- (a) **convincing** 납득시키는, 설득력 있는 = **persuasive,** compelling, satisfactory, satisfying, sound, valid
- (ad) **convincingly** 설득력 있게, 믿을 수 있게 = **believably**
- (n) **conviction** 확신 = **(strong) belief[opinion],** assurance, certainty, confidence

diverge
[divə́ːrdʒ]

- (v) 1. 벗어나다, 나뉘다, 갈라지다 = **move apart, separate,** divide, split ↔ converge
  The reign of the new ruler brought chaos within the kingdom because his rules **diverged** too far from the tradition.
  새 권력자의 통치는 그 방식이 전통과 너무 괴리가 있어 왕조에 혼란을 가져왔다.
  2. 달라지다 = be different, differ, disagree

embellish
[imbéliʃ]

- (v) 꾸미다, 장식하다 = **make attractive,** adorn, decorate, ornament
  The architecture of the room was uniquely **embellished.**
  방의 건축 양식은 독특하게 꾸며져 있다
- (n) **embellishment** 꾸미기, 장식 = **decoration,** adornment, ornamentation
- 관련어 **adorn** 꾸미다, 장식하다 = **decorate**
  ornament 꾸미다, 장식하다 = **adorn, decorate**

1-5

encounter
[inkáuntər]

- (v) 접하다, 맞닥뜨리다 = **come into contact with, meet,** chance, happen
  At this point, he **encountered** too many ideas for his final dissertation.
  이 시점에 그는 그의 최종 논문에 필요한 너무 많은 아이디어들을 접하게 되었다.

  > **시나공비법**
  > 예문에 나와있는 point는 1st나 2nd meaning이 아닌 '상태(condition, situation)', 또는 '시간/시점(period)'의 의미로 쓰였습니다. 이와 같이 단순히 알고 있는 어휘의 뜻으로만 문제를 풀려고 해서는 곤란한 문제, 즉 반드시 문장을 해석하여 문장 안에서 쓰인 뜻으로 해결해야 하는 문제도 간혹 출제되기도 합니다.

endow
[endáu]

- (v) 1. 주다 = **give, grant, provide,** accord, award, bestow, confer
  Her parents **endowed** their daughter with high intelligence.
  그녀의 부모는 딸에게 총명함을 물려주었다.
  2. 기부하다 = **donate**
- (n) **endowment** 기부; (타고난) 자질, 재능 = **gift**
- (관련어) **afford** ~을 살[가질, 지불할] 여유가 있다; 가져오다, 주다 = **offer, provide**

ensue
[insjúː]

- (v) 연이어 일어나다, 결과로서 일어나다 = **follow, result, succeed,** develop, proceed
  As a result of heavy snow, dozens of fender benders **ensued**.
  폭설로 수십 건의 자동차 접촉 사고가 잇따랐다.
- (a) **ensuing** 연속적인, 그 다음에 오는 = **subsequent**
- (관련어) **subsequent** 그 다음의, 뒤이어 일어나는 = **following (in time), later, succeeding**

exceed
[iksíːd]

- (v) 한계를 넘다, 초과하다, 더 낫다 = **be greater than, go beyond, have greater number than, outdistance, surpass,** excel
  The chancellor **exceeded** the bounds of his authority by spending too much money.
  총장은 돈을 너무 많이 사용해 자신에게 주어진 한도를 초과했다.
- (a) **exceeding** 과도한 = **excessive,** exorbitant, extreme, inordinate, outrageous
- (ad) **exceedingly** 대단히, 몹시 = **extremely, highly,** exceptionally, hugely, notably
- (관련어) **surpass** ~보다 낫다 = **be higher than, exceed**
  unsurpassed 탁월한, 능가할 자가 없는 = **superior**
  outdistance (시합, 특히 경주 등에서) 훨씬 앞서다
  excessive 과도한, 지나친 = **extreme, larger than, too much**

exempt
[igzémpt]

- (v) 면해주다 = **free,** exclude, excuse, release
  The sales and purchases in this region were **exempted** from sales taxes in the 1930s.
  이 지역에서의 판매와 구매에 대해 1930년대에는 판매세와 소비세가 면제되었다.
- (a) **exempt from** 면제된, 없는 = **free from[of],** exempted from, excused from[of], not subject[liable] to

flow
[flou]

- **v** 흐르다, 넘쳐 흐르다 = **stream,** cascade, gush, pour, rush, surge, sweep
  After the big earthquake, this sand **flowed** gradually upward and formed sand hills.
  대지진 이후에 이 모래는 점차 위로 넘쳐 흘러 사구지대를 형성했다.
- **n** 흐름, 움직임 = **movement,** current, motion

관련어 **surge** 갑자기 증가하다, 파도처럼 밀려 오다 = **increase, rise**
sweep 청소하다 = **clean up**
cascade 폭포처럼 떨어뜨리다
pour 붓다, 흘리다

> **시나공 비법**
> 주로 flow는 '(계속 또는 단순히) 흐르다'의 의미로 사용되며, gush는 '(갑자기 힘차게) 뿜어 나오다'의 의미로 사용됩니다.

found
[faund]

- **v** 설립하다, 세우다 = **build, establish,** begin, create, develop, form, institute, inaugurate, set up
  A new economic policy was **founded** in 2012.
  2012년에는 새로운 경제 정책을 수립할 필요가 있을 것이다.
- **n** **founding** 설립, 창립 = **establishment**

관련어 inaugurate 취임시키다; 개회[개통]식을 하다; 창시[개시]하다

orchestrate
[ɔ́ːrkistrèit]

- **v** 조직하다, 편곡하다 = **coordinate,** arrange, bring about, direct, organize, set up
  Her death was not an accident. It was definitely **orchestrated** by murderers based on the evidence left.
  그녀의 죽음은 사고가 아니었다. 그것은 남겨진 증거를 살인범들이 조작한 것이 분명하다.

disputatious
[dìspjuːtéiʃəs]

- **a** 논쟁적인, 논쟁을 좋아하는 = **contentious,** aggressive, argumentative, bellicose, belligerent, pugnacious, quarrelsome
  My sister's new boyfriend has a vulgar and **disputatious** character.
  언니의 새 남자 친구는 천박하고 언쟁을 좋아하는 성격이다.
- **v** **dispute** 논쟁하다, 말다툼하다 = **contend,** assert, debate, maintain, plead
- **a** **disputable** 논의[논쟁]의 여지가 있는 = **challengeable,** arguable, debatable, questionable

관련어 **debate** 논쟁하다 = **argue, discuss**
contend 경쟁하다; 논쟁하다; 주장하다 = **compete; argue; claim**
bellicose, belligerent, pugnacious 호전적인
quarrelsome 말다툼[싸움]을 좋아하는

enduring
[indjú(ː)əriŋ]

- **a** 오래 지속되는 = **(long-)lasting, surviving,** durable, permanent, stable
  What's the secret of her **enduring** popularity?
  그녀의 인기가 오랫동안 지속되는 비결이 뭘까요?
- **v** **endure** 견디다 = **bear hardship, last, persist, resist, suffer, survive, tolerate, withstand**

관련어 **durable** 튼튼한, 오래 가는 = **long-lasting**
survive 살아 남다 = **remain**

eminent
[émənənt]

- **ⓐ** 우수한, 주목할 만한 = **distinguished,** notable, outstanding, preeminent, prestigious, signal, superior
  - Alex seemed more intelligent and eminent than the rest of the team.
  - 알렉스는 다른 팀원들보다 훨씬 더 지적이고 우수해 보였다.
- **ⓐⓓ** **eminently** 대단히 = **exceptionally,** extremely, notably, remarkably, strikingly
- **ⓝ** **eminence** 명성, 저명 = **fame,** celebrity, mark, note, notice, renown
- **관련어** **signal** ⓐ 신호의, 암호의; 뛰어난, 현저한, 주목할 만한
  - ⓝ 신호, 암호
  - ⓥ (신호로) 알리다 = **communicate, indicate, mark**

> **시나공비법**
> '우수한, 주목할 만한'이란 의미 이외에도 '저명한(= celebrated, famous, renowned)'의 의미로도 Reading에 자주 등장합니다.

enormous
[inɔ́ːrməs]

- **ⓐ** 거대한, 막대한 = **great, huge, immense, (very) large, many, tremendous, vast**
  - The blockbuster 'Troy' is raking in an enormous amount of money.
  - 초대형 히트작인 영화 '트로이'는 막대한 흥행 수입을 올리고 있다.

excessive
[iksésiv]

- **ⓐ** 과도한, 지나친 = **extreme, larger than, too many, too much**
  - Some player's annual salaries are excessive, considering their performance last year.
  - 일부 선수들의 연봉은 지난 해 그들의 성적을 고려할 때 과도하다.
- **관련어** **exceeding** 과도한 = **excessive**

fragile
[frǽdʒəl]

- **ⓐ** 깨지기 쉬운 = **delicate, easily broken[damaged],** breakable, frail
  - The fragile human fetus is vulnerable to its effects because alcohol is quickly distributed into the blood stream and assaults the tissues and membranes.
  - 알코올이 혈관을 통해 빠르게 퍼져 조직과 세포를 공격하기 때문에 연약한 태아는 알코올의 영향을 받기 쉽다.
- **관련어** **frail** 사람이 허약한, 성격이 약한; 해를 입기 쉬운, 깨지기 쉬운

hypothetical
[hàipəθétikəl]

- **ⓐ** 가설의, 가설에 근거한 = **supposed,** assumed, conjectured, conjectural, theoretical, speculative
  - His presentation of the origins of American cinema is mainly hypothetical.
  - 미국 영화의 탄생과 관련한 그의 발표는 주로 가설에 근거한다.
- **관련어** **conjecture** 추측, 추론(하다) = **conclusion**
  - **speculate** 추측하다, 가정하다 = **hypothesize**

improbable
[imprábəbl]

- **ⓐ** 일어날 것 같지 않은, 사실 같지 않은 = **implausible, inconceivable, questionable, unlikely,** doubtful, dubious
  - It is highly improbable for the ruling party to win the next general election nationwide.
  - 집권당이 다음 총선거에서 승리할 지는 매우 불확실하다.
- **관련어** **implausible** 있을 법하지 않은 = **unbelievable, unconvinced, unlikely**
  - **inconceivable** 생각할 수 없는, 상상할 수 없는 = **unimaginable**

incidentally
[ìnsidéntəli]

ad 덧붙여 말하자면, 그런데 = **by the way**
Incidentally, you have to take a careful look at the fine print.
덧붙이자면 작게 인쇄된 부분을 잘 읽어야 할 것이다.

intangible
[intǽndʒəbl]

a 실체가 없는, 무형의 = **nonmaterial,** abstract, impalpable, untouchable
Education may be an **intangible** commodity, yet it is an extremely important investment for our next generation and the future.
교육이 비록 무형의 상품이긴 하지만 우리의 다음 세대와 미래를 위한 아주 중요한 투자이다.

관련어 **material** 육체적인, 물질적인; 중요한 = **physical; important**
materialize ~에 형태를 주다, ~을 유형화[구체화]하다
tangible 촉지할 수 있는; 실재하는 = **concrete**

> 시나공 비법
> 1 intangible은 '만지거나 잡은 것이 안 되는, 규정하거나 이해하기 어려운'의 의미로 더욱 많이 사용됩니다.
> 2 material은 '세속적인(earthly, mundane, social, worldly)' 의미로도 많이 사용됩니다.

intermediate
[ìntərmíːdieit]

a 중간의[에 있는] = **in between, in the middle stage,** middle, intervening, transitional
Intermediate skiers overestimated their skills when they made an outrageous attempt to ski down from the tallest mountain.
중급 스키어들이 고급 코스에서 스키를 타려고 하는 무모한 시도를 한 것은 자신들의 실력을 과대평가한 것이다.

관련어 **intervening years** 그 시절[때] 중에, 그 사이에 = **between years**

progressive
[prəgrésiv]

a 진보[발전, 향상]하는 = **increasing,** continuing, continuous, developing, growing, ongoing
Improvements in health are linked to **progressive** material prosperity.
건강 증대는 물질적 번영과도 연관되어 있다.

ad **progressively** 점차, 차츰 = **increasingly**
phr **in progress** 진행 중인, 행해지고 있는 = **unfinished**

overwhelmingly
[òuvərhwélmili]

ad 압도적으로, 주로 = **greatly, primarily, without doubt**
Spain was **overwhelmingly** defeated by the Netherlands 5:0 yesterday.
스페인은 어제 네덜란드에 5:0으로 압도적으로 패배했다.

a **overwhelming** 압도적인, 제1의 = **enormous, great, powerful, primary**

previous
[príːviəs]

a 전의, 우선의 = **former,** antecedent, anterior, foregoing, precedent, preceding
The government officials had a **previous** engagement.
정부 관리들은 선약이 있었다.

ad **previously** 이전에, 앞서 = **early, formerly,** ahead, antecedently, before, beforehand

관련어 antecedent, precedent ~전의, 먼저 일어난, 선행하는
anterior 앞에 놓인, 앞면의; ~보다 앞의, 이전의
unprecedented 전례 없는, 유례없는 = **initial, new, not seen[existing] before, novel, unique, unlike anything in the past**

primordial
[praimɔ́ːrdiəl]

ⓐ 최초의, 근본적인, 원시시대부터 있는 = **beginning,** ancient, primal, primeval, primitive

Many people have a **primordial** instinct that if one person has more than another person, they must have done something immoral to get it.
많은 사람들은 만약 한 사람이 다른 사람보다 많은 것을 갖고 있다면 그것을 갖기 위해 비도덕적인 일도 했을 원초적 본능을 지니고 있다.

관련어 **primeval** 원시의, 고대의 = **of an early form, most ancient, very ancient**

primitive 1. 원시의, 초기의 = **(very) early, original, very early times**
  2. 미발달의, 미개한 = **undeveloped**

primal 최초의, 본래의; 원시의

steadfast
[stédfæst]

ⓐ 확고한, 변치 않는 = **constant, enduring, firm, resolute, steady, unwavering,** fixed, immobile

They remained **steadfast** in their refusal to release the terrorists.
그들은 테러분자들의 석방 거부에 여전히 확고부동했다.

관련어 **resolute** 의지 굳은, 굳은 결심하고 있는

release 풀다, 해방하다, 자유롭게 하다 = **unleash**

enduring 오래 지속되는 = **long-lasting, surviving**

subjective
[səbdʒéktiv]

ⓐ 주관의, 주관적인, 개인적인 = **personal,** biased, prejudiced

The way he interpreted their past was highly **subjective**.
그가 그들의 과거를 해석하는 방식은 상당히 주관적이었다.

subject
[sʌ́bdʒikt]

ⓥ 드러내 놓다, 당하게 하다 = **expose,** lay open, put through, submit, treat

ⓐ ~받기 쉬운 (to) = **exposed, susceptible,** liable, open, prone

ⓝ 참가자, 관계자 = **participant**

susceptible
[səséptəbl]

ⓐ 1. 민감한, ~받기 쉬운 = **likely (to get), likely to be affected, prone, vulnerable,** exposed, liable, sensitive, subject

Andy is lacking the courage of his own convictions. Thus he is **susceptible** to brainwashing.
앤디는 자신의 신념에 대한 용기가 결여되어 있다. 따라서 그는 세뇌 당하기 쉽다.

2. 받아들일 수 있는 = **acceptable**

관련어 **vulnerable** 상처받기 쉬운, 공격받기 쉬운 = **easy to be damaged, open to attack, susceptible, weak**

be inclined to ~하는 경향이 있다 = **be likely[susceptible] to, tend to**

urbane
[əːrbéin]

ⓐ 세련된, 우아한, 도시풍의 = **cultivated,** civilized, polished, refined, sophisticated

So many tourists who are from the rural parts of the country are enthralled by the **urbane** beauty of downtown Chicago.
지방에서 온 많은 여행객들은 시카고 시내의 세련된 아름다움에 매혹되었다.

관련어 **refined** 세련된, 고상한 = **improved**

sophisticated 복잡한; 세련된, 교양 있는 = **complex; advanced, highly developed, polished, refined**

polish 광을 내다, 닦다; 세련되게 하다

versatile
[və́ːrsətil]

ⓐ 1. 다재다능한 = **all-around, expert, skillful, (many-)talented**
She was a very **versatile** TV actress.
그녀는 매우 다재다능한 텔레비전 여배우였다.

2. 순응성이 있는, 융통성 있는 = **adaptable, flexible**

관련어 **flexible** 구부리기 쉬운; 융통성[적응성] 있는 = **able to bend; adaptable**

시나공 비법
1 지문(passage)이나 대화 시에 '변덕스러운(unpredictable, erratic, eccentric)'의 의미로 사용되는 경우도 많습니다.
2 **expert**는 명사(전문가), 형용사(숙련된; 전문적인; 정교한), 그리고 동사(전문으로 하다, 전문가이다(**on**))의 기능을 모두 갖고 있습니다.

---

widespread
[wáidspréd]

ⓐ 일반적인, 널리 보급된 = **common,** extensive, general, prevalent, worldwide, omnipresent, ubiquitous

For many, this rule seems quite bizarre, but for young adults it is **widespread**.
많은 사람들에게 이 규칙은 상당히 별난 것 같지만 젊은이들에게는 일반적이다.

관련어 **prevalent** 널리 퍼진, 유행하는 = **most common, widespread**
ubiquitous 어디에나 있는 = **(very) common, commonly used**
omnipresent 동시에 어디에나 있는 (cf. omni- = all)

---

conjecture
[kəndʒéktʃər]

ⓝ 추측, 추론 = **conclusion,** assumption, postulation, presumption, speculation, supposition, surmise, theory

The **conjecture** of his final work is not success, but failure unfortunately.
그의 최종 작업에 대한 추측은 불행히도 성공이 아니라 실패였다.

ⓥ 추측하다 = **hypothesize, speculate, surmise,** assume, infer, presume, suppose, suspect

phr in conjecture 추측으로, 결론으로 = **in conclusion**
prevalent 널리 퍼진, 유

관련어 **assume** 취하다; 가정하다, 추측하다 = **adopt; believe**
postulate 주장하다, 가정하다; 요구하다 = **assume, hypothesize; claim, request, propose, suggest**
presume (사실이라) 추정[가정]하다 = **accept as true**
speculate 추측하다, 가정하다 = **hypothesize**
surmise 추측[짐작]하다 = **guess, infer, speculate**
supposed 의도된 = **intended**

시나공 비법
1 '불완전한 정보에 근거로 하는 의견이나 결론'을 의미하므로 유의어 문제로 나올 때 **conclusion**이 동의어로 가능합니다.
2 **in conclusion**은 '마지막으로(finally)', 혹은 '요컨대(in short)'의 의미로도 사용됩니다.

---

enactment
[inǽktmənt]

ⓝ 제정, 입법(화), 인가 = **establishment,** approval, authorization, ratification, sanction

He soon focused on devising a series of new law **enactments**, known as the New Deal.
그는 곧 뉴딜로 알려진 일련의 새로운 법률을 제정하는 데 집중했다.

- **enact** 제정하다 = **establish,** approve, authorize, ratify, sanction
  - 관련어 **warrant** ⓥ 정당화하다; 인가하다, 허가하다 = **justify; authorize**
    - ⓝ 인가, 허가 = **authority**

insight into
[ínsàit íntə]

- ⓝ ~에의 통찰(력), 이해 = **understanding of,** appreciation of
  - The museum provided a deep **insight into** the daily life of the prisoners held at gas chambers during the Holocaust.
  - 박물관은 유대인 학살 기간에 가스실에 수감된 죄수들의 삶의 통찰에 대한 이해를 보여 준다.
- ⓝ **insight** 통찰(력) = **understanding,** apprehension, awareness, comprehension, intuition, penetration
- 관련어 intuition 직관(력), 통찰(력)
  - penetration 침투(력); 통찰(력), 식견

orientation
[ɔ̀:rientéiʃən]

- ⓝ 1. (환경에의) 적응 지도 = **introduction,** adaptation, adjustment, induction, initiation, training
  - If you do not attend the college **orientation**, you won't be able to sign up for classes that you desire to take.
  - 당신이 대학 오리엔테이션에 참여하지 않는다면, 수강을 원하는 클래스 등록을 할 수 없게 될 것이다.
- 2. 관점, 경향 = **perspective,** attitude, inclination
- 관련어 attitude 태도, 몸[마음]가짐; 경향
  - inclination 경향; 성향; 기울(이)기; 경사

perspective
[pərspéktiv]

- ⓝ 관점, 시각 = **point of view, viewpoint,** attitude, outlook, standpoint, view
  - They did not accept the geometric **perspective** as artists did in the past.
  - 그들은 예술가들이 과거에 했듯이 기하학적 관점을 수용하지 못했다.

principle
[prínsəpl]

- ⓝ 원리, 원칙 = **basic[original] method, concept, rule,** fundamental, law, theorem
  - It is a basic **principle** of English law that a person is innocent until proven guilty.
  - 유죄가 입증될 때까지는 무죄라는 것이 영국법의 기본 원칙이다.
- phr **in principle** 원칙적으로는, 이론적으로는 = **theoretically**
- 관련어 **on principle** 주의(主義)상; 도덕상; 일정한 법칙[관습]에 따라

yardstick
[jɑ́:rdstìk]

- ⓝ 기준, 척도 = **criterion, guideline, measure, standard,** benchmark, mark, touchstone
  - Can there be any **yardstick** to measure love?
  - 사랑을 측정할 수 있는 기준이 있을 수 있는가?
- 관련어 **criterion** 표준, 기준 = **standard**
  - gauge 표준 치수, (평가, 판단의) 기준[수단]; 용량, 범위; 계(측)기
  - benchmark (측정을 위한) 기준(점)
  - touchstone 시금석; (진가 판단의) 기준, 표준

Day 11 Quiz

앞에서 학습한 내용들을 바로 확인해 보는 코너입니다.

❶ 아래 단어들의 유의어를 보기에서 찾아 빈칸에 쓰시오.

A ⓐ former ⓑ contentious ⓒ surpass ⓓ long-lasting ⓔ subsequent ⓕ beginning

1. disputatious _____
2. ensuing _____
3. exceed _____
4. primordial _____
5. enduring _____
6. previous _____

B ⓐ vulnerable ⓑ conclusion ⓒ point of view ⓓ coordinate ⓔ standard ⓕ in between

1. susceptible _____
2. conjecture _____
3. yardstick _____
4. intermediate _____
5. orchestrate _____
6. perspective _____

❷ 문장 내에서 진하게 표시된 어휘의 유의어를 고르시오.

1. The blockbuster "Transformers" is raking in an **enormous** amount of money.
   ⓐ dull ⓑ gleaming ⓒ tremendous ⓓ extended

2. **Incidentally**, a customer walked into a convenience store while a robbery was taking place.
   ⓐ Generally ⓑ Probably ⓒ By the way ⓓ Meticulously

3. She was a very **versatile** TV actress.
   ⓐ unsurpassed ⓑ talented ⓒ customary ⓓ mammoth

4. The **widespread** radiation was carried across the region by strong winds.
   ⓐ detailed ⓑ acute ⓒ prevalent ⓓ dangerous

5. Alex seemed more intelligent and **eminent** than the rest of the team.
   ⓐ marvelous ⓑ typical ⓒ skillful ⓓ outstanding

정답 & 해석

❶ A. 1. ⓑ 2. ⓔ 3. ⓒ 4. ⓕ 5. ⓓ 6. ⓐ
   B. 1. ⓐ 2. ⓑ 3. ⓔ 4. ⓕ 5. ⓓ 6. ⓒ
❷ 1. ⓒ 2. ⓒ 3. ⓑ 4. ⓒ 5. ⓓ

1. 블럭버스터 영화 "트랜스포머스"는 막대한 흥행 수입을 올리고 있다.
2. 덧붙여 말하자면, 한 손님이 강도 사건이 벌어지는 동안 편의점으로 걸어 들어갔다.
3. 그녀는 매우 다재 다능한 텔레비전 배우였다.
4. 확산된 방사능이 강한 바람을 타고 외곽 지역으로 퍼졌다.
5. 알렉스는 다른 팀원들보다 더 유능하고 우수해 보였다.

Not 빈출, But 기출! 고득점을 원하면 놓치지 말아야 할 코너!

Word	의미	유의어
distortion	왜곡, (모양의)뒤틀림	irregularity
especially	특히	particularly
faithful	충실한; 정확한	accurate
fastidious	성미[기호]가 까다로운	demanding
fine-tuning	미세하게 조정하는	slightly adjusting
for all its importance	그것의 중요성에도 불구하고	in spite of importance
resemble	닮다, 유사하다	be similar to
temporarily	일시적으로, 임의로	briefly

Do it this way! Writing 에서는 이렇게 쓰입니다.

WRITING

claim

Contrary to one of the points in the reading passage, the speaker **claims** that ~.

리딩 지문의 포인트 중의 하나와는 대조적으로 화자는 다음과 같이 주장합니다.

> Writing에서 많이 쓰이는 구문입니다. 특정 내용을 조목조목 반박하며 표현 할 수 있는 구문을 알고 있어야 합니다.

Day 12 시험에 나오는 1순위 Voca

0~1순위 어휘에서 TOEFL Reading Voca 문제의 75%가 출제된다!

🎧 1-6_Day 12.mp3

alter
[ɔ́:ltər]

- ⓥ 바꾸다, 고치다 = **change, modify,** mutate, vary
  A graduate student **altered** the grade on his paper to make it seem higher than it actually was.
  한 대학원생이 시험지의 점수를 바꿔 실제보다 높게 만들었다.
- ⓝ **alteration** 변경, 수정 = **adaptation, change, modification,** mutation, variation

---

anchor
[ǽŋkər]

- ⓥ 단단히 붙어있다, 정박시키다 = **hold in place,** attach, fix, secure
  The ship **anchored** was the only one not damaged by the blast.
  정박되어 있는 배가 폭풍에 파손되지 않은 유일한 배였다.
- 관련어 **secure** ⓐ 안전한; 확고한 ⓥ 지키다, 안전하게 하다; 확보[입수]하다; 보증하다; 정박하다

---

corroborate
[kərábərèit]

- ⓥ 확증하다, 입증하다 = **confirm,** attest, endorse, substantiate, support, testify, verify
  The witness of the car accident **corroborated** her testimony with the police.
  교통 사고의 목격자는 그녀의 증언을 경찰에서 확인해 주었다.
- 관련어 **attest** 입증하다, 증언하다 = **confirm, give[provide] evidence**
  endorse 지지하다 = **support**
  substantiate 확증하다 = **confirm**
  testify 증언하다, 입증하다 = **confirm, give evidence**
  verify 확증하다, 입증하다 = **confirm, establish the truth of**

> **시나공비법**
> 유의어 문제로 나오지는 않지만, '옳다는 것을 증명하다, 정당화하다'의 의미로 validate, vindicate 등도 자주 사용됩니다.

---

dictate
[díkteit]

- ⓥ ~을 (권위를 갖고) 명령[결정]하다 = **decide, determine, suggest,** control, govern, influence
  In her stories, a dominant and patriarchal character often **dictates** those somewhat troublesome female characters.
  그녀의 이야기에서 권위적이고 가부장적인 아버지는 조금은 문제가 있는 여성 캐릭터들에게 명령을 한다.

---

fascinate
[fǽsənèit]

- ⓥ 매혹하다, 흥미를 끌다 = **attract, intrigue,** allure, appeal, captivate, charm, enchant
  This new technology will **fascinate** people around the world.
  이 새로운 기술은 세계의 사람들을 매혹할 것이다.
- 관련어 **engage** 약속하다; 차지하다; 종사시키다; 고용하다; 재미를 끌다
  immerse 담그다, 적시다; 열중시키다, 몰두시키다
  attract 매혹하다, 끌다 = **appeal, draw.**

intrigue 흥미를 끌다 = **attract, fascinate**

preoccupied with ~에 몰두한, 열중한 = **concentrated on, engrossed in, fascinated with, intent on**

fascinating
[fǽsənèitiŋ]

ⓐ 1. 매혹적인 = **(extremely) attractive,** (al)luring, appealing, captivating, charming, enchanting, seductive
2. 매우 재미있는 = **(strongly) interesting,** absorbing, engaging, immersing, involving

관련어 **attractive** 매력적인, 마음을 끄는 = **appealing**

> **시나공비법**
> fascinating은 Reading의 유의어 문제에서 '매혹적인'과 '매우 재미있는, 흥미로운'의 의미가 동시에 보기에 등장하는 경우가 많으니 주의하기 바랍니다.

precipitate
[prisípitèit]

ⓥ (발생을) 촉진하다, 일으키다 = **bring about,** cause, give rise to, instigate, lead to, provoke, trigger

There is little doubt that nationalistic tensions **precipitated** World War II.
민족주의적 긴장이 2차 세계 대전을 촉발시켰다는 것은 의심의 여지가 없다.

관련어 **instigate** 선동하다, 부추기다 = **cause**
provoke 자극하여 ~하게 하다 = **bring about, incite, stimulate**
trigger 발생시키다, 일으키다 = **activate, cause, initiate, start**

> **시나공비법**
> precipitate은 '떨어뜨리다, ~한 상태에 빠지다, 침전시키다, 응결시키다' 등의 다양한 동사적 기능을 갖고 있으며, '다급한, 곤두박이치는; 갑작스러운' 등의 형용사적 기능, '침전물, 응결된 수분' 등의 명사적 기능도 모두 갖고 있으며, 명사인 precipitation은 '강우[수]량'의 의미로 자주 사용됩니다.

resume
[rizjúːm]

ⓥ 재개하다 = **begin again, restart,** continue, renew, reopen

The company expects to **resume** production of the vehicle again after a two month hiatus.
회사는 두 달간의 공백 기간을 가진 뒤에 차량 생산을 재개할 것으로 예상된다.

관련어 **hiatus** 중단 = **break, interruption**

reveal
[rivíːl]

ⓥ 드러내다, 보이다, 나타내다 = **expose, make known, manifest, show, tell, uncover, unveil,** disclose, display

Her biography **revealed** that she was not as rich as everyone thought.
그녀의 전기를 통해 그녀가 모든 사람들이 생각했던 것만큼 부자가 아니라는 사실이 드러났다.

> **시나공비법**
> manifest는 동사적 역할 외에도 형용사적 역할(명백한, 분명한)도 갖고 있습니다.

suppress
[səprés]

ⓥ 진압하다, 막다, 저지하다 = **hold back, stop by force,** conquer, defeat, subdue

The local government lacked in military force to **suppress** the rebels.
지방 정부는 반란군을 진압하기 위한 군사력이 부족하다.

관련어 conquer 정복하다 = **defeat**
subdue 정복하다, 제압하다

surmise
[sə:rmáiz]

(v) 추측하다, 추정하다 = **guess, infer, speculate,** conjecture, presume, pretend, suppose

The police **surmise** the con artists have fled the country.
경찰은 사기꾼들이 출국한 것으로 추측하고 있다.

suspend
[səspénd]

(v) 매달다, (허공에) 떠있게 하다 = **hang (up), float,** dangle, string

For him, it always was such great fun to **suspend** decorations on a Christmas tree with his father every year.
그에겐 매년 아버지와 함께 크리스마스 트리에 장식을 하는 것이 항상 큰 즐거움이었다.

관련어 dangle 매달다 = **hang**

> **시나공비법**
> suspend는 '보류; 연기하다', '정학; 정직시키다', 그리고 '안절부절 못하게(갈피 못 잡게)하다'의 의미로도 자주 사용됩니다.

transmit
[trænsmít]

(v) 1. 나르다, 옮기다 = **convey,** carry, communicate, impart, hand[pass] on, transfer

A ship bound for the U.S. **transmits** the products in addition to the passengers.
미국으로 가는 배는 승객 외에도 상품들을 수송한다.

2. 중계하다 = relay, send out

관련어 impart (물건이나 성향을) 주다 = **give, provide**

undergo
[ʌndərgóu]

(v) 겪다, 경험하다 = **experience,** suffer, sustain

New airplanes **undergo** severe tests before their rollouts.
신형 항공기들은 출고되기 전에 엄격한 테스트를 거친다.

fashionable
[fǽʃənəbl]

(a) 최신식의, 유행하는 = **popular, widespread,** chic, stylish

For many people body piercing seems quite bizarre, but for young adults it is very **fashionable**.
많은 사람들에게 바디 피어싱은 상당히 별나게 생각되지만 젊은이들 사이에서는 유행이다.

관련어 widespread 일반적인, 널리 보급된 = **common**

fashion
[fǽʃən]

(n) 1. 상태, 형식 = **shape, mode,** style
2. 방법, 방식 = **way,** manner, method, mode, system, technique

(v) (물건을) (재료를 써서) 만들다 = **make**

(a) **fashioned out of** (재료를 써서) 만들어진, 만든 = **made from[of]**

consistent
[kənsístənt]

(a) 1. 한결같은, 일관된 = **regular, the same, unvarying,** constant, even, steady, stable, unchanging, uniform

John was an unspectacular, but **consistent** player.
존은 뛰어난 선수는 아니었지만, 기복이 없었다.

2. 일치[조화]하는, 모순이 없는(with) = **in agreement (with),** compatible

(with), corresponding (to), in line with, reconcilable with
- **n consistency** 한결같음, 일관성 = **the same,** constancy, evenness, regularity, uniformity
- 관련어 **compatible** 잘 지낼 수 있는; 양립[공존]할 수 있는, 모순이 없는(congruous)
  corresponding 일치[대응]하는, 유사한
  reconcilable 화해할 수 있는; 조화시킬 수 있는 (reconcile: 화해시키다; 조화[일치]시키다)

> **시나공비법**
> even은 형용사로서 '일정한, 편평한(=flat), 동일한, 짝수의' 등으로 사용되기도 하지만, 부사로서 '~조차'의 의미로 자주 사용됩니다.

detrimental
[dètrəméntəl]

- **a** 해로운 = **harmful,** damaging, destructive, injurious, ruinous, unfavorable

  He had a very **detrimental** lifestyle, but became the greatest black musician in the world.
  그는 매우 해로운 생활 스타일을 갖고 있었지만, 세계에서 가장 위대한 흑인 음악가가 되었다.

- 관련어 **adverse** (~에) 반대하는; 불리한, 불운한 = **unfavorable**
  inclement (날씨가) 험한; 무정한 = **unfavorable**
  devastating 파괴적인 = **destructive**

differential
[dìfərénʃəl]

- **a** 차별적인, 특이한 = **uneven,** different, discriminating, discriminatory, dissimilar

  The company's age long **differential** wage rate system was highly criticized not only by their own employees but by many feminists' and citizen's groups alike.
  회사의 오랜 차별 임금 제도는 사내 직원들뿐만이 아니라 많은 여성 및 시민단체로부터 거센 반발을 사고 있다.

- 관련어 **discriminate** 차별(대우)하다; 구별[식별]하다
  even 한결 같은, 차분한; 평평한 ↔ **uneven** (평평하지 않은; 불규칙한, 변하기 쉬운)
  distinguishable 구별할 수 있는, 분간할 수 있는 = **different, differential**

dynamic
[dainǽmik]

- **a** 힘찬, 활동적인 = **active,** energetic, forceful, lively, powerful, vigorous, vital

  While Earth is a **dynamic** body, the surface lands relatively have not changed.
  지구가 역동적이기는 하지만 지구 표면은 상대적으로 변화를 겪지 않았다.

- **n** (원)동력 = **energy**
- **n dynamism** 활력, 패기 = **energy,** drive, vigor, vitality
- 관련어 **potent** 강력한, 세력이 있는 = **powerful**
  vital 필수적인; 활기 있는, 기운찬 = **essential, important; alive**
  vigorous 정열적인, 활기 넘치는 = **strong (and healthy)**

eccentric
[ikséntrik]

- **a** 별난 = **unusual,** aberrant, abnormal, anomalous, extraordinary, uncommon, unconventional

  Her somewhat **eccentric** hobbies include observations on the habits of insects, train spotting, and bird watching.
  그녀의 약간 별난 취미들로는 곤충들의 습성에 대한 관찰, 기차 관찰, 그리고 조류 탐구 등이 있다.

관련어 **aberrant** 정도를 벗어난, 비정상적인 = **abnormal**
abnormal 비정상인, 변칙의 = **unusual**
anomalous 변칙의, 예외적인

---

full-fledged
[fulflédʒd]

ⓐ 성숙한, 충분히 자격을 갖춘 = **well-developed**, completely developed [established], full-grown, mature

You can tell the difference between a **full-fledged** lawyer and an amateur lawyer just by looking at what car they drive.
당신은 고참 변호사와 초보 변호사의 차이점을 그들이 운전하는 차를 통해 구분할 수 있다.

---

immerse
[iməːrs]

ⓥ 1. 열중[몰두]하게 하다 = absorb in, engage in, engross in, involve in[with], occupy by[with], preoccupy with

All of the female students in the classroom were not paying attention to the lecture, but they were **immersed** in the charismatic smile of the new English teacher.
교실에 있는 모든 여학생들은 강의에 집중은 하지 않은 채 새 영어 교사의 카리스마 있는 미소에 빠져 있었다.

2. 담그다, 가라앉히다 = saturate, sink, soak, submerge

ⓐ **immersed** 담긴, (액체 등이) 퍼진 = **covered**, involved

관련어 **engage** 고용하다; 끌어 넣다, 관련을 갖게 하다 = **hire; involve**
involved 복잡한, 뒤얽힌 = **complicated**
preoccupied with ~에 몰두하는, 열중하는 = **concentrated on, engrossed in, fascinated with, intent on**

---

instructive
[instrʌ́ktiv]

ⓐ 교육적인, 유익한 = **informative**, educational, explanatory, instructional

Manuals can be quite **instructive**, but no one wants to read it to learn how to use new products.
매뉴얼들은 꽤 유익할 수 있지만, 아무도 신제품의 사용법을 배우기 위해 읽는 것을 원치 않는다.

---

intrusive
[intrúːsiv]

ⓐ (주제넘게) 참견하는, 방해하는 = **interfering**, intruding, invasive, obtrusive

She had to receive psychotherapy every week because unwanted **intrusive** thoughts of the burglar killing her friend never seemed to disappear inside her head.
강도가 그녀의 친구를 죽이는 방해되는 생각이 머리에서 결코 사라질 것 같지 않아 그녀는 매주 정신요법을 받아야만 했다.

관련어 **invasive** 침입하는; 간섭하는 (**invade**: 침입하다; 훼방을 놓다)
obtrusive 강요하는 듯한, 주제넘게 나서는 (**obtrude**: 강요하다; 주제넘게 나서다)

---

irrevocable
[irévəkəbl]

ⓐ 취소[변경]할 수 없는 = **permanent**, final, immutable, irreversible, unalterable, unchangeable

There is no use crying over spilt milk; what is already said and done is **irrevocable**.
엎질러진 우유에 울어도 소용이 없다; 이미 말한 것과 행해진 것은 되돌릴 수 없다.

관련어 **conclusive** 결정적인; 최종적인 = **definitive; final**
immutable 변치 않는, 불변의 = **unchangeable**
irreversibly isolated 불변인 = **permanent**
perishable 사라지기 쉬운, 썩기 쉬운 = **not permanent**

ongoing
[ángòuiŋ]

a 진행중인, 계속하고 있는 = **continuing,** proceeding, in progress, proceeding, progressing, uninterrupted, unceasing

There has been an **ongoing** misunderstanding between the teachers and students.
교사들과 학생들 간에 계속되는 오해가 있어 왔다.

관련어 **sustained** 중단되지 않은, 지속된, 연속되는 = **constant, uninterrupted**

---

paramount
[pǽrəmàunt]

a 최고의 (지위를 가진), 가장 중요한 = **supreme,** uppermost, chief, foremost, main, primary, prime

It is **paramount** that we go to the hospital to visit our grandmother because tonight may be her last night before she passes away.
오늘 밤은 할머니가 돌아가시기 전 마지막 밤이 될 것 같아 할머니를 뵈러 병원에 가는 것은 중요하다.

관련어 **chief** 주요한 = **major**
foremost 가장 중요한; (위치, 순위상) 맨 먼저의 = **most important; leading**

---

persuasive
[pərswéisiv]

a 설득력 있는 = **convincing,** compelling, forceful, influential, potent, powerful, strong

In order to overcome these difficulties, the government must quickly launch **persuasive** policies.
이러한 어려움들을 극복하기 위해, 정부는 신속히 효과적인 정책들을 시행해야만 한다.

관련어 **compelling** 강요하는, 저항하기 어려운 = **attractive, constrained, forceful, overwhelming, persuasive, unavoidable**
potent 강력한, 세력이 있는 = **powerful, strong**

---

precious
[préʃəs]

a 귀중한, 값어치 있는 = **expensive, valuable, valued,** costly, inestimable, invaluable, priceless

Her only son is the most **precious** thing in the world to her.
그녀의 외아들은 그녀에게는 세상에서 가장 소중한 존재다.

관련어 **invaluable** 귀중한 = **highly useful, precious**

---

prohibitive
[prouhíbitiv]

a 터무니없이 높은, 과중한 = **excessive, extreme, unaffordable,** exceeding, extraordinary, high

Such an approach would also lead to **prohibitive** costs, preventing companies from using agency workers at all.
그러한 접근법 역시 엄청난 비용이 들게 돼 결국 대행 업체 근로자들을 전혀 이용할 수 없게 만든다.

v **prohibit** 금지하다 = **ban,** enjoin, forbid, inhibit, interdict

관련어 **excessive** 과도한, 지나친 = **extreme, larger than, too much**
inhibit 억제하다, 방해하다 = **hinder, restrain, restrict, slow down**
afford – 할[살] 여유가 있다; 주다, 가져오다
enjoin (의무를) 과하다; 금지하다
interdict 금지하다; 저지하다

---

suitable[suited]
[sjúːtəbl / sjúːtid]

a 적절한, 알맞은 = **appropriate, proper,** acceptable, convenient, fit(ting), right

This movie is not **suitable** for young children.
이 영화는 어린이들에게 적합하지 않다.

v **suit** 맞다, 어울리다, 적합하다 = **adapt**

관련어 appropriate 적절한, 어울리는 = **suitable, suited**
unsuitable 알맞지 않은, 부적절한 = **inappropriate**
adapt (알맞게) 조정[조절]하다 = **adjust**

> **시나공비법**
> '특정 사람, 목적, 상황 등에 잘 맞는'의 의미로 유용하게 자주 사용됩니다.

timid
[tímid]

a 겁 많은, 소심한 = **fearful, shy,** scary, skittish, timorous
Ironically, it was his **timid** character that attracted his wife in the first place.
얄궂게도 그의 소심한 성격이 처음에 그의 아내를 매료시킨 점이다.

관련어 fearful 두려워하는; 끔찍한
scary 무서운; 소심한, 겁 많은
skittish 겁 많은; 변덕스런; 수줍은
timorous 겁먹은; 소심한, 겁 많은

transitory
[trǽnsitɔ̀:ri]

a 일시적인, 덧없는 = **brief, short-lived,** ephemeral, transient, temporary
Things that are seen will eventually come to an end; nothing can overcome the world's **transitory** nature.
보여지는 것들은 끝내 없어질 것이다; 아무 것도 세상의 덧없는 속성을 극복할 수 없다.

관련어 ephemeral 순식간의, 덧없는 = **living in a short time, short-lived**

typical
[típikəl]

a 전형적인 = **normal, traditional,** classic, exemplary, model, representative
Tourists should expect a long spell of a few weeks of rainy weather during a **typical** Korean summer.
여행자들은 몇 주에 걸친 전형적인 한국의 여름 장마에 대비해야 할 것이다.

ad typically 전형적으로, 특징적으로 = **commonly, normally, ordinarily, usually; specifically**

phr be typical of ~의 특징이다, ~을 대표하다 = **be characteristic of**

관련어 exemplify 예가 되다, 축약적으로 나타내다 = **epitomize**
representative 나타내는 = **indicative**

unambiguous
[ʌ̀næmbígjuəs]

a 명백한 = **clear,** apparent, evident, manifest, obvious, patent, plain
The movie 'BunnyBuddy' made in the U.S. was an **unambiguous** success.
미국에서 만든 영화 '바니버디'는 의심할 여지 없는 성공작이었다.

관련어 ambiguous 모호한 = **open to various interpretations, uncertain, unclear**
clear 명백한, 분명한 = **apparent**
evident 명백한 = **apparent, clear, obvious**
obvious 명백한, 눈에 띄는 = **apparent, clear, conspicuous, evident**
manifest 명백한 = **apparent, clear, definite, distinct, evident, obvious**
patent 명백한(명확한) = **apparent, clear, distinct, evident, manifest, obvious**

anarchy
[ǽnərki]

- (n) 혼란, 무질서 = **disorder,** lawlessness, chaos, turmoil
  The best time to go shopping is right after the holidays are over, but the **anarchy** of shopping centers always motivates me to stay home.
  쇼핑을 할 가장 좋은 시간은 휴일이 끝난 직후이지만, 쇼핑센터들의 무질서는 항상 나를 집에 머물게 한다.

관련어 **turmoil** (사회적) 불안, 동요 = **unrest**

implement
[ímpləmənt]

- (n) 도구, 기구 = **machinery, tool,** instrument
  Shopkeepers are not supposed to sell knives and other sharp **implements** to children.
  가게 주인들은 칼과 기타 예리한 도구들을 어린이들에게 판매해서는 안 된다.
- (v) 수행하다, 실행하다 = **carry out,** complete, fulfill, perform

subsistence
[səbsístəns]

- (n) 1. 존재, 생존 = **survival**
  Water is one of the most vital natural resources to maintain our human **subsistence**.
  물은 인간의 생존을 유지하는데 절대적으로 필요한 천연자원 중의 하나이다
  2. (최저) 생계, 생활 양식 = **food, minimum (means),** living, maintenance, sustenance
- (v) **subsist** 존재하다, 존속하다 = **endure, exist (of presence),** breathe, live
- (n) **mere subsistence** 최저 생계 = **basic living necessary**

spell
[spel]

- (n) 한 동안의 계속, 잠시 동안 = **a certain period of time, period,** bit, space, while, stretch
  The reporter should expect a long **spell** of a few months of rainy weather during a typical Taiwan summer.
  기자는 몇 달에 걸친 전형적인 대만의 여름 장마에 대비해야 할 것이다.

surveillance
[sə:rvéiləns]

- (n) 감시, 망보기, 감독 = **observation,** inspection, scrutiny
  Satellite **surveillance** allows scientists to study Earth's interdependence among all creatures.
  위성 탐사는 과학자들에게 지구의 모든 생명체간의 상호 의존성을 연구하게 한다.

관련어 **scrutiny** 정밀한 조사 = **examination**

> **시나공비법**
> inspection, scrutiny는 '정밀한 조사, 검열' 등의 상황에서, surveillance는 주로 '피의자나 죄수, 용의자 등을 감시'의 상황에서 사용됩니다.

threshold
[θréʃhould]

- (n) 한계 = **limit,** minimum
  The **threshold** of hearing for human beings depends on frequency and wavelength.
  인간의 청취 한계는 진동수와 파장에 따른다.

관련어 **limit** 경계선 = **boundary**

> **시나공비법**
> '심리학, 생리학적으로의 한계'의 의미로 종종 사용되며, 일반적으로는 '입구[문지방]', 그리고 '시작, 발단, 출발점'의 의미로 사용됩니다.

Day 12 Quiz

앞에서 학습한 내용들을 바로 확인해 보는 코너입니다.

1 아래 단어들의 유의어를 보기에서 찾아 빈칸에 쓰시오.

A ⓐ experience ⓑ change ⓒ begin again ⓓ convey ⓔ confirm ⓕ widespread

1. alter _____
2. transmit _____
3. resume _____
4. fashionable _____
5. undergo _____
6. corroborate _____

B ⓐ uneven ⓑ covered ⓒ permanent ⓓ excessive ⓔ shy ⓕ valuable

1. irrevocable _____
2. precious _____
3. prohibitive _____
4. timid _____
5. differential _____
6. immersed _____

2 문장 내에서 진하게 표시된 어휘의 유의어를 고르시오.

1. Her somewhat **eccentric** hobbies include observations on the habits of insects, train spotting, and bird watching.
   ⓐ unusual ⓑ essential ⓒ artful ⓓ inimical

2. There is no use crying over spilt milk; what is already said and done is **irrevocable**.
   ⓐ centered ⓑ permanent ⓒ required ⓓ inclusive

3. There is little doubt that nationalistic tensions **precipitated** World War II.
   ⓐ brought about ⓑ spread ⓒ weakened ⓓ related

4. For him, it always was such great fun to **suspend** decorations on a Christmas tree with his father every year.
   ⓐ rotate ⓑ prevail ⓒ discharge ⓓ hang

5. Natural gas is not **consistently** found below land surface.
   ⓐ regularly ⓑ relatively ⓒ fairly ⓓ rudimentary

정답 & 해석

1 A. 1. ⓑ 2. ⓓ 3. ⓒ 4. ⓕ 5. ⓐ 6. ⓔ
   B. 1. ⓒ 2. ⓕ 3. ⓓ 4. ⓔ 5. ⓐ 6. ⓑ

2 1. ⓐ 2. ⓑ 3. ⓐ 4. ⓓ 5. ⓐ

1. 그녀의 약간 별난 취미로는 곤충들의 습성 관찰, 기차 관찰, 그리고 조류 탐구 등이 있다.
2. 엎질러진 우유에 울어도 소용이 없다; 이미 말한 것과 행해진 것은 되돌릴 수 없다.
3. 민족주의적 긴장감이 세계 2차 대전을 촉발시켰다는 것은 의심할 여지가 없다.
4. 그에게 있어 매년 아버지와 함께 크리스마스 트리에 장식을 하는 것이 항상 큰 즐거움이었다.
5. 천연가스가 항상 지표면 밑에서 발견되는 것은 아니다.

Not 빈출, But 기출! 고득점을 원하면 놓치지 말아야 할 코너!

Word	의미	유의어
altered guise	변화된 모습[외관]	changed form
forerunner	선구자; 선조	predecessor
foul	더럽히다; 손상시키다	pollute
gigantic	굉장히 큰	huge
graduate to	차차 (~로) 변화하다, 점점 (~이) 되다	progress to
handy	편리한, 다루기 쉬운	convenient

For we pay a price for everything we get

or take in this world,

and although ambitions are well worth having,

they are not to be cheaply won.

우리는 이 세상에서 얻은 모든 것에 가격을 지불하고 있다.
야망은 매우 손에 쥘 가치가 있지만,
쉽게 얻어지는 것은 아니다.
— Lucy Maud Montgomery(루시 모드 몽고메리)

<Passage 3>

Dating back before the 16th century, farmers dominated the plains of North America. One particular group, the Mandans, subsided along the upper Missouri River. They had huge rural communities with houses constructed tightly together. This close formation had an importance that permitted the Mandans to defend themselves especially from attackers who might try to assault them and take some of the crops these extremely **versatile** cultivators stored every year.

The women had a **precious** role in the community; they were in charge of the fields and controlled farming. In effect, they had to practice substantial expertise to generate the desired harvest. Winter was often long, and autumn could be accompanied by frost. During the duration of spring and summer, drought, heat, and insects also frustrated the grower. **Nevertheless**, in such daunting conditions, it was necessary for Mandan women to withstand severe conditions and grow corn. They prepared to farm as early as it seemed possible during spring by using fire to clear the **terrain** of any debris. Until the very first young corn could be picked and harvested, much work and attention to the crop was required.

1. The word **versatile** in the passage is closest in meaning to
   (A) skillful   (B) widespread   (C) refined   (D) susceptible

2. The word **precious** in the passage is closest in meaning to
   (A) valuable   (B) suitable   (C) compelling   (D) conclusive

3. The word **Nevertheless** in the passage is closest in meaning to
   (A) For that reason   (B) However   (C) Particularly   (D) Successively

4. The word **terrain** in the passage is closest in meaning to
   (A) account   (B) check   (C) struggle   (D) land

<Passage 4>

Alcohol is virtually the foremost **hazardous** drug for pregnant women to consume. The fragile human fetus is **susceptible** to its effects because alcohol is quickly **dissipated** into the blood stream and assaults the tissues and membranes. The harmful effects are so **startling** that children born from women who drank excessively during their pregnancy suffer from fetal alcohol syndrome.

When an expected mother consumes alcohol, the alcohol enters her bloodstream almost at the same time as drinking. Since the fetus shares the same blood as the mother, the alcohol flows directly into the bloodstream of the fetus. Moreover, both the mother and fetus have precisely the same concentration of alcohol in their blood.

The mother's liver works to **extract** the alcohol from her blood, but the fetus' liver is diminutive and not fully developed; therefore, it takes a much longer time to eliminate the alcohol **utterly**. Ultimately, the alcohol will re-enter the mother's system by means of the placenta, but this process is slow. By the time this occurs, major brain damage may have been sustained

5. The word **hazardous** in the passage is closest in meaning to
   (A) marvelous (B) dangerous (C) extreme (D) singular

6. The word **susceptible** in the passage is closest in meaning to
   (A) relative (B) scarce (C) seeming (D) vulnerable

7. The phrase **dissipated** in the passage is closest in meaning to
   (A) dispersed (B) lengthened (C) continuously (D) remarkably

8. The word **startling** in the passage is closest in meaning to
   (A) surprising (B) opaque (C) scanty (D) manifest

9. The word **extract** in the passage is closest in meaning to
   (A) mix (B) embody (C) draw (D) alternate

10. The word **utterly** in the passage is closest in meaning to
    (A) conversely (B) completely (C) deceitfully (D) explicitly

Vocabulary 그룹으로 기억하는 어휘

■ 놀라게 하다 / 놀라운(surprising)
= alarm, amaze, astonish, astound, frighten, stagger, startle, shock, surprise, terrify

the peal of thunder **alarm**: (위험한 상황, 사건 등으로) 놀라게 해 위기감이나 경계심을 느끼다
amazing grace: (놀랍고도 신기한 일 등으로) 놀라게 하는
astonished with their uncommon idea: (amaze 보다 강한) 놀라게 하다
astounded by the news: (astonish 보다 강한, 전례가 없는 일이나 사건 등으로) 놀라게 하다
frightened by a raccoon: (갑작스럽게, 공포감을 느끼게) 놀라게 하다
This accident **stagger**ed my family: (감정이나 놀라움 등으로) 움찔하게 하다, 놀라게 하다
startled, **shock**ed by his touch: (정신적, 육체적 자극 등으로) 놀라게 하다
surprised at your speech: (예상치 못한 일로) 놀라게 하다
terrified by the lightening: (엄청난 공포를 느끼게) 놀라게 하다

■ 현저한, 눈에 띄는(conspicuous)
= conspicuous, distinguished, eminent, marked, notable, noticeable, outstanding, preeminent, prominent, pronounced, remarkable, salient, striking

conspicuous way: 눈에 잘 띄는, 두드러진
distinguished results: 두드러진, 우수해서 유명한
eminent staff: 남들보다 우수한
marked, remarkable advancement: 주목할 만한, 두드러진
notable character: 뛰어난, 주목할 만한, 중요한
noticeable distinction: 차이나 정도가 현저한, 상당한
outstanding student: 남들보다 우수한, 걸출한, 두드러진
preeminent ability: 발군의, 걸출한
prominent figure: 남들보다 우수해서 유명한
pronounced view: 두드러진, 확고한, 단호한
salient feature: 두드러진, 노골적인
striking gap: (비교할 경우 등에 자주 사용되는) 현저한, 특징이 있는

> **참고** notable, eminent, preeminent, prominent는 이외에도 '뛰어난, 유명한'의 의미로도 사용되며, prominent는 '중요한(important)'의 의미로도 사용됩니다!

Vocabulary   iBT TOEFL Reading Technique

■ **Reference**

어휘의 반복을 피하기 위해 사용되는 대명사를 포함한 지시어들(인칭대명사, 지시대명사, 지시형용사, 부정대명사, 관계대명사, 지시부사 등)의 본래의 의미를 찾는 문형입니다.

Reference 문제란 음영 표시가 되어 있는 지시어가 가리키는 명사를 찾는 문제로서, 90% 이상의 답은 지시어의 바로 앞 문장, 또는 같은 문장 내에 있습니다. 일단은 그 지시어가 단수인지 복수인지, 즉 수의 일치를 파악하고, 지시어의 기능(주어, 목적(보)어, 소유격/형용사…)을 체크한 후 그 역할과 문맥에 맞는 명사를 찾으면 되는데, 연결되는 동사, 또는 명사의 성격에 따라 답이 결정됩니다. 일반적인 Reference 문형의 해법은 다음과 같습니다.

1. 일반적인 문장의 전개에서 '주어'는 다음 문장에서도 '주어'로 연결되는 경우가 많고, '목적어'는 '목적어'로 연결될 확률이 높습니다.
   Reference 문제는 '주절과 종속절이 연결되는 형태'로 가장 많이 출제가 됩니다. 이러한 '주절과 종속절'의 관계 이외에도 일반적인 문장의 전개에 앞 문장[표현]의 '목적어'는 일반적으로 다음 문장의 '목적어'로, 앞 문장의 '주어'는 일반적으로 다음 문장[표현]의 '주어'로 연결되는 경우가 많습니다.

2. 명사+같은 또는 비슷한 분류를 나타내는 표현(similar to, such as, like, resembling, including…) + 지시어 …
   위와 같은 형태의 Reference 문제로 나오면, 바로 앞의 명사가 답이 될 확률이 높습니다.

3. 관계사가 문제로 나올 경우
   최근에는 자주 나오질 않지만 쉬운 듯 어려운 유형입니다. 관계사의 기능은 선행된 표현을 다시 추가[보충] 설명하는 기능을 갖고 있습니다. 그래서 무조건 관계사의 형태로 문제가 나오면 바로 그 앞의 명사가 답이 되는 경우가 많지만, '생략 가능한 표현이 있는지, 그리고 수의 일치(단수 또는 복수의 일치)에는 맞는지'를 반드시 확인하며, 최종적으로 문맥상 어울리는지 확인하길 바랍니다

4. 정석적인 방법을 이용하여, 즉, 수의 일치에 따라 문제가 나온 문장 주변에 등장한 단수형, 또는 복수형 명사들을 최우선적으로 체크해야 하지만 최대한 시간을 절약하기 위해, 그리고 보기상에 '단수형 명사와 단수형 명사'의 형태로 그 답이 등장하는 경우도 많으므로, 일단 출제된 문제의 보기들을 체크하기 바랍니다.

5. 새로운 단락의 첫 번째 문장에서, 또는 'another N'의 형태로 문제가 나오는 경우의 해법
   이러한 경우에서는, 문제로 나온 어휘가 속한 문장, 또는 앞 문장에 답이 속하지 않는 경우가 많으니 주의하기 바랍니다.

얼핏 생각하면 쉬운 문형처럼 여겨지나, 의외로 문맥을 잘못 파악하여 틀리는 경우가 많으니 위에 언급된 technique 이외에도 문맥 파악 연습도 꾸준히 해야 합니다.

Vocabulary iBT TOEFL Reading & Listening을 위한 배경 지식

■ 수메르 문명(Ancient Sumer History)

티그리스와 유프라테스 강(Tigris and Euphrates Rivers) 사이에 위치한 메소포타미아(Mesopotamia)라고 불리는 지역의 남부에서 BC 5000년 경부터 농경민이 정착하여 살던 고대 민족으로 BC 3000년 경에 문명의 절정기를 이뤘다. 이 시기인 우루크기(Uruk Period)에는 이들 수메르 문명의 특징인 신전(지구라트, ziggurat)의 건축이 시작되었고, 이와 동반한 기술과 예술의 발달로 고유의 도시 국가가 성립되었다. 당시 이들은 최초로 설형문자(쐐기문자, Cuneiform Script)라는 것을 만들어 화려한 수메르 문명 시대를 형성했으나, 이들 민족이나 언어의 기원 등 그 세부 사실에 관해서는 남겨진 기록이 없어 그다지 많이 알려지지 않았다.

이들의 사회 구성에서 보여지는 수메르인들의 정치는 전쟁 등의 긴박한 상황 이외에는 민주적 원리를 이용한 민회와 씨족장들의 장로회가 있었다. 그러나 긴박한 상황이 계속 전개됨에 따라 왕조시대를 열게 되었는데, 초기 왕조시대의 도시에는 국가의 정치, 경제 등 모든 주요 사항들이 신전을 중심으로 이루어졌다.

■ 아나사지 문화(The Anasazi)

아나사지(Anasazi)족은 미국 남서부인 애리조나, 뉴멕시코, 유타, 콜로라도 지역의 메사 베르드(Mesa Verde)에 거주하면서 그들만의 독특한 마을을 만들어, 이 마을을 중심으로 그들의 문화를 발전시켰다. 이 아나사지(Anasazi) 족의 특징은 그들이 가진 기후적, 지리적 환경과 밀접한 연관성을 지니고 있었다.

일반적으로 베스킷 메이커(Basket Maker)기, 푸에블로(Pueblo)기로 크게 나누어지는데, 그들은 상당한 Basket Making과 Pottery Making 기술을 가지고 있었다. 유목민이었던 그들은 농경과 사냥으로 그들의 생활을 유지했으며, 대 푸에블로(Great Pueblo)기에 이르러서는 Adobe 벽돌과 진흙(mud)으로 만들어진 그들만의 절벽 주거지(Cliff Dwelling)가 등장하였는데, 그 색이 땅색깔과 거의 같아 멀리서 보면 집으로 구분하기가 쉽지 않았다. 그리고 이들의 마을에는 키바(Kivas)라고 불리는 반지하 방을 가지고 있었는데, 이곳은 그들의 종교의식이나 부족회의 등이 열리기도 하는 중요한 생활의 요소였다.

그러나 이들은 상대적으로 대단히 짧은 기간 동안만을 그들의 문화 중심지인 메사 베르드(Mesa Verde)에서 생활했는데, 현재 많은 이들이 추측하기로는 어려운 경작 환경에 의한 이동이라는 설이 가장 유력하다. 그 예로 1276년에서 1299년까지 23년간 지속된 극심한 가뭄을 들 수 있다.

Vocabulary   iBT TOEFL Reading & Listening을 위한 분야별 어휘   시험에 나오는 것만 외운다

■ 인류학 & 고고학(Anthropology & Archaeology)

1	aboriginal	원시의, 원래의, 원주민의
2	adaptive	적응하는
3	adjustment	조정, 적응
4	anachronism	시대 착오
5	anatomy	해부(학)
6	antiquity	고대
7	ape	원숭이; 유인원
8	archive	옛기록, 공문서 (보관소)
9	aristocrat	귀족
10	authentic	진짜의, 진품의
11	be unearthed by	~에 의해 발굴되다
12	chronology	연대기
13	clan	씨족 (사회)
14	classify	분류하다
15	community	공동체
16	cuneiform	쐐기 모양의, 설형 문자의(~ script[character] – 설형 문자)
17	decipher	(암호문, 고문서 등을) 판독하다
18	deform	변형시키다
19	depict	(그림, 조각 등으로) 표현하다
20	depredation	약탈
21	descend	~의 계통을 잇다
22	descendant	후손 ↔ ancestor 조상
23	diggings	발굴물
24	dolmen	고인돌
25	dwelling	거주
26	elapse	(시간 등이) 경과하다
27	engrave	(금속, 돌 등에) 새기다
28	equal retaliation	동등한 앙갚음, 복수
29	erect	세우다(build)
30	extinct	멸종한(died out ↔ extant)
31	flourish	번영하다
32	forebears	선조, 조상
33	fragment	파편, 조각
34	funerary monument	장례식 추도문
35	geometric shape	기하학의 무늬들
36	glacial epoch	빙하기
37	haft	손잡이

Vocabulary   iBT TOEFL Reading & Listening을 위한 분야별 어휘

38	hereditary	세습의, 유전의 ↔ acquired 후천적인, 학습된
39	hierarchy	계급 제도
40	hieroglyph	상형 문자, 그림문자
41	hominoid	유인원
42	Homo erectus	직립 원인
43	implement	도구
44	inchoate	시작하다, 시작되다
45	indigenous people	원주민
46	juxtaposition	병렬, 병치
47	labyrinth	미로, 미궁
48	legitimism	정통주의
49	lineage	일족, 부족, 종족
50	loom	직조, 베틀 짓기
51	matrilineal system	모계제도
52	Mesolithic	중석기 시대의
53	monarchy	군주제
54	monumental	기념비적인
55	mound	고분
56	mythology	신화
57	Neolithic	신석기 시대의
58	nomadic	유목의, 방랑의(moving)
59	ominous	불길한, 조짐이 나쁜
60	Paleolithic	구석기 시대의
61	paleontology	고생물학, 화석학
62	patriarchy	부계제
63	patrician	(고대 로마의) 귀족
64	persist for	지속하다, 잔존하다
65	philology	문헌학
66	pillar	기둥, 지주
67	plebeian	(고대 로마의) 서민
68	pluralism	다원론
69	polish	윤내다, 다듬다
70	pottery	도기류
71	prevalent	널리 퍼져 있는(prevailing)
72	pristine	오염되지 않은, 원시시대의
73	progenitor	선조, 조상, 창시자
74	progeny	후손, 자손
75	radical	근본적인, 급진적인

Vocabulary iBT TOEFL Reading & Listening을 위한 분야별 어휘

76	regime	정치체제[제도]
77	relics	유물
78	religion	종교
79	religious cults	종교 의식
80	restoration	부흥
81	ruins	유적
82	sanctuary	신성한 장소, 성역
83	scraper	깎는, 긁어 내는 도구
84	sculpture	조각, 조각술
85	scythian	스키타이인(의)
86	shard	도자기 등의 파편, 사금파리
87	skeletal	해골의, 골격의
88	specimen	견본, 표본
89	speculation	추측, 추론
90	status	신분, 지위
91	stratigraphy	(지질학 중의) 지층학
92	subject to	~에 당하게 하다, 훼손하다
93	testify	증명하다, 증거가 되다
94	tribe	부족
95	turmoil	소란, 소동, 동요
96	unearth	발굴하다(dig out, excavate)
97	unprecedented	전례 없는
98	watercourse	물줄기, 수류
99	weathering	풍화(작용)
100	worship	숭배, 예배, 제례

2-1

abandon | deposit | detect | disintegrate | dispose | eclipse | envision | excrete | halt | overshadow | partake | pool | presume | probe | provoke | rely on | underscore | allegedly | autonomous | bare | correspondingly | coupled with | credible | cumbersome | dry | found wanting | frigid | inclement | justly | preposterous | respectively | seeming | subtle | unresolved | updated | crisis | fracture | obligation | peak | worshiper

2-2

acquire | collaborate | contemplate | disentangle | distribute | endeavor | excavate | expend | incorporate | innovate | launch | ornament | reinforce | replenish | shift | tend | track | accessible | apparent | bold | chronically | classic | hence | immoral | instantaneous | legitimate | misleading | occasional | perilous | perpetual | rather | spectacular | sporadic | thereby | approach | clue | composition | episode | property | realm

2-3

absorb | aggravate | assure | dam | design | diminish | discard | efface | evolve | exude | groom | limit | mask | originate | penetrate | stabilize | stratify | treat | annual | authentic | celebrated | far-reaching | material | preeminent | primitive | roundabout | splendid | staggering | utilitarian | vulnerable | capability | circumstance | core | depletion | facet | hobby | model | scope | surplus | with[in] respect to

2-4

conserve | divest | erect | fuse | guarantee | hamper | hover | jettison | liken | linger | permit | preclude | revise | subsidize | turn out | wield | dense | dual | frankly | fundamental | given | gradually | inhospitable | lavish | malleable | patent | spontaneous | tacit | therefore | throughout | heir | idiosyncrasy | impact | overview | pacifier | premise | project | proportion | sphere | vehicle

2-5

abolish | adorn | calculate | coat | convey | defend | determine | enable | evaluate | inhibit | relish | shrivel | yield | altogether | as a rule | dainty | firm | mundane | overall | pervasive | preoccupied with | proficient | self-sufficient | simulated | solid | sparse | thorough | unintentionally | apart from | archive | demolition | flattery | mode | outcome | subtraction | tension | trend | remnant

2-6

accelerate | attempt | boom | burgeon | burst | deject | discount | emit | epitomize | escalate | illuminate | interrupt | relay | signal | spark | speculate | tempt | artificial | astounding | beneficial | catastrophic | clever | contemptuous | eager | foremost | indeed | innumerable | laborious | perfect | regrettable | secluded | snaking | supposed | as a whole | cornerstone | havoc | in tandem | incentive | spectrum | succession

2

시험에 나오는 2순위
Voca

| 전문가가 분석한 2순위 VOCA 학습 전략 |

필수 어휘는 다 마친 상태, 이제 본격적으로 고득점 전략을 세워보자!
최우선 순위가 되는 0순위, 1순위 학습을 마쳤으므로,
어느 정도 TOEFL 점수에 대한 욕심이 슬슬 용솟음(!) 칠 때,
이럴 때 실력을 확실히 키워야 합니다. 앞의 0순위와 1순위 단원에서
확실히 Essential Key가 되는 어휘들을 잡았으니,
이젠 그것을 발판으로 목표 점수를 향한 학습에 박차를 가하십시오.
최우선시 되는 어휘들은 아니지만, 그래도 어느 정도 중요도가 있으면서
Reading과 다른 섹션(특히 Writing)에 큰 도움이 되는 내용들이므로
꼼꼼히 체크하고, 철저히 학습하기 바랍니다.

Day 13 시험에 나오는 2순위 Voca

0~2순위 어휘에서 TOEFL Reading Voca 문제의 88%가 출제된다!

🔊 2-1_Day 13.mp3

abandon
[əbǽndən]

- ⓥ 1. 버리다, 버리고 떠나다 = **desert, forsake, leave,** renounce, throw over
  The stolen car was **abandoned** only 3 miles away.
  도난 차량은 불과 3마일 떨어진 지점에 버려졌다.
  2. 포기하다 = **give up**, quit, renounce, resign, surrender, waive, yield
- ⓐ **abandoned** 버려진 = **no longer occupied,** deserted, forsaken
- 관련어 **give up** 포기하다 = **abandon**
  forsake 저버리다, (버리고) 떠나다; (습관, 생활 양식 등을) 그만두다
  renounce 단념[중지]하다, 버리다
  throw over (계획 등을) 버리다, 포기하다
  resign 사임하다, 그만두다
  surrender 양도하다; 항복하다; 포기하다
  waive 버리다, 포기하다

deposit
[dipázit]

- ⓥ 1. 놓다, 내리다 = **lay down, leave(behind), set down,** place
  The **deposited** books on your table were the important data in this study.
  당신 책상에 있는 책들은 이 연구에 중요한 자료였다.
  2. 저축하다 = **save,** bank
  3. 쌓다 = **accumulate**

detect
[ditékt]

- ⓥ 1. 찾아 내다, 발견하다 = **discover, notice, perceive, recognize, uncover,** catch, find
  The scientists **detected** a mechanical problem in the space shuttle, Columbia, and fixed it.
  과학자들이 우주왕복선 콜롬비아호의 기계상의 문제점을 발견해 수리했다.
  2. (정체나 본질을) 간파하다 = **discern, distinguish, identify,** be aware of, notice, perceive

disintegrate
[disíntəgrèit]

- ⓥ 산산조각 내다, 붕괴시키다 = **break down[up], fall apart,** corrupt, decay, decompose
  Inadequacy in dealing with the personnel by the new incompetent manager has **disintegrated** what used to be a successful academic institute.
  새로 부임한 무능한 관리자가 직원들을 다루는 역량이 부족해 번창해 온 학원을 붕괴시키고 말았다.
- ⓝ **disintegration** 분해, 붕괴, 분열 = **breaking apart**
- 관련어 decay 부패(시키다), 쇠퇴(시키다)
  decompose 분해, 부패시키다

dispose
[dispóuz]

- **v** 1. 배치하다, 정리하다 = **arrange,** array, marshal, organize, range
  Troops were **disposed** to protect the embassy.
  대사관 보호를 위해 군대가 배치되었다.

  2. (~of) 제거하다, 버리다 = **get rid of,** throw away[out], discard, jettison

- **n** **disposition** 기질, 성향; 배열, 배치 = **temperament,** character, nature, tendency; **arrangement,** distribution, order, sequence, setup

- **phr** **disposition** ~의 뜻[마음]대로 되는 = **ready and available**

- 관련어 **discard** 버리다, 포기하다 = **abandon, get rid of, reject, throw away**
  jettison 내던지다, 버리다 = **release**
  marshal (생각 등을) 정리하다; (병사, 군대를) 정렬시키다

> **시나공비법**
> dispose는 '~의 영향을 주다, ~하기 쉽게 하다(incline)'의 의미로, disposition은 '기질, 성향'의 의미 외에 '정렬, 배치(=arrangement, configuration, positioning)'의 의미로도 자주 사용됩니다.

eclipse
[iklíps]

- **v** 1. 가리다 = **block, hide,** conceal, cover, obscure
  The magnificence of this show was totally **eclipsed** by the professional magician who performed right after us.
  이 쇼의 웅장함이 우리에 뒤이어 공연한 프로 마술가에 의해서 완전히 가려졌다.

  2. 실추시키다, 무색하게 하다 = **exceed, surpass,** outclass, outstrip, outdo

- **n** 식(蝕); (별의) 엄폐; 실추, 쇠퇴 = **blocking, concealing;** decline, fail(ure), weakening

- 관련어 **obscure** ⓐ 불분명한, 애매한 = **dim, uncertain, unclear**
  ⓥ 감추다, 가리다; 흐리게 하다 = **conceal, hide; blur**
  surpass ~보다 낫다 = **be higher than, exceed**

envision
[invíʒən]

- **v** 1. 마음에 그리다, 상상하다 = **imagine,** picture, visualize
  I can only **envision** how my parents will react when they find out I received an acceptance letter to Harvard Law School.
  내가 하버드 로스쿨 입학허가서를 받았다는 것을 알았을 때 나의 부모님이 어떻게 반응할지 마음에 그려질 뿐이다.

  2. (미래 일을) 계획하다, 생각하다 = **anticipate, expect, foresee, plan, predict**

excrete
[ikskríːt]

- **v** 분비하다 = **expel, release,** discharge, eject, evacuate, pass
  She was the worst guide I had ever seen, for she was **excreting** useless and boring information for hours.
  그녀는 내가 본 최악의 가이드였는데, 여러 시간 동안 쓸모없고 지루한 안내를 했다.

- 관련어 **exclude** 배제하다 = **expel** (쫓아버리다; 배출하다; 제명하다)
  evacuate 비우다; 피난시키다 = **move out**
  eject 내쫓다; 내뿜다

halt
[hɔːlt]

- **v** 멈추다, 정지시키다 = **stop,** break, cease, drop, end, lay off, quit
  Striking workers **halted** production at the auto plant yesterday.
  파업 중인 근로자들이 어제 자동차 공장에서 생산을 중단했다.

관련어 **cease** 중단하다 = **stop**
lay off 항구 밖에서 정박하다; 배가 떠나다; 쉬다; 그만두다

overshadow
[óuvərʃædou]

- ⓥ 그늘지게[볼품 없게]하다 = **distract from,** cast a shadow over, conceal, darken, obscure, screen, shade

  Thursday's excellent art showcase was inevitably **overshadowed** by the big concert held on the same day.
  목요일의 훌륭한 예술 전시는 같은 날 열린 대공연으로 인해 빛을 잃었다.

- 관련어 **distract from** (마음, 주의를) 흐트러뜨리다

partake
[pɑ:rtéik]

- ⓥ (남과 함께) 먹다[마시다] = **consume**, devour, drink, eat, have, ingest, take

  It is your choice to **partake** of special wine and food together at the restaurant.
  식당에서 특별 와인과 음식을 함께 먹는 것은 너의 선택이다.

- 관련어 **consume** 써 버리다; 먹어 치우다; 소멸시키다 = **completely use, use up; eat; destroy**

  devour 게걸스레 먹다 = **eat**

  ingest 섭취하다

> 시나공비법
> 일반적인 상황에서 '(활동 등을) 참여하다, (기쁨, 책임 등을) 나누어 갖다(=share)'의 의미로 더 많이 사용됩니다.

pool
[pu:l]

- ⓥ (사람, 조직 등을) 연합하다, 합치다 = **combine,** fuse, group, join, merge, unite

  Business partners **pool** together their money and investors' money to try to get high profits even if it means taking great risks of losing everything.
  사업 파트너들은 모든 것을 잃는 위험을 감수하면서도 높은 이윤을 얻기 위해 그들의 자금과 투자자의 자금을 합친다.

presume
[prizjú:m]

- ⓥ (사실이라) 추정[가정]하다 = **accept (as true), assume, suppose,** conjecture, guess, postulate, speculate, surmise

  We **presumed** that she was innocent of the crime, but the investigation totally proved us wrong.
  우리는 그녀가 죄를 짓지 않았다고 추정했으나, 조사 결과 우리가 틀렸음이 완전히 입증되었다.

- ⓐd **presumably** 아마도, 짐작하건대 = **probably, supposedly, thought to be,** doubtless, in all likelihood, undoubtedly

- 관련어 **likelihood** 가능성 = probability

probe
[proub]

- ⓥ 조사하다, 엄밀히 검사하다 = **explore, examine, investigate,** delve, dig, inquire, research

  The committee **probed** into the conspiracy theory of an illegal drug trafficking by some senators.
  위원회는 일부 상원의원들이 불법 마약 거래에 연루됐다는 음모론에 대해 조사했다.

- ⓝ 엄밀한 조사, 탐사 = **exploration, (re)search,** examination, inquiry, inquisition, investigation

관련어 delve 철저 조사하다, 깊이 탐구하다; 파다
dig 파다, 파서[노력해서] 찾아내다
inquire 문의하다; 조사하다

provoke
[prəvóuk]

v 1. (자극하여) 화나게 하다 = **incite, stimulate,** move, motivate, spur, stir
The impolite standup comedian **provoked** the audience to anger.
공손하지 않은 스탠드 업 코미디언이 관객들의 화를 북돋웠다.

2. 일으키다, 유발하다 = **bring about,** arouse, cause, generate, give rise to, produce, result in

관련어 spur 자극하다 = **stimulate** / 자극 **stimulus**
stimulate 자극하다, 격려하다 = **activate, cause, encourage, promote, spur**
stir 휘젓다; 각성시키다; 불러일으키다; 선동하다, 부추기다

> **시나공 비법**
> 예문처럼 '성나게 하다(anger, annoy, irritate)'의 의미로도 자주 사용됩니다.

rely on
[rilái ən]

v 의지하다, 믿다 = **depend on,** be dependent on, count on
Having no friends around you to help during tough times can make you **rely on** harmful anti-depressant drugs.
힘든 시기에 주변에 당신을 도와줄 친구가 없는 것은 당신이 해로운 항우울제에 의존하게 만들 수 있다.

관련어 depend on 의지하다, 믿다, 달려 있다 = **rely on**
dependable 믿을 수 있는, 의지할 수 있는 = **reliable**

underscore
[ʌ́ndərskɔ̀ːr]

v 강조하다, 역설하다 = **emphasize,** feature, stress, underline
Our recent research has **underscored** the need to exploit Dr. Lee's theory.
우리의 최근 연구는 우리에게 이 박사의 이론을 발전시킬 필요성을 강조시켜 주었다.

allegedly
[əlédʒidli]

ad 주장에 의하면 = **supposedly,** apparently, ostensibly, reportedly
The Hispanic man was **allegedly** accused for stealing gloves from the store just because of his appearances but later was proved innocent.
히스패닉 남성이 단지 인상착의로만 가게에서 장갑을 훔친 혐의로 기소되었으나 후에 무죄임이 입증되었다.

관련어 apparent 명백한, 분명한; 외관상의 = **clear, evident, obvious, seen clearly; seeming**
ostensible 표면상의; 명백한

> **시나공 비법**
> 일반적으로 '비난'의 상황에서 사용됩니다.

autonomous
[ɔːtánəməs]

a 자치적인, 자율적인 = **independent,** free, self-governing, self-ruling, sovereign
Teenagers strive to be autonomous by rebelling against the desires of their parents.
10대들은 부모들의 바람에 대해 반항함으로써 자율을 추구하려 한다.

n autonomy 자치 = **independence, self-rule[government],** freedom

관련어 sovereign ⓐ 자치의, 독립의 ⓝ 군주, 통치자 = master

bare
[bɛər]

- **ⓐ** 벌거벗은, 맨, 가리지 않은 = **uncovered,** dismantled
  It's better to do Yoga in **bare** feet.
  요가는 맨발로 하는 것이 더 효과적이다.
- **ⓐⓓ** **barely** 겨우, 간신히; 거의 ~않다 = **just, hardly, rarely, scarcely; almost not**
- **관련어** dismantle 벗기다, (설비,장비 등을) 제거[해제]하다; 분해[해체]하다(= take apart)
  bear 낳다, 〈수동형〉 태어나다; 버티다, 참다; 밀다, 누르다

correspondingly
[kɔ̀(:)rispándiŋli]

- **ⓐⓓ** 상응하게, 대응하여 = **accordingly**
  The musician's music and stage show was mediocre and **correspondingly** the audience's response was likewise.
  음악가의 음악과 무대공연은 평범했고, 이와 상응해 관객들의 반응도 마찬가지였다.
- **ⓥ** **correspond** (to) 일치하다, 부합하다 = **match,** fit, parallel
- **관련어** **accordingly** 따라서, 그러므로 = **consequently**

coupled with
[kʌ́pld wið]

- **ⓟⓗⓡ** ~과 함께, 연결[결합]된 = **added to, together with,** accompanied with, allied with, associated with, linked with
  Overeating **coupled with** lack of exercise will invariably lead to obesity.
  운동부족과 함께 많이 먹는 것은 예외 없이 비만을 가져온다.
- **ⓥ** **couple** 연결[결합]하다, 연관하여 생각하다
- **관련어** ally with 동맹[제휴, 결연]시키다

credible
[krédəbl]

- **ⓐ** 믿을 수 있는 = **believable,** conceivable, feasible, plausible, probable, possible, reasonable
  You will catch no **credible** reason for its failure.
  너는 실패에 대한 믿을만한 해명을 찾을 수 없을 것이다.
- **관련어** **feasible** 가능한, 실행할 수 있는 = **achievable, possible, practicable**
  plausible 그럴 듯한 = **believable, possible**
  reasonable 도리에 맞는, 적당한 = **consistent, sensible**

cumbersome
[kʌ́mbərsəm]

- **ⓐ** 성가시고 어려운 = **awkward, clumsy, difficult to handle, unwieldy**
  This structural problem made it **cumbersome** for her to move from one place to another.
  이 구조적 문제는 그녀가 한 장소에서 다른 장소로 이동하는 것을 어렵게 만들었다.
- **관련어** **awkward** 서투른; 다루기 힘든 = **clumsy**

dry
[drai]

- **ⓐ** 건조한 = **arid,** droughty, parched
  It's too **dry** to yield 22 bushels of wheat per acre.
  너무 건조해 에이커 당 22부셸의 밀 생산이 어렵게 되었다.
- **관련어** **arid** 불모의, 습기가 없는 = **barren, (very) dry**
  droughty 건조한; 가뭄의 (cf. drought 가뭄)
  parch (열 등이) 바싹 말리다; 갈증을 느끼게 하다; 볶다, 굽다; 시들게 하다

found wanting
[faund wántiŋ]

ⓐ 모자라는, 부족한 = **inadequate**
The new system set by the new principal was **found wanting** on many grounds; the system was lacking efficiency.
새로운 원리에 따른 새 시스템은 여러 가지로 부족한 점이 많았으며 효율성이 떨어졌다.

시나공비법
wanting은 '부족한(deficient, insufficient)'의 의미와 '없는(lacking, without)'의 의미로 사용됩니다.

frigid
[frídʒid]

ⓐ 매우 추운 = **(very) cold,** chill, chilly, cool, freezing
A snow-storm hit the west today, bringing with it **frigid** temperatures.
오늘 눈보라가 서부를 강타하면서 날씨가 매우 추워졌다.

inclement
[inklémənt]

ⓐ (날씨가) 좋지 못한, 냉혹한 = **unfavorable,** extreme, harsh, severe, unpleasant
Due to the **inclement** weather of Chicago, this attraction is usually opened in the summer months only.
시카고의 혹독한 날씨 때문에, 이 명소는 대개 여름 시즌에만 개장된다.

관련어 **unfavorable** 호의적이지 않은; 바람직하지 않은, 불리한; 불길한

시나공비법
일반적으로는 '날씨가 (춥거나 축축해서) 험한, 혹독한'의 의미로 사용됩니다.

justly
[dʒʌ́stli]

ⓐ 공정하게, 정당하게 = **rightfully,** fairly, impartially, justifiably, legitimately, objectively, without bias[prejudice]
It is the right thing to do to deal **justly** with the murderer by sentencing him the rest of his life in prison.
살인범에게 종신형을 선고함으로써 정의를 실현하려는 올바른 일을 한 것이다.

ⓐ **just** 올바른, 정당한 = **fair,** justified, right, rightful, warranted

관련어 **partial** 불완전한, 부분적인; 편파적인, 불공평한 = **incomplete; biased, prejudiced**
bias, prejudice 편견, 선입관

preposterous
[pripástərəs]

ⓐ 상식을 벗어난, 터무니 없는 = **absurd, unbelievable,** ridiculous, senseless
The mother was **preposterous** to think that the kids would be capable to take care of themselves and leave them alone in the house.
엄마가 아이들이 스스로를 돌 볼 능력이 있어 집에 홀로 남겨둘 수 있다고 생각하는 것은 상식을 벗어난 일이다.

관련어 **absurd** 어리석은, 웃기는 = **ridiculous**
ridiculous 우스운, 어리석은 = **foolish**

respectively
[rispéktivli]

ⓐ 각각, 저마다 = **separately,** differently, individually
For that crime, Walsh and O'Neill were jailed for 12 and 11 years **respectively**.
그 범죄로 인해 월쉬와 오닐은 각각 12년과 11년 동안 수감되었다.

ⓐ **respective** 특정한, 개별적인 = **particular,** different, individual, personal, separate, specific

관련어 **particular** 특유의 = **authentic, specific**

seeming
[síːmiŋ]

- **a** 외관상의, 겉보기의 = **apparent**, illusory, ostensible

  It was a **seeming** impossibility to reconcile with his deadly enemy who is his own brother.
  그의 형이기도 한 원수와의 화해는 겉보기엔 불가능해 보였다.

- **ad** **seemingly** 외관상 = **apparently**, outwardly, superficially, supposedly

- 관련어 **apparent** 명백한, 분명한; 외관상의
  superficially 피상적으로, 외관상 = **apparently**
  presumably 아마, 추측상 = **supposedly**
  supposed 의도된 = **intended**

subtle
[sʌ́tl]

- **a** 미묘한, 감지하기 힘든 = **hardly perceived, slight,** delicate, faint, indistinct, pale

  Even such a **subtle** difference in opinion caused them to argue.
  그러한 미묘한 의견 차이조차 그들이 언쟁하게 만들었다.

- 관련어 **delicate** 우아한, 고상한; 여린, 약한; 정교한 = **dainty; dainty, weak; detailed**
  pale ⓥ 약하게 하다 = **lose significance** ⓐ 창백한; 엷은; 미약한

unresolved
[ʌ̀nrizάlvd]

- **a** 미결정의, 미해결의, 대답되지 않은 = **undecided,** doubtful, uncertain, undetermined, unsettled

  That applicant's opinion is **unresolved**, so it is very hard to determine.
  그 응시자의 의견을 듣지 못한 관계로 결정하기가 매우 어렵다.

updated
[ʌ́pdèitid]

- **a** 새로운, 갱신된 = **new(er)**, improved, upgraded

  Eventually, he exploited these **updated** approaches for this business.
  마침내 그는 이 사업을 위해 새로운 접근법들을 개발했다.

crisis
[kráisis]

- **n** 위기, 결정적 단계 = **critical situation,** critical point, turning point, watershed

  The measure will only provide a temporary solution to the current oil **crisis**.
  그 조치는 현재의 석유 위기에 대해 일시적인 해결책만을 제시할 뿐이다.

- 관련어 **watershed** 전환점; (강의) 유역

fracture
[fræktʃər]

- **n** 균열, 틈 = **crack,** break, breakage, breaking, crevice, rupture

  The **fracture** of rock has been one of the main subjects in this technological field.
  암반의 균열은 이 기술 분야에서 주된 주제들 중에 하나였다.

obligation
[ὰbləgéiʃən]

- **n** 의무 = **responsibility,** duty

  There is no **obligation** to leave gratuity if you have received bad service at a restaurant.
  식당에서 나쁜 서비스를 받는다면 팁을 놔둘 의무는 없다.

- 관련어 **mandatory** 의무적인, 필수적인 = **essential, obligatory, required**

peak
[piːk]

n 꼭대기, 절정 = **crest, (great) height, maximum (development[point]), (the) high(est) point, time of great influence**

As everyone knows, that player is at the **peak** of his career.
모두가 알고 있듯이 저 선수는 절정기에 있다.

a 최고인, 피크인 = **best, the best time of**

관련어 **height** 정상, 절정; 높이 = **peak, pinnacle; reach**
crest 정상, 절정 = **peak**
maximum 최대, 최대량, 최고 = **great[large] quantity[size], peak**

---

worshiper
[wə́ːrʃipər]

n 존경의 대상, 고결한 인격 = **people who take part in religious ceremony, people participating in a religious service**

She is a **worshiper** of shoes, clothes and accessories. She will never stop shopping until forced to stop.
그녀는 신발과 옷, 액세서리의 숭배자이다. 그녀는 강제로 멈추게 하지 않는 한 쇼핑을 그만두지 않을 것이다.

Day 13 Quiz

앞에서 학습한 내용들을 바로 확인해 보는 코너입니다.

❶ 아래 단어들의 유의어를 보기에서 찾아 빈칸에 쓰시오.

A | ⓐ leave ⓑ cold ⓒ consume ⓓ stimulate ⓔ supposedly ⓕ lay down

1. abandon _____
2. frigid _____
3. partake _____
4. allegedly _____
5. provoke _____
6. deposit _____

B | ⓐ believable ⓑ unfavorable ⓒ unbelievable ⓓ in that order ⓔ apparent ⓕ inadequate

1. credible _____
2. inclement _____
3. preposterous _____
4. respectively _____
5. found wanting _____
6. seeming _____

❷ 문장 내에서 진하게 표시된 어휘의 유의어를 고르시오.

1. Troops were **disposed** to protect the embassy.
   ⓐ commemorated   ⓑ arranged   ⓒ assumed   ⓓ honored

2. Even such a **subtle** difference in opinion caused them to argue.
   ⓐ extraordinary   ⓑ exorbitant   ⓒ disastrous   ⓓ hardly perceived

3. As everyone knows, that player is at the **peak** of his career.
   ⓐ maximum   ⓑ order   ⓒ result   ⓓ configuration

4. The plane flew into a mountain and **disintegrated** on impact.
   ⓐ restricted   ⓑ broke down   ⓒ extended   ⓓ boomed

5. This structural problem made it **cumbersome** for her to handle this tool.
   ⓐ countless   ⓑ brilliant   ⓒ meticulous   ⓓ difficult to handle

---

정답 & 해석

❶ A. 1. ⓐ 2. ⓑ 3. ⓒ 4. ⓔ 5. ⓓ 6. ⓕ
   B. 1. ⓐ 2. ⓑ 3. ⓒ 4. ⓓ 5. ⓕ 6. ⓔ
❷ 1. ⓑ 2. ⓓ 3. ⓐ 4. ⓑ 5. ⓓ

1. 대사관을 보호하기 위해 군대가 배치되었다.
2. 그러한 작은 미묘한 의견 차이조차 그들이 언쟁하게 만들었다.
3. 모두가 알고 있듯이 저 선수는 절정기에 있다.
4. 비행기가 산으로 날아가 충돌하면서 산산조각 났다.
5. 이 구조적인 문제는 그녀가 이 도구를 다루는 것을 어렵게 만들었다.

Not 빈출, But 기출! 고득점을 원하면 놓치지 말아야 할 코너!

Word	의미	유의어
decipher	해독[판독]하다, 이해하다	figure out
fleeting	순간적인, 덧없는	brief
heterogeneous	이종의, 이질의, 혼성의	varied
heyday	한창(때), 전성기	high point
hide	숨기다, 감추다	camouflage
hitherto	지금까지는, 이전에는	previously
homogenize	동질화하다	remove variation within
inexplicable	불가해한, 설명할 수 없는	mysterious
stamina	끈기, 원기	endurance

Do it this way! Writing 에서는 이렇게 씁니다.

WRITING

respectively

In summary, friends and school teachers teach us more than parents do. They **respectively** enable us to have good relationships with others and ensure that we can survive in a competitive society with expertise.

요약하면, 친구와 교사들이 부모보다 우리에게 더 많은 것을 가르친다. 그들은 각각 다른 사람들과 좋은 관계를 갖는 것을 가능하게 하고 전문지식으로 무장하여 경쟁 사회에서 확실히 살아남게 해 준다.

앞서 언급한 것 두 가지가 각각 어떤 역할을 하는지 표현 할 때 respectively를 쓰면 좋습니다.

Day 14 시험에 나오는 2순위 Voca

0~2순위 어휘에서 TOEFL Reading Voca 문제의 88%가 출제된다!

🎧 2-2_Day 14.mp3

acquire
[əkwáiər]

- **v** 얻다 = **gain, obtain,** pick up, procure, secure, win
  She **acquired** knowledge of Spanish while living in Argentina.
  그녀는 아르헨티나에 사는 동안 스페인어를 터득했다.
- **n** **acquisition** 획득, 습득, 터득 = **gaining, purchase,** accomplishment, achievement, acquirement
- 관련어 **secure** ⓐ 안전한; 확고한 ⓥ 지키다, 안전하게 하다; 확보[입수]하다; 정박하다

collaborate
[kəlǽbərèit]

- **v** 공동으로 하다, 협력하다 = **cooperate, join effort, work together,** participate
  The two co-authors **collaborated** to produce the project.
  두 공동 저자들은 프로젝트를 만드는 데 협력했다.
- **n** **collaboration** 협력, 합작, 제휴 = **cooperation, joint effort, working together,** association, cooperation
- **a** **collaborative** 협력의, 협동의 = **cooperative**

contemplate
[kántəmplèit]

- **v** 심사숙고하다, 고찰하다 = **consider,** cogitate
  Impractical government support on childcare and a heavy financial burden on raising a child are the main reasons that make young Korean couples to **contemplate** and hesitate to have children.
  정부의 비현실적인 육아 지원과 자녀를 양육하는데 드는 경제적 부담이 젊은 한국 부부들로 하여금 아이를 갖는 것에 고민하게 하고 주저하게 만드는 주 요인들이다.
- 관련어 **cogitate** 숙고하다; 궁리[계획]하다

disentangle
[dìsentǽŋgl]

- **v** 풀다, 해방시키다 = **disband,** ravel out, unbraid, untangle, untwist
  She worked as a mediator to **disentangle** complex debates regarding reinstatement of discharged employees at a joint labor-management conference.
  그녀는 노사협의회에서 있었던 해직자 복직 문제에 대한 복잡한 문제를 푸는 중재자 역할을 했다.
- 관련어 **disband** 해체[해산]시키다
  ravel (out) (그물 따위를) 풀다
  unbraid, untwist (꼬인 것을) 풀다(= untwine)

distribute
[distríbju(:)t]

- **v** 분배하다, 보급하다 = **circulate, scatter, spread, supply,** deal, disperse
  Students shouted slogans and **distributed** leaflets.
  학생들이 슬로건을 외치면서 전단지를 배포했다.

distribution
[dìstrəbjúːʃən]

- **n** 1. 분배, 배급, 배포 = **delivery, dispersion, sharing,** allotment, division
  2. (지리적) 분포 = **geographical region**
  3. 분포 범위 = **range**
- 관련어 **disperse** 흩어지게 하다, 분산시키다 = **dissipate, scatter, spread (out)**

endeavor
[endévər]

- **v** 노력하다, 애쓰다 = **attempt, strive, struggle, try,** seek
  Experts are **endeavoring** to locate the source of the problem.
  전문가들이 문제의 근원을 밝히려고 노력하고 있다.
- **n** 노력, 시도, 애씀 = **attempt, effort, enterprise, suffering, task, work**
- 관련어 **effort** 노력, 시도 = **attempt**

> **시 나 공 비 법**
> 일반적으로 **effort**는 정해진 목표 하에 꾸준히 노력을 기울이는 경우에 사용되며, **endeavor**는 이보다 더 많은, 즉 상당한 노력이 필요한 경우에 사용됩니다.

excavate
[ékskəvèit]

- **v** 파다, 발굴하다 = **bore, delve, dig out, remove,** uncover
  The workers **excavated** the earth to make a foundation for the building.
  인부들은 건물의 기초 공사를 하기 위해 땅을 팠다.
- **n** **excavation** 굴착, 발굴 = **dig out**
- 관련어 **delve** 철저히 조사하다, 깊이 탐구하다; 파다
  dig 파다, 파서[노력해서] 찾아내다

expend
[ikspénd]

- **v** 쓰다, 소모하다 = **exhaust, spend, use (up)**
  We have already **expended** too much energy on this project.
  우리는 이 프로젝트에 이미 너무 많은 에너지를 소비했다.
- **a** **expendable** 소비해도 되는, 중요하지 않은 = **nonproductive, unprofitable**

incorporate
[inkɔ́ːrpərit]

- **v** 1. 합치다, 합병하다 = **combine, integrate,** embody
  There is a sign that South Korea's major banks may **incorporate** their banks to compete with the foreign banks.
  한국의 주요 은행들이 외국 은행들과 경쟁하기 위해 합병할 것 같은 조짐이 보인다.
  2. 포함하다 = **contain, include,** assimilate, embody
  3. 법인 조직[단체, 회사](으)로 만들다
- 관련어 **assimilate** 동화하다, 융합하다 = **absorb**
  embody 구현하다; 통합하다; 포함하다
  be incorporated in(to) ~에 포함되다, ~의 일부분이다 = **be part of**

> **시 나 공 비 법**
> 사전적 의미로서 첫 번째 의미인 '법인 조직[단체, 회사](으)로 만들다'로 자주 등장하며, 유의어 문제에서는 나머지 의미로 출제가 빈번합니다.

2-2

innovate
[ínəvèit]

- **v** 혁신하다 = **change, invent**
  In order to promote their new business, their advisors suggested that they **innovate** by attempting a never-tried before marketing strategy.
  그들의 새로운 사업을 진척시키기 위해, 자문단은 전에 한 번도 시도하지 않았던 혁신적인 마케팅 전략을 시도할 것을 제안했다.
- **a** **innovative** 혁신적인, 새로운 = **creative, inventive, new, original,** respected, specialized
- **n** **innovation** 혁신, 쇄신 = **change, new development**, mutation, novelty

launch
[lɔːntʃ]

- **v** 1. 시작하다, 착수하다 = **begin, establish, initiate, start,** commence, embark, inaugurate
  The police confirmed that an inquiry has been **launched** into the incident.
  경찰은 그 사고에 대한 조사가 착수되었음을 확인해 주었다.
  2. 띄우다 = **set afloat**
- **n** **launching** 출발 = **send-off**

ornament
[ɔ́ːrnəmənt]

- **v** 장식하다 = **adorn, decorate,** embellish, trim,
  The old church hall is now **ornamented** with flowers, candles and a red carpet for the wedding.
  오래된 교회의 홀은 지금 결혼식을 위해 꽃과 양초 그리고 붉은 카펫으로 장식되어 있다.
- **a** **ornamental** 장식의, 장식적인, 장식용의 = **decorated, decorative**
- **n** **ornament(ation)** 꾸밈, 장식(품/물) = **decoration**
- 관련어 **embellish** 아름답게 꾸미다 = **make attractive**
  trim 다듬다, 손질하다; 삭감하다, 제거하다

reinforce
[rìːinfɔ́ːrs]

- **v** 강화하다, 보강하다 = **strengthen, support,** energize, fortify, invigorate
  Steel rods **reinforce** concrete structures when they are placed inside the concrete.
  철근이 콘크리트 내부에 설치되면 콘크리트 구조를 강화시켜 준다.
- **n** **reinforcement** 강화, 보강 = **support**

> **시 나 공 비 법**
> 일반적으로 strengthen은 가장 보편적인 '강화하다'의 의미로, intensify는 '더욱 강력하게 만들다'의 경우에 사용되며, reinforce는 '사람이나 물질 등을 추가하여 보강[강화]'하는 경우에 사용됩니다.

replenish
[riplénɪʃ]

- **v** (다시) 채우다, 보충하다 = **refill, restore,** fill, provide, replace
  The U.N. **replenished** the supply of food for the Afghanistan refugees.
  유엔은 아프가니스탄 난민들에게 식량을 재보급 했다.

shift
[ʃift]

- **v** 옮기다, 장소를 바꾸다, 변화하다 = **change (a direction), move,** replace
  The emphasis has **shifted** from an arms race to easing tensions in the Korean Peninsula under the new government.
  새로운 정부가 들어서면서 군비 확장 경쟁에서 한반도의 긴장 완화로 정책이 이동했다.

> **시 나 공 비 법**
> 일반적인 '변화'가 아닌 '장소나 위치의 변화'를 나타낼 때 주로 사용합니다.

tend
[tend]

v 1. 돌보다 = **care for, look after, take care of**
She has spent most of her life **tending** the sick in Africa.
그녀는 그녀의 대부분의 삶을 아프리카에서 병자를 돌보며 보냈다.

2. ~하는 경향이 있다(to) = **be likely,** be apt, be inclined, be disposed, be prone, be liable

n **tending** 주의; 돌봄 = **attention**

관련어 dispose ~의 영향을 주다, ~하기 쉽게 하다; 배치[정리]하다

track
[træk]

v ~의 (발)자취를 쫓다, 추적하여 관측하다 = **follow, monitor, observe,** trace, trail
The hunters **tracking** Bengal tiger were very tired at the end of the day.
벵골 호랑이를 추적하던 사냥꾼들은 날이 저물자 몹시 지쳤다.

accessible
[əksésəbl]

a 1. 이용 가능한 = **available, usable,** employable, open, operative, practicable
He is a famous actor, but always **accessible** to his avid fans.
그는 유명 배우지만 그의 열렬한 팬들은 항상 그를 만날 수 있다.

2. 접근하기 쉬운 = **easy[able] to reach, reachable,** open, public, unrestricted

3. 얻기 쉬운, 손에 넣기 쉬운 = **obtainable**

n access 입장 허가 = **admittance,** admission, entrance, entry

관련어 access key (연구실, 회사, 실험실 등) 출입 열쇠

apparent
[əpǽrənt]

a 1. 명백한, 분명한 = **clear, evident, obvious, seen clearly,** distinct, manifest
It is **apparent** that more and more students will study abroad to China.
점점 더 많은 학생들이 중국으로 유학 갈 것이 분명하다.

2. 외관상의 = **seeming,** ostensible

apparently
[əpǽrəntli]

ad 1. 명백히, 분명히 = **certainly, evidently,** ostensibly

2. 외관상 = **seemingly,** outwardly, ostensibly

> 시나공비법
> '명백한, 분명한'의 의미의 어휘들(apparent, clear, conspicuous, evident, manifest, obvious, patent, seen clearly)은 모든 영어 지문, 책, 방송 등에서 자주 나오므로 꼭 알아 두기 바랍니다.

bold
[bould]

a 용감한, 대담한 = **brave, courageous, daring, valiant,** audacious, dauntless, intrepid
My boss, Mr. Big took the **bold** step of stepping down.
나의 상사인 빅 씨는 퇴진이라는 용감한 결단을 내렸다.

관련어 valiant 용감한; 훌륭한, 멋진, 대단한
audacious 대담한; 뻔뻔한, 거리낌 없는
dauntless, intrepid 두려움 없는, 용감한

chronically
[kránikəli]

- **ad** 끊임없이 = **constantly, persistently,** permanently
  The medical staff should pay more attention to the care of the **chronically** ill.
  의료진들은 만성 질환을 앓고 있는 환자들을 좀더 주의를 기울여 보살펴야 할 것이다.
- **a** **chronic(al)** 끊임없는, 습관적인 = **constant, permanent, persistent,** accustomed, confirmed, habitual
- **n** **chronicle** 연대기, 사건의 시간 순서에 따른 기록 = **record, (written) account,** archive, history
- 관련어 **archive** 옛 기록, 공문서; 공문서[기록] 보관소 = **official document, record;** store
  chronologically 연대순으로 = **according to a time sequence**

classic
[klǽsik]

- **a** 전형적인, 전통적인 = **typical,** exemplary, model, representative
  His concept and techniques often conflict with the **classic** method of training actors.
  그의 인식과 기술들은 종종 배우를 훈련시키는 전통적인 방법과 충돌한다.
- 관련어 **representative** 나타내는 = **indicative**

hence
[hens]

- **ad** 그러한 이유로, 따라서 = **consequently, for that reason, therefore, thus,** accordingly, then
  Jane's parents used to be basketball stars; **hence,** she is tall.
  제인의 부모님들은 농구 스타 출신이어서 그녀도 키가 크다.

immoral
[imɔ́(:)rəl]

- **a** 부도덕한, 품행이 나쁜 = **improper,** bad, evil, vicious, wicked
  He believes it's **immoral** to kill animals for food.
  그는 식용을 위해 동물을 살해하는 것이 부도덕하다고 믿는다.
- 관련어 **vicious** 부도덕한; 악의 있는; 지독한, 격심한; 결점 있는
  wicked 부도덕한, 사악한; 버릇이 나쁜; 심한, 터무니 없는

instantaneous
[ìnstəntéiniəs]

- **a** 즉석의 = **immediate,** instant, straightaway
  Apply the detergent directly on clothes and leave it for at least 10 minutes to get the **instantaneous** effect!
  즉각적인 효과를 얻으려면 세제를 옷에 직접 바른 후에 적어도 10분 정도 놓아두십시오!

> **시나공 비법**
> straightaway는 이외에도 '곧은, 직선의' 뜻으로도 많이 사용됩니다.

legitimate
[lidʒítəmit]

- **a** 1. 합법적인 = **lawful, legal,** innocent
  The army must return power back to the **legitimate** government.
  군은 합법적인 정부에 권력을 이양해야 한다.
  2. 이치에 맞는 = **proper, reasonable,** rightful, true
- **n** **legitimacy** 합법(성), 정통(성) = **authority**

misleading
[mislí:diŋ]

- **a** 호도하는, 오해시키는, 속이는 = **inaccurate, misplacing, unreliable,** beguiling, deceitful, deceiving, deceptive, fallacious

His initial statistics are, to say the least, a little **misleading**.
그의 초기 통계는 정확히 말하면 약간은 오해의 소지가 있다.

관련어 misplace ~을 잘못 놓다, 어디에 둔지 잊다; 잘못 주어지다
beguile 속이다, 속여서 빼앗다; 즐겁게 하다
deceive 속이다, 현혹시키다
fallacious 사람을 현혹시키는, 허위의

occasional
[əkéiʒənəl]

a 때때로의 = **incidental, infrequent, irregular, sporadic,** few
Forecasters say it will be fine except for **occasional** rain.
예보관들에 따르면 때때로 내리는 비를 제외하면 맑은 날씨가 되겠다고 한다.

ad **occasionally** 때때로, 가끔 = **infrequently, intermittently, irregularly, once in a while, sometimes,** on occasion

n **occasion** 특정한 때나 경우, 중요 행사; 이유, 근거 = **event,** milestone; **reason**

perilous
[pérələs]

a 위험한 = **dangerous, hazardous, risky,** jeopardous
These chemicals are **perilous** to human health as I know.
내가 알고 있기로는 이 화학 물질은 인체에 해롭다.

peril
[pérəl]

v 위태롭게 하다, 위험에 빠뜨리다 = **damage**
n 위험 = **danger,** hazard, jeopardy, risk

시나공비법
다음과 같은 상황에서 '위험'을 의미하는 어휘들이 사용됩니다.
danger 가장 포괄적인 위험을 의미 ⓐ dangerous
hazard 예측 가능하지만 피할 수 없는 위험 ⓐ hazardous
jeopardy 아주 위험에 처한 상황 ⓐ jeopardous
peril 곧 다가올 큰 위험 ⓐ perilous
risk 자발적으로 맞서는 위험 ⓐ risky

perpetual
[pərpétʃuəl]

a 영구적인, 끊임없는 = **constant, continuous,** ceaseless, eternal, everlasting, immortal, permanent
The **perpetual** motion of Earth around the Sun keeps Earth habitable.
태양 주위를 도는 지구의 끊임없는 움직임이 지구를 거주 가능한 곳으로 유지해 준다.

rather
[ræðər]

ad 다소, 꽤 = **fairly, somewhat,** moderately, more or less, pretty, some
The final exam was **rather** simple as I remembered.
내가 기억하기로는 기말고사는 다소 쉬웠다.

phr **rather than** ~보다 오히려, ~ 대신에 = **instead of,** excluding

관련어 **somewhat** 약간, 다소 = **to some degree[extent]**

시나공비법
1. rather는 일반적으로는 '바람직하지 못한 상황'을 전개할 때 사용되며, 가끔은 '바람직한 상황'에서도 사용될 수는 있으나 주로 fairly가 사용됩니다.
2. 접속사의 역할로 rather가 사용될 때는 '반대로, 도리어'의 의미로 사용됩니다.

spectacular
[spektǽkjələr]

- **a** 장관을 이루는, 인상적인 = **dramatic, impressive, magnificent, remarkable, striking,** amazing, astonishing
  We had a **spectacular** time during the field trip to India.
  우리는 인도로 견학 갔을 때 멋진 시간을 보냈다.
- **n** **spectacle** 장관, 기관, 구경거리, 참상 = **impressiveness**
- 관련어 **dramatic** 극적인 = **drastic, great, impressive, significant, striking**
  magnificent 웅장한, 화려한 = **marvelous, splendid**
  astonishing 놀라운 = **amazing, astounding, incredible, startling**

sporadic
[spərǽdik]

- **a** 드문, 이따금 일어나는, 산발적인 = **infrequent, intermittent, irregular, occasional, once in a while,** rare
  The weatherman says there will be **sporadic** rain this weekend.
  예보관들에 따르면 이번 주말에 비가 간헐적으로 내릴 것이라고 한다.
- **ad** **sporadically** 이따금, 산발적으로 = **at intervals, occasionally,** infrequently, irregularly, on occasion
- 관련어 **intermittent** 간헐적인, 주기적인 = **happening from time to time, sporadic**
  occasional 때때로의 = **incidental, infrequent, irregular, sporadic**

thereby
[ðɛ̀ərbái]

- **ad** 그 때문에, 그것에 의해 = **by that means, consequently, in this way,** because of that
  The program is specially developed, **thereby** avoiding any problems.
  프로그램은 특별히 개발되었고, 때문에 어떤 문제가 일어나는 것을 피할 수 있었다.

> **시나공비법**
> whereby와 헷갈리지 마시길!
> whereby는 'whereby + 문장'의 형태로 전개되며, thereby는 'thereby + -ing' 형태로 전개됩니다.

approach
[əpróutʃ]

- **n** 접근법, 연구법 = **method,** procedure, technique
  The two companies took different **approaches** in marketing new items.
  두 회사는 신제품을 마케팅하는 데 있어 서로 다른 방법을 택했다.
- **v** 접근하다, 다가가다 = **come together, move[advance, go] toward, near**

clue
[klu:]

- **n** 1. 단서, 실마리 = **information, hint, indication,** cue, suggestion
  The police did not seem to have any **clue**, at first, in the French couple infant murder case.
  프랑스 부부의 영아 살인사건에 있어 경찰은 처음엔 아무런 단서도 갖고 있지 않은 듯 보였다.
  2. 증거 = **proof**
- 관련어 **hint** 암시, 시사 = **clue, indication**

composition
[kàmpəzíʃən]

ⓝ 구성, 합성 = **design, makeup, mix, mixture,** form, format, pattern

Not only do a great teacher and the top selling book help students to improve their language skills, but often a **composition** of students and their attitude determines their progress.
좋은 스승과 잘 팔리는 교재가 학생들의 언어 능력 향상에 도움이 되기도 하겠지만, 학생 구성원과 그들의 태도가 그들의 발전을 결정하기도 한다.

composite
[kəmpázit]

ⓐ 요소[부분]으로 구성된 합성의 = **blended, combined, complex, compound,** mixed

ⓝ 합성물, 복합물 = **mixture,** blend, combination, compound, fusion, synthesis

episode
[épisòud]

ⓝ 사건, 에피소드 = **event, occurrence,** hap, happening, incident, occasion

Today's **episode** of 'News tonight' deals with the current nuclear crisis in North Korea and discusses what could be done about the issue.
오늘의 '뉴스 나이트'에서는 북한의 현재 핵 위기를 다루고 어떤 대책이 있는지 토론해 봅니다.

관련어 incident ⓝ (우발) 사건 ⓐ 일어나기 쉬운; 당연히 따르는

property
[prápərti]

ⓝ 1. 부동산, 소유지, 소유물 = **asset, estate, having, possession, territory**

To get out of this financial crisis, I am willing to sell my **property** in L.A.
이 재정 위기 상태를 타개하기 위해 LA에 있는 나의 부동산을 매각할 용의가 있다.

2. 특질, 속성 = **character, characteristic, feature, quality,** attribute

realm
[relm]

ⓝ 범위, 영역, 분야 = **area, country, domain, field, region, sphere, territory**

In the **realm** of simultaneous interpretation, she is a genius.
동시통역 분야에서 그녀는 천재이다.

> **시나공 비법**
> 일반적 장소나 위치를 나타내는 어휘(place, site, locale, location, position 등)와 범위(range)가 있는 일정 영역, 분야를 나타내는 어휘들의 구분을 확실히 해야 합니다.

Day 14 Quiz

앞에서 학습한 내용들을 바로 확인해 보는 코너입니다.

❶ 아래 단어들의 유의어를 보기에서 찾아 빈칸에 쓰시오.

A | ⓐ decorate ⓑ disband ⓒ refill ⓓ improper ⓔ observe ⓕ dig out

1. disentangle _____
2. excavate _____
3. ornament _____
4. replenish _____
5. track _____
6. immoral _____

B | ⓐ inaccurate ⓑ somewhat ⓒ occurrence ⓓ lawful ⓔ hint ⓕ hazardous

1. legitimate _____
2. perilous _____
3. misleading _____
4. rather _____
5. clue _____
6. episode _____

❷ 문장 내에서 진하게 표시된 어휘의 유의어를 고르시오.

1. For next semester, my club **distributes** invitations in our campus.
   ⓐ diffuses   ⓑ renders   ⓒ qualifies   ⓓ gleans

2. With great determination, he will **endeavor** to finish the marathon.
   ⓐ wield   ⓑ surprise   ⓒ attempt   ⓓ repel

3. Steel rods **reinforce** concrete structures when they are placed inside the concrete.
   ⓐ immigrate   ⓑ strengthen   ⓒ erect   ⓓ dictate

4. His **sporadic** visits to go see his sick father angered his family.
   ⓐ ideal   ⓑ infrequent   ⓒ casual   ⓓ informal

5. The **spectacular** scenery is the reason why many people vacation here.
   ⓐ impressive   ⓑ huge   ⓒ abrupt   ⓓ affluent

정답 & 해석

❶ A. 1. ⓑ 2. ⓕ 3. ⓐ 4. ⓒ 5. ⓔ 6. ⓓ
   B. 1. ⓓ 2. ⓕ 3. ⓐ 4. ⓑ 5. ⓔ 6. ⓒ
❷ 1. ⓐ 2. ⓒ 3. ⓑ 4. ⓑ 5. ⓐ

1. 다음 학기를 위해 우리 클럽은 교내에서 안내서를 배포한다.
2. 대단한 결의를 갖고 그는 마라톤 경주를 끝내기 위해 노력할 것이다.
3. 철근이 콘크리트 내부에 설치되면 콘크리트 구조가 강화된다.
4. 병든 아버지에 대한 그의 드문 방문은 그의 가족을 화나게 했다.
5. 인상적인 경치가 사람들이 이곳에서 휴가를 보내는 이유이다.

Not 빈출, But 기출! 고득점을 원하면 놓치지 말아야 할 코너!

Word	의미	유의어
be incorporated	포함되다, 섞이다	be part of
illusory	속이는, 홀리는	misleading
immune	면역이 된	free
important	중요한	significant, considerable, vital
impulse	충동	(basic) motivation
inaugurate	개회[개시]하다; 취임시키다	introduce
repetitive	반복적인, 반복이 되는	happened many times, repeated
retention	보유, 유지	keeping, holding, reservation

Do it this way! Writing, Listening 에서는 이렇게 쓰입니다.

WRITING

collaborate

By playing outside with peers, students can learn not only how to **collaborate** but also how to help and encourage others.

또래들과 함께 밖에서 활동함으로써 학생들은 협동하는 법은 물론 남을 돕고 격려하는 법도 배울 수 있다.

> Outside the class에서와 inside the classroom 둘 중 어디에서 인생의 교훈을 더 배우냐는 문제는 Writing 문제로도 나오고 Speaking 문제로도 나온 적이 있습니다.

LISTENING

rather

It was of no use, **rather** a distraction to the performance.

유용하기는커녕 공연에 방해만 되었다.

> Reading에서 rather는 '다소(fairly, somewhat, more or less), 그 대신에(instead)'의 의미로 쓰이며, 또는 rather than으로 사용되어 '~대신에(instead of)'의 의미로 사용됩니다. Listening에서 단독으로 쓰이는 경우, '댓구나 대조'의 의미로 자주 출제됩니다. 이러한 대화가 등장하는 경우에 반드시 그 다음에 이어지는 내용을 note-taking하기 바랍니다.

Day 15 시험에 나오는 2순위 Voca

0~2순위 어휘에서 TOEFL Reading Voca 문제의 88%가 출제된다!

🔊 2-3_Day 15.mp3

absorb
[əbsɔ́ːrb]

ⓥ 1. 흡수하다, 빨아들이다 = **take in**, drink, soak (up), sponge, suck (up) ↔ **reflect** (반사하다)
   In cold climates, houses need to have walls that will **absorb** heat.
   기후가 추운 지역에서는 주택의 벽이 열을 흡수할 수 있어야 한다.

2. (학문, 사상 등을) 받아들이다, 동화하다 = **learn**, assimilate, take in

관련어 **engross** 몰두시키다 (수동형) = **absorb, concentrate, involve, occupy, preoccupy**

reflect 심사 숙고하다, 신중히 생각하다 = **meditate**

assimilate 동화하다, 융합하다 = **absorb**

참고 **saturated** 포화된, 흠뻑 젖은 = **unable to absorb**

> 시나공 비법
> 일반적으로는 '흡수하다'의 의미로 사용되나, 시험에서는 '정보나 학문 등을 받아들이다'의 의미로도 자주 사용됩니다.

aggravate
[ǽgrəvèit]

ⓥ 악화시키다 = **exacerbate, increase, make worse,** exaggerate, exasperate, worsen
   Her hasty words have **aggravated** public opinion.
   그녀의 경솔한 말이 여론을 악화시켰다.

> 시나공 비법
> aggravate, exacerbate, exasperate는 위의 뜻 이외에도 '화나게 만들다'의 의미도 공통적으로 지니고 있습니다.

assure
[əʃúər]

ⓥ 보증하다, 확신하다 = **build a confidence, guarantee,** insure, secure
   The company **assured** the consumers of the quality of its product.
   회사는 소비자들에게 자사 제품의 품질을 확신시켜 주었다.

ⓐ **assuring** 설득력 있는, 확신을 주는 = **building a confidence, convincing, persuading, satisfying**

관련어 **convincing** 납득시키는, 설득력 있는 = **persuasive**

persuasive 설득력 있는 = **convincing**

insure 보증하다, 책임지다; 지키다, 안전하게 하다

secure ⓐ 안전한; 확고한 ⓥ 지키다, 안전하게 하다; 확보[입수]하다; 보증하다; 정박하다

dam [dæm]

- Ⓥ 막다 = **block,** close, jam, obstruct, plug, stop
  Dam up your personal feelings and say your opinion for your nation's future in this committee.
  개인적 감정은 자제하고, 이 위원회에서 국가의 미래를 위한 귀하의 의견을 말해 주세요.

- 관련어 **block** 막다, 방해하다, 제한하다 = **box, confine, prevent**
  plug 메우다, 틀어막다, 꽂다 = **fill up**
  jam 채워 넣다, 밀어 넣다; 막다, 방해하다
  obstruct (가로)막다; 방해하다

design [dizáin]

- Ⓥ 1. 뜻이나 목적을 품다, 계획하다 = **intend,** aim, contemplate, mean, mind, plan, purpose
  Free talking class is **designed** for advanced learners of English.
  자유 토론 수업은 고급 영어반 학생들을 위한 개설되었다.
  2. (도안 등을) 만들다 = **create**

- 관련어 **aim** 목적, 의도 = **goal**

diminish [dimíniʃ]

- Ⓥ 줄이다, 작게[적게] 하다 = **decrease, reduce,** abate, dwindle, lessen
  Local universities are having financial difficulties because of **diminishing** resources.
  지방 대학들이 줄어드는 재원으로 인해 재정난을 겪고 있다.

- 관련어 **diminish in** ~이 줄다

> **시나공 비법**
> dwindle은 주로 일반적인 줄어듦이 아닌 '점점 적어지거나 줄어들다'의 의미로 사용됩니다.

discard [diskáːrd]

- Ⓥ 버리다, 폐기하다 = **abandon, get rid of, reject, throw away,** abdicate, lay aside, throw out
  The new head coach intends to **discard** the old game plan.
  새로운 감독은 오래된 경기 작전을 포기할 생각이다.

- 관련어 **abandon** 버리다, 버리고 떠나다; 포기하다 = **desert, forsake, leave; give up**
  dispose 배치하다, 정리하다; (~of) 제거하다, 버리다 = **arrange; get rid of, throw away[out]**
  abdicate (지위, 권한 등을) 버리다, 사임하다
  lay aside (책임, 습관 등을) 버리다

efface [iféis]

- Ⓥ 지우다, 없애다 = **annihilate, destroy, eradicate, exterminate, remove,** extirpate, obliterate, wipe out
  The disease which once claimed millions of lives has now been **effaced**.
  한때 수백만 명의 목숨을 앗아간 질병은 이제 근절되었다.

- 관련어 **annihilate** 전멸[몰살]시키다 = **completely destroy, remove**
  eradicate 전멸시키다, 지우다 = **completely destroy, eliminate, remove, root up**
  exterminate 멸종, 박멸시키다
  extirpate 뿌리째 뽑다, 근절시키다
  obliterate 제거하다; 기억에서 지우다
  wipe out (묻은 것을, 혹은 오명 등을) 씻다, 지우다

2-3

evolve [iválv]

v 1. 발전하다, 진화하다 = **develop,** expand, grow, increase, mature, progress
Popular music **evolved** from folk songs as we know.
우리가 알고 있듯이 대중 음악은 민요에서 유래했다.

2. 불러일으키다, 자극하다 = **arouse, stimulate**

관련어 **stimulate** 자극하다, 격려하다 = **activate, cause, encourage, promote, spur**

exude [igzjú:d]

v 발산하다, 내다 = **give off, release,** discharge, emit
Andre's latest autumn collections **exude** a powerful presence of black and white that the designer claims to symbolize innocence, purity and divine beauty.
앙드레의 최신 가을 컬렉션은 디자이너가 말하는 순수와 순결 그리고 절대적 미를 상징하는 강렬한 흑백의 존재감을 발산한다.

관련어 **emit** (액체, 열, 냄새 등을) 내뿜다, 방출하다 = **discharge**

> **시나공비법**
> '(냄새나 액체를) 내뿜다, 방출하다'의 의미인 release, discharge, emit, exude, give off, belch 등을 함께 알아두면 유용합니다.

groom [gru(:)m]

v 1. 가다듬다, 단장하다, 돌보다 = **clean, refine,** make attractive, nurture, tend
Ordinary people love to **groom** their dogs regularly.
보통 사람들은 정기적으로 자신의 강아지를 단장하는 것을 좋아한다.

2. 훈련시키다, 준비시키다 = **prepare, train, turn out,** make ready, ready

limit [límit]

v 한정하다, 제한하다 = **confine, end, restrict,** bar, circumscribe, confine
I have to force myself to **limit** the amount of time that I spend on the Internet.
인터넷 사용 시간을 줄이기 위해서는 나 자신을 억제해야만 한다.

n 경계, 한계 = **boundary,** bound, confines, end, extent, limitation

관련어 **bar** 막다, 금하다; 가두다 = **exclude**
threshold 경계 = **limit**

limited [límitid]

a 1. 제한된 = **ended, narrow, restricted,** defined, definite, finite
2. 적절한, 심하지 않은 = **modest**

관련어 **modest** 알맞은, 적절한; 수수한, 심하지 않은 = **not (too) large, limited; (fairly) small, simple**

mask [mæsk]

v (감정 등을) 숨기다, 속이다 = **conceal, cover, disguise, hide,** blot out, camouflage, secrete
Cyrano, you should not **mask** your own feelings towards Roxanne, if you truly believe that you love her more than your life.
시라노 만약 당신이 그녀를 본인 목숨보다 더 사랑한다고 진실로 믿는다면 당신은 록산느에 대한 자신의 감정을 숨겨서는 안됩니다.

관련어 **blot out** 가리다, 흐리게 하다

originate
[ərídʒənèit]

v 1. ~에서 생기다(~from), 시작하다, 일어나다 = **be grown (from), come from, initiate,** arise, begin, emerge

This game is thought to have **originated** among the native peoples of Alaska.
이 게임은 알래스카 원주민들 사이에서 시작된 것으로 생각된다.

2. 창시하다 = **initiate,** create, develop, generate, invent

penetrate
[pénitrèit]

v 1. 뚫다, 관통하다 = **perforate, pierce**

Searchlights **penetrated** the darkness.
탐조등이 어둠을 뚫고 비췄다.

2. 파고들다, 들어가다 = **enter,** come (in), go in

stabilize
[stéibəlàiz]

v 안정시키다, 고정시키다 = **fasten, firm, hold in place, support,** balance, sustain, uphold

The government announced that the unemployment rates in the first half of the year have been **stabilized** at below 10%.
정부는 상반기 실업률이 10% 미만으로 안정세를 유지했다고 발표했다.

관련어 **sustain** 유지하다, 지속하다 = **continue, keep, maintain, support, uphold**

anchor 단단히 붙어있다, 정박시키다 = **hold in place**

stratify
[strǽtəfài]

v 층으로 형성하다, 성층하다 = **layer, separate,** flake, split

Various social levels, wealth, religions, multi-racial and political groups **stratify** modern societies.
여러 사회 계층과 부, 종교, 다민족, 그리고 정치 단체들이 현대 사회를 형성한다.

관련어 **flake** ⓝ 조각, 파편 ⓥ 벗겨내다; 쪼개다

split 쪼개다, 찢다; 분할, 분리하다

treat
[tri:t]

v 1. 다루다, 취급하다 = **handle, deal, manage, manipulate,** act, serve, use

The most important thing in a company is to know how to **treat** its employees.
회사에서 가장 중요한 일은 직원들 대하는 법을 아는 것이다.

2. (작품에서) 다루다, 표현하다 = **represent**

관련어 **represent** 나타내다 = **depict, describe, portray**

annual
[ǽnjuəl]

a 매년의 = **each year, yearly**

The **annual** rainfall in this area is light.
이 지역의 연간 강우량은 적다.

authentic
[ɔːθéntik]

a 1. 믿을 만한, 확실한 = **reliable,** solid, steady, sure, true, trustworthy

They started the experiment on the basis of the data from an **authentic** source.
그들은 믿을 만한 정보에 기초하여 실험을 시작했다.

2. 진짜의, 진정한 = **genuine,** real, right, true

관련어 **dependable** 믿을 수 있는, 의지할 수 있는 = **reliable**
solid 견고한, 단단한 = **firm, fixed, hard, substantial**; 충실한; 확실한
trustworthy 신뢰할 수 있는, 기대할 수 있는

celebrated
[séləbrèitid]

ⓐ 유명한 = **famous,** distinguished, eminent, notable, prominent, renowned
Bugock in Korea is **celebrated** for its hot springs.
한국에 있는 부곡은 온천으로 유명하다.

ⓥ **celebrate** 찬미하다 = **praise,** eulogize, exalt, extol, honor, laud
ⓐ **celebratory** 축하하는, 칭송하는 = **full of praise celebrity**

관련어 **renowned, celebrated** 유명한, 이름 높은 = **famous**
eminent 두드러진, 탁월한 = **distinguished, exceptional**

celebrity
[səlébrəti]

ⓝ 1. 명성 = **fame**
2. 유명인 = **famous person**

관련어 **obscurity** 무명; 미천(함); 무명의 사람[사물, 장소]

> **시나공비법**
> eminent, notable, preeminent, prominent는 '유명한' 외에도 '눈에 띄는, 현저한'으로도 자주 사용됩니다.

far-reaching
[fɑ:r rí:tʃiŋ]

ⓐ 멀리까지 미치는, 광범위한 = **broad, extensive,** pervasive, significant, wide, widespread
These new laws will have **far-reaching** benefits for pregnant workers.
새로 제정된 법들은 임신한 근로자들에게 광범위한 혜택을 주게 될 것이다.

관련어 **pervasive** 널리 퍼진 = **widespread**

material
[mətí(:)əriəl]

ⓐ 1. 육체적인, 물질적인 = **physical,** objective, substantial, tangible
Improvements in health were linked to increasing **material** prosperity.
건강의 증진은 물질적 번영과도 연결되었다.

2. 중요한 = **important,** meaningful, momentous, significant, substantial

관련어 **intangible** 실체가 없는, 무형의 = **nonmaterial**

materialize
[mətí(:)əriəlàiz]

ⓥ 1. ~에 형태를 주다, ~을 실현하다 = **embody,** come into being, happen, occur, take place
2. (영혼 등을) 출현시키다 = **appear,** emerge, reveal

관련어 **embody** 구현하다; 통합하다; 포함하다
come into being 생기다, 등장하다

> **시나공비법**
> material은 '세속적인(earthly, mundane, social, worldly)' 의미로도 많이 사용됩니다.

preeminent
[priːémənənt]

a 현저한, 주목할 만한 = **foremost, main, most important, outstanding, significant,** dominant, predominant

He is one of the most preeminent surgeons in Korea.
그는 한국에서 가장 뛰어난 외과 의사 중 한 명이다.

관련어 **foremost** 가장 중요한; (위치, 순위상) 맨 먼저의 = **most important; leading**

first and foremost 무엇보다 먼저, 맨 먼저 = **above all (things)**

prevailing 널리 퍼진, 우세한, 지배적인 = **current, (pre)dominant, existing, widespread**

dominant 우세한, 지배적인 = **leading, main, prevailing, prevalent**

primitive
[prímitiv]

a 1. 원시의, 초기의, 원래의 = **(very) early, original, very early times,** ancient, primal, primeval

Early settlers had to cope with very primitive living conditions.
초기 정착민들은 원시적인 생활 조건들을 극복해야 했다.

2. 미발달의, 미개한 = simple, **undeveloped,** crude, low, rude, rudimentary

관련어 **primal** 원시의, 초기의; 주요한, 근본적인

primeval 원시의, 고대의

rude 무례한; 거친, 미개한; 가공하지 않은, 조잡한

crude 천연 그대로의, 가공하지 않은 = **primitive, raw, rough, simple, unsophisticated**

rudimentary 기본의, 기초의; 미발달의, 미숙한 = **basic, fundamental; primitive, undeveloped**

roundabout
[ráundəbaut]

a 넌지시 하는, 간접의 = **indirect,** circuitous, circular

He had a roundabout way of bringing up the problematic issue without upsetting the guests on his talk-show program.
그는 그의 토크 쇼에 초대한 손님들의 기분을 상하지 않게 하면서도 넌지시 문제가 되는 논점을 꺼내는데 일가견이 있다.

관련어 **circuitous** 넌지시 말하는 = indirect

circular 원의; 순환적인; 돌려 말하는, 완곡한

splendid
[spléndid]

a 멋진, 화려한, 훌륭한 = **marvelous,** magnificent, divine, excellent, fabulous

They arrayed the splendid brand-new MP3 players on the table.
그들은 갓 출시된 멋진 MP3 플레이어들을 탁자 위에 정렬했다.

n **splendor** 훌륭함, 화려함 = **magnificence**

관련어 **divine** 신성한, 신(성)의; 아주 훌륭한

fabulous 엄청난; 놀라운, 굉장히 좋은; 전설적인

> **시나공비법**
> splendid는 해 놓은 일이 정말 excellent 할 때의 대화 시에 자주 사용됩니다.

staggering
[stǽgəriŋ]

a 1. 놀라운 = **astonishing, marvelous, shocking**

It costs them a staggering $10,000 per day to rent that suite room.
그들이 특실을 사용하는데 하루 10,000달러의 비용이 든다.

2. 주저하는 = **hesitating**

3. 압도적인 = **overwhelming**

2-3

- ⓥ **stagger** 동요하다, 주저하다, 망설이다 = **fling, shift,** halt, hesitate, vacillate, waver
- 관련어 **astonishing** 놀라운 = **amazing, astounding, incredible, startling**

utilitarian
[juːtìlitɛ́(ː)əriən]

- ⓐ 실리적인, 실용적인 = **functional, practical,** effective, efficient, pragmatic, useful

  The newly elected members of National Assembly seem to have many **utilitarian** ideas to reform the obsolete system of the parliament.
  이번에 새로 당선된 국회의원들은 낡은 국회 제도를 개혁할 많은 실용적인 생각들을 갖고 있는 것으로 보인다.

vulnerable
[vʌ́lnərəbl]

- ⓐ 상처받기 쉬운, 공격받기 쉬운 = **easy to be damaged, open to attack, susceptible, threatened, unprotected, weak**

  Government officials are **vulnerable** to be attacked by the opposition parties.
  정부 관리들은 야당에 의해 공격받기 쉽다.

- 관련어 **susceptible** 받기 쉬운; 받아들일 수 있는 = **likely (to get), prone, vulnerable; acceptable**

capability
[kèipəbíləti]

- ⓝ 재능, 소질 = **ability, potentiality,** talent, capacity, competence

  It's the most challenging project yet for a costume drama and it is simply beyond my **capabilities**.
  시대극이 가장 도전해 볼 만한 프로젝트이긴 하지만 간단히 말해 그것은 내 능력 밖이다.

capacity
[kəpǽsəti]

- ⓝ 1. 능력, 재능 = **ability,** capability, competence
  2. 용량, 여지 = **space**

circumstance
[sə́ːrkəmstæns]

- ⓝ 상황, 형편, 환경 = **condition, situation**

  In the case of the murder of a 50-year-old violent father, the press and the public sympathize with the killers, the wife and the daughter, as victims of **circumstance**.
  폭력적인 50세 가장의 살해 사건에서 언론과 여론은 범인인 아내와 딸을 상황이 만들어낸 희생자라고 동정하고 있다.

core
[kɔːr]

- ⓝ 중심부, 중요 부분, 핵심 = **center, central idea, central concept, nucleus,** heart

  The **core** of the problem is the fact that the manufacturer needs a bank loan to expand.
  문제의 핵심은 제조업체가 사세 확장을 위해 은행 융자가 필요하다는 사실이다.

depletion
[diplíːʃən]

- ⓝ 감소 = **reduction,** decrease, diminution, decline

  The ministry of health and welfare is encouraged by the recent **depletion** in the number of teenage smokers.
  보건복지부는 10대 청소년 흡연자 수가 최근 감소한 것에 고무되어 있다.

- ⓥ **deplete** 줄이다, 고갈시키다 = **exhaust, reduce,** consume, diminish, drain, expend, use up
- 관련어 **consume** 써 버리다; 먹어 치우다; 소멸시키다 = **completely use, use up; eat; destroy**

2-3

> **시나공 비법**
> 자원 문제 및 환경 문제 등을 다루는 내용에서 자주 등장합니다.

facet
[fǽsit]

- **n** 양상, 한 면 = **aspect, form, side,** hand, phase
  The mural in this museum is one **facet** of Mexican history.
  이 박물관에 있는 벽화는 멕시코 역사의 한 단면을 보여준다.

hobby
[hábi]

- **n** 취미 = **pastime, play something for one's pleasure,** interest, pursuit
  His somewhat eccentric **hobbies** include train spotting, bird watching, and insect collecting.
  그의 약간 별난 취미들로는 기차 관찰, 조류 탐구 그리고 곤충 채집 등이 있다.
- 관련어 pursuit 추적, 추구; 일, 업무; 오락, 기분전환

model
[mάdəl]

- **n** 모형, 전형, 모범 = **example,** archetype, ideal, paradigm, pattern, standard
  He apologized for his action since he has been a public figure and a **model** to many young children worldwide.
  그는 그가 공인이면서 전 세계 많은 어린이들에게 모범이 되어왔기 때문에 자신이 한 행동을 사과했다.
- **v** 맞추어 만들다(on), 형성하다 = **shape**

scope
[skoup]

- **n** 범위, 영역 = **extent, range, size,** reach, realm
  The experiments were carried out within the **scope** of safety regulations.
  실험은 안전 규칙의 범위 내에서 행해졌다.

surplus
[sə́ːrplʌs]

- **n** 나머지, 과잉, 여분 = **exceeded quantity, excess, extra(goods), remainder,** plethora
  The President has authorized the Agricultural Minister to export our rice **surplus**.
  대통령은 농업부 장관에게 남는 쌀에 대한 수출을 허가했다

with[in] respect to

- **phr** ~에 관하여 = **in terms of, with[in] reference to, with regard to,** in regard of
  With respect to your request for a transfer, you must make an appointment with the Dean.
  전근 요청과 관련해 당신은 학장과 약속을 해야 한다.

Day 15 Quiz

앞에서 학습한 내용들을 바로 확인해 보는 코너입니다.

1 아래 단어들의 유의어를 보기에서 찾아 빈칸에 쓰시오.

A ⓐ initiate　ⓑ decrease　ⓒ guarantee　ⓓ learn　ⓔ release　ⓕ refine

1. groom _____　　2. exude _____　　3. originate _____
4. diminish _____　5. absorb _____　　6. assure _____

B ⓐ undeveloped　ⓑ important　ⓒ indirect　ⓓ practical　ⓔ pastime　ⓕ reliable

1. authentic _____　2. primitive _____　3. material _____
4. roundabout _____　5. utilitarian _____　6. hobby _____

2 문장 내에서 진하게 표시된 어휘의 유의어를 고르시오.

1. Her hasty words have **aggravated** public opinion.
   ⓐ broadened　ⓑ made worse　ⓒ widened　ⓓ foraged

2. Bugock in Korea is **celebrated** for its hot springs.
   ⓐ destroyed　ⓑ famous　ⓒ favored　ⓓ excelled

3. As we know, the old but **splendid** submarine was not made of titanium.
   ⓐ marvelous　ⓑ typical　ⓒ skillful　ⓓ foremost

4. Due to the **surplus** in supply and lack of sales, the factory had to lay off many workers.
   ⓐ excess　ⓑ vestige　ⓒ origin　ⓓ spectrum

5. The new policy of the ministry of health and welfare is encouraged by the recent **depletion** in the number of teenage smokers.
   ⓐ reduction　ⓑ process　ⓒ influence　ⓓ means

정답 & 해석

1 A. 1. ⓕ　2. ⓔ　3. ⓐ　4. ⓑ　5. ⓓ　6. ⓒ
　　B. 1. ⓕ　2. ⓐ　3. ⓑ　4. ⓒ　5. ⓓ　6. ⓔ
2 1. ⓑ　2. ⓑ　3. ⓐ　4. ⓐ　5. ⓐ

1. 그녀의 경솔한 말이 여론을 악화시켰다.
2. 한국에 있는 부곡은 온천으로 유명하다.
3. 우리가 알고 있듯이 낡았지만 멋진 잠수함은 티타늄으로 만들어지지 않았다.
4. 누적된 재고와 판매 부족으로 공장은 많은 직원들을 해고해야 했다.
5. 보건 복지부의 새 정책은 최근 청소년 흡연자 수의 감소에 고무되어 있다.

Not 빈출, But 기출! 고득점을 원하면 놓치지 말아야 할 코너!

Word	의미	유의어
inspect	조사[검사]하다	examine
install	설치하다	put in place
interest	관심(사), 흥미	concern
intermingle	섞다	mix
interpret	해석하다; 이해하다, 판단하다	understand

Do it this way! Speaking 에서는 이렇게 쓰입니다.

SPEAKING

celebrated

A holiday that is **celebrated** in my country is Lunar New Year's Day.
(음력) 설날은 우리 나라에서 기념하는 공휴일이다.

> '당신의 나라에서 공휴일을 골라 그것에 대해서 설명하시오.(Choose a holiday in your country and explain about it.)'와 같은 질문을 할 때 위와 같은 방법으로 설날 같은 특정 공휴일을 제시하면서 대화를 시작하기 바랍니다.

Day 16 시험에 나오는 2순위 Voca

0~2순위 어휘에서 TOEFL Reading Voca 문제의 88%가 출제된다!

🔊 2-4_Day 16.mp3

---

conserve
[kánsəːrv]

- ⓥ 유지하다, 보존하다 = **protect, retain, save,** keep up, preserve
  They **conserve** their healthy life by eating sensibly and exercising.
  그들은 분별있게 먹고 운동으로써 건강한 삶을 유지한다.
- 관련어 healthy 건강한
  healthful 건강에 좋은

---

divest
[divést]

- ⓥ 1. 박탈하다, 빼앗다 = **deprive,** lose, remove, rob, seize, take
  Due to the poor performances of the branch for several months, the company **divested** the manager of all his rights.
  수 개월 동안 이어진 지점의 초라한 실적 때문에 회사는 매니저의 모든 권리를 박탈했다.
  2. 벗기다 = **remove, strip**
- 관련어 rob 빼앗다, 약탈하다
  seize 잡다, 쥐다; 이해하다; 빼앗다, 강탈하다

---

erect
[irékt]

- ⓥ 세우다, (건물을) 세우다 = **build, construct, raise,** put up, rear
  Protesters **erected** barricades to protect themselves.
  시위대는 자신들을 보호하기 위해 바리케이드를 쳤다.
- ⓐ 똑바로 선, 직립의 = **upright,** raised, stand-up, straight, vertical

---

fuse
[fjuːz]

- ⓥ 1. 합치다 = **blend, combine, join, mix,** amalgamate, merge, mingle
  An engineer **fused** together three hot metals into an alloy.
  한 기술자가 세 개의 금속 용액을 융합해 합금을 만들었다.
  2. 녹이다 = **dissolve, melt, thaw**
- ⓝ **fusion** 융합, 통합, 연합 = **union,** alloy, blend, compound, mixture
- 관련어 **mingle with** ~와 혼합[결합]하다 = **associate with**

---

guarantee
[gæ̀rəntíː]

- ⓥ 보증하다, 확실히 하다 = **ensure,** assure
  We need to **guarantee** that the teaching they receive is appropriate to their needs.
  우리는 그들이 받는 교육이 그들의 필요에 적절하다는 것을 확신시켜 줄 필요가 있다.
- 관련어 **ensure** 보증하다 = guarantee
  assure 보증하다, 확신하다 = **build a confidence, guarantee**
  pledge 서약, 맹세; 저당, 보증 = **promise, oath, vow; guarantee, warranty**

hamper
[hǽmpər]

ⓥ 1. 방해하다, 막다 = **hinder, impede, make difficult, obstruct,** clog, stunt

Fire fighters were **hampered** by strong wind.
소방대원들은 강풍 때문에 진화 작업에 어려움을 겪었다.

2. 제한하다 = **restrict,** curb, restrain

관련어 **hinder** 방해하다, 지연시키다 = **interfere with**
impede 막다, 방해하다 = **inhibit, interrupt, prevent, restrict**
clog 방해하다; (길 등을) 막다
stunt 발전이나 성장을 막다 = hamper, hinder, undevelop

hover
[hʌ́vər]

ⓥ 공중을 맴돌다, 배회하다 = **live,** drift, stay on the top, waft

The patient in this private ward has **hovered** between life and death for 10 years.
이 개인 병실에 있는 환자는 10년 동안 삶과 죽음 사이를 오갔다.

관련어 **drift** 떠돌다, 표류하다
waft (공중을) 떠돌다, 부유하다

jettison
[dʒétisən]

ⓥ 내던지다, 버리다 = **release,** cast, reject, shed, throw away[out], unload

The ship had to **jettison** at least 100 soldiers due to operational problems.
군함은 작전상의 이유로 100명의 군인들을 하선시켜야 했다.

시 나 공 비 법
주로 배나 비행기에서 무언가를 내던지는 경우에 사용됩니다.

liken
[láikən]

ⓥ 견주다, 비유하다(to) = **compare,** assimilate, match, parallel

You should not **liken** marriage to slavery.
당신은 결혼을 노예제에 비유해서는 안 됩니다.

관련어 **assimilate** 동화하다, 융합하다; 비기다, 비유하다 **absorb;** compare, liken, match, parallel

likeness
[láiknis]

ⓝ 1. 유사함 = **resemblance,** alikeness, analogy, comparison, similarity
2. 모양, 외형 = **image,** picture

시 나 공 비 법
발음이 같은 lichen(지의류, 이끼)와 혼동하지 말기 바랍니다!

linger
[líŋgər]

ⓥ 남아 있다, 남아서 꾸물거리다 = **remain,** crawl, creep, drag, delay, lag

To meet the star, Japanese fans are still **lingering** around the Star building long after the other Korean fans had gone.
스타를 만나기 위해, 일본 팬들은 다른 한국 팬들이 가고 난 한참 후에도 스타빌딩 주위를 서성거리고 있다.

관련어 **creep** (곤충, 애기 등이) 기어가다; (식물이) 타고 뻗어나가다; 천천히 움직이다[다가가다]

시 나 공 비 법
아쉬운 마음으로 남아 있는 경우나 떠나지 않고 꾸물거리는 경우에 사용됩니다.

permit
[pə́:rmit]

- **(v)** 용인하다, 허락하다 = **allow, enable**
  This will **permit** Web-users to conduct live video conversations.
  이것은 웹 사용자들로 하여금 실시간 화상 대화를 가능하게 할 것이다.

  > **시나공 비법**
  > allow, enable, permit은 일반 연설문, 지문 등에 자주 사용되므로 확실히 알아두기 바랍니다.

preclude
[priklú:d]

- **(v)** 막다, 방해하다 = **arrest, check, impede, prevent, rule out,** deter
  The contract **precludes** her from meeting other managers.
  계약에 따르면 그녀는 다른 매니저들을 만날 수 없게 되어 있다.

  [관련어] **prevent** 방해하다 = **preclude**
  deter 단념시키다, 그만두게 하다 = **stop**
  impede 막다, 방해하다 = **inhibit, interrupt, prevent, restrict**
  rule out 배제하다, 제외시키다 = **exclude**

revise
[riváiz]

- **(v)** 개정하다, 교정하다 = **alter, change, correct, edit,** redraft, rework
  The report for this product has been **revised** to improve fuel consumption.
  이 제품 보고서가 연비와 관련된 수치를 바꾸기 위해 수정되었다.

- **(n)** **revision** 개정, 교정 = **change,** alteration, modification, remaking, remodeling

subsidize
[sʌ́bsidàiz]

- **(v)** 보조금을 지급하다, 원조하다 = **assist, finance,** support, endow, fund
  According to this report, the KIST is **subsidized** by the government.
  이 보고서에 따르면, 한국과학기술연구원은 정부로부터 보조금을 받는다.

- **(n)** **subsidy** 보조금, 장려금 = **financing,** appropriation, grant
- **(a)** **subsidiary** 보조적인, 종속적인 = **less important**

  [관련어] **endow** 주다; 기부하다 = **give, grant, provide; donate**
  appropriation 유용, 도용; 충당(금); 정부지출금

turn out

- **(v)** 생산하다, 만들어내다 = **produce,** bear, yield
  After living in seclusion for twelve years, the writer **turned out** a great collection of short stories.
  12년 간의 은둔 생활 뒤에 작가는 굉장한 단편 모음집을 발표했다.

  [관련어] **yield** 양도하다; 생산[산출]하다; 포기하다, 내주다 = **give; produce; cede, surrender**

turn
[tə:rn]

- **(v)** 1. 바꾸다, 변화시키다 ((in)to) = **change (in(to))**
  2. 돌다 = **rotate,** circle, revolve

turn aside

- **(v)** 빗나가다 = **deflect,** avert, divert, veer
- **(a)** **tuned to** ~와 맞추어진 = **in agreement with**

wield
[wi:ld]

- **(v)** 행사하다, 사용하다, 발휘하다 = **exercise, use,** apply, exert
  They **wielded** no political and economic power.
  그들은 어떠한 정치적, 경제적 권한도 행사하지 않았다.

관련어 **exercise** 활용하다, 행사하다; 훈련시키다 = **use; practice**
unwieldy (무거워서) 다루기 힘든, 부피가 큰 = **awkward**
wieldy (도구 등이) 다루기 쉬운, 쓰기 알맞은

dense
[dens]

ⓐ 빽빽한, 밀집한 = **closely placed, compact, crowded, thick,** close, packed, tight
I was told that your city had a **dense** population.
당신이 사는 도시는 인구 밀도가 높다고 들었다.

ⓝ **density** 밀도, 밀집 상태, 짙음 = **concentration,** consistency, thickness, viscosity

관련어 **viscous** 끈끈한, 점(착)성의

dual
[djú(ː)əl]

ⓐ 둘의, 이중의 = **double,** twin
Our inhumane manager has bad reputation to show his **dual** personalities.
우리의 비인간적인 매니저는 이중적인 성격을 보인다는 나쁜 평판을 갖고 있다.

frankly
[frǽŋkli]

ⓐⓓ 솔직히 = **actually, openly, really, truly,** honestly, truthfully
Frankly, it turned out to be our most easy match in this tournament yet.
솔직히 이번 경기는 이번 토너먼트에서 가장 쉬운 경기였다.

fundamental
[fʌ̀ndəméntəl]

ⓐ 기본적인, 토대를 이루는 = **basic, elementary, essential, radical, rudimentary, underlying, vital**
The new CEO of that department store stressed that quality and service were **fundamental** principles in attracting shoppers.
그 백화점의 신임 CEO는 품질과 서비스가 고객 유치에 있어 기본 원칙임을 강조했다.

관련어 **radical** 급진적인, 과격한; 근본적인; 철저한 = **drastic, extreme, great; essential, fundamental; complete**
rudimentary 기본의, 기초의; 미발달의, 미숙한 = **basic, fundamental; primitive, undeveloped**
inherent (근본적으로) 타고난 = **essential, fundamental, inborn, innate, intrinsic**

given
[gívən]

ⓐ 지정된, 정해진 = **particular, specified**
Please submit your application form and an academic record by the **given** date.
지원서와 성적 증명서를 정해진 날짜에 제출하시오.

ⓥ 1. **give up** 포기하다 = **abandon,** leave, relinquish, renounce, resign, surrender
2. **give way** 바꾸다 = **modify,** change, metamorphose, transform

given over to

ⓐ 1. 맡긴, 위탁된, 양도된 = **used for**
2. 몰두하는, 빠지는 = **dedicated to**

phr **given that** ~을 생각해 본다면, ~라면 = **accepted that**
관련어 **particular** 특유의 = **authentic, specific**

2-4

gradually
[grǽdʒəwəli]

ad 조금씩, 점차적으로, 서서히 = **little by little, slowly**
Our department is positive the sales of your latest book will **gradually** increase.
우리 부서는 당신의 신간 도서 판매량이 점차 늘어날 것으로 확신합니다.

a **gradual** 조금씩의, 점진적인 = **slow,** step-by-step

inhospitable
[inhάspitəbl]

a 1. 접대가 나쁜, 무뚝뚝한, 쌀쌀한 = **bleak, unfavorable, unfavored, hostile,** antagonistic, inimical, negative, unfriendly, unsympathetic
France and Germany were relatively **inhospitable** to the U.S. during the 2nd Gulf War.
프랑스와 독일은 제2차 걸프전 때 상대적으로 미국에 비우호적이었다.

2. 거주하기에 부적당한 = **not suitable**

관련어 **bleak** 황폐한; 냉혹한
antagonistic 적대하는, 대립하는
inimical 적대하는, 사이가 나쁜
unsympathetic 냉담한, 인정없는

lavish
[lǽviʃ]

a 사치스러운, 호사스러운 = **deluxe, rich,** luxurious, luxuriant, opulent
Stars' **lavish** life styles are often criticized and yet admired at the same time by the public at large.
스타들의 사치스러운 생활 방식은 일반 대중들로부터 자주 비난 받기도 하지만 동시에 동경의 대상이기도 하다.

관련어 **luxuriant** 풍부한, 넘칠 듯한 = **rich**
luxurious 구하기 힘든, 사치스러운 = **too hard**
luxury 사치, 낭비 = **extravagance**

시나공비법
lavish는 '낭비하는, 헤픈; 풍부한'의 의미를 지니며, 동사로서 '마음껏 주다[사용하다], 낭비하다'의 의미로도 자주 사용됩니다.

malleable
[mǽliəbl]

a 1. 두들겨 펴기 쉬운 = **flexible,** pliable
It was the introduction of **malleable** plate to the product's research and development made the invention possible.
제품의 연구와 개발 단계에서 펴기 쉬운 금속판이 도입된 것이 이번 발명을 가능케 했다.

2. 순응성[적응성] 있는 = **adaptable, flexible,** adjustable, alterable, changeable, pliable, versatile

관련어 **versatile** 융통성 있는; 다재다능한 = **adaptable, flexible; all-around, expert, skillful**
pliable 유연한; 유순한, 말 잘 듣는, 순응성 있는

시나공비법
malleable과 flexible은 거의 같은 의미로 봐도 무방하나, 차이점이라면 flexible은 easy to bend의 의미를 갖고 있다는 것입니다.

patent
[pǽtənt]

a 명백한 = **apparent, clear, distinct, evident, manifest, obvious**
The main characters are very **patent** in the first chapter of the book.
주요 인물들은 책의 첫 장에서 매우 명확히 묘사된다.

관련어 **apparent** 명백한, 분명한; 외관상의 = **clear, evident, obvious, seen clearly; seeming**

clear 명백한, 분명한 = **apparent**

conspicuous 띄는, 현저한; 확실히 보이는, 뚜렷한 = **(very) noticeable; evident, obvious**

evident 명백한 = **apparent, clear, obvious**

manifest 명백한 = **apparent, clear, definite, distinct, evident, obvious**

obvious 명백한, 눈에 띄는 = **apparent, clear, conspicuous, evident**

> **시나공비법**
> patent는 일상에서 '특허(권을 얻다)'의 의미로 더 많이 사용되며, 지문상에서도 그러한 의미로 가끔 출제됩니다.

spontaneous
[spɑntéiniəs]

ⓐ 자연 발생적인, 즉흥적인 = **unplanned,** ad-lib, automatic, casual, improvised, unpremeditated

She tried to hide her **spontaneous** reaction, but her actual feeling was expressed on her face.
그녀는 무의식적인 반응을 숨기려 노력했지만, 그녀의 실제 감정은 얼굴에 그대로 나타났다.

tacit
[tǽsit]

ⓐ 묵시적인, 말로 나타내지 않은 = **implicit, implied,** unspoken

The fine expression on the coach was a **tacit** admission of the rival team's loss.
코치의 얼굴에 나타난 환한 표정은 상대팀의 패배에 대한 무언의 인정이었다.

관련어 **taciturn** 말이 없는, 말수가 적은

therefore
[ðɛ́ərfɔ̀ːr]

ⓐⓓ 그러므로, 따라서 = **accordingly, as a result, consequently, thus,** hence, so, then

We were unable to get funding and **therefore** had to abandon the project.
우리는 자금 지원을 받을 수가 없었다. 따라서 프로젝트를 포기해야 했다.

관련어 **thereafter** 그 때부터, 그 후 = **subsequently**

thereby 그 때문에, 그것에 의해서 = **by this means**

throughout
[θru(ː)áut]

ⓐⓓ 도처에, 처음부터 끝까지 = **during[in] every part of, everywhere,** passim

There were children **throughout**, but the environment was very clean in this town.
이곳 타운은 가는 곳마다 어린이들뿐이었지만, 주변은 매우 깨끗했다.

> **시나공비법**
> 부사(adverb)로 사용될 때는 주로 문장의 마지막에 배치되며, 일반적(Writing, Speaking, Listening)으로는 전치사(~도처에, ~에 온통, 처음부터 끝까지)로써 더 많이 사용됩니다. thorough(철저한, 완전한 = complete)와 헷갈리지 않게 주의 바랍니다.

heir
[εər]

n 상속인, 후계자 = **inheritor,** legatee
It's only the second time a potential **heir** to the throne has married a commoner.
잠재적 왕위 계승자가 평민과 결혼한 것은 이번이 두 번째이다.

관련어 legatee 유산 수령자

idiosyncrasy
[ìdiəsíŋkrəsi]

n 개성, 특징 = **peculiarity,** eccentricity, mannerism, oddity, singularity
One of their little **idiosyncrasies** is habitually running in cold weather.
그들의 작은 특이한 개성들 중 하나는 습관적으로 추운 날씨에 뛴다는 것이다.

관련어 eccentric 별난 = unusual
odd 색다른, 이상한
singular 주목할만한, 두드러진; 색다른, 기이한

impact
[ímpækt]

n 영향, 효과 = **effect, influence,** mark
Tougher environmental laws could have negative **impacts** on economic growth.
환경과 관련된 엄격한 법률은 경제 성장에 부정적인 영향을 미칠 수 있다.

시나공비법
일반적으로는 '물체간의 충돌이나 충격'의 의미로 더욱 많이 사용됩니다.

overview
[óuvərvjù:]

n 개요, 개관 = **summary,** abstract, brief, essence, guide, survey, syllabus
The beginning chapter provides a comprehensive **overview** of the strategy.
첫 장은 전략의 포괄적인 개요를 제시하고 있다.

pacifier
[pǽsəfàiər]

n 조정자, 화해자 = **arbitrator, mediator,** peacemaker
Because of the latest nuclear test by North Korea, it is no longer easy for the South Korean government to work as a **pacifier** between the U.S.
북한의 최근 핵실험으로 인해 남한 정부가 더 이상 미국과의 관계에 있어 조정자 역할을 하기가 어려워졌다.

premise
[prémis]

n 전제, 가정 = **assumption,** presumption
We started from the **premise** that the situation can get no worse.
우리는 상황이 더 이상 악화되지 않을 것이라는 전제 아래 출발했다.

시나공비법
동사(verb)로 '가정하다, 전제하다(assume, hypothesize, postulate)'의 의미로도 사용되며, 명사(noun)일 때와는 발음이 다른 점을 주의하기 바랍니다.

project
[prάdʒekt]

- **(n)** 프로젝트, 일 = **design, job,** plan, program, strategy, system
  It is his life-long project to establish an institute that scouts young talents and trains them to be footballers with solid basic skills.
  어리고 재능있는 인재를 찾아내 그들을 기본기에 충실한 축구선수로 훈련시킬 수 있는 재단을 설립하는 것이 그의 평생의 숙원 사업이다.
- **(v)** 나타내다, 표명하다 = **display**
- **(n)** projection 추정, 산출 = **estimate**
- **관련어** strategy 전략, 병법 = **method, plan**

proportion
[prəpɔ́ːrʃən]

- **(n)** (대응) 정도, 양 또는 크기 = **amount, percentage, ratio, (relative) size,** degree, extent, magnitude
  The report shows that poor families spend a larger proportion of their income on food.
  보고서에 따르면 빈곤 가구들은 소득의 상당 부분을 음식비로 소비한다.
- **관련어** extent 넓이, 크기, 길이, 양, 범위, 정도 = **degree, length, range, scope**
  magnitude 크기, 규모; 중요(성) = **extent, size; importance**

sphere
[sfiər]

- **(n)** 분야, 영역 = **area,** field, arena, domain, line, realm
  This topic is an issue that has now moved into the technical sphere.
  이 주제는 이제 기술적인 분야로 옮겨 간 이슈다.

vehicle
[víːikl]

- **(n)** 수단 = **means, method**
  The chief of police promised to use all available vehicles to rescue people from the accident.
  경찰서장은 이용 가능한 모든 수단을 동원해 사고 피해자들을 구출할 것을 약속했다.

> **시나공 비법**
> 일반적으로 vehicle은 '운송[운반] 수단'이나 '차, 탈 것'의 의미로 사용됩니다.

Day 16 Quiz

앞에서 학습한 내용들을 바로 확인해 보는 코너입니다.

❶ 아래 단어들의 유의어를 보기에서 찾아 빈칸에 쓰시오.

> A   ⓐ release   ⓑ finance   ⓒ retain   ⓓ compare   ⓔ remain   ⓕ prevent

1. jettison _____
2. liken _____
3. linger _____
4. subsidize _____
5. conserve _____
6. preclude _____

> B   ⓐ peculiarity   ⓑ particular   ⓒ unfavorable   ⓓ deluxe   ⓔ flexible   ⓕ mediator

1. given _____
2. inhospitable _____
3. malleable _____
4. idiosyncrasy _____
5. pacifier _____
6. lavish _____

❷ 문장 내에서 진하게 표시된 어휘의 유의어를 고르시오.

1. You need to **guarantee** that the program you study is good to your learning.
   ⓐ justify   ⓑ encourage   ⓒ ensure   ⓓ exacerbate

2. The policy may **hamper** potential educational and economic growth.
   ⓐ impede   ⓑ facilitate   ⓒ protect   ⓓ foster

3. The manager **wielded** his power given by the company recklessly.
   ⓐ balanced   ⓑ offset   ⓒ dug   ⓓ used

4. **Therefore**, it is expected that the government will raise taxes on beer and whiskey.
   ⓐ Accordingly   ⓑ Above all   ⓒ At least   ⓓ Despite

5. We started from the **premise** that the situation can get no worse.
   ⓐ residue   ⓑ assumption   ⓒ commission   ⓓ circumstance

정답 & 해석

❶ A. 1. ⓐ 2. ⓓ 3. ⓔ 4. ⓑ 5. ⓒ 6. ⓕ
   B. 1. ⓑ 2. ⓒ 3. ⓔ 4. ⓐ 5. ⓕ 6. ⓓ
❷ 1. ⓒ 2. ⓐ 3. ⓓ 4. ⓐ 5. ⓑ

1. 당신이 배우는 프로그램이 당신의 지식에 도움이 되는지 확인할 필요가 있다.
2. 그 정책은 교육과 경제의 잠재적 성장을 방해할 것이다.
3. 매니저는 회사가 부여한 권한을 무모하게 사용했다.
4. 따라서 정부는 맥주와 위스키에 부과하는 세금을 인상할 것으로 예상된다.
5. 우리는 상황이 악화되지 않을 것이라는 전제 아래 출발했다.

Not 빈출, But 기출! 고득점을 원하면 놓치지 말아야 할 코너!

Word	의미	유의어
lag	꾸물거리다, 머무적거리다	delay
lax	미온적인; 태만한	careless
legendary	전설에 남을 만한, 유명한	famous
legible	읽을[식별할] 수 있는	recognizable
loose	느슨한	not strict

Do it this way! Writing, Listening 에서는 이렇게 쓰입니다.

WRITING

turn out

It is useless to learn something that might **turn out** to be nothing in the future.

미래에 무용지물이 될 수 있는 것을 배워봤자 소용 없다.

> 헛물켜지 말라는 문장입니다. 그래서 공부할 때에는 미래에 직업을 갖는 데 유리한, 혹은 일상에서 유용하게 쓰일 것을 배우라는 것이지요. 교육/학습에 관한 독립형 영작 topic이 꽤 많이 나옵니다.

gradually

The world has **gradually** become an information-oriented society.

세상이 점차 정보 지향적인 사회가 되었다.

> 정보와 인터넷에 관한 topic은 심심찮게 나옵니다. 반드시 여러 idea를 생각하고 시험에 임해야 할 것입니다.

LISTENING

given

That was unfair **given** everything you've done for the study group.

당신이 스터디 그룹을 위해 한 일들을 고려해 보면 그것은 공평하지 않다.

> Listening 섹션의 대화(conversation)나 강의(lecture)에서 접속사로써 '~를 고려해 보면, 생각해 볼 때'의 의미로 등장하는 경우가 많다.

Day 17 시험에 나오는 2순위 Voca

0~2순위 어휘에서 TOEFL Reading Voca 문제의 88%가 출제된다!

🔊 2-5_Day 17.mp3

abolish [əbáliʃ]

- ⓥ 폐지하다 = **eliminate, end,** abrogate, cancel, dissolve, invalidate, rescind

  The government's controversial decision to **abolish** the 'hoju' system where women are not allowed to officially be the head of a family is welcomed by many women's organizations.
  논쟁이 되고 있는 정부의 '여성은 가족의 세대주가 될 수 없다'는 호주제의 폐지 결정을 많은 여성 단체들은 환영했다.

- 관련어 **eliminate** 없애다, 제거하다, 실격시키다 = **end, remove (completely)**
  abrogate 폐기하다, 폐지하다; 방해하다
  invalidate 무효로 하다, 법적 효력을 없애다
  rescind 폐지하다; 철회하다

adorn [ədɔ́ːrn]

- ⓥ 장식하다, 꾸미다 = **decorate,** bedeck, embellish, garnish, ornament, trim

  A bed, a small night table and an empty basket **adorn** the room.
  침대 한 개와 작은 침실용 탁자, 그리고 빈 바스켓이 방을 장식하고 있다.

- 관련어 **embellish** 아름답게 꾸미다 = **make attractive**
  ornament 장식하다 = **adorn, decorate**
  bedeck 꾸미다
  garnish 꾸미다, 장식하다
  trim 정돈하다, 손질하다

calculate [kǽlkjulèit]

- ⓥ 결정하다, 평가하다 = **determine, judge,** estimate

  Our health is **calculated** in part by what we eat.
  우리의 건강은 부분적으로는 우리가 먹는 것에 의해 결정된다.

- ⓐⓓ **calculatedly** 의도적으로 = **deliberately**

coat [kout]

- ⓥ 덮다, 입히다 = **cover,** overlay, overlie, overspread, sheet

  This highly overpriced imported biscuit is thinly **coated** with Swiss chocolate and Jamaican coconut.
  터무니 없이 비싼 이 수입 과자는 스위스 초콜릿과 자메이카 코코아가 얇게 입혀져 있다.

- ⓝ **coating** 겉에 입힌 것[층] = **layer**
- 관련어 **overlie** ~위에 가로놓이다[눕다] = **cover**

convey [kənvéi]

- ⓥ 1. 운반하다, 나르다 = **transmit, transport,** carry, ferry, haul, transport

  Most chimps use hand signals to **convey** information.
  대부분의 침팬지들은 정보를 전달하기 위해 수신호를 이용한다.

2. 전하다, 연락하다 = **communicate, transmit,** spread, transfer, transfuse

관련어 **haul** 끌다, 잡아당기다; 운반하다, 수송하다 = **pull (back); carry**
transfuse 퍼뜨리다, 유포시키다
ferry 배로 건네다, 배로 건너다; 수송하다

defend
[difénd]

ⓥ 1. 변호하다, 방어하다 = **guard, protect, secure, shield, shelter**
She had to **defend** her husband's harsh comments on a homosexual community.
그녀는 남편의 동성애자 공동체에 대한 거친 발언에 대해 변호해야 했다.

2. 옹호하다 = **keep (up), preserve, save, sustain,** conserve, support

관련어 **shelter** 보호하다, 숨겨 주다 = **cover, protect, shield, veil**
shield 막다, 보호하다 = **protect**

determine
[ditə́:rmin]

ⓥ 평가하다, 결정하다 = **calculate, decide, figure out**
The ancient scientists already showed a simple way to **determine** the altitude of a flying kite.
고대 과학자들은 이미 연의 높이를 결정하는 간단한 방법을 제시했었다.

ⓝ **determinant** 결정요소, 결정자 = **cause,** matter, motivation, motive, root, origin

관련어 **figure out** 이해하다; 해결[발견, 결정]하다 = **understand; determine**

enable
[inéibl]

ⓥ 할 수 있게 하다, 허용하다 = **allow, permit,** qualify
This so-called 'user-friendly' function will **enable** even the worst technophobe to enjoy the machine.
소위 '사용하기 쉬운' 기능으로 불려지는 이것은 신기술을 두려워하는 사람들조차 기계 사용을 즐기게 해 줄 것이다.

시나공비법
allow, enable, permit은 일반연설문, 지문 등에 자주 사용되므로 확실히 알아 두기 바랍니다.

evaluate
[ivǽljuèit]

ⓥ 평가하다, 진단하다 = **judge,** appraise, assess, estimate, rate, value
We need to **evaluate** the condition of the company.
우리는 회사 상태를 평가할 필요가 있다.

관련어 **assessment** 평가, 사정 = **evaluation**
oversee 감독하다 = **supervise**
appreciate 평가하다, 이해하다 = **value, review**
prize 중요하게 여기다, (높게) 평가하다 = **value**
appraise (품질, 치수 등을) 평가하다, 판정[감정]하다

inhibit
[inhíbit]

ⓥ 억제하다, 방해하다 = **hinder, restrain, restrict, slow down,** constrain, hold back
The flu **inhibited** her from finishing the assignment on time.
감기 때문에 그녀는 제 시간에 과제를 마칠 수 없었다.

관련어 **hinder** 방해하다, 지연시키다 = **interfere with**
restrict 한정하다, 제한하다 = **impound, limit, restrain**

relish
[réliʃ]

ⓥ 즐기다 = **enjoy**, adore, delight
Those workers are too exhausted to **relish** their family life.
이들 근로자들은 너무 지쳐 가정 생활을 즐길 수 없다.

관련어 delight ⓝ 기쁨, 즐거움 = **pleasure** ⓥ 즐겁게 하다 = **please**
adore 너무 좋아하다; 숭배하다

시나공비법
일반적으로 명사로써 '맛(taste), 재미, 풍미'의 의미로 더 많이 사용됩니다.

---

shrivel
[ʃrívəl]

ⓥ (건조해져서) 말라 죽다 = **dry up**, dehydrate, desiccate
An orchid is a very delicate plant since it can easily **shrivel** without regular care and attention.
난은 주기적인 관심과 보살핌이 없으면 쉽게 말라 죽는 아주 섬세한 식물이다.

관련어 dehydrate 건조시키다, 수분을 빼다
desiccate 건조시키다

---

yield
[jiːld]

ⓥ 1. 생산하다, 산출하다 = **produce**, bear, turn out
The rice paddies aren't **yielding** as much as usual this year, due to the drought.
가뭄 때문에 올해 논의 쌀 수확량이 평년만 못하다.
2. 포기하다, 내주다 = **cede, surrender**, abandon, give up, relinquish, resign
3. 양도하다, 주다 = **give**

ⓝ 생산성 = **productivity**

관련어 relinquish 포기하다, 내주다(surrender)
resign 사임하다, 그만두다

시나공비법
2, 3번 의미인 '포기하다, 내주다'와 '양도하다, 주다'는 거의 차이 없이 사용되며, 동사보다는 주로 명사로서 '이윤(income), 생산, 산출(product), 또는 생산량(haul)'의 의미로 자주 쓰입니다.

---

altogether
[ɔːltəɡéðər]

ⓐⓓ 완전히, 전적으로 = **completely, fully**, all, entirely, perfectly
The scarce fossil fuels will eventually be consumed **altogether**.
부족한 화석 연료는 결국 완전히 고갈되고 말 것이다.

시나공비법
일반적인 Reading 지문이나 Listening의 대화에서 위의 의미보다는 '모두, 통틀어'의 의미로 더 자주 등장합니다.

---

as a rule (of thumb)

ⓐⓓ 대개, 일반적으로 = **generally, in general**, commonly, consistently, conventionally, traditionally, usually
As a rule, students with perseverance win to succeed in learning a foreign language.
대개 끈기있는 학생들이 외국어를 배우는 데 성공한다.

관련어 conventional 평범한, 진부한 = **customary, traditional, usual**

> **시 나 공 비 법**
> 1 thumb은 '엄지손가락'이라는 의미를 갖고 있으나, 'all thumbs(손재주 없는), thumbs up/down(찬성하다, 만족하다/반대하다, 불만을 나타내다)' 등의 관용적 표현으로 많이 사용됩니다.
> 2 rule of thumb은 '경험에 의한 어림짐작'을 의미합니다.

dainty
[déinti]

ⓐ 1. 우아한, 고상한 = **delicate,** nice, particular
   In the northern part of his town, there are many **dainty** restaurants.
   그의 마을 북쪽에는 많은 고상한 식당들이 있다.
2. 여린, 약한 = **delicate,** breakable, feeble, fragile, frail, weak

관련어 fragile 깨지기 쉬운 = **delicate, easily broken[damaged]**

firm
[fə:rm]

ⓐ 1. 견고한, 탄탄한 = **compact, solid, staunch**
   To build a tall building, it must have a **firm** foundation.
   높은 건물을 짓기 위해서는 기초가 튼튼해야 한다.
2. 고정된, 안정된 = **fixed, secure,** set, settled, stable

관련어 solid 견고한, 단단한 = **firm, fixed, hard, substantial**

mundane
[mʌ́ndein]

ⓐ 평범한, 현세의 = **earthly, ordinary,** commonplace, prosaic, worldly
   In the beginning, he found his work somewhat **mundane** and monotonous.
   처음에 그는 그의 일이 다소 평범하고 단조롭다는 것을 알았다.

관련어 commonplace 평범한; 흔한, 진부한
   prosaic 재미없는, 평범한, 지루한

overall
[òuvərɔ́:l]

ad 종합적으로, 전반적으로 = **altogether, as a whole, generally, totally,** by and large, comprehensively, on the whole
   The **overall** situation is much better than before, despite a few problems.
   몇 가지 문제에도 불구하고 전반적인 상황은 전보다 아주 좋다.

관련어 by and large 전반적으로, 대체로 = **for the most part**
   on the whole 전체적으로 봐서 = **in general**
   comprehensive 광범위한, 포괄적인 = **broad, complete, inclusive, long, showing extensive understanding, thorough**

pervasive
[pə:rvéisiv]

ⓐ 퍼진, 보급된 = **prevalent, widespread,** current, popular, prevailing
   Reforms are being undermined by the all-**pervasive** corruption in the country.
   나라에 만연된 부패로 인해 개혁이 훼손되고 있다.

ⓥ pervade 퍼지다, 배어 들다 = **penetrate, spread,** impenetrate, saturate

관련어 widespread 일반적인, 널리 보급된 = **common**

preoccupied with
[pri:ɑ́kjəpàid wið]

ⓐ ~에 몰두하는, ~에 열중하는 = **concentrated on, engrossed in, fascinated with, intent on,** absorbed in, immersed in
   He is **preoccupied with** preparing for the qualifying examination and neglects everything else.
   그는 자격 시험 준비에 몰두한 나머지 다른 일들은 등한시한다.

2-5

- ⓝ **preoccupation** 열중, 몰두, 관련 = **concern, fascination, involvement,** absorption, engrossment, immersion

---

proficient
[prəfíʃənt]

- ⓐ 능숙한, 숙달된 = **adept, deft, expert, professional, skilled,** master, skillful
  He is **proficient** at speaking several different languages.
  그는 다개국어에 능통하다.
- ⓝ **proficiency** 숙련, 숙달, 진보 = **skill,** advance(ment), progress
- 관련어 **adept** 솜씨 좋은 = **skilful**

---

self-sufficient
[self səfíʃənt]

- ⓐ 자급자족할 수 있는 = **independent**, closed
  The program aims to make the country **self-sufficient** in food production.
  프로그램은 국가 식량 생산의 자급 자족을 목표로 하고 있다.
- ⓝ **self-sufficiency** = **independence,** autonomy, self-reliance
- 관련어 autonomy 자치(권), 자율
  self-reliance 자기 신뢰, 독립, 자립

> **시나공비법**
> closed는 좋지 않은 의미로서 '혼자서 하는', 즉 '배타적인, 폐쇄적인'의 의미로 사용될 때 유의어가 됩니다.

---

simulated
[símjulèit]

- ⓐ 가장한, 꾸민, 모조의 = **artificial,** bogus, fake, feigned, mock, unnatural
  The coffee **simulated** by them is very popular in Korea as it is very affordable and convenient to make.
  구입하기가 아주 쉽고 만들기 편리해 그들이 모방한 커피는 한국에서 매우 인기가 있다.
- ⓥ **simulate** 흉내 내다 = **imitate,** duplicate, mimic, replicate, reproduce
- 관련어 **duplicate** 복제하다; 되풀이 하다 = **copy, imitate, reproduce; repeat**
  mimic 흉내 내다, 흉내 내며 놀리다 = **copy, imitate**
  bogus 가짜의, 위조의
  fake ⓥ 위조하다 ⓐ 가짜의, 위조의
  feigned 가짜의, 흉내 낸
  replicate ⓐ 뒤로 접은 ⓥ 뒤로 접다; 반복하다; 복제하다

> **시나공비법**
> mock은 동사(verb)로 '조롱하다, 놀리다; 흉내 내며 놀리다; 모방하다'의 의미로 사용되며, 형용사(adjective)로 '가짜의, 모조의' 의미로 사용됩니다.

---

solid
[sálid]

- ⓐ 견고한, 단단한 = **firm, fixed, hard, substantial,** compact, rigid, stiff, unyielding
  The **solid** building was not damaged by the earthquake.
  견고한 빌딩은 지진에 의한 피해를 입지 않았다.

> **시나공비법**
> 1. substantial은 '중요한, 상당한, 충분한'의 의미 이외에도 '튼튼한, 견고한'의 의미로도 사용됩니다.
> 2. 형용사(adjective)로 '충실한, 확실한'의 의미와, 명사(noun)로 '고체, 고형물', 감탄사로 '바로 그거야, 괜찮다'의 의미로도 사용됩니다.

sparse
[spaːrs]

- **a** 1. 드문, 희박한 = **rare, scarce, thinly distributed,** infrequent, scanty
  Since the year one, the population here in this city is very **sparse**.
  옛날부터 이 도시의 인구 밀도는 매우 낮다.
  2. 부족한 = **limited, meager, scanty, thin,** poor, scant ↔ **rich** (풍족한)
- **ad** **sparsely** 희박하게 = **lightly, intermittently, thinly**
- 관련어 **scanty** 얼마 안되는; 좁은, 가는 = **few; thin**
  rich 풍부한 = **abundant, affluent, ample, plentiful, wealthy** ↔ **sparse**

thorough
[θə́ːrou]

- **a** 철저한, 완전한 = **complete, exhaustive,** comprehensive, total
  District attorney made a **thorough** examination of the evidence and put the suspect in jail.
  지방 검사는 증거를 철저히 조사한 뒤 그 용의자를 구속시켰다.
- **ad** **thoroughly** 철저히, 완전히 = **completely, drastically,** detailedly, entirely, exhaustively, utterly, wholly
- 관련어 **comprehensive** 광범위한, 포괄적인, 철저한 = **broad, complete, inclusive, long, showing extensive understanding, thorough**
  exhaustive 철저[완전]한, 포괄적인; 소모시키는

> **시나공비법**
> thorough는 지문상에서 '철저한, 완전한'의 의미 이외에도 absolute(절대적인)나 detailed(상세한)의 의미로도 사용 가능합니다.

unintentionally
[ʌninténʃənəli]

- **ad** 무의식적으로, 자신도 모르게 = **accidentally,** by chance, random, unconsciously, unwittingly
  A customer **unintentionally** walked into a convenience store while a robbery was taking place.
  한 손님이 강도 사건이 벌어지고 있는 것을 알지 못하고 편의점으로 걸어 들어갔다.

> **시나공비법**
> random은 Reading 지문에서 형용사로 사용될 경우에 '되는 대로의, 무작위의(haphazard, occasional, unplanning)'의 의미로 사용됩니다. (참고: at random 멋대로, 마구잡이로, 무작위로)

apart from
[əpáːrt frəm]

- **phr** ~은 별도로 하고, 제쳐 놓고 = **besides, except (for),** aside from, but, exclusive of, outside of
  Apart from you and me, I don't think there was anyone over forty.
  너와 나를 제외하고 그곳에 40세가 넘는 사람은 없었다고 생각한다.

> **시나공비법**
> beside는 '게다가'의 의미로도 사용되지만, 주로 '~옆의, 가까이에(neighboring)', '~과 비교하면 (compared with)'의 의미로 사용됩니다.

archive
[áːrkaiv]

- **n** 1. 공문서[기록] 보관소 = **store,** library
  The old data you are looking for can be found in the **archives**.
  당신이 찾는 오래된 자료는 기록보관소에서 찾을 수 있다.
  2. 옛 기록, 공적 기록 = **(official) document, record,** account, chronicle

ⓥ 보관하다, 저장하다 = **store**
관련어 **document** 문서에 기록하다 = **record**
account 기술, 서술; 이야기, 담화; 기사, 보고 = **description; version; report**
chronicle 연대기, 사건의 시간 순서에 따른 기록 = **record, (written) account**

demolition
[dèməlíʃən]

ⓝ 파괴, 해체 = **destruction,** decimation, devastation, extermination, extinction, havoc, ruin

This town teems with old buildings known as buildings planned for **demolition** soon.
이 마을은 곧 철거 계획인 낡은 건물들로 가득 차 있다.

관련어 **decimation** 제거 = **destruction, reduction**
devastation 파괴, 황폐하게 함, 황폐함 = **destruction**
havoc (대규모) 파괴 = **destruction, ruin**
extermination 박멸, 멸종

flattery
[flǽtəri]

ⓝ 아부, 아첨 = **praise,** adulation

He said he meant to use **flattery,** yet the female employees complained about his inappropriate comments and actions as sexual harassment.
그는 그가 칭찬을 하려는 의도였다지만 여직원들은 성희롱이라 할 수 있는 부적절한 언사와 행동이었다며 불만을 토로했다.

관련어 **adulation** 아첨 / **adulate** 아첨하다, 알랑거리다

시나공 비법
과도한(excessive) 칭찬의 경우에만 사용됩니다.

mode
[moud]

ⓝ 1. 방법, 방식 = **method, fashion,** approach, manner, means, procedure, way

Everyone must put mobile phones on vibrate **mode** before entering the theater.
극장에 들어가기 전에 모두 휴대폰을 진동모드로 바꿔야 한다.

2. 형태 = **form**

관련어 **approach** 접근법, 연구법 = **method**

시나공 비법
fashion은 '상태, 형식(shape, mode)' 이외에도 '방법, 방식(way)'의 의미로 쓰이며, 동사로서 만들다(make)의 뜻으로도 사용됩니다.

outcome
[áutkʌm]

ⓝ 결과 = **result,** conclusion, consequence, effect, product, sequence

The **outcome** of hard work is not success, but failure unfortunately.
열심히 일한 결과는 불행히도 성공이 아니라 실패였다.

관련어 **sequence** 연속; 결과; 순서 = **progression, series, string, succession; effect, product, result; order**

subtraction
[səbtrǽkʃən]

- **(n)** 빼기 = **decrease**, elimination
  School's failure to attract more students leads to **subtraction** of number of classes.
  학교가 더 많은 학생들을 모으는데 실패할 경우에는 개설 강좌 수의 감소로 이어진다.
- **(v)** **subtract** 빼다 = **deduct**, discount, draw back, eliminate, remove, take away, take off
- **관련어** **eliminate** 없애다, 제거하다, 실격시키다 = **end, remove (completely)**
  discount 무시하다, 고려하지 않다 = **ignore**

tension
[ténʃən]

- **(n)** 팽팽함, 긴장, 압력 = **pressure, strain,** stress
  Tension with the North Korean government has risen sharply since the 9.11 terror attack.
  9.11 직후부터 북한과의 긴장은 더욱 팽팽해졌다.

trend
[trend]

- **(n)** 경향, 추세 = **movement, tendency,** current, drift
  What is the latest **trend** in New TOEFL iBT, TOEIC, and TEPS?
  New TOEFL iBT, TOEIC, TEPS의 최근 경향은 어떻습니까?

remnant
[rémnənt]

- **(n)** 나머지, 남은 것, 파편 = **remains, vestige,** leavings, remainder, residual, rest
  Obedience by women towards men is a **remnant** of religious teaching.
  남자들에 대한 여자들의 복종은 종교적 가르침의 잔재이다.
- **관련어** **relic** 유물, 유적 = **remains, remnants**
  residue (필요한 이상의)나머지, 잔여, 잔재 = **leaving, remains**
  vestige 흔적; 유물, 유적; 자취(= trace)
  remnant 중요치 않은 나머지 것
  remainder 사용한 후 나머지

Day 17 Quiz

앞에서 학습한 내용들을 바로 확인해 보는 코너입니다.

❶ 아래 단어들의 유의어를 보기에서 찾아 빈칸에 쓰시오.

A | ⓐ eliminate ⓑ preserve ⓒ calculate ⓓ allow ⓔ enjoy ⓕ produce

1. abolish _____
2. defend _____
3. enable _____
4. relish _____
5. yield _____
6. determine _____

B | ⓐ completely ⓑ imitate ⓒ deft ⓓ substantial ⓔ delicate ⓕ accidentally

1. altogether _____
2. dainty _____
3. proficient _____
4. simulate _____
5. unintentionally _____
6. solid _____

❷ 문장 내에서 진하게 표시된 어휘의 유의어를 고르시오.

1. The **inhibited** speed of the sailboat was caused by a lack of wind.
   ⓐ restricted   ⓑ impressive   ⓒ reliable   ⓓ suitable

2. It can readily **shrivel** without enough water and oxygen
   ⓐ secure   ⓑ enlist   ⓒ dry up   ⓓ live

3. It was difficult for me to stay awake during the **mundane** lecture.
   ⓐ ordinary   ⓑ complex   ⓒ difficult   ⓓ thrilling

4. The old data you are looking for can be found in the **archives**.
   ⓐ plenty   ⓑ store   ⓒ variety   ⓓ yield

5. The **pervasive** radiation was carried across the region by strong winds.
   ⓐ detailed   ⓑ acute   ⓒ widespread   ⓓ dangerous

정답 & 해석

❶ A. 1. ⓐ 2. ⓑ 3. ⓓ 4. ⓔ 5. ⓕ 6. ⓒ
   B. 1. ⓐ 2. ⓔ 3. ⓒ 4. ⓑ 5. ⓕ 6. ⓓ
❷ 1. ⓐ 2. ⓒ 3. ⓐ 4. ⓑ 5. ⓒ

1. 요트의 제한된 속도는 바람이 부족했기 때문이었다.
2. 충분한 물과 산소가 없으면 그것은 쉽게 말라 죽을 수 있다.
3. 강의가 평범해 깨어 있는 것이 나에게는 어려운 일이었다.
4. 당신이 찾고 있는 옛 기록은 기록보관소에서 찾을 수 있다
5. 도처에 퍼진 방사능이 강한 바람을 타고 외곽 지역으로 퍼졌다.

Not 빈출, But 기출! 고득점을 원하면 놓치지 말아야 할 코너!

Word	의미	유의어
luxuriant	풍부한, 넘칠 듯한	rich
magnificent	웅장한, 화려한	marvelous, splendid, wonderful
majestic	장엄한, 웅장한	magnificent
marvelous	놀라운, 멋진	wonderful

Do it this way! Listening 에서는 이렇게 쓰입니다.

LISTENING

convey

Sometimes it isn't straightforward to understand what the artists in 1950s were trying to **convey**.

1950년대의 화가들이 전하려고 했던 것을 이해하는 것은 간혹 쉽지 않은 경우도 있다.

> Listening 강의(lecture) 파트의 Art History Class에서 화가나 저자가 전달하고자 하는 것을 표현할 때 이와 같은 표현을 사용합니다. 이와 같이 교수나 강사가 전달하고자 하는 것을 정확히 이해하는 것이 중요합니다.

Day 18 시험에 나오는 2순위 Voca

0~2순위 어휘에서 TOEFL Reading Voca 문제의 88%가 출제된다!

🔊 2-6_Day 18.mp3

accelerate
[əksélərèit]

- ⓥ 속도를 높이다 = **occur at an increased speed, increase rapidly,** go faster, increase speed, speed up
  These ships became faster, which **accelerated** European immigration to the United States.
  이 배들은 더 빠르게 되었고, 그것은 유럽인들이 미국으로 이주하는 것을 가속화시켰다.

attempt
[ətémpt]

- ⓥ 시도하다 = **try,** endeavor, strive, struggle, undertake
  Fortunately, the documentary **attempts** to explain the origins of the war.
  다행히도 기록 영화가 전쟁의 기원을 설명하려고 시도하고 있다.
- 관련어 **endeavor** 노력하다, 애쓰다 = **attempt, strive, struggle, try,** seek
  undertake 떠맡다; 시도하다, 애쓰다 = **assume, take on; attempt**
  undertaking 사업 = **enterprise**

boom
[bu:m]

- ⓥ 붐을 일으키다, 갑자기 발전하다 = **expand (rapidly), flourish, prosper, thrive,** develop, enhance, succeed
  The automobile business is **booming** during the 2010s in Korea.
  2010년 대에 한국의 자동차 산업은 호황을 보이고 있다.
- ⓝ 급격한 증가, 급속한 발전 = **expansion,** development, growth, improvement, increase
- 관련어 **flourish, prosper, thrive** 번영하다, 번창하다, 성공하다 = **blossom, boom, do well, expand, succeed**
  enhance 강화하다, 높이다, 늘리다 = **improve, increase, intensify, strengthen**

burgeon
[bə́:rdʒən]

- ⓥ 갑자기 성장하다, 뻗어나가다 = **(rapidly) expand, flourish, increase, prosper, thrive**
  The Korea automakers have been **burgeoning** in America for years.
  한국의 자동차 회사들은 미국에서 수 년 동안 급성장하고 있다.
- 관련어 **flourish** 번영하다, 번창하다, 성공하다 = **blossom, do well, prosper, succeed, thrive**

> **시 나 공 비 법**
> '규모, 양, 숫자적으로 증가하다'나 '꽃이 피다'의 의미로 등장하는 경우에도 많이 사용됩니다.

burst
[bə:rst]

- ⓥ 파열하다, 폭발하다 = **break open,** explode, blow up, detonate
  When they finally finished the burial service of her father, she could no longer control her emotions and **burst** into tears.
  마침내 그녀 아버지의 입관식이 끝나자 그녀는 더 이상 감정을 조절하지 못하고 울음을 터뜨렸다.

관련어 break open 부셔져 열리다
detonate 터지다, 폭발하다

deject
[didʒékt]

v 실망시키다, 낙담시키다 = **depress,** sadden
The people tend to be **dejected** when it rains.
비가 올 때 사람들은 의기소침해지는 경향이 있다.

n **dejection** 낙담, 실의 = **depression**

관련어 sadden 슬프게, 우울하게 하다.

discount
[diskáunt]

v 고려치 않다, 무시하다 = **ignore,** belittle, deprecate, depreciate, diminish, disparage
The trivial objections against the plan were **discounted**.
계획에 대한 사소한 반대 사항들은 무시되었다.

관련어 **ignore** 무시하다, 간과하다 = **pay no attention to,** disregard, neglect, overlook
belittle 업신여기다, 과소평가하다
deprecate 반대하다; 비난하다; 경시하다
depreciate 가치를 저하시키다; 경시하다; 비하하다
diminish 떨어뜨리다, 줄이다
disparage 얕보다; 헐뜯다

emit
[imít]

v 1. 내(뿜)다, 방출하다, 방사하다 = **discharge, exhale, give off, produce, release, send out**
It **emits** nothing into the atmosphere, and all of its waste is easily contained.
그것은 대기로 아무 것도 방출하지 않으며, 소각된 모든 것은 쉽게 모아진다.

2. (말, 의견들을) 나타내다, 표명하다 = **designate,** give out, issue, vent

관련어 **designate** 확인하다, 지정하다 = **identify**
vent 표출(하다)

epitomize
[ipítəmàiz]

v 전형적인 예가 되다, 상징[전형]이 되다 = **exemplify,** embody, exemplify, manifest, represent, symbolize, typify
London **epitomized** the system of social differentiation which took place in Great Britain.
런던은 영국에서 발생했던 사회적 분화 시스템의 전형적인 예가 되었다.

관련어 **manifest** ~을 명백히 하다, 분명히 나타내다 = **demonstrate, reveal**

escalate
[éskəlèit]

v 점차 확대[증가]시키다 = **grow, intensify,** build up, burgeon, enlarge, expand, multiply, swell
The president's comments on the issue **escalated** the tension within the party.
이슈와 관련한 대통령의 발언은 당내 갈등을 증폭시켰다.

관련어 **swell** 팽창하다, 부풀다 = **enlarge, expand, increase**
accumulate 모으다, 축적하다 = **build up**
build up 확립하다; 증진[강화]하다; 부흥시키다; 쌓아 올리다

illuminate
[iljúːmənèit]

- **v** 1. 비추다, 밝게 하다 = **brighten, light (up), lighten**
  Her face was dimly **illuminated** by the reading lamp beside her.
  그녀의 얼굴은 그녀 옆에 있는 독서용 램프에 의해 희미하게 비춰졌다.
  2. 분명히 하다, 밝히다 = **clarify,** clear up, elucidate, explain, explicate, illustrate
- **n** **illumination** 조명 = **lighting**
- 관련어 **elucidate** 해명하다, 설명하다, 밝히다 = **brighten, clarify, illuminate, light up**

interrupt
[ìntərʌ́pt]

- **v** 중단하다 = **break off,** bring to an end, cease, end, halt, stop
  After the New Deal era, public criticism was **interrupted** as expected.
  뉴딜 시대 이후 대중의 비판은 예상대로 중단되었다.
- 관련어 **halt** 멈추다, 정지시키다 = **stop**

relay
[ríːlèi]

- **v** 1. 중계하다, 전달하다 = **send, transfer,** communicate, hand[pass] on, transmit
  The deputy director of the CSI immediately **relayed** news of the terrorist act to his boss.
  CSI 부국장은 테러범들의 소식을 즉시 상사에게 전했다.
  2. 교대시키다 = **replace**
- 관련어 **transmit** 나르다, 옮기다; 중계하다 = **convey;** relay, send out

signal
[sígnəl]

- **v** (신호로) 알리다 = **communicate, indicate, mark,** sign
  Riot police **signal** their positions by radio.
  폭동 진압 경찰은 무선으로 자신들의 위치를 알린다.
- **a** **signaled** 현저한, 눈에 띄는 = **conspicuous, marked**
- 관련어 **conspicuous** 눈에 띄는, 현저한; 확실히 보이는 = **(very) noticeable; evident, obvious**
  marked 두드러진, 상당한 = **considerable, distinct, distinguished, noticeable, pronounced**

spark
[spɑːrk]

- **v** 야기하다, 유발하다 = **bring about,** actuate, propel, set off, start, touch off, trigger, turn on
  The polio vaccine **sparked** disease outbreak in China.
  소아마비 백신이 중국에서 질병 발생을 야기시켰다.
- 관련어 **propel** 추진하다, 몰아대다 = **drive forward, force out, push**
  touch off 일으키다, 유발시키다 = **initiate, start, trigger**
  set off 출발시키다; ~하게 하다; 돋보이게 하다

speculate
[spékjulèit]

- **v** 추측하다, 가설을 세우다 = **conjecture, hypothesize, think about, understand,** suppose, surmise, theorize
  The professor seriously **speculates** on the origin of man, including Homo sapiens.
  교수는 호모 사피엔스를 포함한 인류의 기원에 대해서 진지하게 추론한다.
- **n** **speculation** 사색, 이론, 추측 = **supposition, theorizing,** cogitation, deliberation, reflection, thought
- 관련어 **understand** ~라 생각하다

- **a** speculative 추측의, 이론적인, 확실치 않은 = **unproven**
- 관련어 **conjecture** ⓥ 추측하다 = **hypothesize, speculate, surmise** ⓝ 추측, 추론 = **conclusion**

  assume 취하다; 가정하다, 추측하다 = **adopt; believe**

  postulate 주장하다, 가정하다; 요구하다 = **assume, hypothesize; claim, request, propose, suggest**

  presume (사실이라) 추정[가정]하다 = **accept as true**

  surmise 추측[짐작]하다 = **guess, infer, speculate**

  supposed 의도된 = **intended**

tempt
[tem*p*t]

- ⓥ 설득하다, 유혹하다 = **interest,** allure, appeal, attract, entice

  They **tempted** him to join the company by offering a large salary and a company car.
  그들은 그에게 많은 월급과 회사 차량을 제시함으로써 회사에 참여하도록 설득했다.

- **a** **tempting** 유혹하는, 끄는 = **appealing,** attractive, enticing, luring

- 관련어 **appealing** 마음을 끄는, 매력적인 = **attractive, desirable, popular, tempting**

  attractive 매력적인, 마음을 끄는 = **appealing**

artificial
[ɑ̀ːrtəfíʃəl]

- **a** 인공의, 억지로 하는, 꾸민 = **not real, synthetic,** bogus, factitious, fake, feigned, mock, unnatural

  The actor's acting was **artificial**, so the people looked unimpressed.
  배우의 연기는 인위적이어서 사람들은 전혀 감동한 기색이 안 보였다.

- 관련어 **simulated** 가장한, 꾸민, 모조의 = **artificial**

  simulate 흉내 내다 = **imitate**

  bogus ⓐ 가짜의, 위조의; 믿을 수 없는 ⓝ 가짜 돈이나 우표

  factitious 인위적인, 인공적인

  fake ⓥ 모조하다; 속이다 ⓝ 모조품 ⓐ 가짜의, 위조의

  feign 가장하다; 위조하다

  > **시나공비법**
  > mock은 동사(verb)로 '조롱하다, 놀리다; 흉내 내며 놀리다; 모방하다'의 의미로 사용되며, 형용사(adjective)로 '가짜의, 모조의'의 의미로 사용됩니다.

astounding
[əstáundiŋ]

- **a** 크게 놀라게 하는, 놀라운 = **incredible,** amazing, astonishing, staggering, surprising, unbelievable

  Her performance was **astounding** enough to capture the hearts of the audience.
  그녀의 연기는 관객을 사로잡기에 충분히 놀라웠다.

- 관련어 **incredible** 믿어지지 않는, 놀랄 만한 = **unbelievable**

  astonishing 놀라운 = **amazing, astounding, incredible, startling**

  staggering 놀라운 = **shocking**

2-6

beneficial
[bènəfíʃəl]

ⓐ 도움이 되는, 유익한 = **helpful, useful,** advantageous, favorable, profitable, salutary

Oils extracted from beans are **beneficial** for our health.
콩에서 추출한 기름은 인간의 건강에 유익하다.

관련어 salutary 몸에 좋은, 건전한, 유익한

---

catastrophic
[kætəstráfik]

ⓐ 대참사의, 비극적인, 파멸을 일으키는 = **disastrous, extreme, harmful, sudden and violent,** fatal, ruinous

These days, the food shortage in this country is very **catastrophic**.
요즈음 이 나라의 식량 부족은 매우 비극적이다.

관련어 fatal 치명적인; 파괴적인; 불행을 일으키는
ruinous 파괴적인; 재해나 파멸을 불러일으키는

---

clever
[klévər]

ⓐ 영리한 = **ingenious,** artful, creative, imaginative

He is one of the **cleverest** in his class.
그는 반에서 가장 영리한 아이 중 하나이다.

관련어 **imaginative** 상상력이 풍부한 = **creative**
artful 교활한; 솜씨 좋은
artless 솔직한, 순진한

---

contemptuous
[kəntémptʃuəs]

ⓐ 얕잡아 보는, 경멸하는 = **scornful,** disdainful

He is constantly criticized for his **contemptuous** comments and gesture to teachers and staffs alike.
그는 상대를 얕잡아 보는 말과 몸짓으로 강사들과 직원들 모두에게 항상 비난 받고 있다.

관련어 disdain ⓥ 경멸하다, 업신여기다 ⓝ 경멸
scorn ⓥ 깔보다 ⓝ 경멸, 깔봄
contempt 경멸, 모욕

---

eager
[íːgər]

ⓐ 열렬한, 열망하는 = **anxious, enthusiastic,** avid, ardent, keen, thirsty

The team is **eager** to develop its own expertise in the area of computer programming.
팀은 컴퓨터 프로그래밍 분야에서 자신들의 기술 개발에 열심이다.

관련어 **enthusiastic** 열심인, 열렬한 = **avid, eager**
avid 몹시 원하는, 열심인 = **eager, enthusiastic**
keen 예리한; 날카로운; 예민한, 민감한; 열심인 = **deep, sharp**
thirsty 목마른, 술 좋아하는; 건조한, 마른; 갈망하는

> **시나공비법**
> 의미가 거의 같더라도 다음과 같은 약간의 뉘앙스 차이가 있음을 알아두기 바랍니다.
> ardent 격렬한 열의를 가진   avid 열심인
> eager 매우 열의에 넘치는   enthusiastic 높게 평가하며 열의를 가진
> fervent 침착하게 열의를 가진   zealous 열정을 가지고 활동하는

---

foremost
[fɔ́ːrmòust]

ⓐ 1. 가장 중요한 = **most important,** best, greatest, outstanding, preeminent, prime, principal

When we met him, he was the **foremost** orchestra member in New York.
우리가 그를 만났을 때, 그는 뉴욕에서 가장 중요한 오케스트라 단원이었다.

2. (위치, 순위상) 맨 먼저의 = **leading**

관련어 **preeminent** 현저한, 주목할 만한 = **foremost, outstanding, significant**

---

indeed
[indí:d]

ad 사실은, 사실대로 말하자면 = **in fact,** actually, certainly, really, truly, undoubtedly, well Indeed

Indeed, Mr. Kielowskie is an author with such a gift for describing the details of human souls.
정말 키엘로브스키는 인간의 영혼에 대한 묘사에 있어 타고난 재능을 가진 작가이다.

---

innumerable
[injú:mərəbl]

a 무수한, 셀 수도 없는 = **countless, myriad, numberless,** innumerous, uncountable

These kinds of animals have **innumerable** natural enemies that they cannot survive in this region.
이들 종류의 동물들은 천적이 너무 많아 이 지역에서는 생존할 수가 없다.

관련어 **myriad** 무수한 = **countless, innumerable, many, numberless, numerous, unnumbered**

---

laborious
[ləbɔ́:riəs]

a 1. 힘 드는, 어려운 = **difficult,** arduous, demanding, formidable, severe, strenuous, toilsome

It was **laborious** for me to stay awake during the dull lecture.
지루한 강의 시간 동안 깨어 있는 것이 나에게는 어려운 일이었다.

2. 근면한 = **diligent, making much effort,** hardworking, industrious

관련어 **arduous** (정신적 또는 육체적으로) 힘든, 어려운; 근면한, 꾸준한 = **difficult; diligent**
strenuous 활발한, 격렬한 = **intense**
demanding 힘든, 고된; 너무 많은 것을 요구하는
formidable 무서운; 만만치 않은, 어려운; 매우 뛰어난; 강력한
toilsome 몹시 힘 드는, 고된

> **시 나 공 비 법**
> arduous, laborious는 '몹시 힘 드는, 벅찬' 뿐만 아니라 '근면한, 꾸준한'의 의미로도 사용됩니다.

---

perfect
[pə́:rfikt]

a 완전한, 결점이 없는 = **flawless,** absolute, impeccable, sound, whole

The house is twenty years old, but is in almost **perfect** condition.
집은 지어진 지 20년이 되었지만 거의 완벽한 상태이다.

v 개선하다, 결점을 없애다 = **complete, refine,** improve

관련어 **impeccable** 결점 없는; 죄나 실수를 저지르지 않는

---

regrettable
[rigrétəbl]

a 유감스럽게, 애석한 = **unfortunate,** sorry, undesirable, woeful

Regrettably, the title of his house was transferred to the bank.
유감스럽게도 그의 집 소유권은 은행으로 넘어갔다.

관련어 **regret** 후회하다, 뉘우치다; 아쉬워하다, 그리워하다
woeful 비참한; 불행한; 슬픈; 가련한

secluded
[siklú:did]

ⓐ 격리된, 한적한 = **hidden, separate,** covert, isolated, quiet, remote, secret

Stars and celebrities like to spend time with their family at their **secluded** estate somewhere to avoid paparazzi.
인기 스타들과 유명인들은 파파라치를 피해 그들의 외딴 사유지 등에서 가족들과 함께 시간을 보내는 것을 즐긴다.

관련어 seclude 은퇴[은둔]시키다, 고립시키다, 격리하다
covert 숨겨진; 비밀의, 암암리의; 사람 눈에 띄지 않는

snaking
[sneikiŋ]

ⓐ 구불구불 나아가는 = **winding**

When we discovered that road **snaking** around the building, we concluded that we needed to make more efficient system.
우리가 빌딩 주변에 구부러져 나 있는 도로를 발견했을 때, 우리는 좀 더 효과적인 시스템을 개발할 필요가 있다고 결론 내렸다.

> **시나공비법**
> snake는 동사(verb)로 쓰일 때 '길이나 기차가 굽이치며 나아가는 경우'에 사용됩니다.

supposed
[səpóuzd]

ⓐ ~하기로 된 = **intended,** meant, expected

After the exam, he was **supposed** to meet my professor at 10:00.
시험이 끝난 후에 그는 10시에 나의 지도교수를 만나기로 되어 있었다.

ad **supposedly** 아마 = **seemingly,** ostensibly, perhaps, presumably, theoretically

suppose
[səpóuz]

ⓥ 1. 가정하다, 추정하다 = **assume,** conjecture, guess, presume, pretend, surmise

2. (수동) ~가 예상되다, 기대되다, 의도되다 = intend

as a whole

phr 전체적으로 = **all together, generally**

We should consider the topic **as a whole** rather than rush to judge it.
우리는 판단을 서두르기 보다는 주제를 전체적으로 고려해야 한다.

cornerstone
[kɔ́ːrnərstòun]

ⓝ 기초, 초석 = **base, basis, foundation,** groundwork, underpinning

It will give us a **cornerstone** for building a better healthcare system.
그것은 더 나은 의료 제도를 만들기 위한 토대를 마련해 줄 것이다.

havoc
[hǽvərk]

ⓝ (대규모) 파괴 = **destruction, ruin,** decimation, devastation, extermination, extinction

A scene of **havoc** met their eyes when they opened the door.
그들이 문 열자 파괴 현장이 눈에 들어왔다.

관련어 **wreak havoc** 파괴하다 = **cause destruction**
decimation 제거 = **destruction, reduction**
devastation 파괴, 황폐하게 함, 황폐함 = **destruction**
extermination 박멸, 멸종
wreck ⓝ 파괴; 난파선 ⓥ 파괴하다, 배를 난파하다

in tandem
[in tǽndəm]

phr 협력하여 = **together**

The plan was conducted **in tandem** with my brother, the best professor in this field.
계획은 이 분야에서 최고의 교수인 나의 형과 협력하여 실행되었다.

관련어 **tandem** ⓐⓓ 앞뒤[세로]로 연결되어 ⓐ 세로로 연결된 ⓝ (세로로 된) 이륜마차나 말; 직렬식 기계

시나공비법
'~와 동시에 발생하거나 사용되는' 경우로도 사용되며, '세로로 일렬로'의 의미로도 사용됩니다.
ex. This machine is used in tandem with e-mailing system. / They walked in tandem.

incentive
[inséntiv]

ⓝ 자극, 동기 = **motivation, motive,** catalyst, impulse, stimulus

It is capital that has become the main **incentive** for artists' creativity and influences trends of modern art to a large extent.
자본은 이제 예술가의 창의력에 있어 주요 동기가 되었고, 현대 예술의 경향에도 지대한 영향을 준다

관련어 **impetus** 자극, 기동력 = **incentive, motivation, stimulus**
stimulus 자극(하는 것) = **impetus**
catalyst 촉매; 계기, 자극
impulse 충동, 추진력; 자극

spectrum
[spéktrəm]

ⓝ 분포, 범위 = **range,** scale

The failure of the project was caused by a **spectrum** of problems.
프로젝트의 실패는 계속되는 문제점들 때문이었다.

succession
[səkséʃən]

ⓝ 연속(적인 것) = **series, sequence, string,** subsequence

Four failures in **succession** led to exacerbating the university over the past 4 years.
연이은 네 차례의 실패는 지난 4년 동안 대학의 이미지를 악화시키는 결과를 가져왔다.

ⓐ **successive** 연속적인, 연이은 = **consecutive, following,** in succession
ⓐⓓ **successively** 연속적으로, 연이어 = **in sequence, progressively,** continually, continuously

시나공비법
sequence는 '연속, 결과, 순서' 의 의미로 모두 사용 가능합니다.

Day 18 Quiz

앞에서 학습한 내용들을 바로 확인해 보는 코너입니다.

❶ 아래 단어들의 유의어를 보기에서 찾아 빈칸에 쓰시오.

A ⓐ prosper   ⓑ depress   ⓒ break open   ⓓ ignore   ⓔ indicate   ⓕ send

1. boom _____   2. deject _____   3. relay _____
4. signal _____   5. burst _____   6. discount _____

B ⓐ countless   ⓑ base   ⓒ ingenious   ⓓ scornful   ⓔ separate   ⓕ difficult

1. clever _____   2. innumerable _____   3. laborious _____
4. secluded _____   5. contemptuous _____   6. cornerstone _____

❷ 문장 내에서 진하게 표시된 어휘의 유의어를 고르시오.

1. With great determination, he will **attempt** to finish the marathon.
   ⓐ wield   ⓑ surprise   ⓒ endeavor   ⓓ repel

2. Dark city alleys should be **illuminated** by street lights for safety.
   ⓐ dimmed   ⓑ transferred   ⓒ brightened   ⓓ submerged

3. He **speculated** that their extensive migration was caused by climatic changes.
   ⓐ hypothesized   ⓑ counted   ⓒ joined   ⓓ exaggerated

4. In these days, the food shortage in this country is very **catastrophic**.
   ⓐ zealous   ⓑ disastrous   ⓒ renowned   ⓓ calculated

5. Dr. Martin Luther King Jr. was an **eager** advocate of human rights.
   ⓐ enthusiastic   ⓑ honest   ⓒ uncanny   ⓓ rich

정답 & 해석

❶ A. 1. ⓐ 2. ⓑ 3. ⓕ 4. ⓔ 5. ⓒ 6. ⓓ
   B. 1. ⓒ 2. ⓐ 3. ⓕ 4. ⓔ 5. ⓓ 6. ⓑ
❷ 1. ⓒ 2. ⓒ 3. ⓐ 4. ⓑ 5. ⓐ

1. 그는 대단한 결의를 갖고 마라톤 경주를 완주하려 할 것이다.
2. 어두운 도시의 뒷골목은 안전을 위해 가로등으로 밝혀져야 한다.
3. 그는 광범위한 이주가 기후 변화에 의한 것으로 추측했다
4. 요즈음 이 나라의 식량 부족은 매우 비극적이다.
5. 마틴 루터 킹 주니어 박사는 열렬한 인권 옹호자였다.

Not 빈출, But 기출! 고득점을 원하면 놓치지 말아야 할 코너!

Word	의미	유의어
mechanics	절차, 기법, 방법	procedure
merchandise	상품	goods
merit	(칭찬할 만한) 우수함, 가치	worth
milestone	획기적인 사건	important event
modulate	조정[조절]하다	adjust
monumental	기념비적인; 엄청 큰	enormous, huge, massive
motif	주지, 특색	design
noteworthy	주목할만한	important
momentum	여세, 힘	drive, energy, force, power, push
mutual	서로의, 상호적인; 공통의, 공동의	shared

He controls others may be powerful,
but he who has mastered himself is mightier still.

다른 사람들을 지배하는 자는 강하지만,
자기 자신을 지배하는 자는 더 위대하다.
― Lao Tzu(노자)

What the superior man seeks is in him,
What the common man seeks is in others.

대인은 문제의 근본을 자신의 내면에서 찾고,
소인은 남에게서 찾는다.
― Confucius(공자)

<Passage 5>

Leonardo da Vinci's painting, Mona Lisa was one of his favorite paintings. Today, it is **presumably** overall to be the most **celebrated** art work in the world, attracting thousands of people every year.

Who is this well-known figure in the painting? There are many **speculations**, but the most **credible** aspirant is Lisa Gherardini, the wife of a silk merchant who lived in Florentine, Italy.

Another more skeptical – but easily accepted – **premise** is that it was a self-portrait of Leonardo himself. **Indeed**, there are resemblances displayed in the facial appearance between The Mona Lisa and his self-portrait painted several years afterward.

At present, the Mona Lisa looks not **dainty**, in drab tints of brown and yellow. This is as a result of a coating of the paint, which has tarnished as time passed by. It is feasible that the painting was formerly more vivid and brighter than it is presently. However, it is probably a painting visited by more people than any other painting in the world.

1. The word **presumably** in the passage is closest in meaning to
   (A) supposedly   (B) undoubtedly   (C) surprisingly   (D) fairly

2. The word **celebrated** in the passage is closest in meaning to
   (A) dull   (B) extraordinary   (C) famous   (D) avid

3. The word **speculations** in the passage is closest in meaning to
   (A) reasons   (B) suppositions   (C) backgrounds   (D) natures

4. The word **credible** in the passage is closest in meaning to
   (A) splendid   (B) marvelous   (C) swift   (D) believable

5. The word **premise** in the passage is closest in meaning to
   (A) residue   (B) assumption   (C) commission   (D) circumstance

6. The word **Indeed** in the passage is closest in meaning to
   (A) Yet   (B) Hence   (C) Accordingly   (D) In fact

7. The word **dainty** in the passage is closest in meaning to
   (A) firm   (B) delicate   (C) mundane   (D) pervasive

<Passage 6>

Railroads became increasingly **preeminent** to the growing American nation, and an unfair competition was increased by railroad companies. A customary cheaper rate by rebating a portion of the charge to large shippers was unfavorable to small shippers. Also, some railroads demanded arbitrarily higher rates to some shippers than to others between **given** sections, regardless of distance.

Moreover, while freight charges between cities with several rail junctions were held back due to competition, rates between points served by a single company were excessive. **Therefore**, it cost less to transport goods over 1,000 kilometers from Chicago to New York than to destinations a few hundred kilometers from Chicago. In addition, competitors shared the freight business in accordance with prior consultation that placed the total earning in a common fund for distribution.

8. The word **preeminent** in the passage is closest in meaning to
   (A) primitive
   (B) feeble
   (C) significant
   (D) inadequate

9. The word **given** in the passage is closest in meaning to
   (A) particular
   (B) proficient
   (C) artificial
   (D) solid

10. The word **Therefore** in the passage is closest in meaning to
    (A) Even so
    (B) However
    (C) Consequently
    (D) Nevertheless

Vocabulary 그룹으로 기억하는 어휘

■ **강화하다(strengthen)**
= enhance, fortify, intensify, reinforce, solidify, strengthen

enhance the value: quality, ability, value 등을 강화하다 또는 높이다
fortify a city: 주로 조직, 구조 등의 강화, 음식물 등의 성분이나 영양가 등을 강화하다
intensify some pressure: 정도를 세게, 강하게 만들다
solidify the ground: 물체의 고형, 결정화, 또는 집단의 결속을 강화하다
strengthen regulation: 가장 일반적인 강화하다의 의미를 가지고 있다.

문제에선 다음과 같이 출제되었습니다.
- **enhance** = improve, strengthen (가치를) 높이다, 강화하다
- **fortify** = strengthen (공격에 대비하여) 강화[보강]하다, 요새화하다
- **intensify** = strengthen (한층 더) 강하게 하다
- **magnify** = amplify, intensify 크게 하다, 확대하다
- **exacerbate** = aggravate, intensify, worsen (병 등을) 악화시키다, (악감 등을) 더하게 하다
- **heighten** = increase, intensify 높이다, (가치를) 증가시키다
- **reinforce** = strengthen 강화하다, 한층 강력하게 하다
- **underscore** = emphasize, reinforce, underline 강조하다, 역설하다
- **solidify** = strengthen 응고시키다(harden), 단결[결속]시키다

> **참고** enhance는 '증진(증가, 강화)하다'의 의미로 모두 사용됩니다.

Vocabulary

시험에 나오는 것만 외운다

■ **유혹하다(attract)**
 = allure, appeal, attract, charm, draw, enchant, entice, fascinate, haul, lure, pull, seduce, tempt

allure to do this job: 무언가를 도구로 하여 유혹하다(가끔 나쁜 의미로 '속여 유혹하다')
appeal me to do something: allure와 attract의 동의어
attract, charm, enchant, fascinate, tempt someone: 매력을 가지고 유혹하다
draw, haul, pull him into my plan: (채워야 할 힘[감정] 등을 이용하여) …을(…쪽으로) 잡아[끌어] 당기다, 〈사람·주의·흥미 등을〉(…에) 끌다
entice her to steal: 나쁜 의도로 속여 유혹하다
lure him to this plot: 속여 유혹하다
seduce me from my research: 꼬드겨 유혹하거나, 좋은 의미로 반하게 하다

위에 언급된 어휘들의 관련 형용사도 반드시 확인하기 바랍니다.

문제에선 다음과 같이 출제되었습니다

- **allure** = appeal, attract 〈남을〉 꼬드기다, (…에) 유인하다
  cf. 1. alluring = attractive, inviting 매력적인, 마음을 끄는
      2. compelling = attractive, constrained, forceful, irresistible, overwhelming 강제적인, 저항하기 어려운, 〈사람이〉 못 견디게 매력적인
- **appeal** = attract / attraction; request 흥미를 끌다 / 마음을 끄는 힘, 매력; 간청, 호소
  cf. 1. appealing = desirable / attractive = appealing 마음을 끄는, 매력적인
      2. broad appeal = wide popularity 넓은 매력[인기, 대중성]
- **attract** = appeal 끌다, 매혹하다
  cf. 1. attracted = drawn 끌린, 매혹된
      2. given over to = attracted to ~에 몰두된, 이끌린
      3. irresistible = powerfully attracted 저항할 수 없는, 〈사람이〉 못 견디게 매력적인
- **lure** = attract, allure, appeal, haul, pull, draw, charm 유혹하다
- **tempting** = attractive; appealing 유혹하는, 마음을 부추기는, 매력적인
- **charm** = attract 매혹하다, 황홀하게 하다
- **draw** = sketch; attract 선으로 그리다; 〈주의 등을〉끌다
  cf. drawn = attracted, pulled, taken ~에 끌린, 매혹된, 당겨진
- **intrigue** = attract, fascinate 음모를 꾸미다, 흥미를 끌다
  cf. intriguing = attractive 호기심을 자아내는, 재미있는, 매력적인
- **inviting** = attractive 초대하는; 솔깃한, 매력적인, 유혹적인
- **charm** = attract 매혹하다, 황홀하게 하다
- **haul** = pull; carry 당기다; 운반하다
- **pull** = haul 끌어[잡아] 당기다
- **seductive** = tempting 유혹[매력]적인

Vocabulary   iBT TOEFL Reading Technique

■ Insert Text

일반적으로 Sentence Simplification, Prose Summary, Fill in a Table과 함께 iBT TOEFL Reading에서 가장 난이도 높은 문형으로 여겨지고 있습니다.

이 문형의 요지는 주어진 문장이 들어갈 적정 위치를 찾는 것입니다. 문제가 요구하는 최적의 위치를 찾기 위해서는 (ETS가 요구하는 해법은 문맥을 정확히 파악하여 푸는 방법이겠지만) 일단 주어진 문장, 또는 지문 (passage) 내에서 단서가 될 만한 어휘를 찾아 푸는 것도 좋은 방법입니다.
단서가 될 만한 내용은 다음과 같습니다.

1. 내용의 전개 과정을 가장 쉽게 나타내는 접속 부사나 접속사
2. 지시어
3. 정관사 the
4. 시간/기간/장소/범위 등 조건을 나타내는 단어나 구, 또는 문장
5. 일반적/포괄적/전형적 표현, Some ~. Others ~.의 문맥 이용
6. 앞 문장에서 전개된 명사의 순서
7. 특정 어휘

그러나 이와 같은 단서를 제공하는 내용이 없거나, 있어도 파악하기 어려운 경우에는 문맥에 따라 찾는 방법밖에 없습니다. 문맥을 검토하여 문제를 푸는 경우에는 대부분 그 관계가 '인과 관계(cause-effect)', 또는 '추가(상세) 설명'이라는 것을 명심하기 바랍니다.

Vocabulary   iBT TOEFL Reading & Listening을 위한 배경 지식

■ 꿀벌의 행동 양식(Honeybee Communication)

1973년 꿀벌의 communication에서의 behavior 분석으로 노벨상을 탄 오스트리아의 자연과학자 Karl von Frisch는 꿀벌들이 느낌이나 맛으로 자신의 행동 의사를 나타내기도 하지만, 음식이나 서식처 등을 찾아내는 특정 벌들이 다른 벌들에게 너무 멀리 떨어져 있는 서식처나 음식물들의 위치를 알려주기 위하여 몇 가지 춤을 이용하여 communication을 한다는 새로운 사실을 밝혀냈다. 이로 인하여 다른 벌들은 음식을 쉽게 찾아 내며, 무리들의 서식처를 만들기도 한다는 이 이론은 근래에 들어서는 잘 받아들여지고 있지 않다.

■ 야생벌의 감소(The Decline of Wild bee)

예전에 많던 야생벌(wild bee)의 감소는 살충제(pesticide)의 사용, 그들의 먹이가 되는 식물의 제한, 꽃의 수분 작용, 그리고 농촌의 도시화 등과 밀접한 관계가 있다. 이러한 원인들로 인해 500여 종의 야생벌수가 두 개 종에 지나지 않는 사육되는 벌의 수에 밀렸다. 먼저 살충제의 사용에 의한 감소는 인간들이 살충제를 사용할 경우 기르는 벌(managed bee)은 이동되거나, 장벽(barrier / screened or moved)을 만들어줘 안전한 반면에, 야생벌은 무방비 상태로 그 살충제의 영향을 받기 때문이다.

또 한시적으로 피는 꽃의 재배(single floral species, lack of floral diversity)로 인해 꽃이 피는 기간(blooming span)이 줄어 들어, 일년 사계절 동안 다양한 종류의 꽃에서 먹이(nectar, pollen)를 얻어 어린 벌들(young bee)에게 먹이는 야생벌의 먹이 채취가 어렵게 되어 수가 줄게 되었다. 게다가 wild bee의 주요 음식인 잡초(weed)를 제초제(herbicide)를 이용하여 제거하는데 이것 또한 야생벌을 감소시키는 이유기 된다. 추가적으로, 많은 농장이 도심지로 옮기거나 바뀌어(turning soil) 그들의 서식지를 찾는데 어려운 이유 또한 야생벌 수의 감소에 큰 역할을 하였다.

마지막으로 사람들은 수분(pollination) 작용을 수확량(crop yield)의 상승을 위해 중요시 했는데, 그에 따라 수분에 용이한 많은 수의 honeybee를 기르게 되었다. 이 많은 수의 honeybee들이 야생벌들의 먹이를 차지함으로써 wild bee의 수가 급격하게 감소하게 된 것이다.

Vocabulary   iBT TOEFL Reading & Listening을 위한 배경 지식

■ 시조새(Archaeopteryx)

쥬라기에 출현했다고 추정되는 시조새는 완전하지는 않지만 어느 정도의 골격과 분리된 깃털, 두 개의 다리와 기다란 꼬리, 마지막으로 이빨 등이 찍혀있는 화석의 발견 그 존재가 처음으로 증명되었다. 이 화석은 독일의 바이에른에서 발견된 것으로, 이러한 화석이 잘 보존된 이유는 지대의 갑작스러운 붕괴로 그 지대의 풍부한 진흙에 곧바로 묻혀 그렇다는 이론이 지배적이다.

이 화석에 찍힌 모양으로 우리는 이것을 새와 파충류(reptiles)의 조상이라 판단했다. 이를 수긍하는 사람은 그리 많지 않았지만, 이 사실에 대한 가장 대표적인 학자는 Thomas Henry Huxley라 볼 수 있다. 그는 이 화석을 보고 이것과 새와 theropod(육식성으로 두발로 걷는 공룡)의 유사성을 주장하였다. 그러나 이 화석 이외에 발견 사실들이 너무나 미비하고, 증거 자료가 불충분하여 그들의 정확한 진화 정도나 과정, 생활 패턴이나 행동 양식에 대한 정확한 이해에는 현재 불가능하다고 볼 수 있다.

Vocabulary iBT TOEFL Reading & Listening을 위한 분야별 어휘   시험에 나오는 것만 외운다

■ 생물학, 동물학 & 곤충학(Biology, Zoology & Entomology)

1	adaptation	적응, 순응
2	aerobic	공기[산소]를 필요로 하는, 유산소의
3	aestivate	여름 잠을 자다
4	agility	민첩(성)
5	amphibian	양서류
6	anabolism	동화작용
7	anaerobic	무산소의, 혐기성 생물의
8	anchorage	서식(처), 정박(지)
9	annual ring	나이테
10	antelope	영양
11	arbor	나무 그늘
12	arthropod	절지동물
13	asexual reproduction	무성 생식
14	beak	(맹금류 등의 새) 부리
15	bill	(비둘기 등의 새) 부리
16	biochemistry	생화학
17	camouflage	위장
18	carcass	(짐승의) 시체
19	catabolism	이화 (작용)
20	caterpillar	애벌레
21	chlorophyll	엽록소
22	communicable	전염성의
23	compound eye	복안
24	concentration	농축
25	conifer	침엽수
26	conjugation	접합
27	crustacean	갑각류
28	culture	배양, 사육, 재배
29	defunct	멸종된(= extinct)
30	distribute	분포시키다
31	dominant	두드러진, 우성의
32	dormant	동면의
33	echinoderms	극피동물
34	enzyme	효소
35	eradicate	멸종시키다
36	exterminate	몰살하다
37	ferment	효소, 효모

Vocabulary   iBT TOEFL Reading & Listening을 위한 분야별 어휘

38	fermentation	발효 작용
39	fern	양치류
40	ferocious	사나운, 잔인한, 맹렬한
41	fertilization	수정
42	fungus	균류(복수 fungi)
43	germinate	발아하다
44	glucose	포도당
45	herd	무리
46	heredity	유전
47	hermaphrodite	〈동물〉양성 동물; 〈식물〉자웅 동주
48	hibernation	동면, 겨울잠
49	hive	벌집
50	host	숙주
51	hybrid	잡종
52	inactivity	무활동, 휴지
53	incubation	배양, 부화
54	infest	(해충, 병 등이) 만연하다
55	lair	(짐승의) 굴, 은신처
56	larva	유충
57	lead poisoning	납중독
58	livestock	가축
59	mammary	유방의
60	mate	교미하다, 짝짓다
61	metamorphosis	변태
62	migrate	이주하다
63	mollusk	연체동물
64	offspring	자손
65	ornithology	조류학
66	osmosis	삼투
67	paleontology	고생물학
68	parasitic	기생적인
69	photosynthesis	광합성
70	piscatorial	어업의
71	plantlike	(동물이) 식물 같은
72	pollination	수분
73	predatory	포식성의
74	primate	영장류
75	pupate	번데기가 되다

Vocabulary

시험에 나오는 것만 외운다

76	quadruped	네발 짐승
77	rampant	무성한; (병 등이) 만연한
78	recessive	열성의
79	sap	수액
80	scavenger	썩은 고기를 먹는 동물
81	school	(물고기 등의) 떼
82	secretion	분비
83	soft tissue	부드러운 조직
84	sperm(s)	정자
85	spiracle	(곤충의) 기문
86	sponge	해면동물
87	spore	생식 세포
88	sprout	발아하다, 싹트다
89	swoop	급습하다
90	taxonomy	분류(법)[학]
91	tentacle	촉수, 촉모
92	terminate	끝내다
93	termite	흰개미
94	torpid	휴면하는, 동면하는
95	trait	특성, 특징
96	vertebrates	척추동물
97	wasp	말벌
98	wheat	밀
99	wilt	시들다
100	yeast	효모

3-1

acknowledge | antagonize | deter | devour | dismantle | dissent | dominate | inflict on | instigate | invade | invoke | revolve around(round) | rupture | scorn | segregate | set | sever | absurd | ambiguous | archetypal | discrete | distant | informal | ingrained | robust | saturated | aid | aim | anomaly | antiquity | apparatus | disgust | disparity | doctrine | intercourse | interplay | interval | intervening years | in response to | screen

3-2

buffer | cast about | ease into | echo | endorse | engender | lodge | menace | mingle | neglect | stamp out | stockpile | awkward | barren | bizarre | broadly | candid | elegant | elevating | empirical | keen | likewise | negligible | sleek | somewhat | stunning | artisan | bound for | by and large | due to | effort | end | mainstay | norm | option | shortcoming | sovereign | standstill | status | strategy

3-3

champion | choose | colonize | conceive | engrave | entail | entice | evacuate | flag | gear | perplex | prevent | propagate | qualify | surpass | sweep | tame | trespass | chief | circuitous | commonly | compulsory | conducive | prodigious | puzzling | sturdy | superb | unconsolidated | coinage | ethic | flexibility | forum | friction | periphery | prediction | profile | revival | subterfuge | tenacity | turmoil

3-4

congeal | counter | criticize | cushion | deduce | designate | highlight | hinder | quantify | ravage | recall | refrain from | represent | repudiate | undermine | underrate | unleash | vacate | contiguous | cramped | grossly | haphazard | imaginative | immutable | impending | indifferent | reciprocal | unthinkable | vertical | visible | wary | whereby | wholesale | wrought | yearning | context | hairline | heritage | quarters | recompense

3-5

alarm | ally (with) | blossom | collide (with) | crawl | disassemble | divert | eliminate | ignite | inspire | lead | protrude | render | scant | toil | agile | appealing | cardinal | extinct | groundless | inaccessible | inconceivable | incredible | profuse | rigorous | staunch | strict | toxic | uneasy | unquestionable | aftermath | avenue | barrier | drawback | infrastructure | juncture | means | replica | save for | segment

3-6

complement | counter | encapsulate | enrich | federate | inhabit | make one's way | nurture | omit | precede | prize | satisfy | scatter | shield | spawn | spot | suspect | undertake | accurate | antiseptic | astute | choice | costly | delicate | diligently | dominant | enthusiastic | fertile[fertilized] | ideal | molten | partially | seething | serene | stealthy | ubiquitous | antithesis | needless to say | proponent | role | site

3

시험에 나오는 3순위 Voca

| 전문가가 분석한 3순위 VOCA 학습 전략 |

어휘 문제는 이제 그만~!

이 글을 읽는 학습자들은 이미 영어 어휘에 관한 한 상급자 수준에 이르렀습니다. TOEFL 이외의 다른 시험을 치른다 하더라도 내용을 파악하는데 어려움이 없는 수준이므로 이젠 진정한 상급자 실력에 맞는 확실한 고득점이 필요하실 겁니다. 그런 분들을 위한 내용이 이 단원부터 시작됩니다. 난이도는 다소 이전 단원보다 높지만 고득점을 위한 필수 어휘들입니다(0~3순위 어휘에서 TOEFL Reading에서의 VOCA 문제가 95% 이상 출제됩니다). 어휘의 난이도로 인해 지루해 할 수 있지만, 박차를 가해 지금까지와 같이 꼼꼼한 학습을 부탁 드리며, 틈틈이 앞의 단원들도 복습해 가며 진도를 나가기 바랍니다.

Day 19 시험에 나오는 3순위 Voca

0~3순위 어휘에서 TOEFL Reading Voca 문제의 95%가 출제된다!

🔊 3-1_Day 19.mp3

---

acknowledge
[əknάlidʒ]

ⓥ 인정하다 = **recognize,** accept, admit, allow, grant

He refused to **acknowledge** the crime even though he was confronted with substantial evidence.
구체적인 증거가 제시되었음에도 불구하고 그는 범행을 인정하지 않았다.

시 나 공 비 법
allow, enable, permit은 일반연설문, 지문 등에서 빈번하게 사용되므로 꼭 알아 두기 바랍니다.

---

antagonize
[æntǽɡənàiz]

ⓥ 적개심을 일으키다 = **anger,** annoy, irritate, provoke, vex

The comedian's **antagonizing** insults made the audiences angry.
코미디언의 적개심을 느끼게 하는 모욕은 많은 청중들을 분개하게 만들었다.

관련어 **provoke** 자극하여 ~하게 하다 = **bring about, incite, stimulate**
irritate 짜증나게 하다 = **annoy**
anger, annoy 성나게 하다

---

deter
[ditə́ːr]

ⓥ 단념시키다, 방해하다, 방지하다 = **stop,** halt, prevent

Our enhanced security system aims to improve public safety whilst actively **deterring** crime in our neighborhoods.
우리의 첨단 보안 시스템은 주변에서 범죄가 발생하는 것을 막는 동시에 공공의 안전을 향상시키는데 목적이 있다.

관련어 **halt** 멈추다, 정지시키다 = **stop**
cease 중단하다 = **stop**

---

devour
[diváuər]

ⓥ 게걸스레 먹다 = **eat** (greedily, hungrily), consume, feast on

After fasting food for a week, she completely **devoured** three plates of breakfast the moment she woke up.
일주일 간의 단식 후, 그녀는 일어나는 순간 세 접시의 아침을 모두 해치웠다.

관련어 **consume** 써 버리다; 먹어 치우다; 소멸시키다 = **completely use, use up; eat; destroy**
feast on ⓥ (성찬을) 대접받다, 사치스럽게 먹다; ~을 잔뜩 즐기다 ⓝ 축제, 향연, 성찬

---

dismantle
[dismǽntl]

ⓥ 분해하다, 해체하다 = **take apart,** break down[up], disassemble, pull apart, strip (down)

It took long tedious hours to **dismantle** all the parts of the system to discover what was malfunctioning.
고장 원인을 찾기 위해 시스템 전체를 해체하는데 오랜 지루한 시간이 걸렸다.

관련어 **disassemble** 해체하다, 분해하다 = **break apart, pull it apart** ↔ **combine**
strip 벗기다; (장비를) 제거하다

dissent
[disént]

ⓥ 반대하다, 이의를 주장하다 = **oppose,** challenge, dispute, object, protest
Only one member of the committee **dissented** from the final report.
위원회 위원 중 한 명만이 최종 보고서에 반대했다.

관련어 **challenge** (정당성, 진술 등을) 의심하다[문제삼다] = **question**
dispute 논쟁[언쟁]하다, 반박[논박]하다 = **contend**
protest 이의를 제기하다

시 나 공 비 법
일반적으로 '의견이 다르다, 다른 감정을 가지다(differ, disagree)' 의미로 더욱 자주 사용됩니다.

dominate
[dámənèit]

ⓥ 지배하다, 억제하다 = **control** (over), command, direct, govern, influence, exercise, rule
The professors claimed that new technologies such as Smart Phone are likely to **dominate** the digital devices market.
교수들은 스마트폰과 같은 새로운 기술들이 디지털 장비 시장을 지배할 것이라고 주장했다.

ⓐ **dominated** 지배적인, 우세한 = **prominent**
관련어 command, direct 명령하다, 지배하다

inflict on
[inflíkt ən]

ⓥ 주다, 가하다, 입히다 = **cause to,** administer to, impose on
Her father never knew that he was **inflicting** pain **on** his daughter every time he drinks.
그녀의 아버지는 그가 술을 마실 때마다 딸에게 고통을 준다는 것을 결코 알지 못했다.

관련어 administer to 집행하다, 가하다, (~에게) 강요하다

시 나 공 비 법
administer는 일반적으로 '다스리다, 처리하다, 관리하다'의 의미로 사용됩니다.

instigate
[ínstəgèit]

ⓥ 1. 일으키다 = **cause,** begin, bring about, generate, induce, initiate, launch
The best entertainment programs are the ones that have the ability to **instigate** beneficial changes in the community.
최고의 예능 프로그램들은 사회에 유익한 변화를 가져올 수 있는 능력이 있는 것이다.

2. 선동하다, 부추기다 = **incite,** encourage, induce, provoke, spur, stimulate, urge

관련어 **induce** 설득 후 ~시키다; 유발하다 = **persuade, stimulate; bring about, cause, generate**
provoke 자극하여 ~하게 하다 = **bring about, incite, stimulate**
spur 격려하다, 자극하다 = **stimulate**
stimulate 자극하다, 격려하다 = **activate, cause, encourage, promote, spur**

시 나 공 비 법
유의어 중 urge는 일반적으로 다른 사람에게 자신이 하지 않으려 했던, 또는 계획에 없던 일을 하도록 설득이나 강요를 하는 의미로 사용됩니다.

invade
[invéid]

- ⓥ 침입하다, 침략하다 = **enter,** encroach on, infringe on, intrude on, trespass on
  The abnormal cells can **invade** nearby tissue and can spread throughout the body.
  비정상 세포들은 주변 세포 조직으로 침투해 몸 전체로 퍼질 수 있다.

관련어 **trespass** 침략하다 = **invade**
encroach   잠식[침략]하다
infringe   침해하다, 위반하다
intrude   침입하다; 방해하다

invoke
[invóuk]

- ⓥ 부탁하다, 호소하다 = **call (up)on,** appeal to
  The manager **invoked** the government to control this old town.
  관리자는 오래된 마을을 통제해 달라고 정부에 요청했다.

> **시나공 비법**
> call on은 '부탁하다, 호소하다'의 의미 외에도 '방문하다, 들르다'의 의미로도 사용됩니다.

revolve around/round
[riválv əráund]

- ⓥ (중심으로) 돌다, 위주로 삼다 = **focus on,** be concerned with, be preoccupied
  The debate **revolved around** the morality of abortion, a matter that will never seem to resolve.
  토론 주제는 결코 결론에 도달할 수 없을 것 같은 낙태의 도덕성과 관련된 것이었다.

rupture
[ráptʃər]

- ⓥ 파열시키다, 터뜨리다 = **break apart,** crack, fracture
  The negotiation was **ruptured** when both sides kept on asking for more benefits from each other.
  협상은 양측이 서로 더 많은 이익을 요구함에 따라 결렬되고 말았다.

scorn
[skɔːrn]

- ⓥ 경멸하다, 멸시하다 = **despise, disdain, deride**
  When it was revealed that the celebrity donated money to charity to increase his fame, he was **scorned** by the public.
  유명 인사가 자신의 명성을 위해 자선단체에 돈을 기부한 사실이 밝혀진 후 대중들로부터 비난 받았다.

관련어 despise   경멸하다, 얕보다
disdain   ⓥ 경멸하다, 업신여기다 ⓝ 경멸
deride   조롱하다, 놀리다(mock)

segregate
[ségrigèit]

- ⓥ 분리하다, 격리하다 = **separate,** isolate, keep apart, set apart
  The prisoner committed murder inside the prison and was forced to be **segregated** into a solitary cell.
  죄수는 교도소 내에서 살인을 저질러 독방에 격리되었다.

set
[set]

- ⓥ 놓다, 고정시키다 = **fix, place, put,** lay
  Even when confronted with the temptation of the chocolate cake, she was **set** on eating just vegetables for her diet.
  초콜릿 케이크의 유혹에 직면했을 때 조차 그녀는 다이어트를 위해 야채만을 먹는데 집중했다.

sever
[sévər]

v 절단하다, 떼어놓다 = **cut off, separate,** detach, disconnect, part

After discovering that the company was using child labor, we immediately **severed** our business with them.
회사가 어린이들을 노동에 이용하는 것을 안 후에 우리는 즉시 그들과의 거래를 중단했다.

absurd
[əbsə́:rd]

a 어리석은, 우스꽝스런 = **ridiculous,** foolish, ludicrous, preposterous, stupid

I knew my friends were up to something due to their **absurd** behavior.
친구들의 우스꽝스런 행동으로 인해 나는 그들이 뭔가를 꾸미고 있음을 알았다.

관련어 **ridiculous** 우스운, 어리석은 = **foolish**
ludicrous 웃기는, 비웃음을 사는 = **ridiculous**
preposterous 상식을 벗어난, 터무니없는 = **absurd, unbelievable**

ambiguous
[æmbígjuəs]

a 모호한, 애매한 = **open to various interpretations, uncertain, unclear,** ambivalent, equivocal, obscure

The students were frustrated with the **ambiguous** instructions, so they decided to not do it.
학생들은 애매한 지시에 실망한 나머지 그것을 하지 않기로 결심했다.

관련어 **ambivalent** 불안정한, 불확실한, 주저하는 = **ambiguous, hesitant, incompatible, mixed, not sure, undecided, unsure**
obscure 불분명한, 애매한 = **dim, uncertain, unclear**

archetypal
[á:rkitàipəl]

a 원형의, 모범적인 = **common, ideal,** classic, model, representative, typical

The **archetypal** family, meaning two parents with children living in a house they own, now accounts for much lower share of the population.
자신들 소유의 집에서 부모가 아이들과 함께 사는 전형적인 가족 형태는 현재는 인구대비 낮은 비율을 차지한다.

discrete
[diskrí:t]

a 별개의, 분리된 = **distinctive, separate,** detached, disconnected, distinct, disjoined, individual

They can be divided into **discrete** categories.
그것들은 별개의 범주들로 나누어 질 수 있다.

> **시나공 비법**
> 발음이 같은 'discreet(지각있는, 신중한(= careful, cautious, prudent, wary))'과 혼동하지 않도록 하세요.

distant
[dístənt]

a 먼 = **far away,** remote

She has grown more **distant** from her father and stepmother, as is evident from her character.
그녀는 아버지와 계모로부터 동떨어져 성장해 왔으며, 그것은 그녀의 성격을 보면 명백하다.

> **시나공 비법**
> '오래 전에(long ago), 헤어져 있는, 소원한(remote, slight, aloof)'의 의미로도 자주 사용됩니다.

3-1

informal
[infɔ́ːrməl]

ⓐ 1. 규정[격식]을 따르지 않은, 비공식의 = **common,** casual, everyday, open, simple
The **informal** discussions which were conducted over the last couple of months have been unproductive.
지난 수 개월 동안 진행돼 온 비공식 회의는 성과가 없었다.
2. 친밀감을 나타내는 = **casual,** friendly, intimate

ingrained
[ingréind]

ⓐ 깊이 뿌리 내린, 천성의 = **established,** embedded, firm, fixed, implanted
The mayor tried to change the public's opinion about the city's police, but he failed because it has been deeply **ingrained** after decades of misdeed.
시장은 시 경찰에 대한 대중의 의견을 바꾸려 노력했으나, 뿌리 깊은 수 십 년 간의 비리로 인해 실패하였다.

관련어 **embed** 박아[끼워]넣다, (마음 속에) 깊이 간직하다 = **implant, insert, encase, enclose**

robust
[roubÁst]

ⓐ 튼튼한, 오래가는 = **healthy,** durable, long-lasting, powerful, strong, sturdy, vigorous
The government predicted a more **robust** economy when they saw bolstered economic spending and exports this year.
정부는 소비와 수출이 증가한 것으로 보아 올해 경제가 튼튼할 것으로 예측했다.

관련어 **durable** 튼튼한, 오래 가는 = **long-lasting**

saturated
[sǽtʃərèitid]

ⓐ (물로) 포화된, 흠뻑 젖은 = **unable to absorb**
We thought the cut was minor, but the bandage was **saturated** with blood and unable to stop it from flowing.
우리는 상처가 심하지 않은 것으로 생각했지만 붕대가 피로 젖어 있어 출혈을 멈추게 할 수 없었다.

> 시나공 비법
> saturate은 '흠뻑 적시다(soak, drench), 흠뻑 스며들게 하다(permeate, pervade), 몰두시키다, 포화시키다, 과잉 공급하다(flood)' 등의 다양한 의미로 사용됩니다.

aid
[eid]

ⓝ 원조, 도움, 구조 = **support,** assistance, help
Although he was off duty, the firefighter immediately came to the **aid** of the victims.
소방관은 비번이었지만 즉시 희생자들을 도우러 왔다.

ⓥ 돕다, 원조하다 = **help, assist**

관련어 **facilitate** 수월하게 하다; 돕다 = **make easy[easier]; aid, enable, help**

aim
[eim]

ⓝ 목적, 의도 = **goal,** intention, objective, plan
The primary **aim** of the test is to enable the students to assess their own ability against the school's objectives.
시험의 주 목적은 학교의 의도와 달리 학생들이 자신들의 능력을 평가해 볼 수 있게 하는 것이다.

ⓥ ~할 작정이다, ~하려고 하다(to do) = **intend,** design, have in mind

관련어 **objective** ⓝ 목적, 목표 = **purpose** ⓐ 객관적인, 편견 없는 = **unbiased**

anomaly
[ənɑ́məli]

ⓝ 이형, 변이 = **irregularity,** aberration, abnormality, inconsistency, peculiarity, rarity
With his quiet nature, he was an **anomaly** in his exuberant group of friends.
성격이 조용한 그는 열광적인 그의 친구들에게는 예외적인 경우이다.

관련어 **aberrant** 정도를 벗어난, 비정상적인 = **abnormal**
abnormal 비정상인, 변칙의 = **unusual**

antiquity
[æntíkwəti]

n 1. 고대 유물 = **antique**
The group of historians was amazed at the splendor of the rare **antiquities** on display at the museum.
역사 학자들은 박물관에 전시된 진귀한 고대 유물들의 화려함에 놀랐다.

2. 태고, 먼 옛날 = **ancient (times),** classical times

apparatus
[æpərǽtəs]

n 기구, 기계, 장치 = **equipment,** gear
Before installing any **apparatus**, it is crucial that you check for any malfunctions because it will catch on fire if anything goes wrong.
만일 무엇인가 잘못 되기라도 한다면 화재가 날 수 있기 때문에 장비를 설치하기 전에 문제 여부를 확인하는 것이 중요하다.

관련어 **gear** 연결하다, 달다 = **connect**

disgust
[disgʌ́st]

n (매우) 싫음, 혐오감 = **distaste,** abhorrence, aversion, loathing, odium, repugnance, revulsion
I wanted to express my utter **disgust** at the sight of the new employee sucking up to the boss, but I managed to alleviate my anger.
보스에게 아첨하는 신입 사원을 보고 혐오감을 나타내고 싶었으나 화를 삭이고 말았다.

관련어 **abhorrence, aversion** 혐오, 증오
loathing 강한 혐오
odium 증오(를 일으키게 하는 것)); 비난; 악평; 오명
repugnance 반감, 적대감; 혐오, 증오; 모순
revulsion (감정 등의) 급변; 강한 혐오, 반감

disparity
[dispǽrəti]

n 1. 불일치, 불균형 = **inequality,** discrepancy, inconsistency, imbalance
It is rare to find income **disparities** between men and women in businesses and research shows that most women still get paid less than men.
비즈니스계에서 남녀 간의 소득 격차를 찾기란 쉽지 않으나, 한 연구는 대부분의 여성이 아직 남성에 비해 월급을 적게 받고 있음을 보여준다.

2. 차이 = **difference,** contrast, dissimilarity

관련어 **discrepancy** 불일치, 모순; 차이(difference)

> **시나공 비법**
> 일반적으로 contrast는 '대조한 후의 현저한 차이'를 표현할 때 사용합니다.

doctrine
[dɑ́ktrin]

n 1. 주의, 신조 = **principle,** canon, maxim, tenet
Catholicism strongly emphasizes believers to follow their sound religious **doctrines** and to confess if they are not obeyed.
천주교는 신도들에게 그들의 정통적인 종교적 신념을 따르도록 강조하며, 그렇지 않을 경우 고백하도록 한다.

2. 교리, 교의 = **belief,** creed, dogma, ideology

3-1

> **시나공 비법**
> '주의, 신조', 그리고 '교리, 교의'의 의미는 전문적인 내용 이외에는 거의 같은 의미로 사용됩니다.

intercourse
[íntərkɔ̀ːrs]

- ⓝ 교류, 거래, 통상 = **exchange,** association, communication, connection, contact, dealing, relation(ship)
  The prisoners were strictly barred against exterior **intercourse** because they plotted illegal activities when other members came to visit them.
  수감자들은 그들의 면회객들과 불법적인 행동을 한 이유로 외부 접촉을 엄격히 차단당했다.

interplay
[íntərplèi]

- ⓝ 상호 작용[영향] = **interaction,** exchange, interchange
  The **interplay** of rival marketing companies actually brings about excellent ideas.
  경쟁 마케팅 회사와의 상호 작용은 실제로 훌륭한 아이디어를 낳는다.
- 관련어 **interchange** 교환, 주고 받기; 중계지점

interval
[íntərvəl]

- ⓝ (시간적) 간격, 사이 = **period,** spell, stretch, time
  The time **interval** between the trains is so great that if you miss the first train, you will not be able to go get to your desired destination on time.
  열차들 간의 배차 간격이 너무 길어 첫 열차를 놓칠 경우, 당신은 제 시간에 원하는 목적지에 도착할 수 없을 것이다.
- 관련어 **spell** 한동안의 계속, 잠시 동안 = **a certain period of time,** period

> **시나공 비법**
> interval은 이외에도 '휴지[휴식] 기간, (장소의) 공간, 간격, 거리, 음정'의 의미로도 자주 사용되므로 주의하기 바랍니다.

intervening years
[ìntərvíːning jiərs]

- phr 그 시절에, 그 사이에 = **between years**
  The fans expected big things from the next World Cup because they saw the improvement in their team during the **intervening years**.
  팬들은 그 사이 자신들의 대표팀 실력이 향상되었기 때문에, 다음 월드컵에 큰 기대를 했다.
- 관련어 **intervene** 화해시키다(in, between); (~사이에) 일어나다(between); 간섭하다(in, against)

in response to

- phr ~에 답하여 = **as a result of, in reaction to**
  In response to the strike that lasted for eight months, the government finally stepped in and fired the CEO of the company.
  8개월 간 지속된 파업에 대한 대응책으로 결국 정부가 개입하여 회사 CEO를 해고했다.

screen
[skri:n]

ⓝ (분리, 거르는 것을 위한) 체, 필터 = **filter,** riddle, sieve

The personality test served as a good **screen** to weed out the unstable people from being considered for the job.
인성 검사는 해당 직업에 적절치 않은 사람들을 걸러내기 위한 좋은 필터 역할을 한다.

관련어 riddle 수수께끼; 난제; 알 수 없는 사람[것]; 체
sieve 체; 입이 싼 사람

> **시 나 공 비 법**
> screen은 '가리다(conceal, hide, veil), 보호하다(guard, protect, shield, shelter), 검열하다(check, investigate, vet)' 등의 동사(verb)로 많이 사용됩니다.

Day 19 Quiz

앞에서 학습한 내용들을 바로 확인해 보는 코너입니다.

❶ 아래 단어들의 유의어를 보기에서 찾아 빈칸에 쓰시오.

A ⓐ call on ⓑ disdain ⓒ take apart ⓓ enter ⓔ fix ⓕ oppose

1. invoke _____   2. dismantle _____   3. invade _____
4. set _____   5. scorn _____   6. dissent _____

B ⓐ far away ⓑ control ⓒ common ⓓ healthy ⓔ unable to absorb ⓕ principle

1. dominate _____   2. archetypal _____   3. robust _____
4. distant _____   5. saturated _____   6. doctrine _____

❷ 문장 내에서 진하게 표시된 어휘의 유의어를 고르시오.

1. The police have **instigated** an official inquiry into the incident.
   ⓐ begin   ⓑ stimulated   ⓒ stuck   ⓓ spawned

2. A sneak attack has to be **discretely** planned and performed.
   ⓐ unskillful   ⓑ extraordinary   ⓒ separately   ⓓ carefully

3. The personality test served as a good **screen** to weed out the unstable people from being considered for the job.
   ⓐ part   ⓑ connection   ⓒ filter   ⓓ figure

4. The **interplay** of rival marketing companies actually bring about excellent ideas.
   ⓐ transition   ⓑ agreement   ⓒ difference   ⓓ interaction

5. The time **interval** between the trains is so great that if you miss the first train, you will not be able to go get to your desired destination on time.
   ⓐ period   ⓑ situation   ⓒ background   ⓓ nature

정답 & 해석

❶ A. 1. ⓐ 2. ⓒ 3. ⓓ 4. ⓔ 5. ⓑ 6. ⓕ
   B. 1. ⓑ 2. ⓒ 3. ⓓ 4. ⓐ 5. ⓔ 6. ⓕ
❷ 1. ⓐ 2. ⓒ 3. ⓒ 4. ⓓ 5. ⓐ

1. 경찰은 사건에 대한 공식적인 조사를 시작했다.
2. 은밀한 공격은 별도로 계획되고 감행돼야 한다.
3. 인성 테스트는 직책에 필요한 사람들 중 불안정한 사람들을 속아내기 위한 좋은 필터장치이다.
4. 마케팅 회사들간의 상호작용은 실질적으로 우수한 아이디어들을 낳는다.
5. 열차들의 배차 간격이 넓어 첫 열차를 놓칠 경우 가고자 하는 목적지에 제때 도착할 수 없을 것이다.

Not 빈출, But 기출! 고득점을 원하면 놓치지 말아야 할 코너!

Word	의미	유의어
out of sight	안 보이는, 안 보이는 곳에 있는	hidden
outbreak	(전염병) 발발, 증가	sudden increase
outdated	시대에 뒤진	old-fashioned
overlap	겹치다	share the land
overlie	~위에 가로 놓이다[눕다]	cover
overlook	~을 못 보고 넘어가다, 눈감아 주다	miss

You gain strength, courage,

and confidence by every experience

in which you really stop to look fear in the face.

You must do the thing which you think you cannot do.

두려움을 직면하게 되는 모든 경험을 통해,

당신은 힘과 용기, 그리고 자신감을 얻게 된다.

그러므로 절대 해낼 수 없을 거라 생각하는 일들을 해야 한다.

— Eleanor Roosevelt(엘리노어 루즈벨트)

Day 20 시험에 나오는 3순위 Voca

0~3순위 어휘에서 TOEFL Reading Voca 문제의 95%가 출제된다!

🔊 3-2_Day 20.mp3

buffer
[bʌ́fər]

- ⓥ 막다, 보호하다 = **protect,** cushion, defend, guard, insulate, shield, screen
  The accident was detrimental, but luckily the airbag opened and **buffered** his neck and spine.
  사고는 해로웠지만, 운 좋게 에어백이 열려서 그의 목과 척추를 보호했다.
- 관련어 **cushion** ~을 (악화로부터) 막다 = **protect**
  shield (위험에서) 보호하다 = **protect**
  insulate 고립시키다; 절연[방음]시키다; 섬으로 만들다

cast about
[kæst əbáut]

- ⓥ 궁리하다, 연구하다, 찾아다니다 = **seek,** search for, try to find
  After spending years **casting about** a career, she finally opened her own seafood restaurant.
  성공을 위해 많은 시간을 보낸 후, 그녀는 결국 자신의 해산물 레스토랑을 오픈했다.

ease into
[íːz ìntu]

- ⓥ 신중히 안으로 움직이다 = **slowly enter, slowly shift into**
  Career day is set up so that graduates can get to know professionals and **ease into** conversations regarding job opportunities.
  취업 설명회 일정이 잡혔으므로 졸업생들은 전문가들과 접할 수 있고, 직업에 관한 대화에 참여할 수 있다.
- 관련어 ease 휴식[안심]시키다; 곤란을 덜어주다; 신중히 위치를 옮기다

echo
[ékou]

- ⓥ 흉내 내다, 모방하다 = **imitate,** copy, mimic
  Because of our different personalities, I thought our views would conflict with each other, but your thoughts **echo** mine.
  개성이 서로 달라 나는 우리 견해가 서로 부딪칠 거라고 생각했지만 너의 생각은 나의 의견과 유사하다.

> **시나공비법**
> '(목소리, 음 등이) 울려 퍼지다'의 의미로 사용됩니다.

endorse
[indɔ́ːrs]

- ⓥ 승인하다, 지지하다 = **support,** approve, champion, uphold
  Congress will most likely **endorse** the president's choice because he has maintained a good relationship with them over the years.
  대통령이 그들과 수 년간 좋은 관계를 유지해 왔기 때문에 의회는 아마도 대통령의 선택을 지지할 것이다.
- 관련어 **champion** 옹호하다, 지지하다, 지키다 = **promote, support**
  approve 시인[승인]하다
  uphold (들어)올리다; 시인하다, 지지하다; (판결 등을) 확인하다

engender
[indʒéndər]

> **시나공비법**
> '공적인 내용'에서 '배세[이서]하다'의 의미로 자주 사용됩니다.

- **(V)** (감정 등이) 생기게 하다 = **cause,** bring about, create, generate, give rise to, lead to, produce, result in

  The weak presentation did not **engender** confidence to the board of committee that this project will succeed.
  인상적이지 못한 발표는 위원회로 하여금 이 프로젝트가 성공할 것이라는 확신을 갖게 하지 못했다.

- **관련어** **give rise to** 일으키다, 낳다 = **cause**

  spawn 낳다, 산출하다 = **create, generate, give rise to, produce, provide**

  trigger 발생시키다 = **activate, cause, generate, give rise to, initiate, lead to, start**

lodge
[lɑdʒ]

- **(V)** 박다, 꽂다 = **embed,** fix, implant, stick, wedge

  When his parents got into a divorce, he **lodged** his mind with the untruthful fact that the reason was because of him.
  그의 부모가 이혼했을 때, 그 이유가 자신 때문이라는 잘못된 생각을 품었다.

- **관련어** **embed** 박아[끼워]넣다, (마음 속에) 깊이 간직하다 = **implant, insert, encase, enclose**

  wedge 쐐기로 고정시키다; ~을 박아 넣다

> **시나공비법**
> lodge는 명사(noun)로 '오두막, 잠시 머무르는 곳'으로, 동사(verb)로 '(일시적으로) 체재하다, ~을 넣다, 맡기다'의 의미로 자주 사용됩니다.

menace
[ménəs]

- **(V)** 1. 위협하다, 협박하다 = **threaten,** frighten, intimidate, scare

  The village was **menaced** by the neighboring tribe, so they decided to build a wall around their area.
  마을이 이웃 부족으로부터 위협을 받자, 그들은 마을 주변에 벽을 세우기로 했다.

  2. 위험에 빠뜨리다 = **threaten,** imperil, jeopardize

- **관련어** **intimidate** 위협하다 = **frighten**

mingle
[míŋgl]

- **(V)** 1. 교제하다(with) = associate (with), socialize (with)

  Her utmost desire was to **mingle** with the cool crowd, but they never let her in just because she was smart and ranked top in her class.
  그녀의 가장 큰 희망은 잘 나가는 친구들과 사귀는 것이었으나 그들은 그녀가 똑똑하고 반에서 최우등생이라는 이유로 받아들여 주지 않았다.

  2. 섞다, 합치다(together, with) = **blend, mix,** combine, fuse, merge, unite

neglect
[niglékt]

- **(V)** 1. 깜박 잊다 = **fail,** forget, omit, abandon, desert, leave alone

  Neglecting to pay the small fines for late rental fees can eventually sum up to an outrageous amount after a while.
  연체된 임대료에 대한 적은 벌금 납부를 소홀히 한 것이 결국에는 엄청난 금액이 되었다.

  2. 무시하다, 경시하다 = **disregard,** ignore, pay no attention to

관련어 **ignore** 무시하다, 간과하다 = **pay no attention to,** disregard, neglect, overlook
omit 생략하다, 빠뜨리고 쓰다; 깜박 잊다

> **시나공비법**
> 일반적으로는 '무시[경시]하다'의 의미로 가장 많이 사용되며, 가끔은 '돌보지 않다, 방치하다'의 의미로도 사용됩니다.

stamp out
[stæmp aut]

ⓥ (진압하여) 근절[제거]하다 = **eliminate,** eradicate, root out
The president's campaign to **stamp out** drug use in schools received accolade from the public.
학교에서 마약 사용을 근절하려는 대통령의 캠페인은 대중으로부터 칭찬을 받았다.

관련어 **eliminate** 없애다, 제거하다, 실격시키다 = **end, remove (completely)**
eradicate 근절하다, 전멸시키다, 없애다, 지우다 = **completely destroy, eliminate, remove, root up**

stockpile
[stákpàil]

ⓥ 비축하다, 저장하다 = **store (up),** amass, accumulate, collect, hoard, save
The busy stepfather has not **stockpiled** enough faith and love to receive the trust of his son.
바쁜 새 아버지는 그의 아들의 신뢰를 받을 만한 충분한 믿음과 사랑을 얻지 못했다.

> **시나공비법**
> stockpile은 일반적으로 대량으로 비축하거나 저장하는 경우에 자주 사용됩니다.

awkward
[ɔ́:kwərd]

ⓐ 1. 서투른, 솜씨 없는 = **clumsy,** inept, maladroit, uncoordinated, ungainly, unskillful
You can immediately spot first-time employees because everything they do is **awkward**.
당신은 신입 사원들이 하는 모든 일이 미숙하기 때문에 즉시 그들을 알아챌 수 있다.

2. 다루기 힘든 = **difficult,** cumbersome, unwieldy

관련어 **cumbersome** 크거나 무거워서 다루기 힘든 = **awkward, clumsy, difficult to handle, unwieldy**
unwieldy (무거워서) 다루기 힘든, 부피가 큰 = **awkward**

barren
[bǽrən]

ⓐ 불모의, 불임의 = **lifeless, unable to sustain life,** arid, infertile, sterile, uncultivated, unfruitful, unproductive
The company elites provided a lot of funding so that the **barren** forest can turn into a beautiful golf course.
회사 엘리트들은 불모의 산림을 아름다운 골프코스로 변모시킬 수 있는 많은 자금을 제공했다.

관련어 **arid** 불모의, 습기가 없는 = **barren, (very) dry**
sterile 불모의 = **unproductive**
fertile[fertilized] 비옥한, 풍부한 = **bountiful, productive**

> **시나공비법**
> '작품이나 내용 등이 흥미가 없는, '(정신적으로) 무능한, ~이 없는(of)'의 의미로도 가끔 사용됩니다.

bizarre
[bizá:r]

ⓐ 기괴한, 별난 = **(very) strange,** abnormal, eccentric, extraordinary, odd, peculiar, unusual

We witnessed a rather **bizarre** group of singers dancing in the middle of the shopping center.
우리는 쇼핑센터 중앙에서 춤을 추는 다소 별난 가수들을 봤다.

관련어 **abnormal** 비정상적인, 유별난 = **unusual**
eccentric 정도를 벗어난, 별난 = **unusual**
extraordinary 보통이 아닌, 비범한 = **exceptional, unusual**
odd 색다른, 이상한
eerie 으스스한, 기분 나쁜, 무시무시한 = **odd, strange**

broadly
[brɔ́:dli]

ad 1. 대체로, 주로 = **in general, generally,** as a rule, mainly, predominantly, on the whole

Many people have **broadly** agreed that pregnant teenagers should never choose abortion and should put the baby up for adoption instead.
많은 사람들은 임신한 10대들이 절대로 낙태를 해서는 안되고, 대신 입양시켜야 한다는 것에 대다수 동의했다.

2. 널리 = **widely,** openly

관련어 **as a rule (of thumb)** 대개, 일반적으로 = **generally, in general**
predominantly 주로; 현저히, 눈에 띄게 = **mainly, primarily; obviously**

candid
[kǽndid]

ⓐ 솔직한 = **honest,** frank, open, outspoken, truthful, straightforward, ingenuous

Susan said earlier today that Peter had been **candid** during his interviews.
수잔은 오늘 아침에 피터가 인터뷰 동안 솔직했다고 말했다.

관련어 **ingenuous** 솔직한, 숨김없는; 천진한, 꾸밈없는 = **innocent, simple, trusting**

> **시나공비법**
> 유의어 중 ingenuous는 '독창적인, 영리한'의 의미인 ingenious, '고유한, 토착의'의 의미인 indigenous와 혼동하지 않도록 하세요.

elegant
[élǝgǝnt]

ⓐ 우아한, 고상한 = **sophisticated (but simple),** fashionable, graceful, chic, classic, stylish

They were silently standing in awe in front of temple's majestic and **elegant** elements.
그들은 신전의 웅장하고 우아한 장식들 앞에서 경외로움에 차 숨죽이고 서 있었다.

> **시나공비법**
> sophisticated는 '세련된, 도시적인, 교양[학문]있는, 멋 부린'의 의미 외에도 '복잡한'의 의미로도 자주 사용됩니다.

elevating
[élǝveiting]

ⓐ 올라가는 = **lifting, raising**

Elevating oil prices are straining the necks of consumers all around the world.
치솟는 오일 가격은 전 세계 소비자들의 목을 죄고 있다.

elevate
[éləvèit]

- v
  1. (들어) 올리다 = **raise (up),** lift (up), upraise
  2. 승진시키다, 향상시키다 = **advance, promote, raise,** upgrade, prefer
- a **elevated** (지위, 높이 등이) 높은 = **high,** raised

> **시 나 공 비 법**
> elevate의 유의어인 prefer는 주로 '~을 선호하다'의 의미로 사용되지만, '승진시키다(promote)'의 의미로도 간간히 사용됩니다.

empirical
[empírikəl]

- a 경험에 의한, 실증적인 = **based on observation,** demonstrable, experiential, observed, practical, seen

  It may be hard to believe, but **empirical** scientific studies show that fasting can actually improve health and decrease the possibility of having cancer.
  믿기 어렵겠지만 경험에 의한 과학적 연구들은 단식이 실제로 건강을 증진시키고 암에 걸릴 가능성을 줄여준다고 한다.

keen
[kiːn]

- a 예리한, 날카로운 = **sharp,** acute, clear, discerning, perceptive, sensitive

  Without a **keen** sense of taste and smell, it will be difficult to be a successful chef.
  맛과 냄새에 대한 예리한 감각 없이, 훌륭한 주방장이 되기는 힘들다.

- ad **keenly** 날카롭게, 강렬하게 = **deeply**

> **시 나 공 비 법**
> keen은 '열정적인, 열심인(eager, anxious, enthusiastic)'의 의미로도 자주 사용됩니다.

likewise
[láikwàiz]

- ad
  1. 비슷하게 = **similarly,** correspondingly, in the same way, the same

     Not only those who got into a bloody fist fight, but their family members **likewise** were prohibited from entering church.
     유혈 싸움을 벌인 사람뿐 아니라 그들의 가족들도 교회 출입이 금지되었다.

  2. 또한 = **also,** as well, in addition
  3. 게다가 = **besides,** furthermore, moreover

> **시 나 공 비 법**
> '게다가'의 의미 유의어 중 besides를 beside로 오용하지 않도록 하세요. 물론 beside는 주로 '~옆의, 가까이에(neighboring), ~과 비교하면(compared with)'의 의미로 사용됩니다.

negligible
[néglidʒəbl]

- a 무시해도 좋은, 하찮은 = **insignificant, slight, minor,** trifling, trivial, unimportant

  The difference of speed between the old and the new system seem **negligible,** but the price difference is astronomical.
  오래된 시스템과 새로운 시스템의 속도 차이는 무시해도 좋을 정도인 듯하나, 가격의 차이는 천문학적이다.

- 관련어 **trivial** 사소한, 하찮은 = **inconsequential, insignificant, not important, not valuable, trifling, unimportant**

sleek
[sliːk]

ⓐ 윤기 나는, 부드러운 = **smooth,** glossy, lustrous, shiny, shining, silky

The desire for silky **sleek** hair always manipulates me into investing a big portion of my budget on expensive hair products.
실크 같은 부드러운 머리카락에 대한 희망은 내 예산의 많은 비중을 헤어 제품을 구입하는데 사용하게 한다.

관련어 glossy, lustrous 광택 있는, 반들반들한
shiny 빛나는; 닦은, 윤이 나는(polished); 맑게 갠; 오래 입어 반들반들한

somewhat
[sʌ́mhwɑ̀t]

ⓐ 1. 어느 정도 = **to some degree[extent],** a little, a bit, fairly, more or less, quite, rather

Their victory of winning the world cup was **somewhat** foreseeable since they have been ranking in the top five for the past twenty years.
그들은 지난 20년 간 랭킹 5위 내에 있었기 때문에 그들이 월드컵에서 우승하는 것은 어느 정도 예견된 일이었다.

2. 약간, 조금 = **rather, slightly,** comparatively, fairly, moderately, relatively

관련어 **rather** 어느 정도, 다소, 꽤 = **fairly**
relatively 비교적, 다른 것에 비해 = **comparatively**
more or less / less or more 다소, 어느 정도 = **fairly**
slightly 다소, 약간 = **a little, by very small amounts, somewhat**
fairly 공정하게; 상당히, 그만그만하게; 완전히, 아주; 명백히

stunning
[stʌ́niŋ]

ⓐ 놀랄 만큼 멋진, 놀라운 = **amazing, impressive,** extraordinary, phenomenal, remarkable, splendid, staggering

I never realized how a homely appearance can turn into a **stunning** look after a touch of makeup.
나는 평범한 얼굴이 화장을 하면 얼마나 놀라운 외모로 변할 수 있는지 결코 이해하지 못했다.

관련어 **phenomenal** 보통이 아닌, 놀랄 만한 = **extraordinary, incredible, outstanding**
splendid 호화로운, 웅대한 = **marvelous**
magnificent 웅장한, 화려한 = **marvelous, splendid**

> **시나공 비법**
> amazing을 포함한 '놀라운'의 의미를 지닌 어휘들은 자주 출제되므로 반드시 숙지하기 바랍니다 (alarming, amazing, astonishing, astounding, remarkable, shocking, staggering, startling).

artisan
[ɑ́ːrtizən]

ⓝ 장인 = **craftsman,** craftsperson, technician

The windows of the cathedral were handcrafted by skilled **artisans** who made each stained glass a marvelous work of art.
대성당의 창문들은 각 스테인드글라스를 굉장한 예술 작품으로 만든 숙련된 장인들의 손으로 직접 만들어졌다.

관련어 **artisans** = **craftspeople**

bound for
[báund fər]

phr ~로 가기로 된, ~행인 = **going to**

The flight **bound for** Rome crashed in a deserted island in the middle of nowhere.
로마 행 비행기는 인적이 드문 한 외딴 섬에 추락했다.

3-2

by and large
phr 전반적으로, 대체로 = **for the most part,** as a rule, mainly, mostly, on the whole, overall

We lacked in confidence, but the show was **by and large** a success.
우리는 자신이 없었지만, 그 쇼는 전반적으로 성공했다.

관련어 **on the whole** 전체적으로 봐서 = **in general**

overall 종합적으로, 전반적으로 = **altogether, as a whole, generally, totally**

due to [dju: tu:]
phr ~때문에 = **because of, caused by, owing to,** attributable to

The public schools located in the suburbs were excluded from the competition **due to** a lack of response rates from teachers and students.
교외에 위치한 공립학교는 교사들과 학생들의 응답률이 부족해 경쟁에서 배제되었다.

effort [éfərt]
n 노력, 시도 = **attempt,** endeavor, try

Many women fantasize about their married life, but they don't know that it takes a tremendous **effort** to have a happy family.
많은 여성들이 결혼 생활에 대한 환상을 갖고 있으나 행복한 가정을 만들기 위해서는 엄청난 노력을 해야 한다는 것을 모른다.

관련어 **endeavor** 노력하다, 애쓰다 = **attempt, strive, struggle, try**

attempt 시도하다 = **try**

end [end]
n 목적 = **purpose,** aim, goal, intention, objective, purpose, target

The various departments have to compete with one another, but overall they work for a common **end** to improve the company and the lives of their clients.
다양한 부서들이 서로 경쟁해야 하지만 전체적으로 보면 그들 모두 회사와 고객들의 삶을 향상시키기 위한 공동의 목적을 위해 일한다.

> **시 나 공 비 법**
> 아시다시피 end는 '끝, 경계, 가장자리, 한계(점)' 등 다양한 의미로 사용됩니다.

mainstay [méinstèi]
n (존재의) 중심 = **important part,** central component, central figure, cornerstone

Agriculture was once a **mainstay** of the economy for many years, but it has turned out to be the least attractive in recent times.
농업은 오랜 기간 동안 한 때 경제의 중심이었으나, 최근에는 가장 매력이 없는 분야로 전락했다.

관련어 **cornerstone** 기초, 초석 = **base, basis, foundation**

component 구성 요소, 성분 = **constituent, element, factor, ingredient, part, piece**

norm [nɔ:rm]
n 표준, 규범 = **rule, standard,** criterion, yardstick

We were amazed when we found out that inviting strangers into their house was a social **norm** in the Middle East.
중동에서는 이방인들을 그들의 집에 초대하는 것이 하나의 사회적 규범인 것을 알았을 때 우리는 놀랐다.

관련어 **yardstick** 기준, 척도 = **criterion, guideline, measure, standard**

option
[ápʃən]

(n) 선택, 취사 = **choice,** alternative

Although she had an **option** to go overseas to study abroad, she chose to go to college near her home because she wanted to take care of her grandparents.
그녀는 해외로 유학가는 선택을 할 수도 있었지만, 그녀의 조부모님들을 돌보고자 집 근처 대학에 가는 것을 선택했다.

관련어 **alternative** 양자택일; 대안; 교대, 교체 = **choice; option, substitute; rotation**

---

shortcoming
[ʃɔ́ːrtkʌ̀miŋ]

(n) 결점, 단점 = **weakness,** defect, drawback, fault, flaw

She did not get hired as a new CEO because her lack of ability to overcome her **shortcomings** foreshadowed bad management skills.
그녀의 단점들을 극복해 줄 역량 부족이 나쁜 경영 능력을 보여주는 전조로 비춰져서 새 CEO로 고용되지 못했다.

관련어 **drawback** 결점, 약점 = **disadvantage**

---

sovereign
[sávərin]

(n) 군주, 통치자 = **master, leader, monarch, ruler**

Queen Elizabeth, the charismatic **sovereign** of England helped Britain to be one of the leading economic and military powers in the world.
카리스마를 갖춘 영국 통치자 엘리자베스 여왕은 영국을 세계에서 주도적인 경제력과 군사력을 갖춘 나라 중 하나로 만들었다.

> **시나공비법**
> 형용사(adjective)로 '주권을 가진, 최고의, 자치의'의 의미로 사용되기도 합니다.

---

standstill
[stǽndstìl]

(n) 정지, 정체 = **a complete stop,** halt, stand

The deadly blizzard brought all the airports in Boston to a **standstill**, resulting in the chaotic cancellation of all airline flights.
심한 눈보라는 보스턴의 모든 공항을 마비시켰고, 모든 항공편의 운행을 취소하게 하는 결과를 가져왔다.

phr **slow to standstill** 정지된 것처럼 느려지다 = **come to a stop**

관련어 **halt** 멈추다, 정지시키다 = **stop**

---

status
[stéitəs]

(n) 1. 사회적 비중, 명성 = **importance,** authority, eminence, fame, prominence, renown, standing

It is unfortunate that our community determines a person's social **status** solely on academic achievements and not on their character.
우리 사회가 인간의 사회적 지위를 그들의 개성이 아닌 오로지 학문적 성취에 의해 결정하는 것은 유감이다.

2. 지위, 신분 = **quality,** position, rank(ing), standing

관련어 **renowned, celebrated** 유명한, 이름 높은 = **famous**

> **시나공비법**
> status는 '명성, 사회적 지위, 신분'의 의미로 자주 큰 구분 없이 사용됩니다.

---

strategy
[strǽtidʒi]

(n) 전략, 병법 = **method, plan**

During on-going economic depression, it is crucial for our family to work out a **strategy** to live on a tight budget.
계속되는 경제 불황 기간 동안 우리 가족이 빠듯한 예산으로 생활할 계획을 세우는 일은 중요하다.

Day 20 Quiz

앞에서 학습한 내용들을 바로 확인해 보는 코너입니다.

❶ 아래 단어들의 유의어를 보기에서 찾아 빈칸에 쓰시오.

A ⓐ clumsy　ⓑ eliminate　ⓒ embed　ⓓ support　ⓔ imitate　ⓕ threaten

1. echo _____　　2. lodge _____　　3. menace _____
4. awkward _____　5. endorse _____　6. stamp out _____

B ⓐ monarch　ⓑ lifeless　ⓒ rather　ⓓ honest　ⓔ similarly　ⓕ raise

1. somewhat _____　2. barren _____　3. candid _____
4. elevate _____　　5. likewise _____　6. sovereign _____

❷ 문장 내에서 진하게 표시된 어휘의 유의어를 고르시오.

1. **Neglecting** to pay the small fines for late rental fees can eventually sum up to an outrageous amount after awhile.
   ⓐ Failing　ⓑ Inspiring　ⓒ Augmenting　ⓓ Decreasing

2. The busy stepfather has not **stockpiled** enough faith and love to receive the trust of his son.
   ⓐ represented　ⓑ allured　ⓒ stored　ⓓ trigger

3. Detectives have a **keen** sense to detect a criminal.
   ⓐ sharp　ⓑ provisional　ⓒ material　ⓓ permanent

4. They were silently standing in awe in front of temple's majestic and **elegant** elements.
   ⓐ sophisticated　ⓑ impede　ⓒ facilitate　ⓓ fostered

5. The concert was simply **stunning** enough to capture the hearts of the audience.
   ⓐ rigid　ⓑ common　ⓒ critical　ⓓ amazing

정답 & 해석

❶ A. 1. ⓔ 2. ⓒ 3. ⓕ 4. ⓐ 5. ⓓ 6. ⓑ
　B. 1. ⓒ 2. ⓑ 3. ⓓ 4. ⓕ 5. ⓔ 6. ⓐ
❷ 1. ⓐ 2. ⓒ 3. ⓐ 4. ⓐ 5. ⓓ

1. 연체된 임대료에 대한 적은 벌금 납부를 소홀히 한 것이 결국은 엄청난 금액이 되었다.
2. 바쁜 새 아버지는 그의 아들의 신뢰를 받을 만한 충분한 믿음과 사랑을 얻지 못했다.
3. 형사들은 범인을 찾아내는 날카로운 감각을 가지고 있다.
4. 그들은 신전의 웅장하고 우아한 장식들 앞에서 경외로움에 차 숨죽이고 서 있었다.
5. 공연은 관객을 사로 잡고도 남을 만큼 놀라웠다.

Not 빈출, But 기출! 고득점을 원하면 놓치지 말아야 할 코너!

Word	의미	유의어
pale	약하게 하다	lose significance
penchant	강한 기호, 경향	inclination
perpetuate	영속하게 하다	continue
pillar	기둥, 지주	column
pitfall	함정; 유혹, (숨겨진) 위험	difficulty
plague	괴롭히다	cause problem

The most authentic thing about us is our capacity to create, to overcome, to endure, to transform, to love, and to be greater than our suffering.

우리의 가장 진정한 능력은
창조하고, 극복하고, 인내하고, 변화를 일으키며, 사랑하고,
우리의 고통보다 위대해 질 수 있는 능력이다.
— Ben Okri(벤 오크리)

Day 21 시험에 나오는 3순위 Voca

0~3순위 어휘에서 TOEFL Reading Voca 문제의 95%가 출제된다!

🔊 3-3_Day 21.mp3

champion [tʃǽmpiən]
- ⓥ 옹호하다, 지지하다 = **promote, support,** advocate
  The UN challenged the Middle East to **champion** the cause for the empowerment of women.
  UN은 중동에서의 여성들의 권리를 지지하기 위해 노력했다.
- 관련어 **advocate** 지지하다, 옹호하다 = **argue for, promote, recommend, speak in favor of, support**

choose [tʃuːz]
- ⓥ 선택하다, 고르다 = **opt (for),** select
  People who **choose** healthy dietary foods put themselves at a lower risk for cancer.
  건강한 식단을 선택하는 사람들은 자신들이 암에 걸릴 위험을 낮게 만든다.

colonize [kάlənàiz]
- ⓥ (식민지로) 만들다, (대량) 서식하다 = **inhabit,** settle (in)
  Deep-sea species are **colonizing** the continental Antarctic shelf, an ecosystem that has remained stable over a thousand years.
  심해에 사는 종들은 남극대륙에 대량 서식하는데, 이러한 생태계는 수 천년 동안 유지되어 왔다.

conceive [kənsíːv]
- ⓥ 마음에 품다, 생각해 내다 = **imagine, picture,** vision, visualize
  No one could ever **conceive** the thought of him losing because he always won the game.
  그는 항상 경기에서 승리했기 때문에 그가 패할 것이라는 것은 아무도 생각하지 못했다.
- ⓐ **conceivable** 생각[상상]할 수 있는 = **believable, imaginable,** convincing, credible, probable
- 관련어 **inconceivable** 생각할 수 없는, 상상할 수 없는 = **unimaginable**

engrave [ingréiv]
- ⓥ 새기다, 조각하다 = **carve,** cut (in), incise
  The messages **engraved** into this monument provide an invaluable data on the forgotten history of the Native Americans.
  이 기념비에 새겨진 메시지는 미국 원주민들의 잊혀진 역사에 관한 중요한 자료를 제공해 준다.
- 관련어 **incise** 새기다, 파다

entail [intéil]
- ⓥ 1. 일으키다 = **cause,** give rise to, lead to, produce, result in
  Opening new businesses usually **entails** extra costs until operations are running smoothly and successfully.
  새로운 사업의 시작은 순조롭고 성공적으로 운영될 때까지 추가비용을 일으킨다.
  2. (필연적 결과로) 수반하다, 필요로 하다 = **involve,** call for, demand, necessitate, need, require
- ⓐ **entailed** 필요로 하는 = **necessary**
- 관련어 **call for** 요구하다, 필요로 하다

entice
[intáis]

- **v** 유혹하다, 꾀어 들이다 = **tempt,** allure, appeal to, attract, lure
  He constantly **enticed** his former employer into another game of poker and eventually they both went home broke.
  그는 끈질기게 그의 전 고용주를 또 다른 포커 게임으로 유혹해서 결국 둘 다 빈털터리가 되어 집에 돌아갔다.

관련어 **tempt** 관심을 끌다 = **interest**
appeal 마음에 호소하다[끌다] = **attract**
attract 매혹하다, 끌다 = **appeal, draw**

evacuate
[ivǽkjuèit]

- **v** 떠나다, 피난하다, 비우다 = **move out,** clear, remove, shift, take away
  Everyone in Fukushima was forced to **evacuate** out of their homes after the earthquake.
  후쿠시마 주민들은 모두 지진 후에 그들의 집에서 떠나라는 지시를 받았다.

관련어 **shift** 옮기다, 장소를 바꾸다, 변화하다 = **change (a direction), move**

> **시나공비법**
> 일반적인 장소를 비우는 의미뿐 아니라 위험한 지역 등에서 피난시키고, 군대 등을 철수하는 경우 등 다양한 상황에서 사용됩니다.

flag
[flæg]

- **v** 정지시키다, 신호하다 = **lessen, stop, pause, make a sign, give a signal**
  Studies have proved that stress **flagged** the cardiovascular system, which put people at a higher risk for disease.
  연구에 따르면 스트레스는 심장혈관을 망가뜨리며, 이로 인해 사람들이 병에 걸릴 위험이 증가한다는 것을 밝혔다.

gear
[giər]

- **v** (계획에) 맞추다, 맞게 조정하다 = **connect**
  According to their account, the campaign was **geared** to the needs of war.
  그들의 설명에 따르면, 캠페인은 전쟁에 필요한 물자를 모으기 위한 것이었다.

perplex
[pərpléks]

- **v** 복잡하게 하다, 뒤얽히게 하다 = **puzzle,** bewilder, confound, confuse, disconcert
  The homicide case that was organized by a genius murderer **perplexes** the detectives to solve.
  천재적인 범인에 의한 살인의 경우 형사들이 사건을 해결하는 것을 힘들게 만든다.

관련어 **bewilder, confound, confuse, perplex** 당황하게 하다, 혼란 시키다
disconcert 당황하게 하다, (계획 등을) 교란시키다

prevent
[privént]

- **v** 방해하다, 못 일어나게 하다 = **preclude,** hamper, hinder, impede, inhibit, obstruct, restrain
  This law **prevents** companies from abusing the internship program.
  이 법은 회사들이 인턴쉽 프로그램을 남용하는 것을 방지해 준다.

관련어 **preclude** 막다, 방해하다 = **arrest, check, impede, prevent, rule out**
hamper 방해하다, 막다 = **hinder, impede, make difficult, obstruct**
hinder 방해하다, 지연시키다 = **interfere with**
impede 막다, 방해하다 = **inhibit, interrupt, prevent, restrict**
inhibit 억제하다, 방해하다 = **hinder, restrain, restrict, slow down**
obstruct (가로)막다; 방해하다

propagate
[prápəgèit]

- ⓥ 증식시키다, 번식시키다 = **multiply,** increase, proliferate, reproduce, spread

  Since the weeds **propagate** rapidly, the farmers must make sure to extract them by its roots or else they will grow back again massively.
  잡초는 빠르게 번식하기 때문에, 농부들은 잡초의 뿌리까지 확실히 뽑아야 하며, 그렇지 않을 경우 다시 엄청나게 자랄 것이다.

- 관련어 **multiply** 늘리다, 증대[증가]시키다 = **increase**

  proliferate (빠르게) 증식[증가]하다 = **increase, become numerous, multiply**

qualify
[kwáləfài]

- ⓥ 자격을 갖추다 = **meet the requirement**

  Paying the fee does not automatically **qualify** you to leave the country; it is also required of you to pass the interview.
  비용을 지불한다고 해서 당신이 나라를 떠날 수 있는 권한을 자동으로 부여하는 것은 아니며, 인터뷰도 통과해야 한다.

  시나공비법
  '~라 부르다(as), ~로 적임이다(as), ~의 자격을 취득하다(for), 수정[손질]하다' 등의 의미로 다양하게 사용됩니다.

surpass
[sərpǽs]

- ⓥ ~보다 낫다, 능가하다 = **be higher than, exceed,** excel, transcend

  The genius ten-year-old student **surpassed** the skill of the older classmates at Julliard.
  10살짜리 천재 학생은 줄리어드에서 나이 많은 동급생들의 실력을 능가했다.

sweep
[swi:p]

- ⓥ 청소하다, 휩쓸다 = **clean up,** wipe

  The incumbent president **swept** up all the votes in the major states.
  현직 대통령은 주요 주(州)에서 모든 투표를 휩쓸었다.

- phr **full sweep** 충분한[전체] 범위 = **whole range**

tame
[teim]

- ⓥ 1. (동물을) 길들이다 = **domesticate,** break, master, subdue, train

  I thought that the innocent-looking poodle was **tamed**, but it attacked me when I went near it.
  순진해 보이는 푸들이 길들여진 것으로 생각했는데, 내가 근처로 다가가자 나를 공격했다.

  2. 복종시키다, 억누르다 = **subdue,** calm, control, curb, master, moderate

- 관련어 **subdue** 정복하다, 압도하다; 복종시키다, 순종하게 하다

  curb 제한하다, 억누르다

  moderate ⓐ 적절한, 적당한 = **adequate, reasonable**
  ⓥ 완화하다 = **lessen**

  시나공비법
  형용사(adjective)로 '(동물이) 길들여진, 온순한, 유순한, 말 잘 듣는, 지루한, 단조로운' 등의 의미로 자주 사용됩니다.

3-3

trespass
[tréspæs]

v 침입하다, 침해하다 = **invade,** encroach, intrude

When the plane accidentally **trespassed** the enemy's airspace, it was perceived as a threat and was immediately shot down.
항공기가 실수로 적의 영공에 침입했을 때, 위협으로 받아들여져 즉시 격추되었다.

관련어 encroach (나라, 땅을) 잠식[침식]하다; (권리 등을) 침해하다
intrude 억지로 들어가다, 개입하다

---

chief
[tʃiːf]

a 주요한 = **major,** cardinal, main, predominant, primary, principal

The **chief** difficulty, which prevents scientists from having religious beliefs, is their unwillingness to believe in what is unseen.
과학자들이 종교적 신념을 갖는 것을 방해하는 장애물은 보이지 않는 것은 믿으려 하지 않는다는 것이다.

---

circuitous
[sərkjúːitəs]

a 간접적인, 완곡한 = **indirect,** oblique, roundabout

When he saw the **circuitous** sign of his mother raising her eyebrows, he immediately stopped what he was doing.
눈썹을 올리는 어머니의 간접적인 신호를 보고는 그는 즉시 그가 하던 일을 멈췄다.

관련어 **roundabout** 넌지시 하는, 간접의 = **indirect**
oblique 기울어진, 비스듬한; 에두른, 간접적인

> **시나공 비법**
> 무언가를 표현하는 경우보다 '일반적인 route에서 돌아가 우회로 가는' 경우에 더욱 많이 사용 됩니다.

---

commonly
[kámənli]

ad 보통, 통상적으로 = **generally,** all the time, frequently, regularly, repeatedly, routinely, often

One of the most **commonly** made mistakes made is drinking and driving.
가장 평범하게 저지르는 실수들 중 하나는 음주와 운전이다.

---

compulsory
[kəmpʌ́lsəri]

a 의무적인 = **required,** essential, mandatory, necessary, obligatory, requisite

If you are a male living in Korea, serving in the military for two years is a **compulsory** duty.
당신이 만약 한국에 사는 남성이라면, 2년 동안의 군 복무는 의무적이다.

ad **compulsorily** 의무적으로, 강제적으로

관련어 **mandatory** 의무적인, 필수적인 = **essential, obligatory, required**
(pre)requisite 필수의, 전제가 되는 = **essential, indispensable, integral, necessary**

> **시나공 비법**
> '의무적인' 의미로도 자주 등장하지만 '강제적인(↔ voluntary)'의 의미로도 자주 사용됩니다.

---

conducive
[kəndjúːsiv]

a ~에 도움이 되는(to) = **favourable (to),** helpful, advantageous (to), beneficial (to), convenient for, good for

The mentor should foster a relationship that is **conducive** to learning not merely for the purpose of enjoyment.
멘토는 단지 즐거움의 목적뿐 아니라 배움에 도움이 되는 관계를 조성해야 한다.

prodigious
[prədídʒəs]

- ⓐ 거대한, 막대한 = **massive,** enormous, huge, immense, inordinate, tremendous, vast

  All of the team members belittled his theory, but his plan brought in positive feedbacks from customers at a **prodigious** rate.
  팀 구성원들 모두 그의 이론을 경시하지만, 그의 계획은 놀라운 속도로 소비자들로부터 긍정적인 의견을 받았다.

  관련어 **inordinate** 과도한, 지나친 = **excessive**

puzzling
[pʌ́zliŋ]

- ⓐ 모호한, 알기 어려운 = **difficult to explain, enigmatic, mysterious** ambiguous, obscure, unclear

  Because the coach seemed to enjoy every bit of the working environment, her voluntary resignation was **puzzling**.
  코치는 모든 근무 환경을 즐기는 것 같았기 때문에, 그녀의 자발적인 사직은 당황스런 일이었다.

  관련어 **mysterious** 모호한, 불가사의한 = **puzzling**
  enigmatic 수수께끼의[같은], 알기 어려운 = **mysterious, puzzling**
  ambiguous 모호한 = **open to various interpretations, uncertain, unclear**
  obscure 불분명한, 애매한 = **dim, uncertain, unclear**

sturdy
[stə́ːrdi]

- ⓐ 튼튼한 = **well-built,** powerful, robust, solid, strong

  Although a truck hit our car, the **sturdy** bumper prevented anyone from getting injured.
  트럭이 우리 차와 충돌했지만, 튼튼한 범퍼는 부상을 입는 사람이 없도록 방지해 주었다.

  관련어 **robust** 강건한, 튼튼한 = **healthy**

superb
[sju(ː)pə́ːrb]

- ⓐ 훌륭한, 우수한 = **excellent,** impressive, magnificent, marvelous, outstanding, remarkable, splendid

  Although he was not talented at all, his consistent hard work and **superb** networking skills were highly recognized that earned him a promotion.
  그는 타고난 능력을 전혀 갖고 있지 않지만, 그의 한결같은 근면함과 훌륭한 관계설정 능력이 그가 승진하도록 도왔음이 높이 인정받았다.

  관련어 **magnificent** 웅장한, 화려한 = **marvelous, splendid**
  marvelous 놀라운, 멋진 = **wonderful**
  splendid 호화로운, 웅대한 = **marvelous**

unconsolidated
[ʌnkənsálədèitid]

- ⓐ 굳지 않은, 강화되지 않은 = **loose,** incoherent

  Poor countries build their homes with **unconsolidated** material, so they are always in danger of collapsing.
  가난한 국가의 국민들은 자신들의 집을 단단하지 않은 재료를 이용해 짓기 때문에 항상 붕괴 위험에 처해 있다.

  관련어 **incoherent** 논리가 맞지 않은; 흩어져 있는, 점착성이 없는; 볼품 없는

coinage
[kɔ́inidʒ]

- ⓝ 신조어, 새로 만들어진 말 = **creation**

  Teenagers' conversations are filled with **coinages** of terms that only they can understand.
  10대들의 대화는 그들만이 이해할 수 있는 신조어들로 가득하다.

> **시나공 비법**
> 일반적으로 화폐 주조나 신조어의 의미로 쓰이며, '고안된 것, 발명품'의 의미로도 가끔 사용됩니다.

ethic
[éθik]

(n) 가치체계, 윤리 = **set of moral principles**

Her work **ethic** was so impressive that the head of the company declared that there would be no need for employee training if all the workers were like her.
그녀의 업무 윤리는 매우 인상적이어서 회사 사장은 모든 직원들이 그녀와 같이 행동한다면 직원 훈련은 필요 없을 것 같다고 말했다.

flexibility
[flèksəbíləti]

(n) 융통성, 적응성 = **adaptability,** adjustability, variability, versatility

A basic requirement to be a policeman is to have **flexibility** in working hours because accidents happen sporadically.
경찰이 되기 위한 기본 조건은 예고 없이 발생하는 사건으로 이해 탄력적인 근무 시간에 적응할 수 있어야 한다.

관련어 **versatile** 융통성 있는; 다재 다능한 = **adaptable, flexible;** all-around, expert, skilful

시 나 공 비 법
일반 표현에서는 '유연성, 온순함'으로 자주 사용됩니다.

forum
[fɔ́:rəm]

(n) 공개토론장, 포럼 = **public arena,** place, setting, stage

The government will launch an emergency discussion **forum** regarding health benefits and issues.
정부는 의료보험과 관련된 문제들에 관한 비상토론회를 시작할 것이다.

friction
[fríkʃən]

(n) 마찰, 갈등 = **conflict,** argument, contention, disagreement, dispute, dissent, opposition

One of the main points of **friction** between the school board and the opposition was the reforms affecting teacher salaries.
교육위원회와 반대론자들 간의 마찰의 주된 쟁점들 중 하나는 교사의 월급에 영향을 미칠 혁신적인 사항들이다.

관련어 **contention** 논쟁 = **debate**
controversy 논쟁, 논의 = **disagreement**
debate 논의, 논쟁 = **argument, contention, dispute, disagreement**

시 나 공 비 법
과학, 공학(science, engineering) 분야에서의 일반적인 '마찰, 저항(resistance)'이나 '비벼서 닳기'의 의미로 자주 등장합니다.

periphery
[pərífəri]

(n) 1. 경계 = **boundary,** border(line), edge, fringe, margin, verge

The remains of the building left around the **periphery** of this region, but the rescue crops could not find any survivors of the storm.
지역 주변에 건물 잔해들만이 남아 있고, 구조대는 폭풍에서 살아남은 생존자를 찾을 수 없었다.

2. 주변 = **surface,** bounds

관련어 **boundary** 경계(한계)를 나타내는 것, 경계(선) = **border, dividing line, limit**
border 가장자리, 경계, 변두리 ↔ **center**
fringe 가장자리; 외변, 주위
verge 가장자리; 경계
verging 경계에 접하는 = **bordering**

3-3

prediction
[pridíkʃən]

n 예언, 예보 = **expectation,** forecast
Not many people believe the government's **prediction** that the economy will improve because of the fact that so many businesses are going bankrupt.
너무 많은 기업들이 도산하고 있어 아무도 경제가 나아질 것이라는 정부의 예측을 믿지 않는다.

profile
[próufail]

n 옆얼굴, 옆모습 = **side view,** contour, figure, form, outline, shape
The witness could not exactly identify the bank robber, for she had only seen his **profile** during the shooting.
범인이 총을 쏘는 동안 그의 옆모습만 보았기 때문에 목격자는 은행 강도를 정확히 구분할 수 없었다.

phr **in profile** 측면에서, 옆 얼굴의[인] = **from side view**

관련어 **contour** 윤곽(선) = **outline**

revival
[riváivəl]

n 회복, 복구 = **renewal, restoration,** reappearance, reestablishment, regeneration, rejuvenation
His visit sparked a religious **revival** in this region.
그의 방문은 그 지역에서 종교의 부활을 촉발시켰다.

v **revive** 되살리다, 재개하다 = **revitalize,** energize, regenerate

관련어 **rejuvenate** 젊어지게 하다, 활력을 되찾다

subterfuge
[sʌ́btərfjùːdʒ]

n (발뺌을 위한) 핑계, 속임수 = **trick,** artifice, fraud, hoax, pretence
Most small businesses make great efforts in avoiding payment of taxes by **subterfuge**.
대부분의 소기업들은 속임수를 써서 세금을 회피하려고 많은 노력을 한다.

관련어 **artifice** 교묘한 책략
fraud 사기(행위), 책략
hoax 남 속이기, 짓궂은 장난
pretence 속이기; 속임수; 변명, 발뺌

tenacity
[tənǽsəti]

n 끈기, 고집, 강인함 = **persistence, insistence,** patience, perseverance, resolution, resoluteness
The ability to solve problems sometimes requires the **tenacity** to make work when it seems like nothing is working.
문제 해결 능력은 때로는 일이 제대로 되지 않을 때 그 일을 해내겠다는 끈기를 필요로 한다.

관련어 **perseverance** 인내, 끈덕짐
resolute 의지가 굳은, 단호한

turmoil
[tə́ːrmɔil]

n 소란, 동요 (상태) = **unrest,** chaos, confusion, disorder, disruption, turbulence
America's addiction on oil is setting them on a verge of economic **turmoil** as the gas prices are soaring outrageously.
오일에 대한 미국인들의 집착은 기름값이 천정부지로 상승함에 따라 경제적 혼란을 야기하고 있다.

관련어 **anarchy** (정부적 요인의) 혼란, 무질서 = **disorder**
disruption 분열, 붕괴 = **disturbance**
turbulence 동요, 소란 = **agitation, violence**
chaos 대혼란, 무질서

Day 21 Quiz

앞에서 학습한 내용들을 바로 확인해 보는 코너입니다.

❶ 아래 단어들의 유의어를 보기에서 찾아 빈칸에 쓰시오.

A | ⓐ exceed ⓑ puzzle ⓒ imagine ⓓ involve ⓔ stop ⓕ preclude

1. surpass _____
2. conceive _____
3. flag _____
4. perplex _____
5. prevent _____
6. entail _____

B | ⓐ trick ⓑ adaptability ⓒ indirect ⓓ required ⓔ excellent ⓕ public arena

1. circuitous _____
2. compulsory _____
3. superb _____
4. flexibility _____
5. forum _____
6. subterfuge _____

❷ 문장 내에서 진하게 표시된 어휘의 유의어를 고르시오.

1. Everyone in Fukushima were forced to **evacuate** out of their homes after the earthquake.
   ⓐ seal   ⓑ move out   ⓒ sign   ⓓ originated

2. The boat was **sturdy** enough to sail through the storm.
   ⓐ particular   ⓑ well-built   ⓒ related   ⓓ sparse

3. America's addiction on oil is setting them on a verge of economic **turmoil** as the gas prices are soaring outrageously.
   ⓐ danger   ⓑ boundary   ⓒ unrest   ⓓ advantage

4. The remains of the building left around the **periphery** of this region, but the rescue crops could not find any survivors of the storm.
   ⓐ setting   ⓑ plumages   ⓒ account   ⓓ boundary

5. The mentor should foster a relationship that is **conducive** to learning not merely for the purpose of enjoyment.
   ⓐ definitive   ⓑ primitive   ⓒ helpful   ⓓ extensive

정답 & 해석

❶ A. 1. ⓐ 2. ⓒ 3. ⓔ 4. ⓑ 5. ⓕ 6. ⓓ
   B. 1. ⓒ 2. ⓓ 3. ⓔ 4. ⓑ 5. ⓕ 6. ⓐ
❷ 1. ⓑ 2. ⓑ 3. ⓒ 4. ⓓ 5. ⓒ

1. 후쿠시마 주민들은 모두 지진 후에 그들의 집에서 떠나라는 지시를 받았다.
2. 배는 폭풍우에 항해할 만큼 충분히 튼튼하다.
3. 오일에 대한 미국인들의 집착은 기름값이 천정부지로 상승함에 따라 경제적 혼란을 야기하고 있다.
4. 지역 주변에 건물 잔해들만이 남아 있고, 구조대는 폭풍에서 살아남은 생존자를 찾을 수 없었다.
5. 멘토는 단지 즐거움의 목적뿐 아니라 배움에 도움이 되는 관계를 조성해야 한다.

Not 빈출, But 기출! 고득점을 원하면 놓치지 말아야 할 코너!

Word	의미	유의어
plug	메우다, 틀어 막다	fill up
portable	운반[이동]할 수 있는	able to be carried
portraying	보여 주는, 묘사하는	showing
prone (to)	~의 경향이 있는; (~하기) 쉬운	likely (to)
proposal	계획(안); 제안	idea
prompt	일으키다; 재촉하다	cause, produce

3-4 Day 22 시험에 나오는 3순위 Voca

0~3순위 어휘에서 TOEFL Reading Voca 문제의 95%가 출제된다!

🔊 3-4_Day 22.mp3

---

congeal
[kəndʒíːl]

ⓥ 굳어지게 하다, 경직시키다 = **contract, solidify,** coagulate, thicken
I was disgusted and lost my appetite when I saw all the fat on the top of the soup starting to **congeal**.
나는 굳기 시작한 수프 위에 있는 지방을 봤을 때 역겨워 입맛을 잃었다.

> **시나공비법**
> 유의어 중 contract의 의미로는 '긴장시키다, 찡그리다, 축소(단축)하다, 계약하다' 등이 있으며, 문맥상 congeal의 유의어로 '단단하게 수축[경직시키다'로 출제될 수 있습니다.

---

counter
[káuntər]

ⓐ 반대의, 거꾸로의 = **opposed,** opposing, against, opposite
The United States made great efforts to develop a strategy for **counter** terrorism.
미국은 대 테러 작전을 구상하는데 상당한 노력을 기울였다.

관련어 **opposed** 반대하는

---

criticize
[krítisàiz]

ⓥ 흠을 찾다, 비판하다 = **find fault with,** censure, denounce
The school was severely **criticized** by the public when some of its students got into a fist fight.
학교는 일부 학생들이 주먹 싸움을 했을 때 대중으로부터 심하게 비난 받았다.

관련어 **censure** 맹렬히 비판[비난]하다
denounce 공공연히 비난하다

---

cushion
[kúʃən]

ⓥ ~을 (상황의 악화로부터) 막다 = **protect,** shelter, shield
The head gear is necessary in boxing because it **cushions** the blow to the head.
복싱에서 헤드 기어는 머리에 충격을 막아 주기 때문에 필요하다.

관련어 **shelter** 보호하다, 숨겨 주다 = **cover, protect, shield, veil**
shield 막다, 보호하다 = **protect**

> **시나공비법**
> 일반적으로는 '쿠션으로 받치다'나 '가라앉히다, 누그러뜨리다'의 의미로 사용됩니다.

---

deduce
[didjúːs]

ⓥ 연역하다, 추론하다 = **conclude,** infer, judge, reason, understand
We can simply **deduce** from the observation that tree planting is in line with nature's own efforts to improve ecological health.
우리는 나무를 심는 것이 건강한 생태계를 위한 자연의 노력과 일치한다는 것을 관찰을 통해 간단히 추론할 수 있다.

3-4

designate
[dézignit]

- **v** 지정하다, ~이라 하다 = **identify,** assign

  He was asked to leave the premises because he was not smoking at the **designated** smoking area.
  그는 지정된 흡연 장소가 아닌 곳에서 담배를 피웠기에 그곳을 떠날 것을 요구 받았다.

- **관련어** **pinpoint** (원인을) 정확히 지적[설명]하다 = **identify precisely**
  discern (보고 알아) 보다, 분간하다 = **identify, observe**
  detect (정체나 본질을) 간파하다 = **identify**
  pick out 분간하다 = **identify**

highlight
[háilàit]

- **v** 강조하다 = **emphasize,** accent, feature, focus on, point out, underline, stress

  The main goal of your essay is to **highlight** your strengths that will make you stand out from the other job applicants.
  에세이의 주 목적은 다른 취업 경쟁자들로부터 자신을 내세울 수 있는 강점을 강조하는 것이다.

- **관련어** **point out** 가리키다, 지적하다 = **indicate**

hinder
[háindər]

- **v** 방해하다 = **interfere (with), delay, embarrass, encumber, impede, inhibit, obstruct**

  The wind farms **hinder** the birds from migrating.
  풍력발전은 새들이 이동하는 것을 방해한다.

- **관련어** **impede** 막다, 방해하다 = **inhibit, interrupt, prevent, restrict**
  inhibit 억제하다, 방해하다 = **hinder, restrain, restrict, slow down**
  embarrass 당황하게 하다; 방해하다
  encumber, obstruct 방해하다; 막다

quantify
[kwántəfài]

- **v** 양을 정하다, 양을 재다 = **measure**

  There has not yet been a sufficient study that enables the researchers to **quantify** the effects of this particular cell on the human body.
  특정 세포들이 인체에 미치는 효과를 연구원이 계량화할 수 있는 충분한 연구들이 아직 진행되지 않았다.

- **a** **quantifiable** 정량화 할 수 있는, 양을 잴 수 있는 = **measurable**

ravage
[rǽvidʒ]

- **v** 파괴하다, 황폐케 하다 = **destroy,** devastate, ruin

  A missile that was fired by accident completely **ravaged** the submarine of the neighboring country and eventually resulted in war.
  사고로 발사된 미사일이 주변국의 잠수함을 파괴하였고 결국 전쟁을 일으켰다.

- **관련어** **devastate** 황폐시키다 = **destroy**
  wreck(wreak) havoc 파괴하다 = **cause destruction**

recall
[rikɔ́:l]

- **v** 상기하다, 기억해 내다 = **remember,** call to mind, recollect, reminisce about

  Although she was suffering from Alzheimer's disease, she miraculously began to **recall** her childhood memories when she read the diaries.
  그녀는 알츠하이머병으로 고생했지만, 그녀가 일기를 읽자 기적적으로 그녀의 어린 시절 추억들을 떠올리기 시작했다.

- **관련어** **reminisce about** 즐겁게 회상하다

refrain from
[rifréin frəm]

v 삼가다, 참다 = **avoid, endure,** abstain from, hold back from, renounce

The librarians gave multiple warnings to **refrain** the students **from** talking, but they completely neglected and were eventually kicked out.
도서관측은 학생들에게 대화를 삼가해 달라고 여러 번 주의를 줬지만 그들은 완전히 무시했고, 결국에는 쫓겨났다.

관련어 abstain from 삼가다, 자제하다, 절제하다
renounce 단념[중지]하다, 버리다

represent
[rèprizént]

v 나타내다, 상당하다 = **depict, describe, portray, symbolize,** delineate, illustrate, picture, render, show

Women **represented** nearly 70% of domestic sales of action movie tickets and this bizarre result will likely change future action movies.
여성들은 국내 액션 영화 티켓 매매의 70%를 차지한 것으로 나타났고, 이러한 특이한 결과는 미래 액션 영화에 변화를 가져올 것이다.

a representative 나타내는, 표현[묘사]하는; 전형적인 = **indicative; typical**

관련어 render 주다; 만들다; 나타내다 = **give, impart, provide; make, produce; announce, describe, express, represent**

repudiate
[ripjú:dièit]

v 부인하다, 사실이 아님을 주장하다 = **reject,** abandon, give up, lay aside, renounce

When the Christians refused to **repudiate** their beliefs, the terrorists mercilessly killed them in front of the public.
기독교인들이 그들의 믿음을 부인하기를 거부하자, 테러리스트들은 대중 앞에서 그들을 무자비하게 죽였다.

관련어 abandon 버리다, 버리고 떠나다; 포기하다 = **desert, forsake, leave; give up**
lay aside (책임, 습관 등을) 버리다
renounce 단념[중지]하다, 버리다

> 시나공 비법
> 일반적으로 '거부하다, 거절하다'는 refuse, reject를 자주 사용합니다.

undermine
[ʌ̀ndərmáin]

v 약화시키다 = **damage, weaken** ↔ **undergird**

Ranting and complaining at work will only **undermine** your credibility, which can prevent you from being assigned a big project.
직장에서 고함치고 불평하는 것은 당신의 신뢰를 약화시킬 뿐이며, 당신이 큰 프로젝트에 참여하는 것을 막을 수도 있다.

underrate
[ʌ̀ndərréit]

v 과소평가하다 = **undervalue,** diminish, minimize, underestimate, understate

Once the media states that a player is underrated, he soon becomes overrated by all the talks about him being **underrated**.
일단 그 선수가 저평가되었다고 언론이 언급하면, 그는 그가 저평가되었다는 이런저런 말들에 의해 곧바로 과대평가되고 만다.

관련어 overstate (실제보다 중요한 것처럼) 과장하다 ↔ understate (줄여서, 작게, 삼가며) 말하다

unleash
[ʌnlíːʃ]

v (반응, 감정 등을) 촉발시키다, 분출하다 = **emit, erupt, give off, release, send out**

Her anger and outrage was finally **unleashed** when she witnessed her husband cheating on her.
그녀의 분노와 격노는 결국 남편이 바람피는 것을 목격한 후 마침내 폭발하고 말았다.

관련어 **exude** (증기, 냄새 등을) 내다 = **give off, release**

emit 내(뿜)다, 발출하다, 방사하다 = **discharge, exhale, give off, produce, release, send out**

secrete 분비하다 = **discharge, produce, release**

jettison 내던지다, 버리다 = **release**

vacate
[véikeit]

v 1. (지위, 권리 등을) 포기하다 = **abandon,** desert

He was asked to **vacate** his position as the executive producer when he made a mistake on live television.
그가 생방송에서 실수하자 제작 책임자로서의 지위를 포기할 것을 요구 받았다.

2. ~을 비우다 = **empty,** evacuate, leave, move out of, void

3. 취소, 철회하다 = **recall,** abate, abolish, avoid, cancel, dissolve, invalidate, withdraw

contiguous
[kəntíɡjuəs]

a 인접한, 이웃한 = **neighboring,** adjacent, adjoining, bordering

Modern forms of Buddhism are essentially **contiguous** with traditional forms despite different social arenas and cultural contexts.
현대적 불교는 다양한 장소와 문화적 형태에도 불구하고 근본적으로 전통적인 형식에 머물러 있다.

관련어 **adjacent (to)** 인접한, 가까운 = **nearby, neighboring**

verging 경계에 접하는 = **bordering**

adjoining 접해 있는

cramped
[kræmpt]

a 비좁고 갑갑한 = **confined,** constricted, crowded, narrow, restricted, uncomfortable

People with claustrophobia can actually fall into a critical condition if they are in a **cramped** space.
폐쇄공포증을 갖고 있는 사람들은 비좁은 장소에 있을 경우 실제로 위험한 상황에 빠질 수 있다.

관련어 **cramp** 가두다; 구속[속박]하다; 제한[한정]하다

constricted 죄어진, 수축된; 억제된 = **narrow**

constrained 제한된 = **restricted**

limited 한정된, 제한된; 삼간, 적절한 = **ended, narrow, restricted; modest**

grossly
[ɡróusli]

ad 막대하게, 엄청나게 = **extensively**

The president has to do something **grossly** outrageous to avoid this situation.
대통령은 이 상황을 막기 위해 엄청난 조치를 취해야만 한다.

a **gross** 전체의, 총~ = **overall,** entire, total, whole

haphazard
[hæphǽzərd]

a 아무렇게나 하는 = **random,** arbitrary, casual, irregular, unmethodical, unplanned, unsystematic

Successful companies never manage their systems in a **haphazard** way.
성공한 회사들은 그들의 시스템을 결코 아무렇게나 운영하지 않는다.

관련어 **random** 되는 대로의, 마구잡이의 = **arbitrary, haphazard, occasional, rampant, unplanning, unsystematic, unusual**
arbitrary 임의의; 제멋대로의

imaginative
[imǽdʒənətiv]

- ⓐ 상상력이 풍부한 = **creative**, ingenious, inventive
  The more you experiment, the more unique and **imaginative** your artwork will become.
  실험을 많이 할수록 더욱 독특하고 창조적인 예술 작품이 될 것이다.

관련어 **clever** 영리한 = **ingenious**
ingenious 독창적인, 영리한 = **clever, creative**
inventive 창조적인, 새로운 = **clever, creative, innovative, new**

immutable
[imjúːtəbl]

- ⓐ 변경할 수 없는, 불변의 = **unchangeable**, established, fixed, permanent, set, static, unchanging, unvaried
  There is no use crying over spilt milk because what has already happened in the past is **immutable**.
  과거의 일어난 일은 되돌릴 수 없기 때문에 후회해 봤자 소용 없다.

관련어 **static** 거의 변하지 않는 = **unchanging**

impending
[impéndiŋ]

- ⓐ 임박한, 곧 일어날 듯한 = **approaching**, coming, imminent, upcoming
  The constant fights between his parents were signs of an **impending** divorce.
  그의 부모들의 계속되는 싸움은 그들이 곧 이혼할 것임을 알려주는 신호였다.

관련어 **imminent, upcoming** 당장에라도 일어나려고 하는

indifferent
[indífərənt]

- ⓐ 무관심한 = **uninterested**, casual, unconcerned
  It is best for celebrities to be **indifferent** to cruel criticisms made by the public.
  대중에 의한 잔인한 비판에는 관심을 갖지 않는 것이 유명인들로써는 최선이다.

> **시나공비법**
> '무관심한, 냉담한'의 의미로 가장 많이 사용되지만, '평범한, 이도 저도 아닌(average, mediocre, ordinary)'의 의미로도 자주 사용됩니다.

reciprocal
[risíprəkəl]

- ⓐ 상호간의 = **mutual**, common, complementary, corresponding, shared
  As with any intimate relationship, love and trust must be **reciprocal**; it will not last long if it is not.
  여느 친밀한 관계와 마찬가지로, 사랑과 신뢰는 상호적이다; 그렇지 않다면 지속되지 못할 것이다.

관련어 **complementary** (서로) 보충하는
corresponding 유사한; 부수하는

> **시나공비법**
> 답례품(reciprocal gifts)처럼 '보답의, 답례의'의 의미로도 간혹 사용됩니다.

unthinkable
[ʌnθíŋkəbl]

ⓐ 상상도 못할 = **inconceivable,** implausible, inconceivable, incredible, preposterous, unbelievable, unimaginable

The army always needs to be prepared for any **unthinkable** attacks from the enemy.
육군은 갑작스런 적의 어떠한 공격에 대한 준비도 항상 갖춰야 할 필요가 있다.

관련어 **inconceivable** 생각할 수 없는, 상상할 수 없는 = **unimaginable**
implausible 있을 법하지 않은 = **unbelievable, unconvinced, unlikely**
incredible 믿어지지 않는, 놀랄 만한 = **unbelievable**
preposterous 상식을 벗어난, 터무니없는 = **absurd, unbelievable**

vertical
[və́ːrtikəl]

ⓐ 수직의 = **up and down,** erect, standing, upright, upstanding

The advanced bike trail is only for professionals who can bike up along the steep and rocky **vertical** slopes.
상급 자전거 도로는 가파르고 암석이 많은 수직 경사로를 오를 수 있는 전문가들만을 위한 것이다.

시나공비법
유의어 중 erect는 동사(verb)로 '세우다, (건물을) 세우다(build, construct, raise)'의 의미로 자주 사용됩니다.

visible
[vízəbl]

ⓐ 명백한, 보아 알 수 있는 = **perceptible,** apparent, clear, discernible, evident, manifest

There were no **visible** signs that a tornado was coming, but a siren warning was given throughout the area to evacuate their homes.
토네이도가 다가오고 있다는 명백한 신호는 없었지만, 집에서 피신하라는 사이렌 경보가 지역에 울렸다.

관련어 **perceptible** 인지할 수 있는, 상당한 = **notable, noticeable**

wary
[wɛ́(ː)əri]

ⓐ 조심하는, 신중한 = **cautious,** careful, circumspect

Be **wary** of lending money even to close friends for they can turn their back on you at any time in desperate situations.
절망적인 상태에서는 언제든지 등을 돌릴 수 있기 때문에 가까운 친구들에게 조차도 돈을 빌려주는 것은 조심해라.

관련어 **circumspect** 신중한, 조심성 있는

whereby
[hwɛərbái]

ad 그것으로 인하여 = **through (a process) which**

She introduced a program **whereby** those who undergo financial stress can learn how to save money.
그녀는 한 프로그램을 소개하였고, 따라서 재정적 어려움을 겪고 있는 사람들은 돈을 모으는 방법을 배울 수 있었다.

wholesale
[hóulsèil]

ⓐ 대량의, 대규모의 = **comprehensive, extensive**

The **wholesale** discharge of workers under the new management has resulted in an outrageous strike against the company.
새 경영진에 의한 종업원들의 대량 해고는 회사를 상대로 대규모 파업을 하게 만드는 결과를 낳았다.

시나공비법
'도매의'의 의미나 '대규모의(extensive, widespread, total)'의 의미로도 자주 사용됩니다.

wrought
[rɔːt]

a 형체가 갖추어진, 만들어진 = **created,** built, crafted, fashioned, formed, made, manufactured, molded

The damages **wrought** by the fire were so massive that it caused the whole system to be shut down.
화재로 인한 피해가 매우 컸기 때문에 전체 시스템의 가동을 중단시켜야 했다.

관련어 **fashion** (재료를 써서 물건을) 만들다 = **make**
fashioned out of (재료를 써서) 만들어진, 만든 = **made from[of]**

yearning
[jə́ːrniŋ]

a 동경하는, 열망하는 = **longing**

Good teachers should infuse a **yearning** desire for knowledge in their students' minds.
훌륭한 교사들은 학생들의 마음에 지식에 대한 열망을 불어넣어 줘야 한다.

context
[kántekst]

n 배경, 상황 = **environment,** background, circumstances, conditions, factors, setting, situation

Without knowing the full **context** of the situation, it is not wise to determine whose fault the accident was.
전체적인 상황을 이해하지 못하고는 사고가 누구의 잘못인지를 결정하는 것은 현명하지 못하다.

관련어 **setting** 주위의 상태, 환경 = **environment**

hairline
[hɛ́ərlàin]

n 가는 선 = **slight,** slender, slim, small

Hairline cracks may not seem to cause any damage, but they can cause a whole roof to collapse if there were to be an earthquake.
가는 균열들은 어떠한 피해도 일으키지 못하겠지만, 만약 지진이 일어난다면 지붕 전체를 붕괴시킬 수 있다.

> **시나공 비법**
> 명사(noun)지만, 가는 것을 표현할 때 형용사의 기능으로 자주 이용됩니다.

heritage
[héritidʒ]

n 전통, 유산 = **tradition,** background, history, past

According to the low fertility rate, there is a possibility that the Korean **heritage** will gradually disappear over the years.
낮은 출생률로 인해 세월이 흐르면 한국의 전통 유산은 점차 사라질 것이다.

quarters
[kwɔ́ːrtərs]

n 처소, 숙소 = **residences,** accommodation, chambers, home, rooms

We were enthralled when our school was chosen to visit the White House and tour around the president's **quarters**.
백악관과 대통령 관저를 둘러볼 수 있는 학교로 우리가 선정되어 우리는 매우 즐거웠다.

관련어 **accommodation** 순응; 화해, 조정; 편의; 숙박(설비)
chambers 방, (입법·사법 기관의) 회의장

recompense
[rékəmpèns]

n 보답, 보상 = **(re)payment,** compensation, reparation, restitution

When there was no attempt to recompense the employees for the loss of their jobs after the branch closed down, all the workers went on strike.
지점이 폐쇄된 후 일자리를 잃게 된 직원들에 대한 보상 노력이 보이지 않자 모든 직원들은 파업에 들어갔다.

관련어 **compensate for** (결점, 손해 등을) 보완하다, 상쇄하다 = **adjust, balance**
reparation 보상; 배상(금); 수리(비)
restitution 보상; 반환; 회복

시나공비법
recompense는 동사(verb)로 '보답하다, 배상하다'의 의미로 자주 사용하는 어휘입니다.

Day 22 Quiz

1 아래 단어들의 유의어를 보기에서 찾아 빈칸에 쓰시오.

A | ⓐ **identify**　ⓑ **avoid**　ⓒ **interfere**　ⓓ **reject**　ⓔ **random**　ⓕ **release**

1. designate _____　2. hinder _____　3. repudiate _____
4. unleash _____　5. refrain from _____　6. haphazard _____

B | ⓐ **residences**　ⓑ **approaching**　ⓒ **repayment**　ⓓ **inconceivable**　ⓔ **completely**　ⓕ **slight**

1. impending _____　2. unthinkable _____　3. wholesale _____
4. hairline _____　5. recompense _____　6. quarters _____

2 문장 내에서 진하게 표시된 어휘의 유의어를 고르시오.

1. The early inhabitants in America **represented** their hunting rituals on the walls of caves and cliffs.
   ⓐ depicted　ⓑ allured　ⓒ released　ⓓ triggered

2. There is no use crying over spilt milk because what has already happened in the past is **immutable**.
   ⓐ unchangeable　ⓑ exceptional　ⓒ unusual　ⓓ explicit

3. It is best for celebrities to be **indifferent** to cruel criticisms made by the public.
   ⓐ essential　ⓑ uninterested　ⓒ extraneous　ⓓ ordinary

4. The damages **wrought** by the fire were so massive that it caused the whole system to be shut down.
   ⓐ thrived　ⓑ vanished　ⓒ dominated　ⓓ created

5. The two countries are **contiguous** with each other, but their traditions are very different.
   ⓐ distant　ⓑ opposing　ⓒ neighboring　ⓓ appealing

정답 & 해석

1 A. 1. ⓐ　2. ⓒ　3. ⓓ　4. ⓕ　5. ⓑ　6. ⓔ
　　B. 1. ⓑ　2. ⓓ　3. ⓔ　4. ⓕ　5. ⓒ　6. ⓐ
2 1. ⓐ　2. ⓐ　3. ⓑ　4. ⓓ　5. ⓒ

1. 아메리카 거주자들은 사냥 의식을 동굴과 절벽에 나타냈다.
2. 과거의 일어난 일은 되돌릴 수 없기 때문에 후회해 봤자 소용 없다.
3. 대중에 의한 잔인한 비판에는 관심을 갖지 않는 것이 유명인들로써는 최선이다.
4. 화재로 인한 피해가 매우 컸기 때문에 전체 시스템의 가동을 중단시켜야 했다.
5. 두 나라는 서로 인접해 있지만 그들의 전통은 매우 다르다.

Not 빈출, But 기출! 고득점을 원하면 놓치지 말아야 할 코너!

Word	의미	유의어
question	의구심을 갖다	take a critical look
rapport	관계	bond
rational	도리에 맞는, 적절한	logical
realize	실현하다, 달성하다	achieve
rebound	제자리로 돌아오다, 만회하다	recover
redundant	여분의, 과잉의	superfluous
relocate	옮기다, 옮겨 다시 숨기다	hide again

Things are not always what they seem.

The first appearance deceives many.

The intelligence of a few perceives

what has been carefully hidden.

보이는 것이 늘 전부는 아니다.
첫인상에 속는 사람이 많다.
소수의 지성만이 그 속에 잘 숨겨진 것을 알아차린다
— Phaedrus(파이드루스 — 로마 시인)

Day 23 시험에 나오는 3순위 Voca

0~3순위 어휘에서 TOEFL Reading Voca 문제의 95%가 출제된다!

🎧 3-5_Day 23.mp3

alarm
[əláːrm]

- ⓥ 1. 놀라게 하다, 겁먹게 하다 = **amaze, astonish, dismay, fear, fright, upset, suprise**
  Everybody was **alarmed** at the news that the typhoon might hit the town.
  태풍이 마을을 덮칠 것이라는 뉴스에 모두가 놀랐다.
  2. 신호를 보내다 = **signal**
- ⓐ **alarming** 놀라운, 놀라게 하는 = **shocking, starling, upsetting, suprising**

ally (with)
[əlái]

- ⓥ 동맹시키다, 연결시키다 = **link (to), relate,** associate, cooperate, federate, unite
  Americans seek to **ally with** the other western states as well as the U.N. to gain international approval.
  미국은 국제적인 승인을 얻기 위해 유엔은 물론 다른 서방 국가들과도 동맹을 추구한다.
- ⓐ **allied** 제휴된, 연합된 = **related,** associated, connected, interconnected, linked

blossom
[blásəm]

- ⓥ 번영하다, 번창하다, 성공하다 = **flourish,** bloom, prosper, succeed, thrive
  Ironically, this young entrepreneur's new business began to **blossom** when the whole country suffered from economic hardship in the 90s.
  아이러니컬하게 이 젊은 기업가의 새로운 사업은 나라 전체가 경제적 어려움을 겪고 있던 90년 대에 번창하기 시작했다.
- 관련어 **flourish** 번영하다, 번창하다, 성공하다 = **prosper, thrive, blossom, boom, do well, expand, succeed**

collide (with)
[kəláid]

- ⓥ 충돌하다 = **bump into, hit each other, run into**
  The vehicles **collided** about a mile outside of the city.
  차량들은 도시에서 약 1 마일 정도 떨어진 곳에서 충돌했다.
- 관련어 **strike** 부딪히다, 충돌하다 = **bombard, come in[into] contact with, hit**

crawl
[krɔːl]

- ⓥ 기어가다, 느리게 움직이다 = **move (slowly),** creep, drag, plod, poke
  The cub **crawled** in a cave crying over its mother's death.
  새끼 호랑이가 어미의 죽음을 울부짖으며 동굴에서 기어 다녔다.

disassemble
[dìsəsémbl]

- ⓥ 해체하다, 분해하다 = **break apart, pull it apart,** break up ↔ combine (합치다)
  The drill sergeant taught us how to **disassemble** a rifle.
  교관은 총을 분해하는지 방법을 우리에게 가르쳐 주었다.
- 관련어 **assemble** 모으다, 집합시키다 = **gather,** collect, congregate, get[bring] together

3-5

divert [divə́ːrt]
- **(v)** (방향, 주위, 주의를) 딴 데로 돌리다, 전환시키다 = **distract, redirect, reroute,** avert, veer
  The city councillors said that the measure had simply **diverted** the problems elsewhere.
  시 의원들은 문제에 대한 조치가 단지 주의를 다른 곳으로 돌리게 했을 뿐이라고 말했다.
- **관련어** **turn aside** 빗나가다 = **deflect,** avert, divert, veer
  veer (다른 방향으로) 갑자기 움직이다, 방향을 바꾸다

eliminate [ilímənèit]
- **(v)** 없애다, 제거하다, 실격시키다 = **end, get rid of, remove (completely),** stop, exclude, rule out
  The company **eliminated** the unpopular sports teams.
  회사는 비인기 스포츠 팀을 해체했다.
- **관련어** **extract** 끌어내다, 발췌하다; 뽑다, 빼내다 = **abstract, derive, draw, obtain; eliminate, remove, withdraw**
  eradicate 전멸[근절/박멸]하다; 없애다, 빼다
  pare away 껍질[여분]을 잘라내다, 깎아내다
  strip 없애다[벗기다]

ignite [ignáit]
- **(v)** 점화하다 = **catch fire, set on fire, start a fire**
  The bombs **ignited** a fire which destroyed 70 houses.
  폭발로 인해 화재가 발생하여 가옥 70채가 파괴되었다.
- **(a)** **igneous** 불의, 불 같은 = **burning, fiery, flaming**

inspire [inspáiər]
- **(v)** 동기를 주다, 고무시키다 = **motivate,** fire the imagination of, animate, exalt
  The speaker **inspired** us with stories of his difficult childhood.
  연사는 어려웠던 자신의 어린 시절 얘기로 우리들을 감동시켰다.
- **(a)** **inspiring** 고무시키는, 자극시키는 = **striking,** stimulating

lead [líːd]
- **(v)** 이끌다, 이르게 하다(to) = **cause (to), result (in)**
  The government's carelessness may **lead** to a dreadful accident.
  정부의 부주의가 끔찍한 사고를 불러올 수도 있다.
- **(n)** 단서 = **clue**
- **(a)** **leading** 선두의, 선도하는 = **dominant,** going in advance
- **(a)** **leading to** 따르는 = **followed by, resulting in**
- **관련어** **clue** 단서, 실마리; 증거 = **information, hint, indication; proof**

protrude [proutrúːd]
- **(v)** 내밀다, 내뻗다, 튀어나오다 = **extend, stick out, stretch out, project**
  As the police were looking for evidence involved in the killing, they noticed the murder weapon **protruding** from under the bed.
  경찰이 살인과 연관된 증거들을 수색하는 도중 침대 밑에 살인 흉기가 튀어나와 있는 것을 발견했다.

render [réndər]
- **(v)** 1. 주다, 공급하다 = **give, provide, impart**
  The insurance sales women **render** good service to her customers.
  보험 회사의 여성 판매원들은 고객들에게 양질의 서비스를 제공한다.
  2. 만들다 = **make, produce**
  3. 나타내다 = **announce, describe, express, represent, delineate, depict**

rendering [réndəriŋ]	ⓝ 1. 연출, 연주 = **performance** 2. (생각 등의) 묘사, 표현 = **explanation, representation** 관련어 **impart** (나누어) 주다, 알리다 = **give**
scant [skænt]	ⓥ 줄이다 = **minimize,** short, spare, stint Because of a world-wide recession in business, our country will try to **scant** the budget for the coming year as well. 세계적인 경기 침체로 인해, 우리나라 역시 내년 예산을 삭감하려고 할 것이다. ⓐ 모자라는 듯한, 여유가 없는 = **little, minimal[minimum], rare, very small**
toil [tɔil]	ⓥ 힘써 일하다, 열심히 일하다 = **strive, work hard,** drive Foreign workers who **toil** in dim, dark factories are too exhausted to enjoy their family life. 침침하고 어두운 공장에서 고되게 일하는 외국 근로자들은 너무 지쳐 가정에서 여유를 즐길 수 없다.
agile [ǽdʒəl]	ⓐ 날랜, 민첩한 = **quick (and active)** Alex is such an **agile** detective. 알렉스는 정말로 날렵한 형사다. ⓝ **agility** 기민함 = **quickness**
appealing [əpíːliŋ]	ⓐ 마음을 끄는, 매력적인 = **attractive, desirable, popular, tempting, fascinating** 'A Winter Sonata' was a highly **appealing** drama that captured the sensibilities of middle-aged Japanese housewives. '겨울연가'는 일본의 중년층 주부들의 감성을 사로잡은 매력적인 드라마였다.
appeal [əpíːl]	ⓝ 1. 마음을 끄는 힘, 매력, 대중성 = **attraction, popularity,** allurement, draw, lure 2. 요구, 요청 간청, 탄원 = **request,** application, plea, suit ⓥ 마음에 호소하다[끌다] = **attract,** allure, draw, enchant, entice, fascinate, intrigue, tempt **시나공 비법** 일반적으로 attractive는 '사람을 끄는, 즐겁게 하는(appealing, enticing)'의 의미로, desirable은 '바람직한, 호감이 가는(pleasing, worth having, sexual attractive)'의 의미로 사용됩니다.
cardinal [káːrdinəl]	ⓐ 으뜸인, 가장 중요한, 기본적인 = **fundamental,** central, chief, dominant, main, preeminent The U.N. peacekeeping forces' **cardinal** principle is to preserve the peace and stability of the region. 유엔평화유지군의 가장 중요한 원칙은 지역의 평화와 안정을 유지하는 데 있다.
extinct [ikstíŋkt]	ⓐ 사멸된, 사라진 = **died out** ↔ **extant** (현존하는) Many jobs have become **extinct** with the advent of computers. 컴퓨터의 출현으로 많은 일자리가 사라졌다.

3-5

groundless
[gráundlis]

- @a 근거 없는, 까닭 없는 = **baseless, unfounded,** bottomless, gratuitous, unwarranted
  A government official described the report as **groundless**.
  정부의 한 관리는 그 보도가 근거 없다고 설명했다.

ground
[graund]

- @n 이유, 근거 = **reason,** argument, proof, why
- @v 1. 기초[근거]를 ~에 두다 = **establish, found, settle**
  2. 바탕 칠을 하다 = **color**

inaccessible
[ìnəksésəbl]

- @a 접근하기 어려운 = **amazing, unreachable,** unattainable, unobtainable
  Most of the data here are **inaccessible** to the public.
  이곳에 있는 자료 대부분은 일반인들이 접근할 수 없는 것들이다.

inconceivable
[ìnkənsí:vəbl]

- @a 생각할 수 없는, 상상할 수 없는 = **unimaginable,** implausible, incredible, unbelievable
  It is **inconceivable** that she would fail the entrance exam.
  그녀가 입학시험에 떨어질 것이라는 것은 상상할 수도 없는 일이다.
- 관련어 **implausible** 있을 법하지 않은 = **unbelievable, unconvinced, unlikely**
  incredible 믿어지지 않는, 놀랄 만한 = **unbelievable**

incredible
[inkrédəbl]

- @a 믿을 수 없는, 믿기 힘든 = **amazing, unbelievable,** implausible, improbable, unconvincing
  It is **incredible** that he would fail the qualifying exam for his doctoral degree.
  그가 박사학위 자격시험에 떨어질 것이라는 것은 믿기 힘든 일이다.

profuse
[prəfjú:s]

- @a 풍부한, 아낌없는, 많은 = **abundant, plentiful,** copious, lavish, opulent
  He should have offered his **profuse** apologies to the nation.
  그는 국민들에게 거듭 사과를 했어야 했다.
- @ad **profusely** 풍부하게 = **abundantly**
- @n **profusion** 풍부함 = **a great quantity, abundance,** excess, extravagance, surplus, wealth
- 관련어 **abundant** 풍부한 = **numerous, plentiful, plenty**
  plentiful 풍부한 = **abundant, bountiful**

rigorous
[rígərəs]

- @a 1. 엄한, 엄격한, 혹독한 = **demanding, harsh, severe, strict,** bitter, hard
  This new product passed our **rigorous** inspections.
  이 신제품은 우리 회사의 엄격한 검사를 통과했다.
  2. 아주 정밀한, 정확한, 철저한 = **careful, exact, precise, thorough,** accurate, correct
- @n **rigor** 엄격함; 고됨 = **harshness,** strictness, severity; **difficulty**

staunch
[stɔ:ntʃ]

- @a 견고한, 확고한 = **firm, strong, unwavering,** secure, sure, stable
  He is a **staunch** supporter of controls on government spending.
  그는 정부의 예산 집행에 대한 통제를 강력하게 지지하는 사람이다.

strict [strikt]

ⓐ 1. 엄한, 엄격한 = **demanding, harsh, rigorous, severe,** bitter, hard
Many students do not enroll in his class because he is known to be a **strict** professor.
그는 엄격한 교수로 알려져 있어 많은 학생들이 그의 수업에 등록하지 않는다.

2. 정확한, 엄밀한 = **precise,** accurate, exact, rigorous, correct, proper

strictly [stríktli]

ad 1. 엄중히, 엄밀히, 정확하게 = **exactly, precisely, rigorously, severely, tightly**

2. 단연, 전적으로 = **exclusively, only**

toxic [táksik]

ⓐ 유독한, 유해한 = **noxious, poisonous,** venomous
Some mushrooms look innocuous, but are in fact **toxic**.
일부 버섯들은 해가 없는 것처럼 보이지만 사실은 유해하다.

ⓝ **toxin** 독소 = **poison**

uneasy [ʌníːzi]

ⓐ 불안한, 안정되지 않은 = **unstable,** anxious, nervous, perturbed, troubled, upset, worried
Keyser Soze, one of the murder suspects, looked very **uneasy** when being questioned by the police.
살인 용의자 중 한 명인 카이저 소제는 경찰에게 조사받는 과정에서 아주 불안해 보였다.

unquestionable [ʌ̀nkwestʃənəbl]

ⓐ 의심할 바 없는, 명백한 = **absolute, acceptable, definite, incontrovertible, reliable,** certain
The movie 'The Host' was an **unquestionable** success.
영화 '괴물'은 의심할 여지 없는 성공작이었다.

관련어 **dependable** 믿을 수 있는, 의지할 수 있는 = **reliable**

aftermath [ǽftərmæθ]

ⓝ 여파, 결과 = **results,** aftereffects, consequences, effects, repercussions
The **aftermath** of Hurricanes Katrina and Rita has become America's most documented disaster.
허리케인 카트리나와 리타의 여파는 지금까지 미국에서 기록된 가장 큰 재해였다.

phr **the aftermath of** ~의 여파 = **the situation caused by**

관련어 **repercussion** 영향, 반향 = **consequence, effect**

avenue [ǽvənjùː]

ⓝ 수단, 방법 = **means**
The U.N. Security Council is expected to explore every possible **avenue** to achieve the denuclearization of the Korean Peninsula after North Korea's claim nuclear test.
북한 핵실험 이후, 유엔 안전 보장 이사회가 한반도 비핵화를 이루기 위해 가능한 모든 수단을 강구할 것으로 기대된다.

barrier [bǽriər]

ⓝ 목책, 방벽, 장애물 = **obstacle,** bar
Avid fans broke through the **barriers** and rushed into the field.
열렬한 팬들이 방어막을 뚫고 운동장으로 돌진했다.

관련어 **bar** ⓥ 막다, 금하다; 가두다 = **exclude**

obstacle 장애물 = **barrier, hindrance**

3-5

drawback
[drɔ́ːbæk]

(n) 결점, 약점 = **disadvantage,** detriment, flaw, handicap
The drawback of this office is that soundproof facilities are poor.
이 사무실의 결점은 방음 시설이 열악하다는 것이다.

infrastructure
[ínfrəstrʌ̀ktʃər]

(n) 기반, 기본 (조직) = **foundation,** basis, bottom, footing, groundwork
The war has badly damaged the country's infrastructure.
전쟁은 국가 기간 시설에 심각한 피해를 가져왔다.

juncture
[dʒʌ́ŋktʃər]

(n) 연결, 접합(점, 선) = **connection,** joint, junction, union
Only Robert knows what the juncture of four lines means.
오직 로버트만이 네 선의 접점이 무엇을 의미하는지 알고 있다.

관련어 junction 연결이나 접합 (상태나 점) = **connection**

> **시나공 비법**
> '중요한 시점, 시기'의 의미로 더욱 많이 사용됩니다.

means
[miːnz]

(n) 방법, 수단 = **method,** step, way
By all means, they are going to finish up the term paper by the end of the week.
그들은 모든 수단을 동원하여 주말까지 기말 보고서를 끝낼 예정이다.

mean
[miːn]

(n) 평균 = **average,** median, norm
(v) 의미하다, ~임을 말하다 = **signify,** express, import, intend

관련어 norm 표준; 규범, 전형 = **rule, standard**

replica
[répləkə]

(n) 복사물, 모조품 = **copy,** duplicate, reproduction
It was a replica of a gun for display only.
그것은 오직 전시를 위한 복제품 권총이었다.

save for
[séiv fər]

(phr) ~을 제외하고 = **except for,** apart from, aside from, besides, but, exclusive of
They found all the lost documents save for one.
그들은 한 개를 제외하고 분실했던 모든 서류를 찾았다.

(v) save 보존하다, 유지하다 = **conserve,** hold, keep, maintain, preserve, reserve, support

> **시나공 비법**
> beside는 '게다가'의 의미로도 사용되지만, 주로 '~옆의, 가까이에(neighboring)', '~과 비교하면 (compared with)'의 의미로 사용됩니다.

segment
[ségmənt]

(n) 부분, 일부, 조각 = **part, portion,** constituent, division, parcel, piece
People over the age of 80 make up the fastest growing population segment.
80세 이상의 노인 인구가 가장 빠르게 증가하는 층에 속한다.

(v) 분할하다 = **divide into several parts**

Day 23 Quiz

1 아래 단어들의 유의어를 보기에서 찾아 빈칸에 쓰시오.

A ⓐ stretch out ⓑ make ⓒ remove ⓓ flourish ⓔ redirect ⓕ break apart

1. blossom _____   2. disassemble _____   5. eliminate _____
4. protrude _____   4. divert _____   6. render _____

B ⓐ attractive ⓑ unfounded ⓒ means ⓓ work hard ⓔ part ⓕ connection

1. toil _____   2. appealing _____   3. avenue _____
4. juncture _____   5. groundless _____   6. segment _____

2 문장 내에서 진하게 표시된 어휘의 유의어를 고르시오.

1. As a doctor, my father **inspired** me to go to medical school.
   ⓐ assuaged   ⓑ diminished   ⓒ motivated   ⓓ discouraged

2. Many jobs have become **extinct** with the advent of computers.
   ⓐ inauspicious   ⓑ limited   ⓒ died out   ⓓ groundless

3. The documents in this laboratory are **inaccessible** to the students.
   ⓐ classic   ⓑ implausible   ⓒ obtainable   ⓓ unreachable

4. When erected, the **inconceivable** height of the Empire State building was colossal.
   ⓐ proficient   ⓑ unwavering   ⓒ uncovering   ⓓ unimaginable

5. This new product passed our **rigorous** inspections.
   ⓐ unexciting   ⓑ pleasant   ⓒ strict   ⓓ exotic

정답 & 해석

1 A. 1. ⓓ 2. ⓕ 3. ⓒ 4. ⓐ 5. ⓔ 6. ⓑ
   B. 1. ⓓ 2. ⓐ 3. ⓒ 4. ⓕ 5. ⓑ 6. ⓔ
2 1. ⓒ 2. ⓒ 3. ⓓ 4. ⓓ 5. ⓒ

1. 의사인 아버지는 내가 의대에 가도록 고무시켰다.
2. 컴퓨터의 출현으로 많은 일자리가 사라졌다.
3. 이 연구소에 있는 자료들은 학생들에게는 접근이 불가능하다.
4. 건물이 세워졌을 때, 엠파이어 스테이트의 상상하기 어려운 높이는 엄청난 것이었다.
5. 이 신제품은 우리 회사의 엄격한 검사를 통과했다.

Not 빈출, But 기출!
고득점을 원하면 놓치지 말아야 할 코너!

Word	의미	유의어
refuge	피난(처), 안전(책)	safety
refute	반박하다, 잘못됨을 증명하다	disprove
relentless	가혹하게 지속적인[끊임없는]	continuous, without pause
remarkably	놀랍게, 상당히	surprisingly
reminisce	(즐겁게) 회상하다, 이야기하다	recollect
require	요구하다, 필요로 하다	demand
resemble	~와 닮다	be similar to, look like

Do it this way!
Speaking 에서는 이렇게 쓰입니다.

SPEAKING

lead to

I think the student should try to finish the schoolwork because studying hard can **lead to** good grades.

열심히 공부하면 성적이 좋아지기 때문에 나는 학생들이 학업을 마치기 위해 노력해야 한다고 생각한다.

Speaking 시험 시 자신이 결정한 이유 등을 설명할 때 유용하게 사용할 수 있습니다.

Day 24 시험에 나오는 3순위 Voca

0~3순위 어휘에서 TOEFL Reading Voca 문제의 95%가 출제된다!

● 3-6_Day 24.mp3

complement
[kámpləmənt]

- ⓥ 보충하다, 보완하다 = **supplement,** complete, round
  We need a good defense to **complement** our excellent offense.
  우리가 뛰어난 공격력을 보완하려면 그에 맞는 훌륭한 수비가 필요하다.
- ⓝ 1. 보충물, 추가물 = **supplement,** counterpart
  2. 전량, 필요량 = **amount,** allowance, capacity, total
- ⓐ **complementary** (서로) 보충하는 = **supportive,** reciprocal, interdependent
- 관련어 **reciprocal** 상호간의 = **mutual**
  allowance 허락; 할당량; 인가, 승인

counter
[káuntər]

- ⓥ 반대하다 = **act against, oppose**
  We tried to stand together to **counter** a rise in prices.
  가격 인상을 반대하기 위해 우리는 단결하려고 노력했다.
- ⓐ 반대의, 대조적인 = **opposite,** contrary, converse, reverse
- ⓐⓓ ~의 반대로, 역으로(to) = **in opposition to**
- ⓝ 반대(의 것), 역(의 것) = **opposite**
- 관련어 **counterbalance** ⓥ 균형을 맞추다, 효과를 상쇄하다 ⓝ 평형(력), 균형을 만드는 힘
  offset 상쇄하다, 균형을 맞추다 = **balance, counter, counterbalance**

encapsulate
[inkǽpsəlèit]

- ⓥ 요약하다 = **state briefly,** abstract, outline, summarize
  His latest academic research **encapsulates** the changes and development in the 20th century European philosophy.
  그의 최근 학술 연구는 20세기 유럽 철학의 변화와 발전을 요약해 주고 있다.
- 관련어 **contour** 윤곽(선) = **outline**

enrich
[inrítʃ]

- ⓥ 늘리다, 강화하다 = **enhance,** improve, perfect, refine
  Many Koreans visit the U.S. to **enrich** their knowledge of Western culture.
  많은 한국인들이 서양 문화에 대한 자신들의 지식을 늘리기 위해 미국을 방문한다.

federate
[fédərit]

- ⓥ 연합하다 = **unite,** ally, associate, confederate, conjoin, cooperate
  The government's broken promise to keep screen quotas forced the movie industry to **federate** in a protest.
  스크린 쿼터를 지키겠다던 정부의 약속 위반은 영화계로 하여금 투쟁을 위해 연합하게 했다.
- 관련어 **collaborate** 공동으로 하다, 협력하다 = **cooperate, join effort, work together**

inhabit
[inhǽbit]

- **v** 살다, 거주하다 = **live in,** occupy, populate
  The village remote from this city is **inhabited** by only one old couple.
  시에서 멀리 떨어진 마을에 한 쌍의 노부부만이 거주하고 있다.
- **a** **inhabitable** 살기에 알맞은 = **liveable,** habitable
- **n** **inhabitant** 거주자 = **resident,** dweller, habitant, occupant
- 관련어 **dweller** 거주인 = **inhabitant**

make one's way

- **v** (애써) 나아가다; 인정받다, 성공하다 = **travel,** go[move] forward[on]; succeed
  For the past two years, they have **made their way** to the top of the Internet service industry in Korea.
  지난 2년간 그들은 한국 최고의 인터넷 회사를 만들기 위해 애써 왔다.

nurture
[nə́ːrtʃər]

- **v** 1. 기르다, 키우다 = **raise,** cultivate, encourage, nourish, nurse, promote
  He vowed to devote everything to **nurture** his daughter unconditionally.
  그는 무조건적으로 그의 모든 것을 딸을 키우는데 헌신하기로 맹세했다.
  2. 돌보다 = **care for, look after, tend**
- 관련어 **foster** 조성하다; 기르다; 마음에 품다 = **encourage, promote; bring up, nurse; create in mind**

omit
[oumít]

- **v** 생략하다, 빠뜨리다 = **eliminate, erase, exclude, leave out,** ignore, neglect, overlook
  Believe it or not, she was fired for **omitting** Mrs. Kim's name from the birthday party invitation list by mistake.
  믿기지 않겠지만 생일 잔치 초대 명단에서 김 여사의 이름을 실수로 빠뜨렸다는 이유로 그녀는 해고되었다.
- 관련어 **ignore** 무시하다, 간과하다 = **pay no attention to,** disregard, neglect, overlook
  neglect 게을리하다; 소홀히 하다, 경시하다 = **fail**; disregard, ignore

precede
[prisíːd]

- **v** 앞서 일어나다, 앞서다 = **come before,** antedate, forego, predate
  His sacrifices in his private life and years of hard work **precede** his present day success.
  오늘날 성공이 있기까지 그는 개인 생활의 희생과 오랜 기간 노력을 해야 했다.
- **n** **precedence** 선행; 전례; 우위
- 관련어 **take precedence over** ~보다 우선하다, 낫다 = **have greater importance than**
  unprecedented 전례 없는, 유례 없는

prize
[praiz]

- **v** 중요하게 여기다, (높게) 평가하다 = **value,** appreciate, cherish, esteem, treasure
  Her photograph is among my most **prized** possessions.
  그녀의 사진은 내가 가장 소중히 여기는 물건 중 하나이다.
- 관련어 **appreciate** 평가하다, 이해하다, 진가를 인정하다 = **value, review**

satisfy
[sǽtisfài]

(v) 1. (남의 뜻, 의도 등을) 충족시키다, 응하다 = **fulfill, meet,** answer, comply
The company's compensation was insufficient to **satisfy** our demands.
회사의 보상은 우리의 요구를 충족시킬 만큼 충분하지는 않았다.

2. 만족시키다 = **please,** content, delight, gratify

> **시나공비법**
> 두 의미가 문제의 보기에 동시에 출제되는 경우가 많습니다.
> satisfy (필요성, 조건 등을) 충족시키다; 기쁘게 하다 = fulfill, meet; please
> fulfill 실행하다; 이행하다; 만족시키다 = perform, carry out; achieve, attain, realize

scatter
[skǽtər]

(v) 흩뿌리다, 흩어지게 하다 = **disassemble, disperse, distribute, spread out,** dissipate, strew
The spectators **scattered** at the sound of gunshots.
군중들은 총성에 흩어졌다.

관련어 **strew** 흩뿌리다, 뿌려서 덮다 = **scatter**

shield
[ʃiːld]

(v) (사람, 물건 등을 위험에서) 보호하다 = **protect,** cover, defend, (safe)guard, secure, ward
This will help **shield** your hair from the rays and stop color from fading.
이것은 당신의 모발을 빛으로부터 보호해 주고 변색되지 않도록 해 줄 것이다.

관련어 **shelter** 보호하다, 숨겨 주다 = **cover, protect, shield, veil**
secure ⓐ 안전한; 확고한 ⓥ 지키다, 안전하게 하다; 확보[입수]하다; 정박하다

spawn
[spɔːn]

(v) 낳다, 산출하다 = **create, generate, give rise to, produce, provide,** originate
He wrote dozens of novels, which **spawned** movies and television shows.
그는 수십 편의 소설들을 집필했는데, 이 소설들은 영화와 텔레비전 쇼로 제작되기도 했다.

(n) 결과, 소산 = **product**
(n) **spawning** 출산 = **birth**

spot
[spɑt]

(v) 1. (위치 등을) 발견하다, 찾아내다 = **locate, see,** catch, detect, espy
If you **spot** any mistakes in the article, just mark them with a pencil.
기사에서 잘못된 것을 발견하면 연필로 표시해 놓으시오.

2. (명성 등을) 더럽히다 = mark, stain

(a) **spotting** (명성, 가치 등을) 손상시키는, 타락시키는 = **falling**
(a) **spotted[spotty]** 산재하는, 드문드문 있는 = **intermittent**

suspect
[sʌ́spekt]

(v) (~이 아닌가) 의심하다 = **believe,** assume, conjecture, guess, speculate, suppose, surmise
I **suspect** that person of stealing the money from us.
나는 저 사람이 우리 돈을 훔쳤을 거라고 생각한다.

undertake
[ʌ̀ndərtéik]

(v) 1. 떠맡다 = **assume, take on,** take up
Deputy Prime Minister **undertook** responsibility for educational reform.
부총리가 교육 개혁에 대한 책임을 맡았다.

3-6

2. 시도하다, 애쓰다 = **attempt,** endeavor, struggle
- ⓝ **undertaking** 사업 = **enterprise,** project
- 관련어 **endeavor** 노력하다, 애쓰다 = **attempt, strive, struggle, try**

accurate
[ǽkjərit]

- ⓐ 정확한, 정밀한 = **correct, exact,** precise, proper, right
  That theory provides an **accurate** way of controlling only a few companies.
  그 이론은 단지 몇몇 회사들만을 통제할 수 있는 정확한 방법을 제시한다.
- ⓐd **accurately** 틀림없이, 정확히 = **correctly, exactly,** just, precisely
- ⓝ **accuracy** 정확, 정밀 = **exactness, precision,** correctness, definiteness, definitiveness, preciseness

antiseptic
[æntiséptik]

- ⓐ 아주 청결한 = **clean,** aseptic, purifying, sanitary, sterile, unpolluted
  It is recommended to apply a bandage to your cut to prevent infection and keep an **antiseptic** state.
  베인 상처의 감염을 막고 청결 상태를 유지하기 위해 붕대를 붙일 것을 권한다.
- 관련어 **aseptic** 무균의
  sanitary 위생적인, 청결한
  sterile 불모의; 살균한, 균이 없는; 무익한

astute
[əstjúːt]

- ⓐ 1. 약삭빠른, 통찰력 있는 = **clever,** sagacious, shrewd
  He is an **astute** investor in the stock market and always knows which stocks to avoid.
  그는 주식 시장에 약삭빠른 투자가라 어떤 주식을 피해야 할지 항상 알고 있다.
  2. 교활한 = **artful, clever, crafty, cunning, sly, tricky**

choice
[tʃɔis]

- ⓐ 1. 선택의 = **optional**
  She summed up the situation in a few **choice** phrases.
  그녀는 상황을 몇 마디 간결한 말로 요약했다.
  2. 잘 선택된 = **elected, highly[more] desirable**
- ⓝ 선택, 취사 = **option,** alternative, discretion, preference, way
- ⓐ **choicest** 정선한, 뛰어난 = **best,** excellent, rare, select
- 관련어 **option** 선택, 취사 = **choice**

costly
[kɔ́(ː)stli]

- ⓐ 비싼 = **expensive,** invaluable, precious, priceless, valuable
  Changing your company's management style can be a **costly** business.
  회사의 경영 스타일을 바꾸는 것은 비용이 많이 드는 일이다.

delicate
[déləkit]

- ⓐ 1. 우아한, 고상한 = **dainty,** nice, particular
  We chose a **delicate** floral pattern for our bedroom curtains.
  우리는 침실 커튼에 필요한 우아한 꽃무늬를 선택했다.
  2. 약한 = **carefully protected, dainty, weak,** breakable, feeble, fragile, frail
  3. 정교한 = **detailed,** elaborate
- 관련어 **fragile** 깨지기 쉬운 = **delicate, easily broken[damaged]**

dominant
[dάmənənt]

- **ⓐ** 우세한, 지배적인, 일반적인 = **leading, main, prevailing, prevalent,** predominant
  Football, basketball, baseball, and ice hockey are the **dominant** sports in the U.S.
  축구, 농구, 야구, 아이스하키는 미국에서 인기있는 스포츠 종목들이다.
- **ⓥ** **dominate** 지배하다, 이끌다 = **control,** direct, govern, handle, manage
- 관련어 **prevailing** 널리 퍼진, 우세한, 지배적인 = **current, (pre)dominant, widespread**
  prevalent 널리 퍼진, 유행하는 = **most common, widespread**

> 시나공 비법
> current는 '널리 통용[수용]되고 있는', prevailing은 '보다 우세한', prevalent는 '널리 퍼진, 흔히 볼 수 있는'의 의미로 주로 사용됩니다.

enthusiastic
[inθjùːziǽstik]

- **ⓐ** 열심인, 열렬한 = **avid, eager,** ardent, fervent, passionate, zealous
  Americans don't seem very **enthusiastic** about the World Cup.
  미국인들은 월드컵에 대해서 그다지 열광적인 것 같지 않다.
- **ⓝ** **enthusiasm** 강한 흥미 = **intense, interest,** ardor, fervor, passion, zeal
- **ⓝ** **enthusiast** 열광적인 지지자 = **supporter,** advocate
- 관련어 **enthusiasm** 열정, 열의 = ardor, avidity, desirousness, fervor, passion, zeal

> 시나공 비법
> 의미가 거의 같더라도 다음과 같은 약간의 뉘앙스 차이가 있음을 알아 두기 바랍니다.
> **ardent** 격렬한 열의를 가진 **avid** 열심인 **eager** 매우 열의에 넘치는 **enthusiastic** 높게 평가하며 열의를 가진 **fervent** 침착하게 열의를 가진 **zealous** 열정을 가지고 활동하는

fertile [fertilized]
[fə́ːrtəl]

- **ⓐ** 비옥한, 풍부한 = **bountiful, productive,** fecund, fruitful, prolific, rich
  The farmland in this area is very **fertile** due to the years of hard work by the farmers.
  이 지역 농지는 오랜 기간 농부들에 의한 노력으로 매우 비옥하다.
- **ⓝ** **fertilization** 비옥화, 다산화 = **modernization**
- 관련어 **bountiful** 풍부한 = **abundant, ample**
  fecund 다산의; 비옥한

ideal
[aidí(ː)əl]

- **ⓐ** 이상적인 = **perfect,** complete, model, supreme, very
  Upgrading your computer seems like the **ideal** solution.
  당신의 컴퓨터를 업그레이드하는 것이 이상적인 해결책인 것 같다.
- 관련어 **archetypal** 모범적인; 원형의, 원형적인 = **ideal; common**
  optimal 최선의, 최상의, 최적의 = **best, ideal, most satisfactory**

molten
[móultən]

- **ⓐ** 녹은 = **melted,** fluid, liquefied, liquid
  This ambiguous piece of sculpture is made of **molten** glass.
  이 모호한 조각품은 녹인 유리로 만들어졌다.

3-6

partially
[pɑ́ːrʃəli]

(ad) 불완전하게, 부분적으로 = **incompletely,** fractionally, in part, not wholly, partly, somewhat

Last year's drop in export sales was **partially** offset by a growth in the domestic market.
지난해의 수출량 감소는 내수 시장의 성장으로 어느 정도 만회되었다.

(관련어) partial 불완전한, 부분적인; 편파적인, 불공평한 = **incomplete; biased, prejudiced**

seething
[síːðiŋ]

(a) 1. (화가) 끓어오르는 = **angry, excited, uncontrollable, upset**

The motorist is **seething** with anger and will hit anyone who comes near.
운전자는 분노가 치밀어 가까이 오는 사람은 누구라도 칠 기세다.

2. 끓어 넘치는 = **overflowing**

(v) seethe 끓어오르다, (끓어)넘치다 = **boil, overflow**

serene
[səríːn]

(a) 고요한, 잔잔한, 평온한 = **calm, peaceful, tranquil**, quiet, peaceful

His art is often celebrated for its **serene** yet obscure atmosphere.
그의 예술은 주로 평온하면서 모호한 분위기로 유명하다.

stealthy
[stélθi]

(a) 남몰래 하는, 은밀한 = **silent,** furtive, sly, sneaky

Many people witnessed you went to the manager's office in a **stealthy** movement.
많은 사람들이 당신이 매니저 사무실로 몰래 들어가는 것을 목격했다.

ubiquitous
[juːbíkwitəs]

(a) 어디에나 있는 = **(very) common, commonly used,** omnipresent, universal

The radio, that most **ubiquitous** of consumer-electronic appliances, is about to enter a new age.
흔한 소비자 가전제품인 라디오는 곧 새로운 시대에 진입하게 될 것이다.

antithesis
[æntíθisis]

(n) 정반대(의 것) = **contrary, converse, opposite,** contradictory, counter, reverse

Good is the **antithesis** of evil.
선은 악의 정반대이다.

(a) antithetic (두드러진) 대조가 되는, 정반대의 = **opposite,** adverse, contrary, counter, opposed, reverse

needless to say

(phr) 물론, 말할 필요도 없이 = **of course, obviously, undoubtedly**

Needless to say, Mr. Lee's new vocabulary book would attract many teachers and students alike as it did with his previous bestseller.
말할 필요없이 이 씨의 새 어휘 교재는 그의 이전 베스트 셀러와 마찬가지로 많은 교사들과 학생들 모두의 관심을 끌게 될 것이다.

(관련어) undoubtedly 의심의 여지없이 = **centainly**

> **시나공 비법**
> needless to say에서 say 대신 add가 사용되어 needless to add로 활용되기도 합니다.

proponent
[prəpóunənt]

- **(n)** 지지자 = **advocate, supporter, upholder,** champion
  The candidate is a **proponent** of sending in our troops.
  그 후보는 파병을 지지하는 사람이다.
- 관련어 **objector** (일반적인) 반대를 할 경우
  dissenter 의견에 동의하지 않는 경우
  opponent 논쟁이나 경쟁 등에서의 반대하는 경우

role
[roul]

- **(n)** 역할, 기능 = **function,** capacity, job, part, purpose, task, work
  As well as being a good friend, a kindergarten teacher also has to play a mother **role** to care for children.
  유치원 교사는 좋은 친구가 되어야 할 뿐만 아니라 엄마의 역할도 하여 아이들을 돌보기도 해야 한다.
- 관련어 **function** 기능, 직무, 역할 = **operation, purpose, role**

site
[sait]

- **(n)** 위치, 장소 = **location, place, position,** point, situation, spot, where
  This is the **site** where the World Trade Center stood.
  여기가 바로 세계 무역 센터가 있던 곳이다.
- **(v)** 위치를 정하다 = **locate, place, position, set, situate**

> **시나공비법**
> 범위(range)가 있는 장소, 위치(지역, 영역, 분야)를 나타내는 명사들로는 area, country, domain, field, land(scape), patch, realm, region, sphere, terrain, territory, zone 등이 있습니다. site, place, location, position, locale 등의 '일반적인 장소[위치]'를 뜻하는 명사들과 구분하길 바랍니다.

Day 24 Quiz

앞에서 학습한 내용들을 바로 확인해 보는 코너입니다.

❶ 아래 단어들의 유의어를 보기에서 찾아 빈칸에 쓰시오.

A ⓐ state briefly ⓑ come before ⓒ locate ⓓ clean ⓔ optional ⓕ clever

1. encapsulate _____   2. spot _____   3. procede _____
4. antiseptic _____   5. astute _____   6. choice _____

B ⓐ dainty ⓑ overflowing ⓒ silent ⓓ function ⓔ eager ⓕ perfect

1. delicate _____   2. seething _____   3. enthusiastic _____
4. ideal _____   5. role _____   6. stealthy _____

❷ 문장 내에서 진하게 표시된 어휘의 유의어를 고르시오.

1. The nation will **complement** its military by providing soldiers with modern equipment.
   ⓐ weaken   ⓑ force   ⓒ supplement   ⓓ segregate

2. This will help **shield** your hair from the rays and stop color from fading.
   ⓐ destroy   ⓑ evolve   ⓒ equip   ⓓ protect

3. Innovative ideas usually come from **fertile** imaginations.
   ⓐ prolific   ⓑ intelligent   ⓒ sedentary   ⓓ short-lived

4. Martin Luther King Jr. was a **proponent** for the civil rights of African Americans.
   ⓐ supporter   ⓑ pioneer   ⓒ leader   ⓓ researcher

5. The **site** of the volcano was a site of scenic beauty we have never seen before.
   ⓐ region   ⓑ place   ⓒ boundary   ⓓ dwelling

정답 & 해석

❶ A. 1. ⓐ 2. ⓒ 3. ⓑ 4. ⓓ 5. ⓕ 6. ⓔ
   B. 1. ⓐ 2. ⓑ 3. ⓔ 4. ⓕ 5. ⓓ 6. ⓒ
❷ 1. ⓒ 2. ⓓ 3. ⓐ 4. ⓐ 5. ⓑ

1. 국가에서 군사들에게 현대식 장비를 공급함으로써 군사력을 보완할 것이다.
2. 이것은 당신의 모발을 빛으로부터 보호해 주고 변색되지 않도록 해 줄 것이다.
3. 혁신적인 아이디어는 보통 풍부한 상상에서 나온다.
4. 마틴 루터 킹 주니어는 흑인들의 시민 평등권을 위한 지지자였다.
5. 화산 지대는 우리가 이전에는 보지 못했던 아름다운 곳이었다.

Not 빈출, But 기출! 고득점을 원하면 놓치지 말아야 할 코너!

Word	의미	유의어
resurgent	되살아나는, 소생하는	come back
revolution	혁신, 혁명	improvement
rim	가장자리, 테두리	edge
sacred	신성한, 거룩한	holy
scenario	각본; 예술작품의 특정 상황	situation, a version of events
sensational	매력적인, 멋진	extraordinary

Do it this way! Writing 에서는 이렇게 쓰입니다.

WRITING

enthusiasm

Young people might have **enthusiasm** and energy, but the older have money.

젊은이들은 열정과 에너지가 있을 수 있겠지만, 나이든 분들은 돈이 있다.

> Writing 문제에서 '젊은이들이 더 인생을 즐기는가, 아니면 나이든 사람들이 더 인생을 즐기는가?'와 같은 질문이 나올 때가 있습니다. 당연히 젊은이들이 더 인생을 즐기겠지만 Writing 문제는 궤변일수록 점수가 더 잘 나옵니다.

<Passage 7>

The Anasazi lived in a **sturdy** communal society that evolved over the centuries. They traded with other peoples in the region, but signs of warfare are hard to find. And although the Anasazi obviously had religious and other leaders, as well as professional artisans, they did not appear to have any social or class distinctions.

Needless to say, religious and social **aims** influenced the building of the cliff communities and their final abandonment. Unlike their high expectations of a **profusion** of the yield, the struggle to raise food in an increasingly difficult **context** was probably the **dominant** factor for deserting the area.

Although the Anasazi dissipated from their hereditary homeland, they did not vanish. Their legacy remains in the remarkable archaeological archive that they left behind, and in their descendants–the Hopi, Zuni, and other Pueblo peoples.

1. The word **sturdy** in the passage is closest in meaning to
   (A) affordable   (B) well-built   (C) loose   (D) magnificent

2. The word **Needless to say** in the passage is closest in meaning to
   (A) Undoubtedly   (B) Primarily   (C) Always   (D) Partially

3. The word **aims** in the passage is closest in meaning to
   (A) evolution   (B) goals   (C) motives   (D) facets

4. The word **profusion** in the passage is closest in meaning to
   (A) abundance   (B) aftermath   (C) avenue   (D) obstacle

5. The word **context** in the passage is closest in meaning to
   (A) tradition   (B) arrangement   (C) question   (D) environment

6. The word **dominant** in the passage is closest in meaning to
   (A) role   (B) plenty   (C) main   (D) yield

<Passage 8>

Life in the middle colonies was eminently more diverse, cultured and liberal than in New England. In many aspects, William Penn **enthusiastically** contributed to Pennsylvania's and Delaware's success.

Under his leadership, Pennsylvania's governing body functioned smoothly, and **blossomed** rapidly. By 1685 the colony's population was nearly 9,000. Philadelphia, a city soon to be known for its extensive, tree-shaded boulevards, ample stone and brick houses, and busy port was the center of the city. By the close of the colonial era, almost a century later, the city had nearly 30,000 **inhabitants** representing several languages, religions, and vocational skills. These inhabitants' gift for successful business ventures made Philadelphia one of the most **appealing** regions of colonial America.

The colony was also the main entering point into the Americas for the Scottish and Irish, who immigrated into Pennsylvania. They were inclined to establish themselves in unpopulated regions, living by hunting and farming.

7. The word **enthusiastically** in the passage is closest in meaning to
   (A) eagerly   (B) completely   (C) overwhelmingly   (D) previously

8. The word **blossomed** in the passage is closest in meaning to
   (A) fluctuated   (B) flourished   (C) manipulated   (D) deviated

9. The word **inhabitants** in the passage is closest in meaning to
   (A) advocates   (B) spectators   (C) residents   (D) proponents

10. Look at the word **appealing** in the passage.
    (A) cardinal   (B) reliable   (C) prohibitive   (D) desirable

Vocabulary 그룹으로 기억하는 어휘

■ **시작하다(begin)**
= begin, commence, inaugurate, initiate, introduce, open, start, launch

begin to walk: (가장 일반적인) 시작하다
commence a criminal trial: (격식을 갖춘, 재판이나 행사 등을) 시작하다
inaugurate a new diplomatic policy: (행사, 새 이론이나 시대, 정책 등을) 시작하다
initiate, launch the revolution: (어떤 사업, 일 등에) 착수하다
introduce this discussion with a light jest: (~으로) 시작하다
start the race: (begin과 비슷하나 처음 출발이라는 것을 강조하는) 시작하다

■ **중요한(important)**
= consequential, considerable, crucial, essential, foremost, fundamental, important, material, meaningful, momentous, prominent, significant, substantial, vital, weighty

consequential delay: (사람, 사건 등이 사회적 또는 지위 상으로) 중요한
considerable professor: (역할이나 상태 등이) 중요한
crucial, momentous, vital step: 아주 중요한
essential, vital material: (필수적인, 없어서는 안 될) 중요한
foremost thinker: (아주, 최고로 주목할 만한) 중요한
fundamental theory: (기초, 기반이 되는) 중요한
important, significant evidence: (가장 일반적인) 중요한
material information: (요긴한, 필수적으로) 중요한
meaningful speech: 의미심장한
prominent doctor: (저명한 의미를 내포한) 중요한
substantial reason: (본질적으로) 중대한, 중요한
weighty issue: (주로 문어체에서) 중요한

considerable, significant, substantial은 '중요한'의 의미 이외에도, '상당한'의 의미를 공통적으로 갖고 있으며, 여기서 substantial은 '강건한, 튼튼한(sturdy, solid)'의 의미도 가지고 있습니다.

Vocabulary   iBT TOEFL Reading Technique   시험에 나오는 것만 외운다

1. Prose Summary

이 문형은 iBT TOEFL에서 새로이 추가된 세 개(Sentence Simplification, Prose Summary, Fill in a Table)의 문형 중 하나로, 다른 문제들과는 달리 배점이 높은(2점, 부분 점수 있음) 문제라 볼 수 있다. 이 문형은 문제에서 제시된 문장과 관련있는 보기(Major Idea) 3개를 골라 그 내용을 재구성하는, 즉, 출제된 지문의 전체적인 내용에 대한 이해도를 측정하는 문형이라고 볼 수 있다. 이 문형에 대한 전략으로 Major Idea와 Minor Idea에 대한 정확한 이해와 Minor Idea가 아닌, Major Idea를 추려내는 연습이 우선적으로 필요하다고 할 수 있다. 이는 iBT RC에서 절대필수적인 Technique인 Skimming 과정에서 Major Idea를 파악하는 연습을 해야 한다는 말과 같다.

이에 앞서 지문의 구성 요소에 대한 이해를 먼저 해야 한다. 일반적인 지문의 구조는 주제를 나타내는 Main Idea와 이를 구성하는 Major Idea(주로 Fact당 하나의 Major Idea를 갖는다), 그리고 소재에 대한 간단한 언급이나, 상세 설명(example 등을 이용)을 나타내는 내용인 Minor idea로 구성됨을 확실히 인식할 필요가 있다.

2. Fill in a Table

이 문형은 가장 큰 배점을 가진 (3점, 혹은 4점. 부분 점수 있음) 문형이다. 이 문형은 지문에서 제시된 2개 이상의 소재에 대한 내용을 정리하는 것으로, 각 소재나 topic 별로 주요 내용들을 재구성하는 연습을 해야 한다. 이러한 이유 때문에, 이 문형은 지문의 전체 내용에 대한 종합적인 Factual Information 문제라고 볼 수 있다.

1. 자신에게 가장 자신 있는 문제나 간단한 문제(ex. 단어)를 확인하거나 풀면서, 맨 마지막 문제(Fill in a Table 문제가 나오는지)를 확인한다.
   (이 문형은 상대적으로 다른 문제들 보다 오랜 시간이 소요된다. 그러나 시간이 좀 오래걸릴 뿐이지 난이도는 그다지 높지 않으므로, 충분한 시간을 갖기 위해서는 앞의 문제들에서 너무 많은 시간을 소요하지 않도록 주의해야 한다.)

2. Fill in a Table 문제가 출제됨을 확인했다면, 문제에서 제시된 소재들, 또는 Topic들을 메모한다.

3. 해당 지문의 첫 문제로 돌아가 문제를 순서대로 풀면서 그 소재들, 또는 Topic들의 위치를 메모한다.
   (확인한 그 위치에 따라 꼼꼼히 내용을 확인하면서 문제를 푼다. 미리 그 위치를 정확히 확인해 놓지 않으면 위치를 찾는데 시간을 낭비하게 됨으로, 이러한 시간적 낭비를 미리 방지하기 위해 반드시 그 위치를 미리 체크(Note-Taking)해 둬야 한다.)

Vocabulary   iBT TOEFL Reading & Listening을 위한 배경 지식

■ 허블의 법칙 & 허블 망원경
(The Hubble's Law – The Hubble Expansion Law & HST)

1929년 미국의 천문학자 에드윈 허블(Edwin Hubble)은 별의 빛을 관측, 그 결과를 발표함으로써 우주관을 크게 변화시켰는데, 그 이론에서 그는 간단한 빛의 파동(wave)의 성질을 이용했다. 그는 은하들이 점점 우리 은하로부터 멀어져 가는 것으로 보고, 멀리 떨어져 있는 은하일수록 더 빠른 속도로 우리와 멀어지고 있다고 발표했다. 즉, 그동안 우리가 정지된 상태로 여기고 있던 우주는 팽창하고 있으며, 여기서 적색편이(redshift)를 이용하여 상세 설명하였다. 이 현상은 은하 스팩트럼의 redshift로 관측되며, 이 현상은 보다 큰 변이를 보인다고 하였다. 즉 이것은 빠른 이동을 의미한다.

그의 발견으로 우리는 빛의 색의[밝기]로 은하들과의 상대적 거리들을 어느 정도 정확히 측정할 수 있게 되었다. 즉, 허블의 법칙(Hubble's Law)으로 멀리 떨어져 있는 광원(source of light) 일수록 더 빨리 우리에게서 멀어져 감을 측정할 수 있었다. 이것은 곧 우주의 팽창을 의미하므로 허블이 우주의 팽창을 발견했다고 해도 과언은 아니다.

더불어 허블은 HST(Hubble Space Telescope)라 불리게 된 망원경을 이용하여 은하계(Milky Way) 밖 세계와 은하와 우주의 팽창 정도를 계산할 수 있게 한 허블의 법칙을 발견하는 것에 이용하였는데, 모호했던 우주에 대한 천문학 역사에 큰 공헌을 하게 되었다.

■ 망원경(Telescope)

현미경 발명자인 젠센은 '멀리 있는 물체를 가깝게 보는 안경'을 만들었다고 하나 증명된 사실은 없고, '로저 베이컨(Roger Bacon)이 망원경의 기본 원리를 밝혀낸 후, 1608년 네덜란드의 안경 제조자인 한스 리페르셰이(Hans Lippershey)는 오목렌즈 하나와 볼록렌즈 하나를 겹쳐서 처음으로 망원경을 발명하였는데, 이것이 최초의 망원경이라 현재 알려지고 있다.

여기서 힌트를 얻어 1년 뒤인 1609년 이탈리아의 갈릴레오 갈릴레이(Galileo Galilei)는 천체를 관측할 수 있는 천체관측용 망원경을 만들어냈다. 이 망원경은 최초의 망원경과 같은 방식으로 만들어졌으나, 기대만큼의 기능을 갖고 있지 못하였다. 그래도 이 망원경은 천체와 우주의 세계를 최초로 탐색하였다는 데 의의를 둘 수 있다. 갈릴레오 갈릴레이는 이 망원경을 이용하여 천체를 관측하고 이에 대한 책을 발간하여 세상을 놀라게 하였다. 갈릴레오 갈릴레이의 망원경 발명 이후 2년 뒤인 1611년, 케플러(Kepler)는 갈릴레오의 결점을 보완한 망원경을 만들어냈다.

Vocabulary

iBT TOEFL Reading & Listening을 위한 분야별 어휘 시험에 나오는 것만 외운다

■ 천문학 & 기상학(Astronomy & Meteorology)

1	aerospace	항공우주(학[산업])
2	air mass	기단
3	anticyclone	고기압
4	antimatter	반(反)물질
5	apogee	원지점(지구상과 가장 멀리 멀어지는 위치)
6	application satellite	실용 위성
7	astronautics	우주 항해학
8	avalanche	눈사태
9	barometric pressure	기압
10	below freezing	영하
11	blackout	통신[보도] 두절
12	blast	돌풍
13	bleak	매섭게 찬
14	blizzard	눈보라
15	broadcasting satellite	방송 위성
16	carrier rocket	운반 로켓
17	celestial sphere	천구
18	Celsius	섭씨 (비교: 화씨 Fahrenheit)
19	chilly	차가운, 추운
20	circumlunar flight	달 궤도 비행
21	cloudburst	갑작스런 호우
22	concentration	농도
23	condense	응축
24	condense	응축하다
25	congeal	응고[응결]하다
26	constellation	별자리, 성좌
27	deluge	대홍수
28	dew	이슬
29	discomfort index	불쾌지수
30	downfall	강우, 강설
31	downpour	호우
32	dreary	황량한
33	drizzle	이슬비
34	drought	가뭄
35	dwarf	왜성(矮星)
36	Earth	지구
37	eccentricity	이심률

Vocabulary   iBT TOEFL Reading & Listening을 위한 분야별 어휘

38	ecliptic	황도
39	evaporate	증발[기화]하다
40	fallout	낙진
41	flood	홍수
42	friction	마찰
43	frigid	추운
44	front	〈기상〉 전선
45	frost	서리
46	gale	강풍
47	geyser	간헐천
48	gravitational	중력(작용)의
49	gust	돌풍
50	hail	우박, 싸락눈
51	halcyon	고요한, 평화로운
52	haze	아지랑이
53	heat wave	열파
54	heavenly bodies	천체
55	HST	허블 우주 망원경
56	humidity	습기, 습도
57	icecap	만년설
58	interstellar matter	성간 물질
59	inundation	범람, 홍수
60	leap year	윤년
61	lightening-rod	피뢰침
62	luminous	빛나는
63	lunar eclipse	월식
64	mist	옅은 안개
65	monsoon	계절풍
66	nebular	성운의
67	overcast	구름으로 가리다 / 아주 흐림
68	parched	바싹 마른
69	perigee	근지점
70	polestar	북극성(= Polaris)
71	pollution index	공해지수
72	precipitation	강우[강설]량
73	repulsion	반발 작용, 반발력
74	satellite	위성, 인공위성
75	saturated	흠뻑 젖은, 물로 포화된

Vocabulary

시험에 나오는 것만 외운다

76	Saturn	토성
77	scorching	태울 듯한, 몹시 뜨거운
78	serene	잔잔한, 화창한
79	shiver	떨다
80	sleet	진눈깨비
81	soaked	흠뻑 젖은
82	solar eclipse	일식
83	solar system	태양계
84	solidify	응고하다
85	sultry	찌는 듯이 더운
86	sweltering	무더운
87	temperate climate	온대성 기후
88	tempest	폭풍우[설]
89	tornado	토네이도
90	torrid	매우 더운
91	track	궤도 / 추적하다, 찾아내다
92	trade wind	무역풍
93	transparency	투명도
94	trough	기압골
95	Uranus	천왕성
96	vessel	비행선
97	Weather Bureau	기상국
98	weightlessness	무중력 상태
99	white dwarf star	백색 왜성
100	winter solstice	동지 (비교: 하지, summer ~)

4-1

argue | attract | camouflage | confront | constitute | contrive | debate | engross | function | intertwine | mock | procure | reflect | ruin | substitute | supervise | surge | tolerate | traverse | ambivalent | chaotic | complicated | consecutive | deluxe | even | far-sighted | flexible | impervious | irreparable | liberal | scented | calamity | terminal | debris | patch | portion | prospect | spectator | string | yet

4-2

accompany | accomplish | augment | concern | counsel | elapse | exaggerate | examine | glean | have nothing to do | situate | spread | trumpet | warrant | withstand | a great deal of | avid | cherished | first and foremost | impressive | in any case | outrageous | remarkable | risky | sophisticated | tactile | unadorned | unshakable | asset | benefit | branch | constituent | flake | in terms of | locale | maturity | notwithstanding | remains / remaining | reputation | residue

4-3

abort | allow | arouse | beckon | broaden | cover | culminate (in) | curb | devote to | dissuade | exacerbate | extol | mirror | oversee | perforate | preordain | range | reassemble | reexamine | reproduce | ominous | testify | available | erroneous | extraordinary | formerly | genuinely | incipient | mysterious | peculiar | practical | rare | tumultuous | unreachable | unsurpassed | be at odds with | be aware of | ensemble | tie | vagary

4-4

attest | burden | cede | construe | dilute | ensure | eradicate | infer | pack together | point out | rate | reap | reside | roam | shrink | stem from | strip | support | wreak havoc | at least | cautious | devoid | identical | infinite | insufficient | leisurely | more or less | nearly | noticeable | scarce | solitary | stationary | successful | trivial | affair | feature | junction | so far | span | swelling

4-5

amiss | appear | assemble | breed | conceal | congregate | consist of | exercise | haul | intend | metamorphose | operate | pursue | seize | venture | ardent | brisk | countless | cozy | fragrant | frantic | immediate | influential | instantly | peripheral | seldom | systematic | attachment | being | border | boundary | caption | flight | heed | incursion | instrument | likelihood | misconception | other than | thanks to

4-6

accommodate | amplify | arrange | conduct | covet | crop up | dedicate | deploy | float upward | perceive | pick out | posit | put together | reserve | retreat | root in | shed | shelter | spring up | stretch | supplement | touch off | wiggle | wrangle | broke | equivalent | irksome | novel | preliminary | primeval | professional | slender | commodity | exposure | occurrence | pace | parody | prototype | veneration | vestige

시험에 나오는 4순위 Voca

| 전문가가 분석한 4순위 VOCA 학습 전략 |

고득점은 나의 것!

그동안 수고하셨습니다. 여러분은 이제 영어 어휘에 관한
상당한 실력을 갖추고 있습니다. 어떠한 시험이든,
어떠한 내용이든 전문용어가 아닌 이상 막힐 것이 없습니다.
어휘 때문에 고생을 하는 '나'는 더 이상 없습니다.
이젠 내 실력의 정도를 최대로 끌어올리기 위한 학습입니다.
물론 난이도는 제일 높습니다. 그러나 고득점을 위해선,
만점(!)을 위해선 필수적인 어휘들이므로 철저하게 학습하길 바랍니다.
모든 학습을 마친 후에도 지속적인 review 부탁 드립니다.
자, 이제 우리는 진정한 실력자입니다!!

Day 25 4-1 시험에 나오는 4순위 Voca

0~4순위 어휘에서 TOEFL Reading Voca 문제의 100%가 출제된다!

🔊 4-1_Day 25.mp3

argue [á:rgju:]

ⓥ 주장하다 = **assert, claim,** contend, justify, maintain, warrant

Some people **argue** they have no particular responsibility to help their communities.
그들이 자신들의 커뮤니티를 도와야 할 특별한 책임은 없다고 주장하는 사람들도 있다.

관련어 **assert** 단언하다, 주장하다 = **(belligerently) argue, claim, forcefully establish, maintain**

contend 경쟁하다; 논쟁하다; 주장하다 = **compete; argue; claim**

attract [ətrǽkt]

ⓥ 매혹하다, 끌다 = **appeal, draw,** allure, charm, enchant, entice, fascinate

The Korean government hopes to **attract** more foreign investors.
한국 정부는 보다 많은 해외 투자자를 유치하기를 원한다.

ⓐ **attractive** 매력적인, 마음을 끄는 = **appealing,** alluring, captivating, charming, enchanting, fascinating, tempting

ⓐ **attracted** 매혹된, 끌린 = **drawn**

관련어 **appealing** 마음을 끄는, 매력적인 = **attractive, desirable, popular, tempting**

fascinating 매혹적인; 매우 재미있는 = **(extremely) attractive; (strongly) interesting**

tempting 유혹하는, 끄는 = **appealing**

> **시나공 비법**
> 같은 '매혹하다, 끌다'의 의미라도 다음과 같은 약간의 차이가 있습니다.
> **1 attract** : 물리적, 정신적 힘으로 상대방을 매혹하다
> **2 appeal** : 호감을 사다, 흥미를 끌다, 호소하다
> **3 charm** : 상대방의 마음을 사로잡다
> **4 captivate** : charm보다는 어감상 다소 딱딱한 말

camouflage [kǽməflà:ʒ]

ⓥ 숨기다, 가리다, 위장하다 = **conceal, disguise, hide**

The troops had **camouflaged** themselves so effectively that the enemy didn't notice them approaching.
군인들이 위장을 너무 잘 해서 적은 그들이 접근하는 것을 알아채지 못했다.

관련어 **conceal** 가리다, 숨기다 = **cover, hide**

obscure 감추다, 가리다; 흐리게 하다 = **conceal, hide; blur**

confront [kənfrʌ́nt]

ⓥ 직면하다, 맞서다 = **challenge, face,** affront, encounter, meet

He **confronted** native speakers with his fluent English.
그는 유창한 영어로 원어민들과 맞섰다.

n   **confrontation** 대립 = **argument**

---

constitute
[kánstitʃùːt]

v   1. 구성하다 = **create, compose, form, make, make up,** comprise
   High unemployment and a sluggish economy **constitute** a large part of the country's problems.
   높은 실업률과 활력을 잃은 경제는 국가가 안고 있는 문제들 중 가장 큰 부분을 차지한다.

     2. 나타내다 = **represent**

n   **constitution** 구조, 구성 = **form**

관련어   **be constituted of** 구성되다 = **be composed of, be made up of, consist of, contain**

     represent 나타내다 = **depict, describe, portray**

---

contrive
[kəntráiv]

v   고안하다, 발명하다 = **invent,** devise, formulate
   The con artist **contrived** a plan to cheat people out of their money.
   사기꾼은 사람들을 속여 돈을 빼앗을 계획을 꾸몄다.

관련어   **invent** 고안하다, 만들어내다 = **devise**

---

debate
[dibéit]

v   논쟁하다 = **argue, discuss,** dispute
   Military leaders from North and South Korea still **debate** on details of an agreement to prevent naval clashes in the West Sea.
   남북 장성들은 서해안에서의 해상 충돌을 방지하기 위한 세부적인 동의안에 대해 아직 논쟁 중이다.

n   논의, 논쟁 = **argument, contention, dispute, disagreement,** conflict, discussion

a   **debatable** 논쟁의 여지가 있는 = **questionable,** disputable, doubtful, dubious, uncertain

관련어   **contention** 논쟁 = **debate**

     contentious 논쟁을 일으키는 = **disputed**

---

engross
[ingróus]

v   몰두하게 만들다 = **absorb, concentrate, involve, occupy, preoccupy,** consume
   One of the best authors, Mr. Park **engrossed** himself in his writing for six months.
   최고의 저자 중 한 사람인 박 씨는 6개월 동안 집필에 몰두했다.

관련어   **preoccupied with** ~에 몰두하는, 열중하는 = **concentrated on, engrossed in, fascinated with, intent on**

---

function
[fʌ́ŋkʃən]

v   작용하다, 기능하다 = **act, operate,** perform, serve, work
   This book **functions** not just as a manual to play games but also as a teaching material for students.
   이 책은 게임 설명서뿐 아니라 학생들을 위한 교재로도 쓰인다.

n   기능, 직무, 역할 = **operation, purpose, role,** business, duty, office, province

---

intertwine
[ìntərtwáin]

v   엉키다, 엮어 짜다 = **interweave,** interlace, lace
   The tree's branches **intertwined** as they grew.
   나뭇가지들이 자라면서 서로 엉켰다.

4-1

mock
[mɑk]

- **v** 1. 조롱하다, 놀리다 = **jeer, ridicule, scoff,** deride, gibe, jibe
  It is not very nice to **mock** his honest efforts to win your heart.
  당신의 마음을 얻으려는 그의 순수한 노력을 비웃는 것은 아주 좋지 않다.
  2. 흉내 내며 놀리다 = **imitate,** mimic
  3. 흉내 내다, 모방하다 = **pretend,** mimic
- **a** 가짜의, 모조의 = **pretend**
- 관련어 **duplicate** 복제하다; 되풀이 하다 = **copy, imitate, reproduce; repeat**
  mimic 흉내 내다, 흉내 내며 놀리다 = **copy, imitate**
  simulate 흉내 내다 = **imitate**

procure
[prəkjúər]

- **v** 얻다, 획득하다 = **obtain,** acquire, gain, get, pick up
  It was difficult to **procure** component parts during the walkout last month.
  지난 달 파업 기간 동안 부품 조달이 힘들었다.
- **n** **procurement** 획득, 조달 = **obtaining**

reflect
[riflékt]

- **v** 1. 심사숙고하다, 신중히 생각하다 = **meditate,** cogitate, deliberate, reason, speculate, think
  You must **reflect** on how to calm this situation.
  이 상황을 어떻게 진정시킬지 심사숙고해야 한다.
  2. 보여주다, 증명하다 = **show,** demonstrate, indicate, reveal
- **n** **reflection** 생각, 의견(을 나타냄, 또는 나타낸 것) = **indication,** cogitation, deliberation, speculation, thought

> **시나공 비법**
> meditate과 mediate을 혼동하지 않도록 하세요.
> mediate : 조정[중재]하다 = intercede, interpose, intervene

ruin
[rú(:)in]

- **v** 파괴하다, 붕괴하다 = **destroy, destruct, fall,** demolish, raze, wreck
  She **ruined** her mother's chances of getting a job.
  그녀는 자신의 어머니가 취직할 수 있는 기회를 망쳤다.
- **a** **ruinous** 파괴적인 = **destructive,** wreckful
- 관련어 **havoc** (대규모의) 파괴, 황폐 = **destruction, ruin**
  wreck(wreak) havoc 파괴하다 = **cause destruction**
  decimation 제거 = **destruction, reduction**
  devastate 황폐시키다 = **destroy**
  extermination 박멸, 멸종
  wreck ⓝ 파괴; 난파선 ⓥ 파괴하다, (배를) 난파하다

substitute
[sʌ́bstitjùːt]

- **v** 대신하다, 치환하다 = **exchange, replace,** supplant, switch, trade
  The journalist **substitutes** e-mail for cell phone in communicating.
  기자는 의견 교환을 할 때 휴대폰 대신 이메일을 사용한다.
- **n** 대리인, 대역, 대용품 = **alternative, replacement**

supervise
[sjú:pərvàiz]

v 감독[관리]하다 = **oversee,** head
It is one of his major duties to direct and **supervise** employees.
종업원들을 관리 감독하는 것은 그의 주요 임무들 중 하나이다.

surge
[sə:rdʒ]

v 갑자기 증가하다, 파도처럼 밀려 오다 = **increase (suddenly), rise**
An angry crowd **surged** through the gate of the American Embassy.
성난 군중이 미 대사관 정문을 뚫고 밀려들었다.

n 쇄도, 밀려옴, 급증 = **sudden[sharp] increase[growth],** rise, rush

a **surging** 밀려 오는, 쇄도하는 = **accelerating**

tolerate
[tάləreit]

v 참다, 묵인하다 = **endure,** bear
Our union cannot **tolerate** his rude behavior and speech in the 3rd stage.
우리 조합은 세 번째 무대에서의 그의 무례한 행동과 연설을 참을 수 없다.

> **시나공비법**
> bear는 '낳다, 출산하다; 산출하다(yield); 떠맡다; 견디다, 받치다' 등의 다양한 의미로 사용됩니다.

traverse
[trǽvə:rs]

v 가로지르다, 통과하다 = **cross, go across,** follow, go, pass (over), travel
It took a long time to **traverse** the rugged mountain and stormy river.
험준한 산과 사나운 강을 건너는 데 오랜 시간이 걸렸다.

ambivalent
[æmbívələnt]

a 불확실한, 주저하는, 애증이 엇갈리는 = **ambiguous, hesitant, incompatible, mixed, not sure, undecided, unsure**
He maintained an **ambivalent** attitude to the church throughout his long life.
그는 평생 동안 교회에 대해서 불확실한 태도를 취했다.

n **ambivalence** 이중성, 동요 = **conflicting feelings**

관련어 **unresolved** 미해결의, 결정되지 않은 = **undecided**

> **시나공비법**
> ambivalent는 '상반된 느낌이나 태도의 이중적인 특징을 띄는'의 의미로 사용됩니다.

chaotic
[keiάtik]

a 대혼란의, 어지러운 = **disordered, disorganized,** confused, disarranged, disarrayed
An irresponsible and a rather hasty preparation by the inexperienced management company are what caused **chaotic** situation at the press conference.
경험이 없는 관리 회사의 무책임하고 성급한 준비가 기자 회견에서 대혼란을 야기했다.

관련어 **chaos** 대혼란, 무질서

> **시나공비법**
> chaotic은 일상대화나 Listening 시험에서 '자신의 생활이나 공부가 confused하다고 불만'을 표현할 때 자주 사용됩니다.

4-1

> **시나공 비법**
> Listening 섹션에서 '복잡해서 잘 이해가 가지 않거나 skeptical한 태도를 취하면서' 얘기할 때 자주 등장합니다.

consecutive [kənsékjətiv]

- ⓐ 연속적인, 계속되는 = **successive,** sequent, sequential, subsequent, succeeding
  He hit three **consecutive** home runs in one game.
  그는 한 경기에서 세 개의 홈런을 연속해서 쳤다.
- 관련어 **subsequent** 그 다음의, 뒤이어 일어나는 = **following (in time), later, succeeding**
  ensuing 연속적인, 그 다음에 오는 = **subsequent**

deluxe [dilúks]

- ⓐ 호화로운, 사치스러운 = **lavish,** luxuriant, opulent, plush, sumptuous
  There are several amenities that are included in a **deluxe** hotel.
  고급 호텔 내에는 여러 편의시설들이 있다.
- 관련어 **lavish** 사치스러운, 호사스러운 = **deluxe, rich**
  luxuriant 풍부한, 넘칠 듯한 = **rich**
  opulent 부유한; 호사스러운; 풍부한
  plush 호화로운, 사치스러운; (식물 등이) 무성한
  sumptuous 고가의, 사치스러운, 화려한

even [íːvən]

- ⓐ 1. 한결 같은, 고른, 차분한 = **constant, unchanged, uniform,** steady, unchanging
  He tried to steer an **even** course on the voyage.
  그는 그 항해에서 일정한 코스로 나아가려고 했다.
  2. 평평한 = **flat,** plane, smooth
- ⓐ𝐝 비록 ~라도 = **although, nevertheless, still, yet**
- ⓐ𝐝 **evenly** 평평하게, 평등하게, 공평하게 = **equally**

> **시나공 비법**
> 실질적으로 문장 상에서는 부사로서 '강조(~조차도, 까지도)'의 의미로 더 많이 활용됩니다.

far-sighted [fɑːr-sáitid]

- ⓐ 선견지명이 있는, 현명한 = **foresighted, wise,** discerning, farseeing, judicious
  The President was so **far-sighted** that he appointed her as the Prime Minister.
  대통령은 선견지명이 대단해 그녀를 총리로 임명했다.

flexible [fléksəbl]

- ⓐ 1. 구부리기 쉬운 = **able to bend,** pliable
  It was the introduction of **flexible** material to the product's research and development made the invention possible.
  제품의 조사와 개발 단계에서 구부리기 쉬운 재료가 도입된 점이 이번 발명을 가능케 했다.
  2. 융통성[적응성] 있는 = **adaptable,** adjustable, alterable, changeable, malleable

시나공비법
Listening에서 학생들의 대화 시 '교수님이나 강사의 태도에서 자상함이나 융통성, 그리고 시간표를 조정하는 경우에는 변경 가능'과 같은 경우에 종종 사용됩니다.

impervious
[impə́ːrviəs]

ⓐ 불침투성의, 견디는 = **resistant,** impenetrable, impermeable
The floor covering you select will need to be **impervious** to water.
네가 고르는 마루 덮개는 물을 통과시키지 않아야 된다.

관련어 permeate 스며들다, 침투하다

irreparable
[irépərəbl]

ⓐ 고칠 수 없는, 회복할 수 없는 = **irremediable, permanent,** irredeemable, irretrievable, irreversible, unrecoverable
Unless the oil spill is contained, **irreparable** damage will be done to the coastline.
기름 유출을 막지 못하면 해안선은 치유할 수 없는 피해를 입게 될 것이다.

liberal
[líbərəl]

ⓐ 편견이 없는, 마음이 넓은 = **extensive,** bountiful, generous, charitable, munificent ↔ **conservative** (보수적인; 검소한, 수수한)
The new headmaster is known to be a **liberal** and understanding educator.
새로운 교장 선생님은 편견이 없고 이해심 많은 교육자로 알려져 있다.

관련어 charitable 너그러운, 관대한; 자선(사업)의
munificent (마음이) 후한; (선물이) 후한

scented
[séntid]

ⓐ 향기로운 = **fragrant,** aromatic, balmy, odoriferous.
His love letters were always sweet-**scented** with flowers.
그의 연애 편지들은 항상 꽃의 달콤한 향기가 느껴졌다.

calamity
[kəlǽməti]

ⓝ 재난, 재해 = **catastrophe, disaster, tragedy,** hardship, misfortune
The recent flooding in the South was a **calamity**.
최근 발생한 남부 지방의 홍수는 재난이었다.

terminal
[tə́ːrmənəl]

ⓐ 최종적인 = **final,** closing, concluding, latest, ultimate
They must study hard for **terminal** examinations known as the Qualifying Exam.
그들은 Qualifying Exam으로 알려진 기말 시험에 대비해서 열심히 공부해야 한다.

debris
[dəbríː]

ⓝ 파편, 파괴 후의 잔해 = **fragment, remains, splinter**
The rescuers sifted through the **debris** of the collapsed Twin Towers.
구조팀이 붕괴된 쌍둥이 건물의 잔해를 샅샅이 수색했다.

관련어 fragment 조각, 파편 = **flake, part, piece**

patch
[pætʃ]

ⓝ 구역, 부분 = **area**
The city should plant flowers on this **patch** of land.
시는 이 구역에 꽃을 심어야 한다.

관련어 patchy 조화가 안 된, 균형이 잡히지 않은 = **irregular, uneven**

4-1

portion [pɔ́:rʃən]
- (n) 부분, 일부 = **constituent, part, segment,** division, parcel, piece
  A large **portion** of the company's profits goes straight back to new projects.
  회사 수익의 상당 부분은 신규 프로젝트에 곧 바로 투자된다.

prospect [práspèkt]
- (n) 1. 전망, 가망 = **outlook, perspective, probability, view**
  There seems little **prospect** of an end to the dispute.
  분규가 종식될 가망이 없어 보인다.
  2. 기대 = **expectation**
- (a) **prospective** 미래의, 다가오는 = **future,** anticipated, coming, expected

spectator [spékteitər]
- (n) 구경꾼, 목격자 = **viewer**
  The circus performers have never failed to entertain **spectators**.
  서커스 곡예사들은 구경꾼들을 즐겁게 하는데 실패한 적이 없다.
- (관련어) **spectacular** 볼만한, 인상적인 = **dramatic, impressive, remarkable, striking spectacle**

string [striŋ]
- (n) 연속 = **series,** sequence, subsequence, succession
  A **string** of accidents has been undermining the company over the past 2 years.
  일련의 사고는 지난 2년 동안 회사 이미지를 손상시켜왔다.
- (관련어) **sequence** 연속; 결과; 순서 = **progression, series, string, succession; effect, product, result; order**

yet [jet]
- (conj) 그러나, 그럼에도 불구하고 = **but, however, nevertheless,** after all, nonetheless, notwithstanding
  The debtor said that he would pay back soon, **yet** he hasn't done so.
  채무자는 곧 상환하겠다고 말했지만 그러지 못하고 있다.
- (ad) (부정문에서) 아직 = **hardly ever**

> **시나공 비법**
> yet은 비교급을 강조해 주는 기능으로 '한층 더, 게다가'의 의미는 물론 보통 (and) yet, (but) yet의 형태로 '그럼에도 불구하고'의 의미로도 사용된다. 이외에 접속사로 '그렇지만, 그럼에도 불구하고'의 의미로 자주 사용됩니다.

Day 25 Quiz

앞에서 학습한 내용들을 바로 확인해 보는 코너입니다.

❶ 아래 단어들의 유의어를 보기에서 찾아 빈칸에 쓰시오.

A | ⓐ debate　ⓑ face　ⓒ invent　ⓓ interweave　ⓔ meditate　ⓕ oversee

1. supervise _____　　2. argue _____　　3. confront _____
4. reflect _____　　　5. contrive _____　　6. intertwine _____

B | ⓐ resistant　ⓑ lavish　ⓒ adaptable　ⓓ disordered　ⓔ ambiguous　ⓕ series

1. ambivalent _____　2. chaotic _____　　3. deluxe _____
4. string _____　　　5. flexible _____　　6. impervious _____

❷ 문장 내에서 진하게 표시된 어휘의 유의어를 고르시오.

1. The student became upset because the entire class **mocked** his inappropriate presentation.
   ⓐ ridiculed　　ⓑ urged　　ⓒ trumpeted　　ⓓ subsided

2. The terrible weather **ruined** our vacation plan to go to the beach.
   ⓐ celebrated　ⓑ destroyed　ⓒ favored　　ⓓ excelled

3. The company's stock **surged** after the announcement of the merger.
   ⓐ waned　　　ⓑ improved　ⓒ increased　　ⓓ allocated

4. After the verdict was announced, the reporters had **complicated** questions for the defendant lawyer.
   ⓐ insufficient　ⓑ elaborate　ⓒ fervent　　ⓓ inimical

5. The deforestation occurring in many countries has an **irreparable** effect on our planet.
   ⓐ temporary　ⓑ excellent　ⓒ permanent　ⓓ outrageous

정답 & 해석

❶ A. 1. ⓕ　2. ⓐ　3. ⓑ　4. ⓔ　5. ⓒ　6. ⓓ
　 B. 1. ⓔ　2. ⓓ　3. ⓑ　4. ⓕ　5. ⓒ　6. ⓐ
❷ 1. ⓐ　2. ⓑ　3. ⓒ　4. ⓑ　5. ⓒ

1. 학급 전체가 그의 부적절한 발표를 놀렸기 때문에 그는 당황했다.
2. 끔직한 날씨가 바닷가로 가려던 우리 휴가 계획을 망쳤다.
3. 회사의 주식은 합병 발표 뒤 급등했다.
4. 판결이 내려진 후에 기자들은 피고측 변호인에게 난해한 질문들을 했다.
5. 많은 나라에서 진행중인 산림 벌목은 지구에 회복 불가능한 영향을 미친다.

Not 빈출, But 기출! 고득점을 원하면 놓치지 말아야 할 코너!

Word	의미	유의어
scanty	좁은, 가는; 얼마 안되는	thin; few
seamless	고른, 한결같은	(perfectly) smooth
setback	역행, 후퇴; 패배, 좌절	defeat
shape	~에 상당한 영향을 주다	affect
shoddy	질이 떨어지는, 천한	inferior

Do it this way! Writing에서는 이렇게 쓰입니다.

WRITING

argue

The speaker **argues** that S+V.

> TOEFL의 통합형 Writing은 lecture를 요약하고, 이것이 Reading의 어느 point를 반박하는 것인지 전개하여야 합니다. 아주 유용한 틀입니다.

complicated

As society is getting more **complicated**, human relationships are getting more complex. Therefore, ~.

사회가 더욱 복잡해짐에 따라 인간관계도 더욱 복잡해지고 있습니다. 따라서 ~.

> 과거와 비교해 왜 요즘 더 그러한지에 대한 답을 적을 때, '사회가 더 복잡해짐에 따라 ~'는 식으로 서두를 꺼내는 것은 비법입니다. 다른 분들에게는 알리지 마세요.

Day 26 · 4-2 시험에 나오는 4순위 Voca

0~4순위 어휘에서 TOEFL Reading Voca 문제의 100%가 출제된다!

🔊 4-2_Day 26.mp3

accompany [əkʌ́mpəni]

v 동행하다, 동반하다, 수반하다 = **join, occur (along) with[together], play at the same time, travel with**

Would you like judicious Alex to **accompany** you on your trip?
신중한 알렉스를 당신 여행에 함께 동반하고 싶으신가요?

관련어 **simultaneously** 동시에 = **at the same time**
coincide with 동시에 일어나다 = **be[occur, happen] at the same time (as), concur with**

시나공비법
coincide with는 '일치하다(= accord with, agree with, correspond with)'의 의미로도 사용됩니다.

accomplish [əkʌ́mpliʃ]

v 성취하다 = **achieve,** attain, gain, reach, realize, win

Rescuers **accomplished** the task in less than 20 minutes.
구조대는 20분이 안 돼 임무를 완수했다.

accomplished [əkʌ́mpliʃt]

a 1. 성취된 = **achieved**
2. 숙련된 = **skilled, skillful,** adept, expert, proficient

관련어 **attain** 달성하다, 도달하다 = **accomplish, achieve, reach**
proficient 능숙한, 숙달된 = **adept, deft, expert, professional, skilled**
versatile 융통성 있는; 다재다능한 = **adaptable, flexible; all-around, expert, skillful**

augment [ɔ́ːgmənt]

v 증대시키다, 늘리다 = **add (to), increase, supplement,** enlarge, expand, extend

The speech **augmented** the tension among the protestors.
연설은 시위대 사이에 긴장을 고조시켰다.

관련어 **supplement** 보완하다, 보충하다 = **add, complement**

시나공비법
augment는 위의 의미 외에도 '강화시키다'의 의미로 등장하는 경우 많습니다.

concern [kənsə́ːrn]

v 관심 갖다, 염려하다 = **interest, worry,** bother, make anxious, trouble

It **concerns** Josh's wife that he hasn't found himself a job yet.
조쉬의 아내는 남편이 아직 직장을 구하지 못한 것이 걱정이다.

n 관심사 = **interest**

counsel
[káunsəl]

- ⓥ 조언하다, 설득하다 = **advise, advocate, urge**
  Since Professor Bob **counseled** us to concentrate on the team project, our team scored better than the last time.
  우리가 팀 프로젝트에 전념하도록 밥 교수가 조언했기 때문에 우리 팀은 전보다 좋은 성적을 얻을 수 있었다.
- 관련어 **advocate** 지지하다, 옹호하다 = **argue for, promote, recommend, speak in favor of, support**

> **시나공 비법**
> 유의어 중 urge는 일반적으로 다른 사람에게 그가 하지 않으려 했던, 또는 계획에 없던 일을 하도록 설득이나 권유를 하는 의미로 사용됩니다.

elapse
[ilǽps]

- ⓥ 경과하다, 지나다 = **pass,** break off[up], close, conclude, end, expire, terminate
  There are still four days to **elapse** before Bears team arrives.
  베어스 팀이 도착하기까지 아직 4일 남았다.

exaggerate
[igzǽdʒərèit]

- ⓥ 과장하다, 과대시하다 = **enlarge, overstate**
  I'm not **exaggerating**, it was the worst meal I've ever eaten in my life.
  과장이 아니라 그것은 내 인생에서 최악의 식사였다.
- ⓝ **exaggeration** 과장 = **overstatement,** enlargement
- 관련어 **overstate** (실제보다 중요한 것처럼) 과장하다 ↔ **understate** (줄여서, 작게, 삼가며) 말하다

examine
[igzǽmin]

- ⓥ 조사하다, 검사하다 = **inspect, investigate,** check up, study
  Investigators are **examining** how the pileup occurred on the highway.
  조사관들이 고속도로에서 어떻게 연쇄 충돌 사고가 발생했는지 조사하고 있다.
- 관련어 **probe** 조사하다, 엄밀히 검사하다 = **explore, examine, investigate**

glean
[gli:n]

- ⓥ 모으다, 조금씩 수집하다 = **collect, gather,** accumulate, amass, garner
  Inspector Morse has been **gleaning** facts and evidences at the crime scene over the last two days without taking any rest.
  모스 경위는 지난 이틀 동안 잠시도 쉬지 않고 사건 현장에서 사실과 증거들을 조금씩 수집해 나갔다.

have nothing to do

- ⓥ 아무런 관계가 없다 = **be not related with[to]**
  The wife argued she **had nothing to do** with her husband's political activities.
  부인은 자신이 남편의 정치 활동과 아무런 관련이 없다고 주장했다.

situate
[sítʃueit]

- ⓥ 놓다, (위치하고) 있다 = **locate, place,** deposit, lay, position, put, set (up)
  The movie's fundamental aesthetic contemplation of its art direction is **situated** somewhere between Hollywood film noir and French now wave films.
  영화의 아트 디렉션의 기본적 미적 고찰은 할리우드의 느와르 영화와 프랑스의 뉴 웨이브 영화의 사이 어디인가에 위치하고 있다.
- 관련어 **deposit** 놓다, 내리다; 저축하다; 쌓다 = **lay down, leave, place, set down; save; accumulate**

spread [spred]

- ⓥ 퍼뜨리다, 유포하다 = **distribute, extend,** disperse, diffuse, disseminate, propagate ↔ **shrink** (축소시키다)

  The opposition party launched a campaign to **spread** its ideas and plans to criticize the reform.
  야당은 개혁 비판에 대한 생각과 계획을 알리기 위해 캠페인을 펼쳤다.

- ⓥ **spread out** 얇게 바르다, 얇게 펴다 ↔ **thicken** (두껍게 하다)

- 관련어 **expand** 확대하다, 퍼지다 = **spread**

  extend 뻗다, 늘이다; 연장하다 = **protrude, reach, stretch; increase, prolong, stretch**

trumpet [trʌ́mpit]

- ⓥ 치켜세우다 = **praise**

  Supporters have been loudly **trumpeting** his reputation as Mr. Clean.
  지지자들은 미스터 클린이라는 그의 명성을 요란하게 선전해 왔다.

> **시나공 비법**
> trumpet은 '포고하다'나 '떠들며 소란스럽게 알리다'의 의미로도 사용됩니다.

warrant [wɔ́:rənt]

- ⓥ 1. 정당화하다 = **justify**

  That dangerous situation **warrants** self-defense.
  그 위험한 상황은 정당방위를 정당화한다.

  2. 인가하다, 허가하다 = **authorize**

- ⓝ 인가, 허가 = **authority,** permission, permit, sanction

> **시나공 비법**
> warrant는 일상생활에서 '보증하다' 또는 '보증(guarantee)'의 의미로 더 많이 사용됩니다.

withstand [wiðstǽnd]

- ⓥ 1. 버티다, 견디다 = **endure, put up with, tolerate**

  This bridge is designed to **withstand** strong earthquakes.
  이 교각은 강진에도 버틸 수 있도록 설계되었다.

  2. 저항하다 = **resist (in the condition),** dispute, oppose

a great deal of

- ⓐ 다량의, 많은 = **a lot of**

  The management does not seem to do **a great deal of** research on understanding markets and consumer groups.
  경영진은 시장과 소비자 단체를 이해하기 위한 조사를 그다지 하지 않는 것 같다.

avid [ǽvid]

- ⓐ 몹시 원하는, 열렬한 = **eager, enthusiastic,** anxious, ardent, keen, thirsty

  People who are too **avid** for success may miss some of the joys of life.
  성공에 대한 열망이 지나치게 강한 사람들은 인생의 즐거움을 일부 놓칠 수 있다.

cherished [tʃériʃt]

- ⓐ 소중히 여겨지는 = **valuable, valued,** favored, favorite, precious, sweet

  My grandmother's old pendant is my mother's most **cherished** possession.
  할머니의 오래 된 펜던트는 어머니가 가장 소중히 여기는 물건이다.

first and foremost

- **ad** 주로, 무엇보다 먼저 = **above all (things),** before everything else, first of all, of all things

  First and foremost, learning basic vocabularies and useful expressions is vital to improve your command of English.
  무엇보다 먼저 기본 어휘와 유용한 표현들을 익히는 것이 영어 실력을 향상시키는데 중요하다.

- 관련어 **foremost** 가장 중요한; (위치, 순위상) 맨 먼저의 = **most important; leading**

impressive [imprésiv]

- **a** 인상적인, 눈에 띄는 = **characteristic, remarkable, spectacular, striking**

  The Oscar was awarded for her **impressive** performance in the musical 'Chicago'.
  뮤지컬 '시카고'에서의 그녀의 인상적인 연기에 오스카 상이 주어졌다.

- 관련어 **stunning** 놀랄 만큼 멋진 = **amazing, impressive**

impression [impréʃən]

- **n** 1. 인상 = **image**
  2. 효과, 영향 = **influence,** effect, impact

in any case

- **ad** 여하튼 = **anyway,** ever, once

  It may snow tomorrow, but we are going there **in any case**.
  내일 눈이 올지도 모르지만 여하튼 우리는 그곳에 갈 것이다.

outrageous [autréidʒəs]

- **a** 터무니없는 = **exorbitant, shocking**

  Her **outrageous** behavior at the party offended everyone.
  파티에서 그녀의 무례한 행동 때문에 모두 화가 났다.

- **v** **outrage** 화나게 하다 = **anger,** aggravate, exacerbate, exasperate

> **시나공 비법**
> aggravate, exacerbate, exasperate, 이 세 어휘는 '악화시키다'의 의미로 더 많이 사용됩니다.

remarkable [rimá:rkəbl]

- **a** 1. 주목할 만한, 현저한 = **impressive, incredible, notable, noticeable, prominent,** marked, outstanding

  My roommate from China has been making **remarkable** improvement in English conversation in the past 3 months.
  내 룸메이트는 지난 3개월 동안 영어 회화 실력이 눈에 띄게 향상되었다.

  2. 비범한, 예외적인 = **extraordinary,** exceptional, rare, singular, uncommon, unique, unusual

risky [ríski]

- **a** 위험한 = **dangerous,** hazardous, jeopardous, perilous, treacherous, wicked

  It's **risky** to buy a car without some good advice.
  몇 가지 유용한 조언을 듣지 않고 차를 구입하는 것은 위험하다.

- **n** **risk** 위험 = **danger,** hazard, jeopardy, peril

- 관련어 **treacherous** (언행, 사람이) 불성실한; (바닥, 발판 등이) 불안정한, 위험한

> **시나공 비법**
> '중요한'의 의미로 알고 있는 'critical, crucial' 등도 '위험한'의 의미를 갖고 있습니다.

sophisticated
[səfístəkèitid]

a 1. 복잡한 = **complex,** complicated, elaborate, intricate, involved, knotty

John uses the most **sophisticated** laboratory equipment in this class.
존은 이 수업에서 가장 복잡한 실험기구를 사용한다.

2. 세련된, 교양 있는 = **advanced, highly developed, polished, refined**

관련어 **elegant** 우아한, 고상한 = **sophisticated but simple**

polish 닦다, 윤을 내다
refine 순화하다, 정제하다; 작은 변화로 증진시키다.

tactile
[tǽktal]

a 촉각의, 만져서 알 수 있는 = **tactual, tangible, touchable,** palpable, perceptible, sensible

The new BMW's interior had an improved **tactile** feel to it.
새로운 BMW의 실내는 보다 향상된 감촉을 가지고 있었다.

시나공비법
tangible과 palpable은 '명백한, 분명한'의 의미로도 사용됩니다.

unadorned
[ʌ̀nədɔ́ːrnd]

a 간소한, 꾸미지 않은 ↔ **decorated**(장식된, 꾸민)

Their motion and language are so simple and **unadorned** that we can appreciate easily.
그들의 움직임과 언어는 간결하고 꾸밈이 없어서 이해하기 쉽다.

관련어 **adorn** 꾸미다, 장식하다 = **decorate**

unshakable
[ʌnʃéikəbl]

a 흔들리지 않는, 확고한, 안정된 = **firm,** fixed, steadfast, steady, unwavering

He has an **unshakable** loyalty to his boss.
그는 그의 상사에게 변함없는 충성심을 갖고 있다.

asset
[ǽset]

n 장점, 이점 = **advantage, merit**

Different discipline types have distinct **assets** and effects.
서로 다른 훈련 방법들은 독특한 장점과 효과를 가진다.

시나공비법
자산 가치가 있는 즉, '재산'의 의미로 쓰이는 경우도 많습니다.

benefit
[bénəfit]

n 이익이나 도움이 되는 것 = **help,** advantage, aid, boon

They will get the **benefits** of their hard work sooner or later.
그들은 열심히 노력한 대가로 조만간 결실을 보게 될 것이다.

관련어 **boon** 큰 이익, 혜택 = **great benefit**

branch
[bræntʃ]

n 분야, 부문 = **aspect, division**

Hyun-Jin didn't want to take on anymore financial liability, so they sold off the electronics **branch** of the company.
현진은 더 이상의 재정적인 책임을 지고 싶지 않았기에 자회사인 전자 부문을 매각했다.

4-2

> **시나공 비법**
> branch는 일상에서 '지점, 지사'의 의미로 더 많이 사용됩니다.

constituent
[kənstítʃuənt]

- **(n)** 구성 요소, 성분 = **component,** element, factor, ingredient, member
  Oxygen and water are essential **constituent** necessary for your life.
  산소와 물은 당신의 생명에 필요한 필수 요소이다.
- **관련어** **component** 구성 요소, 성분 = **constituent, element, factor, ingredient, part, piece**

flake
[fleik]

- **(n)** 얇은 조각, 파편 = **fragment,** layer, peeling, scale
  He has dandruff, and **flakes** of skin are falling off from his head.
  그는 비듬이 있고 각질이 그의 머리에서 떨어지고 있다.
- **관련어** **fragment** 조각, 파편 = **flake, part, piece**
  peeling 껍질 벗기기; 벗긴 껍질

in terms of

- **(phr)** ~에 의해, ~에 관해, ~의 점에서는 = **depending on, in terms of, with[in] reference to, with regard to, with[in] respect to,** in regard of
  In terms of quality, the old one is better.
  품질 면에서는 구형이 더 낫다.
- **관련어** **term** ~을(~라) 부르다 = **call**

locale
[loukǽl]

- **(n)** 현장, 장소 = **backgrounds, place, site,** scene
  The book's **locale** is a seaside town in the summer of 1958.
  책의 배경은 1958년 여름 어느 해변 마을이다.
- **(n)** **local point** 중심(지) = **central area**
- **(n)** **locality** 장소, 지방 = **place**
- **(ad)** **locally** 근방에 = **nearby**
- **관련어** **adjacent (to)** 인접한, 가까운 = **nearby, neighboring**

maturity
[mətʃú(ː)ərəti]

- **(n)** 성숙(기), 완성(기) = **adulthood**
  He doesn't seem to have reached **maturity** to form a family and become a father of a child.
  그는 가정을 이루고 한 아이의 아버지가 될 만큼 성숙한 것 같지 않다.

notwithstanding
[nɑ̀twiðstǽndiŋ]

- **(prep)** ~에도 불구하고 = **despite, in spite of**
  Notwithstanding some members' injuries, they won the final match of the WBC.
  일부 선수들의 부상에도 불구하고, 그들은 월드베이스볼 챔피언십 결승전에서 승리했다.
- **(ad)** 그럼에도 불구하고 = **however, nevertheless**

remains / remaining
[riméinz]

- **(n)** 나머지, 잔여물, 유물 = **remnant,** remainder, rest, leavings, remnants
  They are acknowledged as the **remains** of elephants that once existed in Europe.
  그것들은 한때 유럽에 존재했던 코끼리들의 잔해로 인정되었다.
- **관련어** **linger** (아쉬운 듯이) 남아 있다, (떠나지 않고) 꾸물거리다 = **remain**

350

reputation
[rèpjə(:)téiʃən]

n 평판, 명성 = **fame,** renown
He has the **reputation** of being a first-class football player.
그는 최고 축구 선수라는 명성을 갖고 있다.

residue
[rézidjù:]

n 나머지, 잔류물 = **remains, leaving,** remnant, residual, rest
The car sped away, leaving behind a **residue** of black smoke.
그 차는 뒤에 매연을 남기고 휙 지나가 버렸다.

관련어 **remnant** 나머지, 남은 것, 파편 = **remains, vestige**

Day 26 Quiz

앞에서 학습한 내용들을 바로 확인해 보는 코너입니다.

1 아래 단어들의 유의어를 보기에서 찾아 빈칸에 쓰시오.

A | ⓐ praise　ⓑ gather　ⓒ extend　ⓓ interest　ⓔ locate　ⓕ pass

1. concern _____　　2. glean _____　　3. elapse _____
4. trumpet _____　　5. spread _____　　6. situate _____

B | ⓐ tangible　ⓑ fame　ⓒ noticeable　ⓓ advantage　ⓔ place　ⓕ eager

1. tactile _____　　2. avid _____　　3. remarkable _____
4. locale _____　　5. reputation _____　　6. asset _____

2 문장 내에서 진하게 표시된 어휘의 유의어를 고르시오.

1. Our data was **examined** carefully by Dr. Olson.
   ⓐ ferried　　ⓑ gleaned　　ⓒ effaced　　ⓓ inspected

2. Mr. Bolling plays the piano with a highly **sophisticated** technique.
   ⓐ plentiful　　ⓑ typical　　ⓒ staple　　ⓓ refined

3. **Notwithstanding** I am an adult, my parents still treat me as if I'm still a little child.
   ⓐ In addition　　ⓑ Nevertheless　　ⓒ Besides　　ⓓ Hence

4. The car sped away, leaving behind a **residue** of black smoke.
   ⓐ leaving　　ⓑ dwelling　　ⓒ pastime　　ⓓ configuration

5. Her **outrageous** behavior at the party offended everyone.
   ⓐ temporary　　ⓑ exorbitant　　ⓒ excellent　　ⓓ permanent

정답 & 해석

1 A. 1. ⓓ 2. ⓑ 3. ⓕ 4. ⓐ 5. ⓒ 6. ⓔ
　　B. 1. ⓐ 2. ⓕ 3. ⓒ 4. ⓔ 5. ⓑ 6. ⓓ
2 1. ⓓ 2. ⓓ 3. ⓑ 4. ⓐ 5. ⓑ

1. 우리의 데이터는 올슨 박사에 의해 신중하게 검토되었다.
2. 볼링 씨는 고도로 세련된 테크닉을 이용해 피아노를 연주한다.
3. 내가 성인임에도 불구하고, 부모님은 아직 나를 어린애 취급한다.
4. 그 차는 뒤에 매연을 남기고 휙 지나가 버렸다.
5. 파티에서 그녀의 무례한 행동 때문에 모두 화가 났다.

Not 빈출, But 기출! 고득점을 원하면 놓치지 말아야 할 코너!

Word	의미	유의어
sloping	경사진	inclining
stream	흐름; 흐르다	flow
strenuous	활발한, 격렬한	intense
stunt	발전[성장]을 막다	hamper, hinder, undevelop
subordinate	아래[하위]의; 부수하는, 종속의	junior, lower; secondary, minor, subsidiary

Do it this way! Speaking에서는 이렇게 쓰입니다.

SPEAKING

benefit

Let's take a look at some **benefits** and drawbacks about this new kind of car.

이 새 자동차의 장단점에 대해서 알아 봅시다.

> '이점, 혜택, 장점' 등의 뜻으로 쓰입니다. 특히 장단점을 말할 때 자주 쓰입니다.

first and foremost

First and foremost, it is convenient to obtain information from the Internet.

무엇보다 인터넷으로 정보를 얻은 것이 편리하다.

> '자신이 생각하기에 가장 중요한 이유'와 같은 질문에 답을 할 때 위와 같이 'first and foremost'를 이용하기 바랍니다. 이 표현은 어떠한 질문 유형에도 유용하게 사용됩니다.

Day 27 시험에 나오는 4순위 Voca

0~4순위 어휘에서 TOEFL Reading Voca 문제의 100%가 출제된다!

🔊 4-3_Day 27.mp3

abort [əbɔ́ːrt]
- ⓥ 중단하다, 중단시키다 = **quit,** call (off), drop, put an end, rescind, revoke
  The deputy commander in chief urgently ordered marines to **abort** the mission.
  부사령관은 해병대에게 임무를 중단하라고 긴급히 명령했다.
- 관련어 **rescind, revoke** 취소하다, 철회하다

allow [əláu]
- ⓥ ~ 할 수 있게 하다 = **enable, make possible,** permit
  These harmful gasses in the atmosphere act like the glass of a greenhouse, **allowing** sunlight in and trapping the heat, preventing it from escaping.
  대기 중의 해로운 가스은 온실 유리와 같은 역할을 해 빛을 들어오게 하고 열을 가둬 빠져 나가지 못하게 한다.
- phr **allow for** 가능케 하다; 고려하다 = **make possible, result in**; consider

arouse [əráuz]
- ⓥ 유발하다, 자극하다 = **excite, stimulate,** awaken, rouse, stir, whet
  Some confusion is likely to **arouse** big problems for this issue.
  이 이슈에서는 약간의 혼동도 큰 문제를 일으킬 수 있다.

beckon [békən]
- ⓥ (움직임으로) 신호하다, 부르다 = **invite,** flag, gesture, motion, signal, wave
  The audience **beckoned** our team to celebrate our victory.
  관중들은 우리 팀에게 승리의 축하 표시를 했다.

broaden [brɔ́ːdən]
- ⓥ 넓히다 = **enlarge, extend, widen,** expand, increase, swell
  She **broadened** her knowledge of fashion by subscribing to two more fashion journals.
  그녀는 패션 전문 잡지를 두 가지 더 구독함으로써 패션에 대한 지식을 넓혔다.
- ⓐⓓ **broadly** 널리, 일반적으로 = **generally**

cover [kʌ́vər]
- ⓥ 1. 감추다, 숨기다 = **conceal,** blanket, curtain, mask, screen, veil
  Rescuers **covered** the inert pets with screens.
  구조대는 기력이 없는 애완동물들을 스크린들로 덮었다.
  2. 포함하다, 다루다 = **include,** contain, deal (with), pertain (to), treat (of)
- 관련어 **overlie** ~위에 가로놓이다[눕다] = **cover**
  conceal 가리다, 숨기다 = **cover, hide**
  mask (감정 등을) 숨기다, 속이다 = **conceal, cover, disguise, hide**
  treat 다루다, 취급하다 = **deal, handle**
  pertain to ~과 관계되다; (부)속하다

culminate (in) [kʌ́lmənèit]
- ⓥ 최고[절정, 전성기]에 달하다, ~으로 끝나다 = **climax, complete, end up, result in**
  He, the worst student in last spring semester, **culminated** this semester with

good grades.
지난 봄학기에 최악의 학생이었던 그가 이번 학기에는 좋은 점수를 받았다.

- **n** **culmination** 정점, 최고조 = **end, high(est) point,** climax, peak

curb
[kə:rb]

- **v** 제한하다, 억누르다 = **control, inhibit,** check, constrain, govern, regulate, restrain

  Try to **curb** your appetite when we go to the restaurant.
  식당에 갔을 때 너의 식욕을 억누르도록 해라.

- 관련어 **inhibit** 억제하다, 방해하다 = **hinder, restrain, restrict, slow down**

devote to
[divóut tu:]

- **v** 몰두하다, 전념하다 = **commit to, concentrate on, dedicate to,** addict, adjust, confirm (in)

  For decades, the Red Cross has **devoted** most of their efforts **to** help children in need throughout the world.
  적십자사는 수십 년 동안 전 세계 어려운 어린이들을 돕기 위해 노력을 다 했다.

- **a** **devoted** 충실한, 전념하는 = **dedicated, faithful, loyal**
- 관련어 **allegiance** 충성, 충의 = **loyalty**

dissuade
[diswéid]

- **v** (설득하여) 단념시키다 = **discourage,** deter, inhibit ↔ **persuade** (설득하여 하게 하다)

  We'll try to **dissuade** her about her decision to quit the company.
  우리는 그녀를 설득해 회사를 그만 두려는 결심을 단념하게 할 것이다.

exacerbate
[igzǽsərbèit]

- **v** 악화시키다 = **aggravate, exasperate, intensify, worsen**

  Longstanding economic slump has been **exacerbated** by typhoon and floods.
  장기적인 경기 침체는 태풍과 홍수로 인해 악화되었다.

  > **시나공비법**
  > exacerbate, aggravate, exasperate, 이 세 어휘는 '악화시키다'와 '화나게 하다'의 의미를 모두 갖고 있다는 것을 잊지 마십시오.

extol
[ikstóul]

- **v** 격찬하다, 칭찬하다 = **applaud, commend, exalt, laud, praise,** eulogize

  The speaker **extolled** the accomplishments of the government.
  연사는 정부의 업적들을 격찬했다.

- 관련어 **applaud** 칭찬하다, 성원하다
  commend 칭찬하다, 기리다; 추천하다
  exalt 높이다; 칭찬하다, 찬미하다
  laud 찬양하다, 찬미하다

  > **시나공비법**
  > extol은 일반적인 '칭찬하다(praise)' 보다는 강한 의미를 갖고 있으므로 사용상 주의를 바랍니다.

mirror
[mírər]

- **v** 반영하다 = **reflect,** image

  Our newspaper aims to **mirror** the opinions of ordinary people.
  우리 신문은 보통 사람들의 의견을 반영하는데 있다.

4-3

> **시나공비법**
> 일반적으로 거울로 무언가를 '비추다'의 의미로 사용되기도 하며, 무언가를 '충실히 묘사하다, 반영하다'의 의미로 사용됩니다.

oversee
[òuvərsíː]

- **v** 1. 감독하다 = **supervise,** overlook
  As marketing manager, her job is to **oversee** the company's advertising.
  마케팅 부장으로서 그녀의 일은 회사의 광고를 감독하는 것이다.
  2. 평가하다, 조사하다 = **estimate,** survey

perforate
[pə́ːrfərèit]

- **v** 구멍을 뚫다, 꿰뚫다 = **penetrate, pierce,** bore, drill, punch, puncture
  The bullets **perforated** the side of the building.
  총탄들이 건물의 측면에 구멍을 냈다.

preordain
[prìːɔːrdéin]

- **v** 예정하다, 미리 운명을 결정하다 = **determine (before),** allot, destine, foreordain, ordain, predestine
  Clarke, your destiny to save this world is **preordained** at birth.
  클라크, 세상을 구해야 하는 너의 운명은 태어날 때부터 이미 정해져 있었다.
- **관련어** allot 할당[배당]하다; (용도에) 충당하다, 맞추다; 지정하다

range
[reindʒ]

- **v** 변동하다, 오르내리다 = **vary**
  The instructors' age here **ranges** between 30 and 45.
  이곳에서 근무하는 강사들의 나이는 30세에서 45세 사이에 있다.
- **n** 범위, 한계 = **extent,** scope, spectrum
- **관련어** spectrum 범위 = **range**

> **시나공비법**
> range는 동사로 사용할 때 '일정한 범위를 두고서 그 안에서 변동하거나 움직이다'라는 의미로 사용됩니다.

reassemble
[rìːəsémbəl]

- **v** 다시 모으다, 재조립하다 = **gather (again)**
  My uncle is good at **reassembling** parts into an instrument.
  나의 삼촌은 부품으로 악기를 조립하는 일에 능하다.
- **관련어** assemble 모으다, 조립하다 = **bring together, gather together, put together**

reexamine
[rìːigzǽmin]

- **v** 재시험[재검사]하다 = **review**
  Investigators have been **reexamining** the case of serial killings in England.
  조사관들은 영국에서 발생한 연쇄살인 사건을 재조사 해왔다.
- **관련어** examine 조사하다, 검사하다 = **inspect, investigate**

reproduce
[rìːprədjúːs]

- **v** 복사하다, 복제하다 = **copy,** duplicate, imitate, replicate
  We are grateful to you for permitting us to **reproduce** AP News.
  AP 뉴스의 전재를 허락해 주신 데 대해 감사드립니다.
- **n** reproduction 복사, 복제 = **copy,** duplicate

관련어 **duplicate** 복제하다; 되풀이 하다 = **copy, imitate, reproduce; repeat**
mimic 흉내 내다, 흉내 내며 놀리다 = **copy, imitate**
simulate 흉내 내다 = **imitate**

ominous
[ámənəs]

ⓐ 불길한 (징조의), 험악한 = **threatening, warning,** baleful, baneful, dire, inauspicious
The black sky is **ominous** as this report represented.
이 보고서가 나타내듯이 검은 하늘은 불길하다.

testify
[téstəfài]

ⓥ 증언하다, 입증하다 = **confirm, give evidence,** affirm, assert, state, swear, vouch
The maid **testified** that she had seen the man leaving the house around the time of the murder.
가정부는 살인 사건이 일어난 시간에 남자가 집을 나서는 것을 목격했다고 증언했다.

관련어 **verify** 확증하다, 입증하다 = **confirm, establish the truth of**
corroborate 확증하다, 입증하다 = **confirm,** substantiate

available
[əvéiləbl]

ⓐ 1. 쓸모가 있는, 이용할 수 있는 = **useful**
They had to use whatever that was **available** to survive until they were rescued.
그들은 구출될 때까지 생존을 위한 이용 가능한 모든 것을 활용해야 했다.
2. 얻을 수 있는 = **gainable, obtainable,** accessible, attainable, gettable, procurable, securable

ⓥ **avail** 쓸모가 있다, 도움이 되다 = **make use,** advantage, benefit, profit, serve, wor

erroneous
[iróuniəs]

ⓐ 잘못된, 틀린 = **incorrect, wrong,** false, inaccurate, inexact, invalid
Stars were once believed to be steadfast, but now that theory is proved to be **erroneous**.
한 때는 별들이 변치 않는다고 여겨졌으나, 현재는 그 이론이 잘못되었음이 증명되었다.

extraordinary
[ikstrɔ́:rdənèri]

ⓐ 보통이 아닌, 대단한 = **exceptional, unusual,** rare, singular, uncommon, unique
We know the female general has **extraordinary** power.
우리는 여성 장군이 대단한 권한을 갖고 있다는 것을 안다.

formerly
[fɔ́:rmərli]

ⓐ 이전에는, 옛날에는 = **previously,** before now, earlier, once
It is feasible that the painting was **formerly** more vivid and brighter than it is presently. 그림이 현재에 비해 전에는 더 선명하고 밝았다는 것은 설득력이 있다.

genuinely
[dʒénjuinli]

ⓐⓓ 정말로, 진실로 = **actually,** authentically, really, veritably, very
Everyone was **genuinely** surprised to be receiving a big bonus.
모두 큰 보너스를 받게 되는 것을 알고 정말 놀랐다.

ⓐ **genuine** 진짜의; 성실한 = **authentic, real, true;** sincere, straightforward, truthful

4-3

incipient
[insípiənt]

- ⓐ 처음의, 초기의, 시초의 = **beginning, initial,** basic, commencing, elementary, fundamental, originating

  Chances of recovery are high when the illness is found at its **incipient** stage and receive a treatment by a specialist.
  병을 초기 단계에 발견하여 전문가의 치료를 받는 경우엔 회복할 수 있는 가능성이 높다.

mysterious
[mistí(:)əriəs]

- ⓐ 모호한, 불가사의한 = **puzzling,** cryptic, deep, impenetrable, inscrutable, uncanny

  They seemed very curious when Mr. Buffett arrived at the party with a **mysterious** beautiful lady.
  버핏 씨가 신비롭고 아름다운 아가씨와 함께 연회에 나타났을 때 그들은 호기심을 보였다.

- ⓝ **mystery** 모호한 것, 수수께끼 = **puzzling,** conundrum, enigma, puzzle, riddle, secret

- 관련어 **puzzling** 모호한, 알기 어려운 = **difficult to explain, enigmatic, mysterious**

peculiar
[pikjú:ljər]

- ⓐ 1. 특유의, 독특한 = **characteristic, special, specific, unique,** individual, proper

  To a certain extent, every country has its own **peculiar** problems of regionalism.
  모든 국가들은 어느 정도는 나름대로 독특한 지방주의에 따른 문제들을 안고 있다.

  2. 특이한, 기이한 = **distinctive, discrete, strange, temporary, unusual,** eccentric, erratic

- ⓝ **peculiarity** 특징, 특성 = **feature,** attribute, character, characteristic, mark, property

- 관련어 **distinctive** 기이한, 독특한 = **characteristic, notable, recognizable**

  idiosyncrasy 개성, 특징 = **peculiarity**

> **시나공 비법**
> **temporary**는 '(순간적으로) 특이한'의 의미로 사용되는 경우에만 유의어로 볼 수 있습니다.

practical
[præktikəl]

- ⓐ 1. 실용적인 = **effective, efficient, obtainable,** applicable, functional, useful

  His idea was rejected by the executive vice president because it is not very **practical**.
  그의 아이디어는 그다지 실용적이지 못해 수석 부사장에 의해 퇴짜 맞았다.

  2. 현실적인, 실제적인 = **realistic, pragmatic,** virtual

- ⓐⓓ **practically** 실제적으로, 실용적으로, 실지로 = **usefully,** virtually

- ⓝ **practice** 관행, 습관 = **use,** custom, habit, manner, usage

- 관련어 **pragmatic** 현실적인, 실제적인 = **practical, realistic**

rare
[rɛər]

- ⓐ 드문, 기이한 = **infrequent, scarce, sparse, unusual, seldom found,** occasional

  The museum is full of **rare** artifacts.
  박물관은 진귀한 작품들을 보유하고 있다.

- ⓐⓓ **rarely** 드물게, 좀처럼 ~하지 않는 = **hardly ever, scarcely, seldom,** infrequently, little

시나공비법
'뒤(의), 후방(의)'의 의미인 rear와 혼동하지 않도록 하세요.

tumultuous
[tju(:)mʌ́ltʃuəs]

a 떠들썩한, 소란스러운, 무질서한 = **anarchic, boisterous, chaotic, riotous, wild,** turbulent

Some of the Asian countries including Korea had to go through **tumultuous** periods in the name of modernization from the 70's until the late 90's.
한국을 포함한 일부 아시아 국가들은 근대화라는 이름 하에 70년대부터 90년대 말까지 무질서한 시기를 겪어야 했다.

관련어 **chaotic** 대혼란[무질서]의 = **disordered, disorganized**

unreachable
[ʌnríːtʃəbl]

a 도달[접근]할 수 없는 = **inaccessible,** inconvenient, unapproachable, unattainable, unavailable, unobtainable

Most of the data here are **unreachable** to the public.
이곳에 있는 자료 대부분은 일반인들이 접근할 수 없는 것들이다.

unsurpassed
[ʌ̀nsərpǽst]

a 탁월한, 능가할 자가 없는 = **superior,** unequaled, unmatched, world class

Twenty miles south, you'll find a coastline **unsurpassed** in its beauty.
20마일 남쪽에서 당신은 가장 아름다운 해안선을 발견하게 될 것이다.

be at odds with

phr ~와 사이가 나쁘다, 의견 충돌하다 = **disagree with**

The Treasury Department **is at odds with** the Federal Reserve.
재무부는 연방 준비 은행과 사이가 좋지 않다.

관련어 **eerie** 으스스한, 기분 나쁜, 무시무시한 = **odd, strange**

odd 묘한, 이상한; 나머지의, 여분의

be aware of

phr ~을 알고 있다 = **be familiar with,** be conscious of

He **was** not **aware of** the current situation of the company.
그는 회사의 현재 상황을 인식하지 못했다.

ensemble
[ɑːnsɑ́ːmbl]

n 전체, 합주단, 앙상블 = **group,** accumulation, aggregation, collection, total, totality, unit

It was a performance by an **ensemble** of singers and dancers that followed the finale of the charity show.
자선 쇼의 피날레를 장식한 건 가수들과 댄서 앙상블의 공연이었다.

tie
[tai]

n 인연, 관계 = **relation, relationship**

Quebec has always had particularly close **ties** to France.
퀘벡은 언제나 프랑스와 특별히 밀접한 유대 관계를 가져 왔다.

v 묶다, 연결하다 = **connect**

vagary
[vəgɛ́(ː)əri]

n 엉뚱한 짓, 변덕 = **impulse, strange, sudden desire, uncertainty, whim**

She has her own style, and is not influenced by the **vagaries** of fashion.
그녀는 자신만의 고유한 스타일을 지니고 있어 변덕스러운 유행에 영향을 받지 않는다.

관련어 **whim** 변덕, 일시적 기분 → **whimsical** 변덕스러운

caprice 변덕, 일시적 기분, 충동 → **capricious** 변덕스러운

Day 27 Quiz

앞에서 학습한 내용들을 바로 확인해 보는 코너입니다.

1 아래 단어들의 유의어를 보기에서 찾아 빈칸에 쓰시오.

A ⓐ invite ⓑ discourage ⓒ supervise ⓓ quit ⓔ vary ⓕ penetrate

1. perforate _____ 2. dissuade _____ 3. oversee _____
4. range _____ 5. beckon _____ 6. abort _____

B ⓐ disagree with ⓑ confirm ⓒ wrong ⓓ initial ⓔ chaotic ⓕ group

1. testify _____ 2. erroneous _____ 3. tumultuous _____
4. ensemble _____ 5. be at odds with _____ 6. incipient _____

2 문장 내에서 진하게 표시된 어휘의 유의어를 고르시오.

1. Multi-tasking requires **extraordinary** skills and patience.
   ⓐ exceptional ⓑ unskillful ⓒ improvised ⓓ regular

2. It is feasible that the painting was **formerly** more vivid and brighter than it is presently.
   ⓐ fairly ⓑ rarely ⓒ swiftly ⓓ previously

3. She has her own style, and is not influenced by the **vagaries** of fashion.
   ⓐ diseases ⓑ dangers ⓒ trends ⓓ whims

4. She is very **practically** minded.
   ⓐ originally ⓑ eventually ⓒ absolutely ⓓ usefully

5. **Seeking** the position you want is extremely difficult.
   ⓐ Losing ⓑ Postulating ⓒ Searching for ⓓ Supervising

정답 & 해석

1 A. 1. ⓕ 2. ⓑ 3. ⓒ 4. ⓔ 5. ⓐ 6. ⓓ
   B. 1. ⓑ 2. ⓒ 3. ⓔ 4. ⓕ 5. ⓐ 6. ⓓ
2 1. ⓐ 2. ⓓ 3. ⓓ 4. ⓓ 5. ⓒ

1. 동시에 여러 가지 일을 하는 것은 뛰어난 기술과 인내를 요구한다.
2. 그림이 현재에 비해 전에는 더 선명하고 밝았다는 것은 설득력이 있다.
3. 그녀는 자신만의 고유한 스타일을 지니고 있어 변덕스러운 유행에 영향을 받지 않는다.
4. 그녀는 매우 실용적인 사고방식을 지니고 있다.
5. 당신이 원하는 직책을 찾는 것은 매우 어렵다.

Not 빈출, But 기출!
고득점을 원하면 놓치지 말아야 할 코너!

Word	의미	유의어
substantiate	확증하다	confirm
succulent	즙[수분]이 많은	juicy
suit	소송	strong legal action
superficial	표면적인	not deep
supersede[supercede]	대신하다, 대체하다	replace
supplant	대신하다, 대신해서 들어서다	replace

Do it this way!
Writing에서는 이렇게 쓰입니다.

WRITING

vary

The standards of success **vary**.

성공의 기준은 다양하다.

> Writing에서는 직업과 가정에 관한 topic이 자주 등장합니다. range의 유의어인 vary는 성공에 관한 이야기를 전개하면서 내용을 풀어 나가는데 사용하기에 딱 입니다. '성공의 기준은 다양하다.' 하지만 그 중에서도 '자아실현이 중요하다.' 혹은 '가족과 함께하는 것이 중요하다.'는 식으로 이야기를 펼칠 수 있습니다.

Day 28 시험에 나오는 4순위 Voca

0~4순위 어휘에서 TOEFL Reading Voca 문제의 100%가 출제된다!

🔊 4-4_Day 28.mp3

attest [ətést]
- ⓥ 입증하다, 증언하다 = **confirm, give[provide] evidence,** authenticate, certify, corroborate, substantiate, testify, verify
  The famous liar **attested** that the car has never been in an accident.
  유명한 거짓말쟁이는 차가 사고 난 적이 결코 없다고 증언했다.
- 관련어 **corroborate** 확증하다, 입증하다 = **confirm, substantiate**
  testify 증언하다, 입증하다 = **confirm, give evidence**
  verify 확증하다, 입증하다 = **confirm, establish the truth of**
  authenticate, certify ~임을 증명[확증]하다

burden [bə́ːrdən]
- ⓥ 짐[부담]을 지우다 = **impose,** encumber
  We think too much **burden** loaded upon him.
  우리는 그가 너무 많은 부담을 지고 있다고 생각한다.

cede [siːd]
- ⓥ 양도하다, 인도하다 = **yield,** abandon, hand over, leave, relinquish, surrender
  Mexico is said to be **ceding** part of its land to America.
  멕시코가 영토의 일부를 미국에게 양도한다고 한다.
- 관련어 **yield** 양도하다; 생산하다; 포기하다 = **give; produce; cede, surrender**
  relinquish, surrender 포기하다, 내주다

construe [kánstruː]
- ⓥ 설명하다, 해석하다 = **interpret,** explain, explicate
  She **construed** my joke as a serious comment and not at all funny.
  그녀는 내 농담을 우스갯거리가 아닌 심각한 얘기로 받아들였다.

dilute [dilúːt]
- ⓥ 묽게 하다 = **reduce,** thin, water down, weaken
  Dilute the agent with water at the ratio of 10 to 90 to bleach.
  세제를 물과 10:90의 비율로 묽게 하여 표백하시오.

ensure [inʃúər]
- ⓥ 보증하다, 확실히 하다 = **guarantee,** assure
  We need to **ensure** that the teaching they receive is appropriate to their needs.
  우리는 그들이 받는 교육이 그들의 필요에 적절한 것인지를 확실히 할 필요가 있다.

eradicate [irǽdikèit]
- ⓥ 근절시키다, 없애다, 지우다 = **completely destroy, eliminate, remove, root up,** efface, erase, obliterate
  Many doctors and scientists all over the world have been battling to **eradicate** the disease with not much progress until now.
  전 세계 많은 의사들과 과학자들은 질병을 없애기 위해 싸워왔지만 아직 특별한 진전은 없다.

관련어 **obliterate** 제거하다; 기억에서 지우다

infer
[infə́:r]

- v 추론하다, 결론짓다 = **conclude,** conjecture, deduce, interpret, reason, surmise

  I could **infer** from the news that the government knew about these accidents.
  나는 정부가 이 사건들에 대해 알고 있었음을 뉴스를 통해 짐작할 수 있었다.

- 관련어 **conjecture** 추측하다 = hypothesize, speculate, surmise
  deduce 연역하다, 추론하다 = conclude, infer, judge, reason
  surmise 추측하다, 추정하다 = guess, infer, speculate

pack together
[pæk təgéðər]

- v 모으다 = **cluster**

  The instructor **packed** some students **together** to form a study group for the upcoming test.
  강사는 다가오는 시험을 위해 몇몇 학생들을 모아 스터디 그룹을 만들었다.

point out
[pɔint aut]

- v 가리키다, 지적하다 = **indicate,** bring up, refer

  He **pointed out** the best beaches on the map.
  그는 지도에서 최고의 해변들을 가리켰다.

- n **point** 중요 사항, 중점 = **issue,** argument, head, (subject) matter, text, theme

- 관련어 **bring up** 기르다, 제기하다

> **시나공비법**
>
> '(위치를) 정확히 나타내다', 혹은 '본질, 원인 등을 정확히 지적[설명]하다'의 의미인 **pinpoint**와 구분하기 바랍니다.

rate
[reit]

- v 등급을 나누다, 평가하다 = **classify,** assess, evaluate, rate, set, value

  Many critics and audiences **rated** both the actor's performances and the play very highly.
  많은 평론가들과 관객들은 배우들의 연기와 연극 모두를 아주 높이 평가했다.

- n 속도, 진도, 정도 = **speed,** degree, progress
- 관련어 **set** 놓다, 고정시키다 = fix, place, put

reap
[ri:p]

- v 획득하다, 거두다 = **gain, obtain,** garner, gather

  Now they are **reaping** what they have sown.
  이제 그들은 자신들이 뿌린 결과물을 거두어 들이고 있다.

reside
[rizáid]

- v 살다, 거주하다 = **live, occupy,** abide, dwell

  The group of writers decided to go to the UK as political exiles and **reside** there permanently in order to continue to fight for their artistic freedom of speech.
  작가 그룹은 자신들의 예술적 표현의 자유를 위한 투쟁을 지속하기 위해 영국으로 정치적인 망명을 해 영구히 그곳에 거주하기로 했다.

- 관련어 **abide** 체류하다, 머무르다, 살다
  quarters 처소, 주거, 숙소 = residence(s)

roam
[roum]

- **v** 떠돌다, 돌아다니다 = **wander,** drift, meander, ramble
  Gigantic bones excavated were believed to be the remains of people that once **roamed** the Earth.
  발굴된 거대한 뼈들이 한 때 지구상에 존재했던 인간의 흔적이라 믿어졌다.
- 관련어 meander, ramble 거닐다, 어슬렁거리다

shrink
[ʃriŋk]

- **v** 오그라들다, 줄다 = **compress,** condense, constrict, contract ↔ **spread** (펴다, 펼치다, 흩뿌리다)
  The company launched the new design with a fabric that does not **shrink** when washed.
  회사는 세탁할 때 오그라들지 않는 천을 이용한 새 디자인을 출시하였다.
- 관련어 **compress** 압축하다, 꽉 누르다 = **compact, crush**
  constricted 죄어진, 수축된; 억제된 = **narrow**
  contract 단축하다 = **shorten**

stem from
[stem frəm]

- **v** 일어나다, 유래하다, 시작되다 = **arise from, be caused, derive from, grow out of, originate from**
  Many English words **stem from** Latin.
  많은 영어 단어들은 라틴어에서 유래한다.

strip
[strip]

- **v** 없애다, 벗기다 = **remove**
  After the police officer arrested me, I was **stripped** of all my belongings.
  나는 경찰에게 체포 당한 후 모든 소지품을 검열당했다.

support
[səpɔ́:rt]

- **v** 1. 지지하다, 지탱하다 = **uphold,** advocate, bolster, champion, carry, sustain
  The church dome is **supported** by marble pillars.
  대리석 기둥이 교회의 둥근 지붕을 지탱해 준다.
  2. 지속하다, 유지하다 = **hold up,** maintain, endure, sustain
- 관련어 **aid** 원조(하다), 도움(주다), 구조(하다) = **help, support**
  champion 옹호[지지]하다, 지키다 = **promote, support**
  endorse 지지하다 = **support, back up**

wreak havoc
[ri:k hǽvək]

- **a** 파괴하다, 재난을 가져오다 = **cause destruction,** decimate, demolish, destroy, devastate, pulverize, ruin
  An epidemic plaque can **wreak havoc** on a small community.
  전염성 플라그는 작은 커뮤니티에 엄청난 피해를 줄 수 있다.
- 관련어 **havoc** (대규모의) 파괴, 황폐 = **destruction, ruin**
  decimate 많은 수[부분]를 제거[파괴]하다 = **reduce, destroy**
  decimation 제거 = **destruction, reduction**
  devastate 큰 파괴를 일으키다; 압도하다 = **destroy**
  pulverize 전멸시키다 = **annihilate** 가루로 만들다

at least [ət liːst]

- **ad** 적어도, 최소한 = **at minimum**
  It is essential for these members to have a good command of **at least** two foreign languages.
  이들 회원들이 적어도 두 개의 외국어를 유창하게 구사할 수 있는 능력이 필수적이다.
- 관련어 **not least** 특히
  not the least 전혀 ~않다
  to say the least 줄잡아도, 적어도

cautious [kɔ́ːʃəs]

- **a** 조심하는, 신중한 = **careful,** alert, attentive, circumspect, heedful, prudent, watchful
  I think there is reason for **cautious** optimism.
  나는 신중한 낙관론이 존재하는 이유가 있다고 생각한다.
- 관련어 **wary** 경계하는, 조심하는, 신중한 = **cautious**

devoid [divɔ́id]

- **a** 없는, 빠진 = **free, rare,** destitute, empty, lacking, void
  His apartment is **devoid** of all comforts.
  그의 아파트에는 모든 편의 시설들이 갖춰져 있지 않다.
- **ad** **devoid of** ~없이 = **without**

identical [aidéntikəl]

- **a** 동일한 = **same,** duplicate, exact, very ↔ **different** (다른, 별개의)
  The **identical** probe will blast off tomorrow morning.
  동일한 탐사선이 내일 아침 발사될 예정이다.
- 관련어 **varied** 다양한 = **differed**(↔ **identical**)

infinite [ínfənit]

- **a** 무한의, 끝없는 = **limitless, unlimited,** boundless, endless, indefinite
  There are an **infinite** number of stars in the night sky.
  밤하늘에 별들이 무수히 많다.
- **a** **infinitesimal** 극소의, 아주 작은 양의 = **minute,** insignificant, tiny
- 관련어 **minute** 미세한 = **tiny, (very) small**

insufficient [insəfíʃənt]

- **a** 부족한, 불충분한 = **inadequate,** deficient, poor, scant, scanty, scarce
  Relief groups urged troops to bring more supplies as their supplies were running **insufficient**.
  구조 단체들은 그들의 구조 물자가 부족해짐에 따라 군인들에게 보다 많은 물자를 공급해 줄 것을 촉구했다.
- 관련어 **sufficient** 충분한 = **adequate, enough**

leisurely [líːʒərli]

- **ad** 느긋하게, 여유있게 = **slowly,** laggardly, sluggishly, tardily
  The Brazilian national football team appeared to be relaxed and practiced **leisurely** before the big match tomorrow.
  내일 있을 큰 경기를 앞두고 브라질 국가대표 축구 팀은 긴장하지 않은 듯 보였고 여유있게 연습에 임했다.
- **n** **leisure** 여가(시간), 자유(시간) = **free time,** ease, relaxation, repose
- 관련어 **laggard** 느린, 굼뜬
  sluggish 둔한, 느린; 나태하게 게으른
  tardy 느린, 더딘; 늦은

more or less

ad 다소, 어느 정도 = **fairly,** moderately, pretty, rather, somewhat

The new marketing strategy to promote a corporate image was **more or less** a success.
기업 이미지를 홍보하려는 새로운 마케팅 전략은 어느 정도 성공적이었다.

관련어 **rather** 어느 정도, 다소, 꽤 = **fairly, somewhat**

> **시나공비법**
> 유의어인 rather는 일반적으로는 '바람직하지 못한 상황'을 전개할 때 사용되며, 가끔 '바람직한 상황'에서 전개될 때 rather도 사용될 수는 있으나 주로 fairly가 사용됩니다.

nearly
[níərli]

ad 거의 = **almost,** about, more or less, most, next to

They managed to raise the amount of **nearly** 10 million won to help the children in need.
그들은 도움이 필요한 아이들을 돕기 위해 천 만원에 이르는 성금을 모았다.

> **시나공비법**
> nearly는 위에 있는 '매우 가깝지만(very close) 완전치는 않은(incomplete)'의 의미와, '어느 정도 가까이, 비슷하게(a close degree)'의 의미 등 두 가지로 사용됩니다.

noticeable
[nóutisəbl]

a 뚜렷한, 현저한 = **appreciable, outstanding, remarkable,** conspicuous, marked, pronounced, striking

Repeated attempts have been made without any **noticeable** result.
여러 가지 시도를 해 보았지만 그다지 효과가 없었다.

ad **noticeably** 상당히, 눈에 띄게 = **significantly**

scarce
[skɛərs]

a 부족한, 불충분한 = **limited, not enough, rare, short in supply, small,** deficient ↔ **abundant, enough, sufficient**

Relief workers reported hundreds of children and old people are suffering as there are **scarce** food supplies.
구조대원들은 수 백 명의 아이들과 노인들이 부족한 식량 보급으로 인해 고통을 겪고 있다고 보고했다.

n **scarcity** 부족, 결핍 = **lack, shortage, insufficiency,** paucity, poverty

solitary
[sálitèri]

a 혼자서 하는 = **(performed) alone,** lone, lonely, lonesome, solo, unaccompanied

The aging actress seemed to rather enjoy a lonely and **solitary** life in her last few years. 노년의 여배우는 인생 말년의 외롭고 고독한 삶을 오히려 즐기며 보내는 듯하다.

> **시나공비법**
> solitary는 '동떨어져 ~을 하는 경우'에, alone은 '(가장 일반적인) 단독의', lonely는 '상대방에게 호소하는 경우'에, lone은 lonely의 '시적인 표현'으로 사용됩니다.

stationary
[stéiʃənèri]

a 정지된, 변동이 없는, 고정된 = **not moving, fixed, immobile, motionless,** stagnant, static

The consumer price has remained **stationary**.
소비자 물가가 변동이 없는 상태로 지속되고 있다.

successful
[səksésfəl]

- ⓐ 성공한, 성공적인 = **flourishing, prosperous,** doing well, eminent, famous, thriving

  Meeting deadlines and making sure everything is done perfectly are two very important assets to be **successful** in your career.
  마감 시간을 맞추고 모든 것이 완벽한지 확인하는 것은 훌륭한 경력을 쌓기 위한 두 가지 중요한 자산이다.

  관련어 **prosperous** 번영(번창)하는; 유복한 = **flourishing, thriving; wealthy**

trivial
[tríviəl]

- ⓐ 사소한, 하찮은 = **inconsequential, insignificant, not important, not valuable, trifling, unimportant,** paltry

  Why do you get so upset over such a **trivial** matter?
  사소한 일로 왜 그렇게 화를 내고 그럽니까?

affair
[əfɛ́ər]

- ⓝ 일, 업무 = **matter,** business, thing

  That **affair** in Paris should be conducted ASAP and completed by the end of this month to launch a new project.
  파리 업무는 가능한 빨리 처리돼 이달 말까지 완료되어야 새로운 프로젝트를 시작할 수 있다.

feature
[fíːtʃər]

- ⓝ 1. 특징 = **characteristic, character, element, trait,** attribute, mark, peculiarity

  His ridiculous acting is the best **feature** of this play.
  그의 우스꽝스러운 연기가 이 연극 최고의 특징이다.

  2. 생김새, 모습 = **aspect,** appearance, form

junction
[dʒʌ́ŋkʃən]

- ⓝ 교차로, 나들목, 연결 지점 = **connection,** joining, joint, juncture

  There's an accident at the **junction** of the Ventura and San Diego Freeways.
  벤투라와 샌디에이고 고속도로의 교차로에서 사고가 발생했다.

  phr **in junction with** ~에 (달라)붙어서 = **stick to**

  관련어 **conjunction** 결합, 연결함; 합동 = **combination**
  in conjunction with 동시에 일어나는, 부수하는 = **concomitant with**
  concomitant 공존하는; ~와 동시에 일어나는

so far
[sou fɑːr]

- ⓝ 여태까지는, 지금까지는 = **until now, up to present,** up to now

  I have been on a diet for a month, but **so far** it hasn't worked.
  한 달 동안 다이어트를 하고 있지만 지금까지는 효과가 없다.

span
[spæn]

- ⓝ 일정 기간, 전 기간, 전 범위 = **duration, era, period**

  Nearly 150 witnesses testified over a **span** of 20 days.
  약 150명의 증인들이 20일 간에 걸쳐 증언했다.

- ⓥ 재다 = **measure,** gage, gauge, scale

- ⓐ **spanning** 미치는, 걸치는 = **covering, expanding across**

swelling
[swélíŋ]

- ⓝ 팽창, 부풀기 = **enlargement,** expansion

  His eye was partly closed, and there was a **swelling** over his lid.
  그의 눈은 일부 감겼고 눈꺼풀 위는 부어 올라 있었다.

- ⓥ **swell** 팽창하다, 부풀다 = **enlarge, expand, increase,** amplify, dilate, inflate

  관련어 **lid** 뚜껑; 눈꺼풀

Day 28 Quiz

앞에서 학습한 내용들을 바로 확인해 보는 코너입니다.

❶ 아래 단어들의 유의어를 보기에서 찾아 빈칸에 쓰시오.

A ⓐ eliminate ⓑ wander ⓒ uphold ⓓ confirm ⓔ impose ⓕ reduce

1. attest _____   2. burden _____   3. dilute _____
4. support _____   5. roam _____   6. eradicate _____

B ⓐ fairly ⓑ slowly ⓒ enlargement ⓓ immobile ⓔ cause destruction ⓕ unimportant

1. wreck havoc _____   2. stationary _____   3. leisurely _____
4. more or less _____   5. swelling _____   6. trivial _____

❷ 문장 내에서 진하게 표시된 어휘의 유의어를 고르시오.

1. Her severe criticism is **construed** as an attack on our party.
   ⓐ planned   ⓑ concerned   ⓒ transmitted   ⓓ interpreted

2. We need to **ensure** that the teaching they receive is appropriate to their needs.
   ⓐ justify   ⓑ encourage   ⓒ guarantee   ⓓ exacerbate

3. In early August, the farmers will **reap** the harvest and sell it at the market.
   ⓐ astonish   ⓑ argue   ⓒ gain   ⓓ persuade

4. They managed to raise the amount of **nearly** 10 million won to help the children in need.
   ⓐ relatively   ⓑ definitely   ⓒ prohibitively   ⓓ almost

5. Relief workers report, hundreds of children and old people are being suffered as they are **scarce** of food supplies.
   ⓐ illegal   ⓑ controlled   ⓒ limited   ⓓ satisfied

정답 & 해석

❶ A. 1. ⓓ 2. ⓔ 3. ⓕ 4. ⓒ 5. ⓑ 6. ⓐ
   B. 1. ⓔ 2. ⓓ 3. ⓑ 4. ⓐ 5. ⓒ 6. ⓕ
❷ 1. ⓓ 2. ⓒ 3. ⓒ 4. ⓓ 5. ⓒ

1. 그녀의 가혹한 비평은 우리 당에 대한 공격으로 해석된다.
2. 우리는 그들이 받는 교육이 그들의 필요에 적절한 것인지를 확실히 할 필요가 있다.
3. 8월 초에 농부들은 수확물을 거두어 시장에 팔 것이다.
4. 그들은 도움이 필요한 아이들을 돕기 위해 천 만원에 이르는 성금을 모았다.
5. 구조대원들은 수 백 명의 아이들과 노인들이 부족한 식량 보급으로 인해 고통을 겪고 있다고 보고했다.

Not 빈출, But 기출! 고득점을 원하면 놓치지 말아야 할 코너!

Word	의미	유의어
supremacy	패권, 우위	dominance
to be sure	확실히	certainly
tactic	전법, 병법	strategy
temperate	적당한, 온화한	mild, moderate, reasonable
tenuous	가느다란; 희박한	weak

The past is our definition.

We may strive with good reason to escape it,

or to escape what is bad in it.

But we will escape it only by adding something better to it.

과거는 우리를 정의 내린다.
과거에서 혹은 과거에 안 좋았던 일에서 벗어나려고
그럴듯한 변명을 찾아 애쓸지 모른다.
하지만 더 좋은 뭔가를 더 해야만 과거에서 벗어날 수 있을 것이다.
— Wendell Berry(웬델 베리)

Day 29 시험에 나오는 4순위 Voca

0~4순위 어휘에서 TOEFL Reading Voca 문제의 100%가 출제된다!

🔊 4-5_Day 29.mp3

amiss [əmís]

ad 1. 잘못하여, 부적당하게 = **erroneously, inappropriately, mistakenly, wrongly,** inaccurately, incorrectly, unsuitably

As we expect, your effort for the final exam will not come amiss.
우리가 기대하는 것처럼 기말 시험을 위한 너의 노력이 잘못되지 않을 것이다.

2. 틀리게, 의도와는 달리 = **awry, wrong,** astray

a 적절치 못한, 잘못된 = **erroneous, fallacious, false, wrong,** awry, inappropriate, mistaken

관련어 astray 정도를 벗어나
awry 뒤틀어져; 경로를 벗어나

> **시나공비법**
> 실제로는 위의 부사적 의미 2개가 거의 같은 의미처럼 사용되며, Reading과 Listening에 등장할 경우를 대비해 어휘에 대한 관용적 표현을 반드시 익혀두어야 합니다.
> do amiss 그르치다, 실수하다
> go amiss 틀어지다
> not come amiss 잘못되지 않다, 괜찮다
> speak amiss 실언하다
> take ~ amiss ~을 좋지 않게 보다
> turn out amiss 좋지 않은 결과가 되다

appear [əpíər]

v 1. ~인 듯하다 = **seem,** look, sound

It appears that there has been an alteration in the way Korean women think of smoking.
흡연에 대한 한국 여성들의 생각에 변화가 있어 온 듯하다.

2. 나타나다, 생기다, 일어나다 = **come into view, emerge, loom, spring up,** show

3. 모양이 갖추어지다, 구체화되다 = **take shape**

n appearance 출현, 발생 = **occurrence,** advance, arrival,

assemble [əsémbl]

v 모으다, 조립하다 = **bring together, gather together, put together,** cluster, collect, combine ↔ **disassemble** (분해하다, 해체하다) = **break apart**

My brother-in-law is good at assembling parts into a machine.
내 처남은 부품으로 기계를 조립하는 일에 능하다.

a unassembled 불완전한 = **inadequate, incomplete**

> **시나공비법**
> 유의어 중 put together는 '모으다, 합치다, 연결하다, 정렬[배치]하다'의 의미로 모두 사용됩니다.

breed
[briːd]

- **v** 1. 기르다 = **raise,** cultivate, grow, produce, propagate
  It takes a lot of time and effort to **breed** a thoroughbred.
  경주용 말을 기르는 데에는 많은 시간과 노력이 필요하다.
  2. 낳다, 번식시키다 = **reproduce,** bear, generate, multiply, produce, propagate
- **n** **breeding** 번식, 생식 = **reproduction,** cultivation
- 관련어 **propagate** 증식[번식]시키다 = **multiply**

conceal
[kənsíːl]

- **v** 가리다, 숨기다 = **cover, hide,** block out, blot out, mask, obscure, screen, secrete
  You should not **conceal** your thoughts towards her as you did 10 years ago.
  10년 전처럼 그녀에 대한 너의 생각을 숨겨서는 안 된다.
- 관련어 **mask** (감정 등을) 숨기다, 속이다 = **conceal, cover, disguise, hide**
  obscure 감추다, 가리다; 흐리게 하다 = **conceal, hide; blur**

congregate
[káŋgrəgèit]

- **v** 모으다, 집합시키다 = **accumulate, gather,** assemble, congregate
  The mayor will **congregate** more than 1,000 members for this movement.
  시장은 이 운동을 위해서 1,000명의 회원을 규합할 것이다.
- 관련어 **accumulate** 모으다, 축적하다 = **build up, collect, gather, gradually increase in number, increase**

consist of
[kənsíst əv]

- **v** 구성되다, 이루어지다 = **be made up of,** include, contain
  As I know, the book **consists of** 4 chapters and 2 supplements.
  내가 알기로는 그 책은 4개의 장과 2개의 부속으로 구성되어 있다.

> 시나공비법
> '포함하다'의 의미로 알고 있는 contain, include 등은 '~로 구성되다'의 의미로도 자주 사용됩니다.

exercise
[éksərsàiz]

- **v** 1. 활용하다, 행사하다 = **apply, use,** bestow, employ, exploit, handle
  The director **exercised** her authority and laid off dozens of employees.
  이사는 그녀의 권한을 행사하여 직원 수십 명을 정리 해고했다.
  2. 훈련시키다 = **practice,** drill, train
- 관련어 **exploit** 이용하다, 활용하다 = **take advantage of, (fully) use, utilize**

> 시나공비법
> 유의어 중 exploit은 일반적으로 '이익, 영리를 위해 사용하다'의 의미로도 사용되지만, '이기적 목적을 위해 부당하게 이용[착취]하다'의 의미로도 자주 사용됩니다.

haul
[hɔːl]

- **v** 1. 끌다, 잡아당기다 = **pull (back),** draw
  A crane had to be used to **haul** the truck out of the Han River.
  한강에서 트럭을 인양하기 위해 크레인을 사용해야 했다.
  2. 운반하다, 수송하다 = **carry**

> 시나공비법
> 때로는 '마음을 끌다(attract, draw)'의 의미로 사용되기도 합니다.

intend
[inténd]

- ⓥ 의도하다 = **plan, suppose,** aim, contemplate, design, mean
  The new coach **intends** to discard any players who are not their best form.
  신임 감독은 최고의 컨디션을 유지하지 않은 선수들은 모두 뺄 예정이다.

intent
[intént]

- ⓝ 의도, 의사 = **purpose,** design, intention, meaning, plan
- ⓐ ~에 확고한, 집중된, 열심인 (to) = **willing to,** absorbed, deep, engaged
- ⓝ **intention** 의도, 목적 = **purpose, willingness,** design, intent, meaning, plan
- ⓐ **intentional** 의도적인 = **planned,** calculated, designed, intended
- ⓐⓓ **intentionally** 의도적으로, 고의로 = **deliberately**
- 관련어 **designed** 계획적인, 고의의 = **intended**
  supposed 의도된 = **intended**
  deliberate ⓐ 신중히 생각한; 의도적인; 신중한, 꼼꼼한 ⓥ 신중히 생각하다

metamorphose
[mètəmɔ́ːrfouz]

- ⓥ 변화시키다, 변성시키다 = **change,** convert, transform
  According to the newspaper, the U.S. government conspicuously **metamorphosed** the political system under the new leader.
  신문에 따르면, 미국 정부는 새 지도자 취임과 함께 정치 제도를 현저히 변화시켰다.
- ⓝ **metamorphosis** 변화, 변형 = **change,** alteration, modification, mutation, revolution, variation
- 관련어 **mutate** 변화시키다, 돌연변이시키다

operate
[ápərèit]

- ⓥ 1. 작용하다 = **function,** behave, perform, work
  Since the air conditioner was not **operating** properly, it was too hot to work. 에어컨이 제대로 작동하지 않아 일하기 너무 더웠다.
  2. 조정하다 = **manipulate,** handle, manage

pursue
[pərsjúː]

- ⓥ 1. 추구하다 = **seek, search for**
  2. 뒤쫓다 = **chase, follow,** run after
  3. 착실히 하다, 실행하다 = **practice,** be occupied in, conduct
  He has finally realized that it is time to venture his present successful career to **pursue** his dream to be the major leaguer.
  마침내 그는 메이저 리거가 되겠다는 꿈을 이루기 위해 현재의 성공적인 경력을 모두 걸어야 할 때임을 깨달았다.

pursuit
[pərsjúːt]

- ⓝ 1. 추구, 좇음[찾음] = **following, possession, search (for), tracing,** chase, tracking
  2. 연구, 근무 = **occupation,** employment, job, vocation, work
  3. 오락, 기분전환 = **activity,** hobby, pastime

seize
[siːz]

- ⓥ 잡다, 빼앗다 = **take,** clutch, grab
  The big crisis including economic problem helped the army **seize** power.
  경제 문제를 포함한 큰 위기가 군대로 하여금 권력을 탈취하게 했다.

> **시나공 비법**
> grasp처럼 '이해하다, 파악하다(= understand, comprehend)'의 의미로 사용되기도 합니다.

venture
[véntʃər]

- **v** 과감히 ~하다 = **dare,** chance, gamble, hazard, risk
  She **ventured** all of her fortune in a single change.
  그녀는 그녀의 모든 재산을 한 번의 기회에 모두 걸었다.
- **n** 모험; (투기적) 기업[사업] = **project,** adventure, enterprise

ardent
[άːrdənt]

- **a** 열렬한, 열정적인 = **enthusiastic,** avid
  We are aware that most **ardent** baseball fans will already know some of this stuff.
  대부분의 열성적인 야구 팬들은 이미 이것들에 대해 알고 있을 것이다.

brisk
[brisk]

- **a** 활발한, 민활한 = **active, energetic, fast,** agile, lively
  The project team got off to a **brisk** start at its first meeting.
  기획팀의 첫 회동은 활기 있게 시작되었다.
- **ad** **briskly** 기운차게, 활발히 = **energetically**
- 관련어 **agile** 날랜, 민첩한 = **quick (and active)**

countless
[káuntlis]

- **a** 셀 수 없는, 무수한 = **unnumbered,** innumerable, many, myriad, numberless, numerous
  The actor received an **countless** amount of fan mail.
  배우는 팬들로부터 무수히 많은 편지를 받았다.
- 관련어 **myriad** 무수한 = **countless, innumerable, many, numberless, numerous, unnumbered**
  innumerable 셀 수 없는, 무수한 = **countless**

cozy
[kóuzi]

- **a** 편안한, 아늑한 = **comfortable, easy**
  Just simple rearrangement of the existing furniture and small changes of wallpaper has made the room very **cozy** indeed.
  그저 단순히 기존 가구의 재배치와 벽지의 일부를 바꾼 것만으로도 방을 정말 아늑한 분위기로 만들었다.

fragrant
[freigrənt]

- **a** 향기로운 = **scented,** perfumed, savory, sweet
  The masseur began rubbing her shoulder with nicely **fragrant** oil.
  안마사는 아주 향기로운 오일로 그녀의 어깨를 문질렀다.
- 관련어 **savory** 맛 좋은, 냄새 좋은; 평판 좋은, 기분 좋은, 유익한

frantic
[fræntik]

- **a** 흥분한, 정신 없는 = **desperate, frenzied, insane,** agitated, hysterical
  Calm down, my dear, you look so **frantic** now.
  진정해라. 너는 지금 무척 흥분해 보인다.
- 관련어 **desperate** 절박한, 필사적인; 자포자기의, 무모한
  frenzied 미쳐 날뛰는; 흥분한
  insane 미친

immediate
[imíːdiət]

- **a** 1. 즉시의 = **instant**
  It may not be an **immediate** danger to the Korean peninsula, but in the long run, it is likely to be a considerable threat.
  그것이 한반도에 즉각적인 위험이 되진 않을지라도 장기적인 시각으로 볼 때 상당한 위험이 될 수 있다.
  2. 가까운 = **nearest,** close, near, nearby

- **immediately** 즉시, 바로 = **promptly, straightway,** at once, directly, instantly, (right) away
- 관련어 **instant** 즉시의, 순간적인 = **immediate**
  instantaneous 즉시의 = **immediate,** instant, quick
  straightaway ⓐ 즉시의 = **immediate, instant** ⓐd 즉시 = **immediately**
  in the same breath 즉시, 동시에, 잇따라 = **immediately**

influential
[ìnfluénʃəl]

ⓐ 영향력 있는, 중요한 역할을 하는 = **important, powerful,** potent, significant, strong

We are all gathered here today to mourn the loss of the most talented, respected and **influential** filmmaker of our time.
우리 모두는 오늘 이 시대 가장 재능있고 존경 받고, 영향력 있는 영화인을 잃은 것을 애도하기 위해 이곳에 모였습니다.

관련어 **potent** 강력한, 세력이 있는 = **powerful, strong**

instantly
[ínstəntli]

ⓐd 곧, 즉각 = **immediately,** directly, promptly, right now[away], straightaway, straightway

This newly developed antibacterial gels evaporate quickly and kill germs **instantly.**
이 새로운 항균성 겔은 빠르게 증발하여 세균을 즉시 없애 준다.

peripheral
[pərífərəl]

ⓝ 주변의, 주위의, 바깥의 = **outer**

She seemed to have lost trust from the voters since she often deals with **peripheral** issues to attack the government with unsatisfactory and unsuccessful result most of the time.
그녀는 지엽적인 이슈를 가지고 종종 정부를 비판하지만 대부분 불만족스럽고 실패로 끝나 유권자들로부터 신임을 잃었다.

seldom
[séldəm]

ⓐd 좀처럼 ~않다, 어쩌다가 = **infrequently, rarely, slightly** ↔ **commonly** (일반적으로, 흔히)

These day's businessmen **seldom** get the chance to play golf.
요즈음 사업가들은 골프를 칠 기회를 좀처럼 갖지 못한다.

관련어 **slightly** 다소, 약간 = **a little, by very small amounts, somewhat**

systematic
[sìstəmǽtik]

ⓐ 체계적인, 규칙적인 = **methodical,** organized, planned, regular, routine, standard, structured

His novel didn't have a **systematic** story, but attractive characters.
그의 소설은 체계적인 스토리는 없었지만 매력적인 등장 인물들이 있었다.

attachment
[ətǽtʃmənt]

ⓝ 1. 결부, 부착 = **adhesion**

As for your inquiry about our new course, see the **attachment** for the details of the course information and the application procedure.
저희 신규 과정에 관한 귀하의 문의에 대해서는 수강 정보와 응시 절차가 상세히 소개된 첨부서를 참고하시오.

2. 애착, 애정 = **emotional connection**

being
[bíːiŋ]

- **n** 1. 존재, 현존 = **existence,** actuality, reality
  We do not know exactly how life first came into being.
  우리는 생명체가 처음에 어떻게 해서 존재하게 되었는지 정확히 알지 못한다.
  2. 생물 = **creature**

border
[bɔ́ːrdər]

- **n** 가장자리, 경계, 변두리 = **boundary,** bound(s), edge, periphery ↔ **center**
  We passed the border without any admissions.
  우리는 아무런 허가서 없이 국경을 통과했다.
- 관련어 **periphery** 외면, 표면; 주변 = **surface; boundary**
  verging 경계에 접하는 = **bordering**

boundary
[báundəri]

- **n** 경계(선), 바운더리 = **border, dividing line, limit,** bounds, compass
  The truce line marks the boundary between the South and the North.
  휴전선은 남과 북의 경계가 된다.
- **n** **bound** 제한, 억제하는 것 = **constraint, limit,** limitation
- **a** **bound to** 반드시 ~하는 = **certain to**
- 관련어 **compass** 구역; 범위, 한계; 둘레

caption
[kǽpʃən]

- **n** 1. 제목, 표제 = **title**
  The web designers are very particular with article captions.
  웹 디자이너들은 매우 신중하게 기사의 표제들을 정한다.
  2. (사진, 그림의) 설명 = **legend, picture, underline**

flight
[flait]

- **n** 도망, 탈출 = **escape,** breakout
  He had been in flight, hiding out in his mother's house.
  그는 어머니 집에 숨어 도피 생활을 해 오고 있다.

heed
[hiːd]

- **n** 주의, 유의 = **attention, notice,** mind, note, regard, remark
  She does not pay heed to her husband's careless driving.
  그녀는 남편의 부주의한 운전에 개의치 않는다.
- 관련어 **heedful** 주의 깊은, 조심성 있는

incursion
[inkə́ːrʒən]

- **n** 침입, 침해 = **inroad, invasion,** irruption, raid
  The platoon was ordered to open fire in reaction to any incursion made by the enemy.
  소대는 적이 어떠한 도발을 할 경우 발포하라는 명령을 받았다.
- 관련어 **inroad** 침입, 침략, 침해(하다)
  irruption 침입, 난입; (동물의) 급증
  raid 급습, 습격(하다)

instrument
[ínstrəmənt]

- **n** 1. 수단, 방법 = **method,** agency, means, medium, organ, vehicle
  The contract was used as an instrument to sue the landlord.
  계약서는 지주를 고소하기 위한 수단으로 사용되었다.
  2. 기계, 기구 = **implement,** apparatus, device, gadget, tool

관련어 **means** 수단, 방법 = **method**
avenue 수단, 방법 = **means**
vehicle 수단 = **means, method**
apparatus 기구, 기계, 장치 = **equipment**

likelihood
[láiklihùd]

ⓝ 가능성 = **possibility, probability,** likeliness
In all **likelihood**, he must have been forced to resign to account for the failure of the government's policy in the Arab world.
아마도 그는 아랍 세계에 대한 정부 정책의 실패로 인해 사임을 강요받았음이 분명했다.

관련어 **prospect** 전망, 가망 = **outlook, perspective, probability, view**
potential ⓐ 가능성 있는(=promised, possible)
ⓝ 가능성, 잠재성(=possibility)

misconception
[mìskənsépʃən]

ⓝ 오해 = **false belief, wrong belief,** fallacy, error, falsehood, illusion, untruth
The belief that hyenas eat their babies is a common **misconception**.
하이에나들이 그들의 새끼를 먹는다는 믿음은 일반적인 오해이다.

관련어 **conviction** 확신 = **(strong) belief[opinion]**
fallacy 틀린 생각[믿음], 오류

other than
[ʌ́ðər ðæn]

phr ~을 제외하고[제외하는] = **apart from, except for, excluding**
The researchers conducted new experiment that used this machine **other than** the old.
새로운 실험을 진행한 연구원들은 옛날 것이 아닌 이 기계를 이용했다.

thanks to
[θǽŋks tu:]

phr ~덕분에 = **because of,** by reason of, due to, on account of, owing to
The party was a big success, **thanks to** the members' lots of hard work.
회원들의 많은 노력 덕분에 파티는 대성공이었다.

관련어 **on this account** 이 때문에

Day 29 Quiz

앞에서 학습한 내용들을 바로 확인해 보는 코너입니다.

1 아래 단어들의 유의어를 보기에서 찾아 빈칸에 쓰시오.

A ⓐ use ⓑ dare ⓒ raise ⓓ hide ⓔ carry ⓕ plan

1. venture _____   2. breed _____   3. exercise _____
4. intend _____   5. haul _____   6. conceal _____

B ⓐ attention ⓑ invasion ⓒ powerful ⓓ insane ⓔ comfortable ⓕ scented

1. cozy _____   2. influential _____   3. incursion _____
4. heed _____   5. fragrant _____   6. frantic _____

2 문장 내에서 진하게 표시된 어휘의 유의어를 고르시오.

1. We are aware that most **ardent** baseball fans will already know some of this stuff.
   ⓐ cautious   ⓑ enthusiastic   ⓒ extreme   ⓓ careful

2. The **brisk** wind helped the sailors to reach their destination ahead of schedule.
   ⓐ classical   ⓑ fast   ⓒ inactive   ⓓ maritime

3. When looking up in the night sky, the number of stars seems **countless**.
   ⓐ unnumbered   ⓑ invaluable   ⓒ novel   ⓓ precluded

4. These day's businessmen **seldom** get the chance to play golf.
   ⓐ mistakable   ⓑ flawless   ⓒ countless   ⓓ rarely

5. The contract was used as an **instrument** to sue the landlord.
   ⓐ bromide   ⓑ method   ⓒ remark   ⓓ dimension

정답 & 해설

1 A. 1. ⓑ 2. ⓒ 3. ⓐ 4. ⓕ 5. ⓔ 6. ⓓ
   B. 1. ⓔ 2. ⓒ 3. ⓑ 4. ⓐ 5. ⓕ 6. ⓓ
2 1. ⓑ 2. ⓑ 3. ⓐ 4. ⓓ 5. ⓑ

1. 대부분의 열성적인 야구 팬들은 이미 이것들에 대해 알고 있을 것이다.
2. 기운찬 바람은 선원들이 일정에 앞서 그들의 목적지에 도달할 수 있도록 해 주었다.
3. 밤하늘을 보면 별의 수는 셀 수 없이 많아 보인다.
4. 요즘 사업가들은 골프를 칠 기회를 좀처럼 갖지 못한다.
5. 계약서는 지주를 고소하기 위한 수단으로 사용되었다.

Not 빈출, But 기출! 고득점을 원하면 놓치지 말아야 할 코너!

Word	의미	유의어
term	~을(~라) 부르다	call
underestimate	과소평가하다	underrate
unethical	윤리적이지 않은, 비도덕적인	improper
unexpected	뜻밖에	surprising
unexplored	연구[조사, 탐험]되지 않은	uncovered
uninterrupted	연속적인, 끊임없는	steady
universal	보편[전반]적인	used everywhere
verging	경계에 접하는	bordering

Do it this way! Listening에서는 이렇게 쓰입니다.

LISTENING

consist of

Some astronomers felt that the world below the clouds would **consist of** warm, swampy forest.

일부 천문학자들은 구름 밑의 세계가 따뜻하고 늪이 많은 산림으로 구성되었다고 생각했다.

> Listening에서 강의나 대화 중 자주 등장하는 consist of는 조직 구성원부터 물질의 구성 원소에 이르기까지 다양하게 사용될 수 있습니다. 즉, A (group) consist of B (member).로 들어야 합니다.

Day 30
4-6 시험에 나오는 4순위 Voca
0~4순위 어휘에서 TOEFL Reading Voca 문제의 100%가 출제된다!

● 4-6_Day 30.mp3

accommodate
[əkámədèit]

- **v** 1. 수용하다, (숙박처를) 제공하다 = **allow, provide for, make room for,** hold, take

  The town, of course, can **accommodate** up to 200 guests from foreign universities.
  물론 마을은 외국 대학에서 온 손님을 200명까지 수용 가능하다.

  2. 적응하다 = **adjust,** adapt, condition, conform, fit, shape

- 관련어 **adapt** (알맞게) 조정[조절]하다 = **adjust**

> **시나공 비법**
> 위의 두 의미 외에도 지문상에서는 '편의를 도모하다, 융통해 주다' 또는 '조정(화해)시키다'의 의미로 자주 등장한다.

amplify
[æmpləfài]

- **v** 확대하다, 증가시키다 = **increase, make louder,** enlarge, expand

  Could you get me a microphone to **amplify** my voice?
  내 목소리 좀 키우게 마이크를 가져다 줄래요?

arrange
[əréindʒ]

- **v** 배열하다, 정돈하다 = **configure, put together**

  Bob means to **arrange** that complex organization again with his supervisor.
  밥은 그의 상사와 함께 복잡한 조직을 재배치하려 한다.

- **n** **arrangement** 상대적 배치, 구조 = **configuration, structure**

- 관련어 **configure** (~형으로) 만들다 = **shape**

  configuration 외형, 형상, 형태; 배치 = **form, shape; arrangement**

conduct
[kándʌkt]

- **v** 1. 전도하다, 보내다 = **transmit,** carry, convey

  Copper **conducts** electricity, but plastic does not.
  구리는 전기를 전도하지만 플라스틱은 그렇지 않다.

  2. 수행하다, 처리하다 = **administer,** carry on, control, direct, govern, manage, operate

- **n** 행위, 행동 = **activity**

- **a** **conducive** 도움이 되는, 촉구하는 = **helpful,** contributory[contributive], favourable, leading, promotive, useful

- 관련어 **contributory[contributive]** 기여[공헌]하는, 도움이 되는; 기부[출자]의

covet
[kʌ́vit]

- **v** 몹시 탐내다, 갈망하다 = **desire (from others),** want, wish

  Politicians always **covet** power through all ages.
  어느 시대를 막론하고 정치인들은 항상 권력을 갈망한다.

- **a** **covetous** 탐내는, 갈망하는 = **desirous, greedy**

379

crop up
[krɑp ʌp]

- v 1. 나타나다, 생기다 = **appear,** emerge, spring up, surface
  The soldiers **cropped up** over the hills.
  군인들이 언덕 위로 나타났다.
  2. 노출하다 = **basset**

> **시나공비법**
> crop up은 일반적인 '나타나다'가 아닌 '점진적으로(gradually), 갑자기(unexpectedly)'의 성격을 가진다.

dedicate
[dédəkèit]

- v 전념하다, (시간, 노력 등을) 바치다 = **devote**
  He **dedicated** himself to the teaching of English.
  그는 영어를 가르치는데 헌신했다.

- 관련어 **devote to** 몰두하다, 전념하다 = **commit to, concentrate on, dedicate to**
  given over to 몰두하는, 빠지는 = **dedicated to**

> **시나공비법**
> 일반적인 '바치다, 쏟다(give, commit, surrender)'의 의미로 더욱 자주 사용됩니다.

deploy
[diplɔ́i]

- v 맞게 사용하다, 배치하다 = **set up**
  Some of troops have already been **deployed**.
  일부 부대는 이미 배치되었다.

float upward
[flout ʌ́pwərd]

- v (생각이나 인물 등이) 떠오르다, 떠돌다 = **drift along, hover, stay on top**
  They need to think about how nice it would be to **float upward**.
  그들은 둥둥 떠다니는 것이 얼마나 즐거울지 생각해 보아야 한다.

- 관련어 **hover** 맴돌다, 서성거리다, 배회하다

perceive
[pərsíːv]

- v 인식하다, 지각하다 = **recognize,** discern, distinguish, mark, observe, see
  It is not difficult to **perceive** a note of happiness in her behavior.
  그녀의 행동에서 그녀가 행복해 하고 있음을 아는 것은 어렵지 않다.
- a 1. **perceptible** 인지할 수 있는, 상당한 = **notable, noticeable,** appreciable, detectable, discernible, tangible
  2. **perceptive** 통찰력 있는, 명민한 = **discerning, keen,** insightful, knowledgeable, sagacious, sage
- n **perception** 인식, 지각 = **insight, view,** awareness, consciousness, idea, notion, thought
- 관련어 **tangible** 만져서 알 수 있는; 현실의, 실제의; 명백한
  sagacious 현명한; 후각이 예민한
  sage 현명한, 사려 깊은

pick out
[pik aut]

- v 찾아내다, 분간하다 = **identify,** classify, distinguish, find, make out, recognize, spot
  It is amazing to see the newly invented detective scanner that can **pick out** any suspicious baggage.
  의심스러운 화물은 모두 찾아낼 수 있는 새로 발명된 탐지용 스캐너를 본다는 것은 놀라운 것이다.

관련어 make out 찾아내다, 인식하다; 작성하다; 입증하다; 이해하다

posit
[pázit]

- **v** 사실로 가정하다 = **conjecture, hypothesize, propose, suggest,** guess, postulate, premise, theorize

  The professor studied **positing** the existence of some form of aliens.
  교수는 어떤 형태의 우주인이 존재한다는 것을 가정하고 연구했다.

- **관련어** **conjecture** 추측하다 = **hypothesize, speculate, surmise**

  postulate 주장하다, 가정하다; 요구하다 = **assume, claim, hypothesize; claim, request, propose, suggest**

put together
[put təgéðər]

- **v** 1. 합치다, 조립하다 = **cluster, combine,** amalgamate, bind, blend, coalesce, synthesize

  We **put together** all parts in a short period of time.
  우리는 짧은 시간 내에 모든 부품들을 조립했다.

  2. 정렬하다, 배치하다 = **array**

- **관련어** **cluster** 모으다, 무리를 만들다 = **combine, concentrate, gather, group, organize, pack, put together**

  amalgamate 통합하다, 합병하다; 합금하다

  coalesce 합체하다; 연합하다

> **시나공 비법**
> put together는 이외에도 '모으다, 연결하다'의 의미로 모두 사용됩니다.

reserve
[rizə́:rv]

- **v** 남겨 두다, 비축하다 = **restrict, save,** hold, keep, retain, withhold

  These seats are **reserved** for the elderly and women with babies.
  이 좌석들은 노인들과 아기를 동반한 여성들을 위한 자리이다.

- **관련어** **restrict** 한정하다, 제한하다 = **impound, limit, restrain**

retreat
[ritrí:t]

- **v** 후퇴하다, 퇴각하다 = **recede, withdraw,** fall back, retire

  Many of Napoleon's troops died during their **retreat** from Moscow.
  많은 나폴레옹 군사들이 모스크바로부터 후퇴 도중 사망했다.

- **관련어** **recede** 물러나다; 엷어지다, 희미해지다

  withdraw 움츠리다; 철수시키다

root in
[ru(:)t in]

- **v** (~에서) 생기다, 비롯되다 = **originate from[in]**

  Sexual identity is already **rooted in** every person's biology before birth.
  성 정체성은 태어나기 전에 생물학적으로 이미 정해진다.

- **a** **rooted in** 뿌리 내린, 뿌리 깊은 = **based on**

shed
[ʃed]

- **v** 버리다, 포기하다 = **cast off, discard,** abandon, jettison, lose, reject, throw away[out]

  It took less than two weeks for the actress to **shed** 20 kilos with her new work out program.
  여배우가 새로운 운동 프로그램을 이용해 20킬로그램을 줄이는 데 2주가 걸리지 않았다.

관련어 **jettison** 내던지다, 버리다 = **release**

shelter
[ʃéltər]

- (v) 보호하다, 숨겨 주다 = **cover, protect, shield, veil,** harbor
  The big building **shelters** us from the snow and the cold.
  큰 건물은 우리를 눈과 추위로부터 보호해 준다.

spring up
[spriŋ ʌp]

- (v) 갑자기 발생하다 = **emerge, suddenly arise**
  Thousands of new businesses have **sprung up** in the past 6 months.
  지난 6개월 동안 수천 개의 신규 업체가 갑자기 생겼다.

stretch
[stretʃ]

- (v) 펴다, 연장하다 = **expand, extend,** elongate, lengthen, prolong, protract
  The man **stretched** his leg muscles by touching his toes.
  남자는 발가락까지 손을 뻗쳐서 다리 근육을 폈다.
- (n) 범위 = **area,** scale, spectrum, spread

supplement
[sʌ́pləmənt]

- (v) 보완하다, 보충하다 = **add, complement**
  The Manchester United should **supplement** their defense line.
  맨유는 그들의 수비라인을 보완해야 한다.
- (n) 보충물, 추가물 = **addition, complement, increase,** augmentation
- (a) **supplementary** 보충의, 추가의 = **additional**

touch off
[tʌtʃ ɔːf]

- (v) 일으키다, 유발시키다 = **initiate, start, trigger,** activate, run, set off, turn on
  Unexpected exchange-rate fluctuations **touched off** chain reaction bankruptcies among the small and medium enterprises.
  예기치 못했던 환율 변동이 중소 기업들의 연쇄 도산을 유발했다.

  시 나 공 비 법
  일반 지문이나 대화 중에는 '점화하다, 발사하다', 또는 '정확히 묘사[표현]하다'의 의미로도 많이 활용됩니다.

wiggle
[wíɡl]

- (v) 흔들다, 꿈틀거리다 = **move up and down[from side to side]**
  When trying on new dress shoes, it is important to be able to **wiggle** your toes to ensure comfort.
  새로운 드레스 슈즈를 신을 때, 당신의 발가락이 편한지 확인하기 위해 움직여 보는 것이 중요하다.

  시 나 공 비 법
  꿀벌 등의 곤충 관련 지문에서 wiggle이 명사로 등장하여, 그들의 의사소통 중 하나인 wiggle dance로써 표현되기도 한다.

wrangle
[rǽŋɡl]

- (v) 논쟁하다, 언쟁하다 = **argue, quarrel,** dispute
  A group of lawmakers is still **wrangling** with the government over the timing of elections.
  한 무리의 의원들이 선거 시기를 놓고 정부 측과 아직도 논쟁을 벌이고 있다.

  시 나 공 비 법
  일반적 '싸움'이 아닌 '말싸움, 논쟁'에서만 사용됩니다.

broke
[brouk]

a 한푼 없는, 파산한 = **destitute, impecunious, impoverished, indigent, needy, poor** ↔ **intact** (손상되지 않은, 그대로의)

After spending his entire pay check on clothes, he was **broke** for the rest of the month.
월급을 옷을 구입하는데 모두 써 버린 그는 이번 달 남은 동안 무일푼이 되었다.

관련어 destitute 빈곤한, 궁핍한
impecunious 무일푼의, 가난한
impoverished 가난해진 (impoverish 가난하게 하다; 저하시키다)
indigent 가난한, 빈곤한; 부족한
needy 몹시 가난한

equivalent
[ikwívələnt]

n 상당물, 동등물 = **balance**, counterpart, equal, match, parallel, rival

I'll give you 80 dollars or its **equivalent** in Korean won.
나는 당신에게 80달러 또는 이에 상당하는 원화를 주겠다.

a 동등한, 상당하는 = **same**

> **시 나 공 비 법**
> 실제 문장이나 연설이나 강의 등에서는 형용사적 의미인 '동등한; 같은 값의'의 의미로 더 많이 사용됩니다.

irksome
[ə́ːrksəm]

a 지루한, 짜증나는 = **annoying, boring, tedious,** bothersome, disturbing, frustrating, irritating,, vexing

He has an **irksome** habit of leaving the lights on after leaving a room.
그는 방을 나갈 때 불을 켜놓고 가는 짜증나는 버릇을 가지고 있다.

관련어 annoy 괴롭히다, 귀찮게 굴다
bothersome 번거로운, 성가신
irritate 짜증나게 하다 = **annoy**
vex 성가시게 하다; 괴롭히다

novel
[nával]

a 새로운, 신기한, 이상한 = **innovative, new, original, unusual,** fresh, modern, recent

The economic aide thought of a **novel** solution to the credit card problems.
경제 보좌관은 신용카드 문제들에 대한 새로운 해법을 생각해 냈다.

n novelty 희한한 것이나 일 = **rarity,** oddity, strangeness, unfamiliarity, uniqueness

preliminary
[prilímənèri]

a 예비의, 서두의, 준비의 = **initial,** introductory, preparatory

For some reason, the suspect seemed very confident of pleading not guilty at the **preliminary** hearing.
어떤 이유에서 인지 용의자는 기초 심문에서 무죄 주장을 매우 확신하는 듯 했다.

관련어 preliminary examinations 예비 시험

primeval
[praimíːrvəl]

a 원시의, 고대의 = **of an early form, most ancient, very ancient,** primary, primitive

It is apparent that **primeval** creatures lived in the ocean depths.
선사 시대의 동물들이 해저에 살았다는 사실은 분명하다.

professional
[prəféʃənəl]

a 전문의 = **specialized,** adept, competent, experienced, expert, proficient, skilled

It is a good idea to seek **professional** help and advice before you consider doing exercise.
운동을 시작하려는 계획을 세울 때는 전문가의 도움과 조언을 구하는 것이 좋다.

slender
[sléndər]

a 가느다란; 마른 = **thin,** slim

Dr. Jane, the youngest doctor in this hospital, exposed his **slender** figure.
이 병원에서 가장 젊은 의사인 닥터 제인은 그의 날씬한 몸매를 드러냈다.

commodity
[kəmádəti]

n 상품, 생산품 = **product,** article, goods, material, object, ware

Education may be an intangible **commodity** yet it is an extremely important investment for our next generation and the future.
교육이 비록 무형의 상품이긴 하지만 우리의 다음 세대와 미래를 위한 아주 중요한 투자이다.

exposure
[ikspóuʒər]

n 노출, 드러냄, 폭로 = **betrayal,** disclosure, divulgence, revelation

The **exposure** to the radiation caused a mutation in the DNA structure.
방사선 노출은 DNA 구조의 변이를 일으킨다.

v expose 노출시키다, 드러내다 = **reveal, uncover, unprotect,** show up

관련어 subject 드러내 놓다, 당하게 하다 = **expose**

reveal 드러내다, 보이다, 나타내다 = **expose, manifest, show, tell, uncover, unveil**

betrayal 배신; 폭로; 밀고 **v** betray
disclosure 발각; 폭로; 공개, 발표 **v** disclose
divulgence 누설 **v** divulge
revelation 폭로, 발각; 계시 **v** reveal

occurrence
[əkə́ːrəns]

n 사건, 현상 = **event, phenomenon,** circumstance, episode, happening, incident, occasion

This kind of overcrowded condition was a frequent **occurrence** in this city.
이런 종류의 초만원 상태는 이 도시에서 흔히 있는 일이다.

관련어 circumstance 상황, 사정
incident (부수적) 사건

pace
[peis]

n 속도, 페이스 = **speed,** rate, velocity

The **pace** of technological advance is too much fast as we thought.
기술 발전의 속도는 생각했던 바와 같이 너무 빠르다.

n 한걸음, 보폭 = step, stride

parody
[pǽrədi]

n 모방, 흉내 = **imitation, mimicry**

He was an 18th century author who wrote **parodies** of other people's works.
그는 다른 사람들의 작품을 패러디한 18세기 저자였다.

prototype
[próutətàip]

n 원형, 시제품 = **model,** archetype, original

The **prototype** was tested in secret.
시제품은 비밀리에 테스트되었다.

veneration
[vènəréiʃən]

n 존경 = **admiration,** deference, esteem, respect, reverence

It was proven that he had held in **veneration** by so many people when countless mourners came to his funeral and gave their sincere condolences.
그가 많은 사람들로부터 존경받았음은 많은 추모객들이 장례식에 찾아와 진실된 애도를 표하는 것을 통해 증명되었다.

관련어 have a person in veneration ~를 존경하다

vestige
[véstidʒ]

n 유물, 유적, 자취 = **remnant,** relic, trace

These old buildings are the last **vestiges** of a colonial past.
이 낡은 건물들은 과거 식민지 시대의 마지막 흔적이다.

관련어 **remnant** 나머지, 남은 것, 파편 = **remains, vestige**
relic 유물, 유적 = **remains, remnants**

Day 30 Quiz

앞에서 학습한 내용들을 바로 확인해 보는 코너입니다.

1 아래 단어들의 유의어를 보기에서 찾아 빈칸에 쓰시오.

A | ⓐ adjust ⓑ configure ⓒ set up ⓓ extend ⓔ complement ⓕ discard

1. supplement _____
2. arrange _____
3. deploy _____
4. shed _____
5. stretch _____
6. accommodate _____

B | ⓐ transmit ⓑ tedious ⓒ thin ⓓ trigger ⓔ remnant ⓕ imitation

1. parody _____
2. vestige _____
3. touch off _____
4. slender _____
5. conduct _____
6. irksome _____

2 문장 내에서 진하게 표시된 어휘의 유의어를 고르시오.

1. Could you get me a microphone to **amplify** my voice?
   ⓐ judge   ⓑ estimate   ⓒ supplement   ⓓ increase

2. The institute has **dedicated** most of their efforts to making their advertisement.
   ⓐ converted   ⓑ devoted   ⓒ lost   ⓓ witnessed

3. It is disrespectful to **wrangle** with your parents.
   ⓐ postulate   ⓑ operate   ⓒ intertwine   ⓓ argue

4. The committee thought that my **novel** idea will be an instant success.
   ⓐ integral   ⓑ new   ⓒ formidable   ⓓ comprehensive

5. It is a good idea to seek **professional** help and advice before you consider doing exercise.
   ⓐ specialized   ⓑ primary   ⓒ absolute   ⓓ complete

정답 & 해석

1 A. 1. ⓔ 2. ⓑ 3. ⓒ 4. ⓕ 5. ⓓ 6. ⓐ
　　B. 1. ⓕ 2. ⓔ 3. ⓓ 4. ⓒ 5. ⓐ 6. ⓑ
2 1. ⓓ 2. ⓑ 3. ⓓ 4. ⓑ 5. ⓐ

1. 내 목소리 좀 키우게 마이크를 가져다 줄래요?
2. 단체는 그들의 광고 제작에 모든 노력을 기울였다.
3. 너의 부모님과 논쟁을 하는 것은 무례한 짓이다.
4. 위원회는 나의 새로운 아이디어가 즉시 성공할 것이라고 생각했다.
5. 운동을 시작하려고 계획할 때는 전문가의 도움과 조언을 구하는 것이 좋다.

Not 빈출, But 기출! 고득점을 원하면 놓치지 말아야 할 코너!

Word	의미	유의어
vessel	배	ship
virtue	미덕; 선행; 장점	desirable quality
voracious predator	식욕 왕성한, 대식하는(= voracious)	strong competitor
whole	전체의, 전부의	entire
widely	널리, 광범하게	extensively
work out	계산되다, 값이 나오다	be calculated

Hope is the thing with feathers

That perches in the soul.

And sings the tune without words,

And never stops at all.

희망은 날개 달린 것,

영혼 안에 자리 잡고 앉아

노래를 흥얼거리네,

그칠 줄 모르고 계속.

— Emily Dickinson(에밀리 디킨슨))

<Passage 9>

Incipiently, Britain furnished Samuel Adams and his advocates with a **complicated** issue in 1773. The powerful and **sophisticated** East India Company, overwhelmed by vital financial crisis, was granted by the British Parliament exclusive control on all tea shipped to the American colonies. Parliament also authorized the East India Company to directly sell to retailers, deceitfully avoiding colonial tea merchants who had initially sold it. By selling its tea by means of its own officers at a price far below the market price, **immediately** this legislated monopoly made smuggling unprofitable, and was catastrophic for most colonial tea merchants.

1. The word **Incipiently** in the passage is closest in meaning to
   (A) Initially   (B) In the end   (C) As a result   (D) Successfully

2. The word **complicated** in the passage is closest in meaning to
   (A) endangered   (B) concerning   (C) complex   (D) delicate

3. The word **sophisticated** in the passage is closest in meaning to
   (A) advanced   (B) versatile   (C) skillful   (D) uniform

4. The word **immediately** in the passage is closest in meaning to
   (A) originally   (B) promptly   (C) absolutely   (D) practically

\<Passage 10\>

Studies have shown that a **remarkable** rise in atmospheric levels of carbon dioxide and other "greenhouse gasses" **intentionally** emitted by modern society are causing global warming. The system **broadly** referred to as the "greenhouse effect" is what makes the Earth suitable for human habitation. These harmful gasses in the atmosphere act like the glass of a greenhouse, **allowing** sunlight in and trapping the heat, preventing it from escaping.

Climatic replicas in general estimate that the Earth's temperature will increase by a few degrees Celsius by the next century. This kind of global warming will most likely melt glaciers and the polar ice caps resulting in a rise in sea levels. It's not certain what the end sequence of this expected climatic alteration will have on the quality of human life and environment. **Notwithstanding**, a solution to alleviate this problem must be found quickly. Any further delay will eventually put the livelihood of every human being in the entire world in **risk**.

5. The word **remarkable** in the passage is closest in meaning to
   (A) perilous   (B) extraordinary   (C) renowned   (D) involved

6. The word **intentionally** in the passage is closest in meaning to
   (A) deliberately (B) surprisingly   (C) affluently   (D) artificially

7. The word **broadly** in the passage is closest in meaning to
   (A) approximately (B) generally   (C) inevitably   (D) genuinely

8. The word **allowing** in the passage is closest in meaning to
   (A) seeking   (B) ensuring   (C) enabling   (D) swelling

9. The word **Notwithstanding** in the passage is closest in meaning to
   (A) However   (B) Actually   (C) In the long run (D) Then

10. The word **risk** in the passage is closest in meaning to
    (A) result   (B) order   (C) branch   (D) danger

Vocabulary 그룹으로 기억하는 어휘

■ 바꾸다(change)
= alter, change, convert, fluctuate, metamorphose, modify, rotate, shift, transform, turn, vary

alter 부분적, 외면적으로 변화를 가하다 = **change**
change 변하다, 변경하다 = **convert**
convert 변하게 하다, 변형시키다 = **change, transform**
fluctuate 수시로 변하다 = **alternate, change, move up and down, vary**
metamorphose 형태나 성질을 변화시키다 = **change**
modify 모양이나 성질을 고치다, 부분적으로 수정하다 = **change, revise**
rotate 회전시키다, 순환시키다; 변화하다 = **turn**
shift 옮기다, 장소를 바꾸다; 변화하다 = **change; change direction; move**
transform 외형과 동시에 종종 성격이나 기능도 다 바꾸다 = **change, convert**
transposition (위치나 순서의) 치환, 교환 = **conversion**
turn ~을 ~로 바꾸다, 변화시키다 = **change**
vary 같은 것에서의 이탈을 뜻하며 서서히 변화시키다 = **alter, change, differ, metamorphose, modify**

Vocabulary

시험에 나오는 것만 외운다

■ 변화(change)
= alteration, change, conversion, difference, diversity, fluctuation, metamorphosis, modification, mutation, transformation, transition, vagary, variation, variety

alteration 변경, 개조, 수정 = **adaptation, change, modification**
change 변화 = **alteration**
conversion 전환, 변환, 변화 = **change**
difference 변화량, 변화의 정도 = **variation**
diversity 변화, 다양(성); 부동, 상이(점) = **variety; difference**
fluctuation 변동, 변화 = **variance, variation**
metamorphosis 변화, 변질, 변태 = **change**
modification (부분적인) 변경, 수정 = **alteration, change**
mutation 변화, 변형 = **change**
transformation (형태, 외관, 성질의) 변화, 변질, 변용 = **change, conversion, rotation, transition**
transition 변화, 추이 = **change, move**
vagary 엉뚱한[변덕스러운] 짓[생각, 변덕, 사건, 경과, 변화] = **impulse, strange, sudden desire, uncertainty, whim**
variation 변화; 변화량, 변화 정도 = **change; difference**
variety 단조롭지[고르지] 않음, 변화(가 많음), 다양(성) = **changeability, diversity**

Vocabulary iBT TOEFL Reading Technique

■ How to Skim the Passage

iBT TOEFL RC의 가장 큰 특징은 passage의 길이가 이전에 비해 2배 가량 길어졌다는 것이다. 무엇보다 내용을 빠르게 이해할 수 있는 능력을 키우는 훈련이 필요하다. 즉, skimming(훑어읽기)를 연습해야 하는데, 가장 대표적인 skimming의 예로는 아래와 같으며, 각자 자신만의 skimming 방법을 찾아 충분히 연습하도록 해야 한다.

- 첫 paragraph – 초반 2~3문장(최소 2문장) → 글의 배경, 또는 소재 등장
  – 마지막 문장 → 다음 단락 내용, 또는 주제 암시
- each paragraph – 초반 1~2문장
- 부사적 표현 – 가장 중요한 부분이며, 접속(부)사, 부사구, 부사절, 강조형 부사 등이 등장한 문장, 시간을 나타내는 표현 (단, 시간을 나타내는 표현은 시간적 여유가 있을 때만!)
- 표현을 나타내는 'mean, represent, show, express, display 등'의 동사가 출현한 문장
- 이유/목적을 나타내는 'reason, aim, goal, purpose 등'의 명사가 등장한 문장
- 열거의 표현(or 중요도 순) – first, second, … (단, 시간적 여유가 있을 때만 하시길!)
- 마지막 paragraph – 초반 1~2문장, 마지막 1~2문장

Vocabulary   iBT TOEFL Reading & Listening을 위한 배경 지식   시험에 나오는 것만 외운다

■ 이리 운하(Erie Canal)

미국에서 초기 운송 수단으로는 육로가 이용되었으나 육로만으로는 교통 문제 등을 포함한 문제점들을 해결할 수가 없었다. 게다가 1차 세계 대전으로 인해 다리와 터널 공사가 지연되는 문제도 발생하였으며, 북서부에서 재배되는 곡물과 동부에서 생산되는 물품들을 서로 교역하는 등, 시간이 지남에 따라 (장거리) 교역이 늘어나면서 점점 빠르고 정확한 교통 수단의 발달이 필요했다.

이러한 많은 문제점들과 동시에 경제적인 문제들로 인해 다수의 농부들과 제조업자들 위주로 수상 교통 수단이 제기되었지만, 민간 자본만으로는 건설 비용을 충당할 수 없어 주에서 재정 지원을 할 수밖에 없었다. 조지 워싱턴(George Washington)과 같은 정치인들의 주도로 시작한 이리(Erie) 운하의 건설은 1791년 조사를 시작으로 1817년에 착공해 공사 도중 험난하고 긴 지형, 전쟁, 자금 문제, 공학 기술의 미숙함 등으로 인한 어려움을 겪은 후 마침내 1825년에 완공했다. 허드슨강(Hudson Rever)과 이리호(Lake Erie), 즉 얼버니(Albany)와 버팔로(Buffalo)를 잇는 운하는 공사 비용의 상당 부분을 뉴욕 시장 드윗 클린턴(Dewitt Clinton)의 노력과 주(州)의 지원으로 충당했다.

운하의 개통으로 운송비가 상당히 절약되었고, 뉴욕시는 뉴욕에서 시카고까지의 시장을 형성하게 되는 등 국내외 무역 중심지로서 상업 활동을 증대시켰다. (대서양을 끼고 무역을 하고 운송하기에 편리했기 때문에 동부의 도시들이 발달). 그 예로 남부의 값싼 밀이 들어오고, 뉴욕의 농부들은 낙농업(dairy)과 과일을 재배하게 되었는데, 특히 부가가치가 높은 과일들 위주로 생산하게 되었다. 그리고 주변에 많은 도시들의 생성과 성장을 촉진시키기도 하였다. 수로 완공 후 많은 여행자들에게서도 이용료를 받음으로써 7년 만에 막대한 투자 비용을 모두 회수했다.

이와 같은 운하건설의 성공에 자극 받아 다른 운하를 건설하려는 시도가 있었으나, 교통량의 급속한 증가로 인한 철도운송과 고속도로의 활성화로 기대보다는 운하 건설이 크게 성장하지는 못했다.

Vocabulary iBT TOEFL Reading & Listening을 위한 배경 지식

■ 세계 대공황(The Great Depression)

1929년 주가는 갑자기 곤두박질쳤다. 주가 폭락 이후에도 지도자들은 국가 경제에 대해 낙관적이었지만, 공황은 깊어만 갔고 생활의 어려움은 지속되었다. 거의 모든 상점들이 문을 닫았으며, 회사와 공장들은 폐쇄되고 은행들은 파산하기에 이르렀다. 그 결과 실업자가 증가했고, 농가 소득은 반으로 감소했다. 임금을 받지 못한 군인들이 임금을 받기 위해 워싱턴까지 행진하는 집회를 열기도 하였다.

이러한 상황에서 실시된 대통령 선거는 주로 대공황의 원인과 실행 가능한 구제책을 위한 경쟁이 될 수 밖에 없었다. 당시에 취임한지 얼마 안 된 후버(Herbert Hoover) 대통령은 위기를 타개하기 위한 노력을 기울였지만 대처 능력에는 한계를 보였다. 위기가 증대되고 있던 이 때 뉴욕 주지사로 평이 좋았던 민주당의 프랭클린 루즈벨트(Franklin Delano Roosevelt)는 대공황의 주 원인이 미국 내 시장 경제에 의한 것이라 주장했다. 반면에 후버 대통령은 세계 대전 발발로 인한 전 세계적인 경기 불황의 영향을 받은 것뿐이라며 대수롭지 않게 여겼다. 즉, 루즈벨트는 과감한 구제책들을 준비하자고 주장했지만, 후버는 그의 고집대로 수동적인 움직임에 머물렀다.

선거 결과는 루즈벨트의 압도적인 승리(landslide)였다. 미국은 새로운 정치, 경제 변화의 시대로 들어갔다. 1933년 새로 당선된 대통령 루즈벨트는 낙관론적인 분위기를 조성하여 뉴딜로 알려진 그의 정책으로 국민들의 단압을 요구하였다. 그는 대통령 취임 연설에서 '우리가 두려워해야 할 것은 오직 두려움 그 자체뿐이다.(The only thing we have to fear is fear itself.)'라고 선언했다.

Vocabulary
iBT TOEFL Reading & Listening을 위한 분야별 어휘 — 시험에 나오는 것만 외운다

■ 생태학, 지질학 & 해양학(Ecology, Geology & Oceanography)

1	alluvial	충적의 / 충적토
2	archipelago	군도
3	basin	분지
4	biosphere	생물권
5	bluff	절벽, 낭떠러지
6	bulge	돌출하다 / 불룩한 부분
7	canal	운하
8	cape	해각, 곶
9	catastrophe	대참사, 재해
10	chasm	갈라진 틈, 균열
11	clay	점토
12	cliff	절벽
13	coast	연안, 해안
14	colliery	탄광
15	conservationist	자연 보호론자
16	contamination	오염
17	continental shelf	대륙붕
18	coral island	산호섬
19	corrosion	부식, 침식
20	counterclockwise	반시계 방향으로[의]
21	crater	분화구
22	current	흐름; 조류; 전류
23	decomposer	분해자(세균, 곰팡이 등)
24	deforestation	산림 파괴[벌채]
25	desertification	사막화
26	downwelling	용하
27	dune	사구, 모래 언덕
28	ecocide	환경 파괴
29	emission	방출, 방사
30	endangered species	멸종 위기 동식물
31	energy flow	에너지 흐름
32	enforce	시행하다
33	epicenter	진앙, 진원지
34	equator	적도
35	erosion	부식, 침식
36	erupt	(화산 등이) 분출하다

Vocabulary iBT TOEFL Reading & Listening을 위한 분야별 어휘

37	eruption	(화산의) 폭발, 분화
38	estuary	큰 강의 어귀
39	exhaust	배기 가스
40	fault	단층
41	gyre	회전, 소용돌이
42	habitat	서식지
43	harbor	항구
44	hemisphere	반구
45	herbivore	초식동물
46	iceberg	빙산
47	industrial waste	산업 폐기물
48	inlet	작은 만, 강어귀
49	kerosene	등유
50	lagoon	개펄, 석호
51	landfill	쓰레기 매립지
52	lowland	저지
53	mason	석수
54	mass	덩어리, 밀집체
55	meander	꾸불꾸불 나아가다, 굽이쳐 흐르다
56	metamorphosis	변형, 변질, 변태
57	molten	녹은, 용해된
58	mooring	계선, 정박
59	natural levee	자연제방
60	nekton	유영동물
61	oil spill	석유 유출
62	overpopulation	인구 과잉
63	peak	꼭대기, 정상, 절정
64	pest	해충, 유해생물
65	plain	평평한
66	pollutant	오염물질
67	preservation	보존
68	public hazards	공해
69	purification	정화
70	replant	다시 심다, 이식하다
71	reservoir	저수지
72	resource	자원
73	ridge	산등선이, 융기, 마루
74	rift	단층

Vocabulary

75	river basin	유역
76	rugged	바위투성이의, 울퉁불퉁한
77	ruin	폐허화하다
78	saliferous	염분을 함유하는
79	sand dune	사구
80	sedimentary rock	퇴적암
81	seismic intensity	진도
82	sewage	하수
83	silt	실트
84	strait	해협
85	stratum	지층
86	stream	시내, 개울; 흐름; 해류
87	subarctic / subantarctic	아한대의
88	submersible	잠수할 수 있는
89	subtropical	아열대의 / 아열대 식물
90	swamp	늪
91	synthetic fuel	합성 연료
92	tarnish	흐려지다
93	tide	조수
94	tremor	진동
95	tropical	열대의
96	tsunami	해일
97	unconformity	(지질상의) 부정합
98	violation	위반, 침해
99	water pollution	수질 오염
100	watershed	분수령, 하천 유역

예상 적중 문제 정답 및 해설

<Passage 1>

미국의 전설적인 건축가 로버트 스미스의 독특한 작품은 수백 년간 필라델피아 스카이라인의 일부를 형성해 왔다. 실제로 카펜터스 홀, 성피터스 교회, 크라이스트 쳐치와 같은 스미스의 뛰어난 작품들은 궁극적으로는 시의 초기 스카이라인의 많은 부분을 대표했다. 오늘날에도 크라이스트 교회는 필라델피아 구 시가지의 훌륭한 관광명소이다. 스코틀랜드의 석수공 가정에서 태어난 비범한 스미스는 젊은 시절에는 부동산 거래 일을 배우기도 했으나 1700년대 중반에 미국으로 이민했다.

스미스는 많은 단체들로부터 식민지 시대 미국을 대표하는 건축가로 인정받는다. 그는 목공 기술은 물론 공학 기술과 토건 기술도 익혔다. 스미스는 전통적으로 구조물을 디자인하는데 있어 의뢰인과 직접 일을 했다. 일단 디자인이 결정되면 스미스는 팀을 조직해 원청을 주는 방식으로 일을 했다.

스미스는 또한 이례적으로 여러 정치적 활동에도 관여했다. 그는 미국 철학협회와 첫 대륙회의 회원이기도 했다. 후에 스미스는 시에 의해 영예로운 정치적 지위에 임명되기도 했다.

정답 1. (C) 2. (C) 3. (B) 4 . (A) 5. (A) 6. (D) 7. (D)

<Passage 2>

"인류는 어떻게 시작되었으며, 지구상의 모든 생명체들을 창조한 사람은 누구일까?" 1700년대에 유럽 기독교계에서 성경의 원리는 대체적으로 인정되었다. 성경은 하나님이 지구와 모든 생명체를 창조했다고 기록했다. 하나님은 홍수라는 대재앙을 일으켰고, 멸종을 막기 위해 노아라는 한 사람을 통해 모든 동물들 중 두 마리씩 피난시킬 방주를 만들게 했다. 홍수가 진정되자 동물들은 해안으로 올라와 번식을 했고, 지구를 다양한 종류의 동물들로 채웠다.

방주 이야기의 타당성에 대해서는 재평가되어야 했다. 같은 종의 동물들이 모여 서식하는 외딴 섬의 발견이 많은 사람들로 하여금 처음으로 동물들의 지리적 분포에 대해 고려하게 한 것이다. 만약 모든 동물들이 방주에서 나와 해변으로 올라왔다면 어떻게 모든 동물들이 현재 서식하는 곳에 정착하게 되었을까? 동물들의 뼈 화석들 또한 혼란을 가중시켜 왔다. 사람들은 멸종된 동물들이 한 때는 지구상에 광범위하게 서식했었다는 사실을 주장하기 시작했다. 초기에는 발굴된 거대한 뼈들이 한 때 지구상에 존재했던 인류의 흔적이라고 믿기도 했지만, 그런 시각은 바뀌어 그것들이 유럽에 존재했던 코끼리의 뼈임을 인정받았다.

정답 8. (A) 9. (C) 10. (B)

<Passage 3>

16세기 이전으로 돌아가 보면, 농부들이 북미 지역의 평원을 지배했다. 맨댄스라고 하는 특정 그룹은 미주리강 상류에 잠겨 버렸다. 서로 가까이 밀집해 지은 그들의 가옥들은 거대한 농촌 사회를 형성했다. 이렇게 밀집된 주거 형태의 형성은 맨댄스에게 상당히 숙련된 경작자로서, 매년 곡식을 저장해 온 자신들의 수확물을 급습하여 갈취하려는 공격자들로부터 지켜낼 수 있게끔 한 중요성을 갖는다.

여성들은 공동체 내에 농토 관리와 농사를 담당하는 귀중한 역할을 했다. 결과적으로 그들은 목표한 수확량을 거두는 데 실질적 전문가로서의 역량을 발휘했다. 겨울은 길었고, 가을은 서리가 내리기도 하였다. 봄과 여름 동안엔 가뭄, 더위, 그리고 곤충들이 농부들을 좌절시켰다. 이렇듯 열악한 조건에도 불구하고 맨댄스의 여성들은 혹독한 조건속에서 곡물을 기르는 일을 해야 했다. 그들은 가능한 한 빨리 이른 봄에 경작지에 불을 놓아 경작을 할 준비를 했다. 첫 곡물이 재배되어 수확될 때까지 많은 작업과 주의가 필요했다.

정답 1. (A) 2. (A) 3. (B) 4. (D)

<Passage 4>
음주는 사실상 임산부들이 섭취하기에는 가장 해로운 약물 중의 하나이다. 알코올이 혈관을 통해 빠르게 퍼져 조직과 세포를 공격하기 때문에 허약한 태아는 알코올에 공격받기 쉽다. 그 피해 효과는 너무 놀라워 임신중에 과하게 음주한 여성에게서 태어난 아이들은 치명적인 태아 알코올 증후군에 시달린다고 한다.

임산부가 음주를 하면, 알코올은 음주와 동시에 그녀의 혈액으로 흡수된다. 게다가 태아는 엄마와 같은 혈액을 공유하기 때문에 알코올 역시 태아의 혈액으로 직접 들어간다. 더구나, 엄마와 태아 모두 그들의 혈액 속에 정확히 같은 알코올 농도를 보이게 된다.

엄마의 간은 혈액으로부터 알코올을 분해하는 일을 하지만, 태아의 간은 아주 작고, 완전히 성장하지 않은 관계로 알코올이 완전히 없어지기까지는 시간이 오래 걸린다. 결국, 알코올은 다시 엄마의 태반에 의해 엄마의 신체 조직으로 다시 이동한다. 하지만 이 과정은 매우 느리게 진행된다. 이러한 과정이 일어날 때쯤, 뇌의 주요 부분의 손상은 이미 진행되고 있을지 모른다.

정답 5. (B) 6. (D) 7. (A) 8. (A) 9. (C) 10. (B)

<Passage 5>
레오나르도 다빈치의 그림 모나리자는 그가 가장 좋아하는 작품 중의 하나였다. 오늘날 이 작품은 아마도 전 세계 예술품 중 가장 유명한 작품으로 평가받고 있으며, 매년 수 많은 사람들을 매혹시킨다.

그림 속의 이 유명한 인물은 누구인가? 소문들이 무성하지만 가장 그럴듯한 사람은 이탈리아 플로렌스 지방에 살던 실크 상인의 아내인 리사 제랄디니이다.

회의적이지만 가능성 있는 또 다른 전제는 이것이 레오나르도 자신의 초상화라는 것이다. 실제로 모나리자와 수 년 후에 그린 자신의 초상화 사이에는 얼굴 모습이 명백히 닮아 보인다.

예상 적중 문제 정답 및 해설

현재 모나리자는 밤색과 노란색의 담갈색 빛깔로 인해 세련되지 않게 보인다. 이것은 세월이 흐름에 따라 변색된 물감의 칠로 인한 결과이다. 그림이 현재보다 이전엔 훨씬 선명했었고 밝았다는 것이 설득력 있다. 그럼에도 불구하고, 이 작품은 아마 세계의 그 어떤 예술품들보다 가장 많은 이들이 찾는 그림임에는 분명하다.

정답 1. (A) 2. (C) 3. (B) 4. (D) 5. (B) 6. (D) 7. (B)

<Passage 6>
팽창하는 미국에 있어 철도는 점차 중요한 위치를 차지하게 되었고, 철도회사들의 불공정한 경쟁도 증가했다. 관행처럼 요금의 일부를 환불하는 리베이트 방식으로 저렴한 요금을 거대 선주들에게 책정한 것은 소규모 선주들에게는 불리하게 작용했다. 또한 일부 철도회사들은 특정 철도 구간에 있어 거리에 관계없이 일부 선주들에게는 다른 선주들에 비해 비싼 요금을 요구하기도 했다.

게다가, 일부 철도노선이 연결되는 도시들 사이의 화물 요금은 경쟁을 통해 억제되었지만, 단일 철도회사가 운영하는 철도 구간의 화물 요금은 지나치게 높게 책정되기도 했다. 따라서, 시카고에서 뉴욕까지 1,000킬로미터 이상 운송하는 데 드는 비용이 시카고에서 수백 킬로미터 운송하는 요금보다도 저렴했다. 게다가 경쟁사들은 미리 정한 총 수입은 공동기금에 적립하고, 이후 분배 계획에 따라 운송 업무를 분담했다.

정답 8. (C) 9. (A) 10. (C)

<Passage 7>
아나사지족은 수 세기에 걸쳐 발전된 탄탄한 공동사회에서 거주했다. 그들은 같은 지방의 다른 부족들과 교역을 했지만 전쟁을 했다는 흔적은 찾아 보기 힘들다. 아나사지족에 숙련된 장인들뿐 아니라 종교 및 다른 지도자들이 있었다는 것은 명백하지만 어떠한 사회적 또는 계급적 구분이 있었던 것 같지는 않다.

종교적, 사회적 목적이 낭떠러지에 집을 지어 공동체를 이루는데 영향을 미쳤을 뿐만 아니라 결국은 그로 인해 자신들의 거주 지역을 포기해야 했다. 풍부한 수확량에 대한 그들의 높은 기대와는 달리 식량을 재배하기가 점점 어려웠던 환경적 영향도 그들로 하여금 거주 지역을 버리고 떠나게 한 가장 큰 이유였을 것이다.

비록 아나사지족이 물려받은 고향을 떠나 흩어졌지만, 아주 사라진 것은 아니었다. 그들이 남긴 놀라운 고고학적 기록에, 그리고 그들의 자손인 호피족, 주니족과 다른 푸에블로족에 그들의 유산이 아직 남아 있다.

정답 1. (B) 2. (A) 3. (B) 4. (A) 5. (D) 6. (C)

<Passage 8>

중부 지역 식민지는 뉴잉글랜드에 비해 상당히 다양하고, 문화적이며, 자유로운 사회였다. 여러 면에서 윌리엄 펜은 열정적으로 펜실베니아와 델라웨어의 초기 성공에 공헌했다.

그의 지도 아래, 펜실베니아 이사회는 순조롭게, 그리고 급속히 발전할 수 있었다. 1685년까지 식민지 인구는 거의 9,000명에 달했다. 이 식민지의 중심지인 필라델피아는 나무로 그늘진 대로, 튼튼한 벽돌과 돌로 지은 집, 활기 찬 항구 도시로 알려지게 되었다. 1세기 후, 식민지 시대가 끝날 무렵 도시 인구는 거의 3만 명에 이르렀고, 여러 가지 언어, 종교, 직업에 종사하는 사람들로 구성되었다. 성공적인 사업을 일으킬 수 있는 그들의 재능은 필라델피아를 아메리카 식민지에서 가장 매력적인 지역 중 하나로 만들었다.

식민지는 또한 펜실베니아로 이민 온 스코틀랜드계 아일랜드인이 미국으로 들어오는 주요 관문이기도 했다. 그들은 사냥과 농업을 하며 인구가 많지 않은 지역에서 정착하는 경향이 있었다.

정답 7. (A) 8. (B) 9. (C) 10. (D)

<Passage 9>

처음부터 영국은 1773년에 새뮤얼 애덤스와 그 지지자들에게 난제를 안겨 주었다. 심각한 재정위기를 겪고 있던 강력하고 발달된 동인도 회사는 영국 의회에 의해 아메리카 식민지에 수출되는 모든 차에 대한 독점권을 부여받았다. 또한 영국 의회는 동인도 회사가 처음 차를 거래했던 식민지 차 무역상들을 통하지 않고 속임수를 써 소매업자들에게도 직접 공급할 수 있는 권한을 주었다. 회사가 직접 시장가에 비해 훨씬 낮은 가격으로 차를 판매하게 하는 이 독점권으로 인해 밀수를 해도 이윤이 남지 않게 되었으며, 이는 대부분의 식민지 차 무역상들에게 큰 위협이 되었다.

정답 1. (A) 2. (C) 3. (A) 4. (B)

<Passage 10>

대기중 이산화탄소 농도의 놀라운 상승과 현대 사회에 의해 의도적으로 방출된 "온실 가스"가 지구온난화의 원인이라는 것이 연구 결과 밝혀졌다. 일반적으로 "온실 효과"라 불리는 시스템이 지구에서 인류가 거주할 수 있도록 만들어 준다. 대기 중의 해로운 가스들은 온실의 유리와도 같은 역할을 하여 빛은 들어오게 하고, 열은 가둬 빠져나가지 못하게 한다.

일반적인 기후 모델에 따르면 다음 세기까지 지구의 기온이 섭씨 2-3도 상승할 것으로 예측하고 있다. 이런 종류의 온난화 현상은 빙하와 극지방의 얼음을 녹게 할 것이고, 그것은 해수면을 높이는 결과를 가져올 것이다. 이러한 기후 변화가 인간생활과 환경에 가져올 결과는 확실치 않다. 그렇지만, 이 문제를 완화시킬 해법을 빨리 찾아야 한다. 더 지체할 경우 결국 전 세계 인류의 생존에 위험이 될 것이기 때문이다.

정답 5. (B) 6. (A) 7. (B) 8. (C) 9. (A) 10. (D)

찾아보기

독자 여러분들이 지금까지 학습한 모든 표제어들을 모아 우리말 뜻과 함께 수록했습니다.
찾아보기만을 분리해, 가지고 다니면서 복습해도 좋습니다.

A

a great deal of 다량의, 많은 — 347
abandon 버리다, 포기하다 — 198
aberrant 정도를 벗어난, 비정상적인 — 151
abolish 폐지하다 — 238
abort 중단하다, 중단시키다 — 354
abound in ~에 많이 있다, ~이 풍부하다 — 128
above all 무엇보다도 — 37
abrupt 갑작스러운, 뜻밖의 — 109
absorb 흡수하다 — 218
absurd 어리석은, 우스꽝스런 — 273
abundant 풍부한, 많은 — 58
accelerate 속도를 높이다 — 248
accessible 이용 가능한, 접근하기 쉬운 — 211
accommodate 수용하다, (숙박처를) 제공하다 — 379
accompany 동행하다, 동반하다, 수반하다 — 345
accomplish 성취하다 — 345
account for 원인이 되다, 설명하다, 나타내다 — 54
accumulate 모으다, 축적하다 — 54
accurate 정확한, 정밀한 — 320
accustomed to 익숙해진, 길들여진 — 151
acknowledge 인정하다 — 270
acquire 얻다 — 208
actually 실제로, 정말로 — 27
adapt 맞추다, 조정하다, 적응하다 — 46
adept 솜씨 좋은 — 151
adequate 충분한 — 109
adjacent (to) 인접한, 가까운 — 68
adopt 채택하다, 채용하다 — 107
adorn 장식하다, 꾸미다 — 238
advancement 진보, 향상 — 38
advent 출현, 도래 — 134
advocate 지지하다, 옹호하다 — 66
affair 일, 업무 — 367
affluent 풍부한, 유복한 — 44
afford 가져오다, 주다, ~할 여유가 있다 — 128
aftermath 여파, 결과 — 313
aggravate 악화시키다 — 218
aggregate 집단, 집합체; 종합한 — 94
agile 날랜, 민첩한 — 311
aid 원조, 도움, 구조; 돕다, 원조하다 — 274
aim 목적, 의도 — 274
alarm 놀라게 하다, 신호를 보내다 — 309
albeit ~(임)에도 불구하고 — 113
allegedly 주장에 의하면 — 201
allegiance 충성, 충의 — 154
allocate 할당하다 — 87
allow ~ 할 수 있게 하다 — 354

allude 암시하다 — 77
ally (with) 동맹시키다, 연결시키다 — 309
already 이미, 이전에 — 27
alter 바꾸다, 고치다 — 178
alternative 대안적인, 대체 가능한 — 109
although ~이지만, ~에 반하여 — 32
altogether 완전히, 전적으로 — 240
amazing 놀라운 — 100
ambiguous 모호한, 애매한 — 273
ambivalent 불확실한, 주저하는, 애증이 엇갈리는 — 339
amiss 잘못하여, 부적당하게; 잘못된 — 370
ample 풍부한, 넉넉한 — 68
amplify 확대하다, 증가시키다 — 379
analogous 유사한, 닮은 — 69
anarchy 혼란, 무질서 — 184
anchor 단단히 붙어있다, 정박시키다 — 178
ancient 옛날의, 아주 오래된 — 22
annihilate 전멸시키다, 몰살시키다 — 107
annual 매년 — 221
anomaly 이형, 변이 — 274
antagonize 적개심을 일으키다 — 270
anticipate 기대하다, 예상하다 — 107
antique 고대의 — 22
antiquity 고대 유물, 태고, 먼 옛날 — 275
antiseptic 아주 청결한 — 320
antithesis 정반대(의 것) — 322
anxious 갈망하는, 걱정하는, 염려하는 — 161
apart from ~은 별로로 하고, 제쳐 놓고 — 243
apparatus 기구, 기계, 장치 — 275
apparent 명백한, 분명한 — 211
appealing 마음을 끄는, 매력적인 — 311
appear ~인 듯하다, 나타나다, 생기다 — 370
application 적용, 사용 — 94
appreciate 이해하다, 인식하다, 평가하다 — 168
approach 접근법, 연구법 — 214
appropriate 적절한, 어울리는 — 32
approximate 가까운, 근접한, 대략의 — 58
approximating 가까운, 근접한, 대략의 — 58
archaic 구식의, 오래된 — 32
archetypal 원형의, 모범적인 — 273
archive 기록 보관소, 옛 기록, 공적 기록 — 243
ardent 열렬한, 열정적인 — 373
arduous (정신적 또는 육체적으로) 힘든, 어려운 — 69
area 분야, 영역 — 33
argue 주장하다 — 336
arid 불모의, 습기가 없는 — 109
arise 생겨나다, 일어나다 — 21
arouse 유발하다, 자극하다 — 354
arrange 배열하다, 정돈하다 — 379

artificial 인공의, 억지로 하는, 꾸민 — 251
artisan 장인 — 285
as a rule 대개, 일반적으로 — 240
as a whole 전체적으로 — 254
ascend (지위, 정도가) 오르다, 올라가다 — 148
ascertain 확정하다, 확인하다 — 24
assemble 모으다, 조립하다 — 370
assert 단언하다, 주장하다 — 98
assessment 평가, 사정 — 74
asset 장점, 이점 — 349
assign 배정하다, 지정하다 — 29
assimilate 동화되다, (자기 것으로) 흡수하다 — 107
assist 도와주다 — 148
assorted 고루 갖춰진, 갖가지의 — 132
assume 가정하다, 추측하다, (임무 등을) 떠맡다 — 66
assure 보증하다, 확신하다 — 218
astonishing 놀라운 — 69
astounding 크게 놀라게 하는, 놀라운 — 251
astute 약삭빠른, 통찰력 있는, 교활한 — 320
at least 적어도, 최소한 — 365
attachment 결부, 부착, 애착, 애정 — 374
attain 달성하다, 도달하다 — 54
attempt 시도하다 — 248
attest 입증하다, 증언하다 — 362
attract 매혹하다, 끌다 — 336
attribute 특성, 특질, 속성 — 94
augment 증대시키다, 늘리다 — 345
authentic 믿을 만한, 확실한, 진짜의 — 221
authorize 권한을 주다, 권리를 위임하다 — 148
autonomous 자치적인, 자율적인 — 201
available 쓸모가 있는, 이용할 수 있는 — 357
avenue 수단, 방법 — 313
average 평균, 보통 — 33
avid 몹시 원하는, 열렬한 — 347
awkward 서투른, 솜씨 없는, 다루기 힘든 — 282

B

ban 금하다 — 22
bare 벌거벗은, 맨, 가리지 않은 — 202
barren 불모의, 불임의 — 282
barrier 목책, 방벽, 장애물 — 313
base 토대, 기초, 근본 — 23
battle 싸우다 — 31
be at odds with ~와 사이가 나쁘다, 의견 충돌하다 — 359
be aware of ~을 알고 있다 — 359
be inclined to ~하는 경향이 있다 — 144
beckon (움직임으로) 신호하다, 부르다 — 354
being 존재, 현존, 생물 — 375
belch (연기 따위를) 내뿜다, 분출하다 — 148
beneficial 도움이 되는, 유익한 — 252
benefit 이익이나 도움이 되는 것 — 349

bizarre 기괴한, 별난 — 283
blend 섞다, 혼합하다 — 31
block 막다, 방해하다, 제한하다 — 31
blossom 번영하다, 번창하다, 성공하다 — 309
blur 흐리게 하다, 더럽히다 — 149
boast (자랑거리로써) 가지다, 자랑하다 — 149
bold 용감한, 대담한 — 211
bombard 충격을 주다 — 128
boom 붐을 일으키다, 갑자기 발전하다 — 248
boon 은혜, 혜택, 선물, 큰 이익 — 113
border 가장자리, 경계, 변두리 — 375
bound for ~로 가기로 된, ~행인 — 285
boundary 경계(선), 바운데리 — 375
bountiful 풍부한 — 151
branch 분야, 부문 — 349
breakthrough 비약적 전진, 갑작스런 발전 — 95
breed 기르다, 낳다, 번식시키다 — 371
brisk 활발한, 민활한 — 373
brittle 부서지기 쉬운 — 151
broaden 넓히다 — 354
broadly 대체로, 주로, 널리 — 283
broke 한푼 없는, 파산한 — 383
buffer 막다, 보호하다 — 280
bulk 대부분, 크기, 부피; 덩어리 — 63
burden 짐, 부담을 지우다 — 362
burgeon 갑자기 성장하다, 뻗어나가다 — 248
burst 파열하다, 폭발하다 — 248
bustling 떠들썩한, 부산한 — 151
but 그러나, 하지만 — 33
by and large 전반적으로, 대체로 — 285

C

calamity 재난, 재해 — 341
calculate 결정하다, 평가하다 — 238
camouflage 숨기다, 가리다, 위장하다 — 336
candid 솔직한 — 283
capability 재능, 소질 — 224
capitalize on (자기 이익을 위해) 이용하다 — 47
caption 제목, (사진의) 설명 — 375
cardinal 으뜸인, 가장 중요한, 기본적인 — 311
carry 나르다, 운반하다 — 26
cast about 궁리하다, 연구하다, 찾아다니다 — 280
catastrophic 대참사의, 비극적인, 파멸을 일으키는 — 252
cautious 조심하는, 신중한 — 365
cede 양도하다, 인도하다 — 362
celebrated 유명한 — 222
central 중심이 되는, 주요한 — 27
certain 정해진, 특정한, 분명한 — 22
challenge (정당성, 진술 등을) 의심하다 — 113
champion 옹호하다, 지지하다 — 290
chancy 위험한, 불확실한, 믿을 수 없는 — 152

찾아보기

chaotic 대혼란의, 어지러운 — 339
characteristic 특성, 특질 — 43
cherished 소중히 여겨지는 — 347
chief 주요한 — 293
choice 선택의, 잘 선택된 — 320
choose 선택하다, 고르다 — 290
chronically 끊임없이 — 212
circuitous 간접적인, 완곡한 — 293
circumstance 상황, 형편, 환경 — 224
cite 언급하다 — 107
claim 주장하다, 단언하다 — 40
classic 전형적인, 전통적인 — 212
clear 명백한, 분명한; 처리하다 — 152
clever 영리한 — 252
cling 들러붙다, 집착하다 — 149
clue 단서, 실마리 — 214
cluster 모으다, 무리를 만들다 — 149
coat 덮다, 입히다 — 238
coinage 신조어, 새로 만들어진 말 — 294
coincide with 일치하다, 동시에 일어나다 — 107
collaborate 공동으로 하다, 협력하다 — 208
collect 모으다, 수집하다 — 87
collide (with) 충돌하다 — 309
colonize (식민지로) 만들다, (대량) 서식하다 — 290
commission 위탁, 위임, 고용 — 108
commodity 상품, 생산품 — 384
commonly 보통, 통상적으로 — 293
compact 조밀한, 밀집한, 간결한, 작은 — 110
comparable 유사한, 거의 동등한 — 90
compelling 강요하는, 저항하기 어려운 — 90
compensate for (결점, 손해 등을) 보완하다, 상쇄하다 — 87
complaint 불평, 불만 — 43
complement 보충하다, 보완하다 — 317
completely 전부, 모두; 철저히 — 32
complex 복잡한 — 110
complicated 복잡한, 난잡한 — 339
component 구성 요소, 성분 — 74
composition 구성, 합성 — 215
compound 혼합[복합]물 — 43
comprehensive 광범위한, 포괄적인, 철저한 — 90
compress 압축하다, 채워 넣다 — 128
comprise ~로 구성되다, 포함하다 — 66
compulsory 의무적인 — 293
conceal 가리다, 숨기다 — 371
conceive 마음에 품다, 생각해 내다 — 290
concentrate 집중하다 — 149
concern 관심 갖다, 염려하다 — 345
conclusive 결정적인, 최종적인 — 69
condition 상태, 조건 — 29
conducive ~에 도움이 되는 — 293
conduct 전도하다, 보내다, 수행하다 — 379
confer 상의하다, 수여하다 — 26
confidence 확신, 신뢰 — 154

configuration 외형, 형상, 형태 — 74
confine 한정하다, 제한하다; 경계, 범위 — 108
confront 직면하다, 맞서다 — 336
congeal 굳어지게 하다, 경직시키다 — 299
congregate 모으다, 집합시키다 — 371
conjecture 추측, 추론; 추측하다 — 174
conjunction 결합, 연결함; 합동 — 113
conquer 정복하다, 극복하다 — 128
conscious 의식하고 있는, 알고 있는 — 39
consecutive 연속적인, 계속되는 — 340
consensus 의견 일치, 합의 — 84
consequently 결과적으로, 따라서 — 69
conserve 유지하다, 보존하다 — 228
considerable 상당한, 적지 않은, 중요한 — 58
consist of 구성되다, 이루어지다 — 371
consistent 한결같은, 일관된 — 180
conspicuous 눈에 띄는, 현저한, 뚜렷한 — 90
constant 일정한, 변함없는 — 91
constellation 집합체, 일단, 무리 — 163
constituent 구성요소, 성분 — 350
constitute 구성하다, 나타내다 — 337
constraint 강제, 구속, 제약 — 114
construe 설명하다, 해석하다 — 362
consume 소비하다, 써 버리다 — 87
consummate 완료하다, 완성하다 — 24
contemplate 심사숙고 하다, 고찰하다 — 208
contemporary 현대의, 당대의 — 161
contemptuous 얕잡아 보는, 경멸하는 — 252
contend 논쟁하다, 경쟁하다, 주장하다 — 54
context 배경, 상황 — 305
contiguous 인접한, 이웃한 — 302
continued 끊임없는, 지속적인 — 91
contract 줄이다, 줄어들다 — 108
contrive 고안하다, 발명하다 — 337
control 통제하다, 관리하다 — 25
controversial 논란이 많은 — 132
convention 관례, 관습, 인습 — 103
converge 모이다, 모으다, 집중시키다 — 158
conversely (이와) 반대로 — 132
convey 운반하다, 나르다, 전하다, 연락하다 — 238
convince 납득시키다, 확신시키다 — 168
cope with 대처하다, 다루다 — 66
copious 풍부한 — 91
core 중심부, 중요 부분, 핵심 — 224
cornerstone 기초, 초석 — 254
correspondingly 상응하게, 대응하여 — 202
corroborate 확증하다, 입증하다 — 178
costly 비싼 — 320
counsel 조언하다, 설득하다 — 346
counter 반대의, 거꾸로의 — 299
counter 반대하다 — 317
counterpart 상대, 동등한 것 — 134
countless 셀 수 없는, 무수한 — 373

countryside 시골, 지방	43
coupled with ~와 함께	202
course 따라 나아가다, 흐르다	129
cover 감추다, 숨기다, 포함하다, 다루다	354
covet 몹시 탐내다, 갈망하다	379
cozy 편안한, 아늑한	373
crack 틈, 금	44
craft 솜씨, 기술, 기능, 기교	44
cramped 비좁고 갑갑한	302
crawl 기어가다, 느리게 움직이다	309
create 만들다, 창작하다	20
credible 믿을 수 있는	202
crest 정상, 절정	37
crisis 위기, 결정적 단계	204
criterion 표준, 기준	103
critical 중요한, 결정적인, 비판적인	59
criticize 흠을 찾다, 비판하다	299
crop up 나타나다, 생기다, 노출하다	380
crown 올리다	31
crucial 결정적인, 매우 중대한, 중요한	70
crude 천연 그대로의, 미가공의, 거친	91
crush 뭉개다, 박살내다	31
culminate (in) 절정(전성기)에 달하다	354
cultivate 경작하다, 양성하다, 개발하다	32
cumbersome 성가시고 어려운	202
curb 제한하다, 억누르다	355
current 현재의, 최신의, 유행의	70
cushion ~을 (상황의 악화로부터) 막다	299

D

dainty 우아한, 고상한, 여린, 약한	241
dam 막다	219
dangle 매달다	29
debate 논쟁하다	337
debris 파편, 파괴 후의 잔해	341
deceiving 속이는, 믿지 못할	132
deceptive 속이는, 믿지 못할	132
decimate 없애다, 종식시키다	55
decisive 결정적인, 중대한, 명확한	161
decline 거절하다, 쇠퇴하다	88
decorated 꾸며진	34
dedicate 전념하다, (시간, 노력 등을) 바치다	380
deduce 연역하다, 추론하다	299
deem 생각하다, 여기다	158
defend 변호하다, 방어하다, 옹호하다	239
deflect 빗나가게 하다, 비끼게 하다	158
degree 정도	29
deject 실망시키다, 낙담시키다	249
deliberate 의도적인, 고의의, 신중한	91
delicate 우아한, 고상한, 여린, 정교한	320
deluxe 호화로운, 사치스러운	340

demise 사망, 소멸, 종말; 사망하다	163
demolition 파괴, 해체	244
dense 빽빽한, 밀집한	231
dependable 믿을 수 있는, 의지할 수 있는	132
depict 묘사하다, 그리다	98
depletion 감소	224
deploy 맞게 사용하다, 배치하다	380
deposit 놓다, 저축하다	198
derive 유래하다, 얻다, 이끌어내다	129
design 뜻이나 목적을 품다, 계획하다, 디자인하다	219
designate 지정하다, ~라 하다	300
detect 찾아 내다, 발견하다	198
deter 단념시키다, 방해하다, 방지하다	270
determine 평가하다, 결정하다	239
detrimental 해로운	181
devastate 황폐시키다	98
deviate 벗어나다, 빗나가게 하다	77
devise 만들다, 고안하다, 개발하다	55
devoid 없는, 빠진	365
devote to 몰두하다, 전념하다	355
devour 게걸스레 먹다	270
dictate (권위를 갖고) 명령하다, 결정하다	178
difference 다름, 차이	38
differential 차별적인, 특이한	181
diffuse 퍼뜨리다, 유포하다	98
diligently 공들여, 애써서, 열심히	320
dilute 묽게 하다	362
dim 흐릿한, 희미한; 흐릿하게 하다	161
dimension 크기, 규모, 치수	163
diminish 줄이다, 작게 하다	219
disassemble 해체하다, 분해하다	309
disband 해체하다, 해산하다	129
discard 버리다, 폐기하다	219
discern (보고) 알아 보다, 분간하다	158
discharge 놓아 주다, 배출하다	36
discount 고려치 않다, 무시하다	249
discrete 별개의, 분리된	273
disentangle 풀다, 해방시키다	208
disgust (매우) 싫음, 혐오감	275
disintegrate 산산조각 내다, 붕괴시키다	198
dismantle 분해하다, 해체하다	270
disparity 불일치, 불균형, 차이	275
disperse 흩어지게 하다, 퍼뜨리다	67
display 보여 주다, 전시하다	24
dispose 배치하다, 정리하다, 제거하다	199
disputatious 논쟁적인, 논쟁을 좋아하는	170
disseminate 퍼뜨리다, 흩뿌리다	67
dissent 반대하다, 이의를 주장하다	271
dissipate 흩어지게 하다, 분산시키다, 낭비하다	129
dissuade (설득하여) 단념시키다	355
distant 먼	273
distinct 별개의, 다른, 뚜렷한, 명확한	59
distinguish from 구별하다, 분간하다	20

찾아보기

distribute 분배하다, 보급하다 — 208
diverge 벗어나다, 나뉘다, 갈라지다 — 168
diverse 다양한 — 70
divert (주위, 주의를) 딴 데로 돌리다, 전환시키다 — 310
divest 박탈하다, 빼앗다, 벗기다 — 228
doctrine 주의, 신조, 교리, 교의 — 275
document 기록하다, 문서화하다 — 88
domain 분야, 영역 — 37
dominant 우세한, 지배적인, 일반적인 — 321
dominate 지배하다, 억제하다 — 271
dramatic 극적인 — 81
drastic 강력한, 과감한, 철저한 — 59
drawback 결점, 약점 — 314
dry 건조한 — 202
dual 둘의, 이중의 — 231
due to ~때문에 — 286
duplicate 복제하다; 똑 같은 — 55
duration (지속) 기간 — 84
dwell 거주하다 — 98
dwindle 서서히 줄이다, 점차 감소시키다 — 21
dynamic 힘찬, 활동적인; 원동력 — 181

E

eager 열렬한, 열망하는 — 252
earn 획득하다, 얻다 — 26
ease into 신중히 안으로 움직이다 — 280
eccentric 별난 — 181
echo 흉내내다, 모방하다 — 280
eclectic 다방면에 걸친, 다양성을 지닌, 선택된 — 110
eclipse 가리다, 무색하게 하다 — 199
efface 지우다, 없애다 — 219
effort 노력, 시도 — 286
elaborate 정교한, 공들인, 복잡한 — 92
elapse 경과하다, 지나다 — 346
elegant 우아한, 고상한 — 283
element 요소, 성분 — 49
elevating 올라가는 — 283
eliminate 없애다, 제거하다, 실격시키다 — 310
elongate (시간, 공간적으로) 연장하다, 늘이다 — 129
embark 시작하다, 착수하다, 싣다 — 99
embed 박아 넣다, (마음 속에) 깊이 간직하다 — 88
embellish 꾸미다, 장식하다 — 168
emerge 나타나다, 출현하다, 일어나다 — 55
eminent 우수한, 주목할 만한 — 171
emit 내(뿜)다, 발출하다, 방사하다 — 249
emphasize 강조하다 — 129
empirical 경험에 의한, 실증적인 — 284
employ 쓰다, 사용하다 — 130
enable 할 수 있게 하다, 허용하다 — 239
enactment 제정, 입법(화), 인가 — 174
encapsulate 요약하다 — 317

encompass 포함하다, 내포하다 — 77
encounter 접하다, 맞닥뜨리다 — 169
encourage 격려하다, 북돋우다, 촉진하다 — 130
end 목적 — 286
endangered 위태로운, 멸종 직전의 — 47
endeavor 노력하다, 애쓰다 — 209
endorse 승인하다, 지지하다 — 280
endow 주다, 기부하다 — 169
enduring 오래 지속되는 — 170
engage 고용하다, 끌어 넣다, 관련을 갖게 하다 — 88
engender (감정 등이) 생기게 하다 — 281
engrave 새기다, 조각하다 — 290
engross 몰두하게 만들다 — 337
enhance 강화하다, 높이다, 늘리다 — 56
enigmatic 수수께끼의, 알기 어려운 — 133
enormous 거대한, 막대한 — 171
enrich 늘리다, 강화하다 — 317
ensemble 전체, 합주단, 앙상블 — 359
ensue 연이어 일어나다, 결과로서 일어나다 — 169
ensure 보증하다, 확실히 하다 — 362
entail 일으키다, (필연적 결과로) 수반하다 — 290
enthusiastic 열심인, 열렬한 — 321
entice 유혹하다, 꾀어 들이다 — 291
entire 전체의, 완전한 — 133
environment 환경, 자연 환경 — 28
envision 마음에 그리다, 상상하다, 계획하다 — 199
ephemeral 순식간의, 덧없는 — 81
episode 사건, 에피소드 — 215
epitomize 전형적인 예가 되다, 상징이 되다 — 249
equilibrium 평형(상태), 균형(상태) — 134
equip (설비를) 갖추다 — 27
equivalent 상당물, 동등물; 동등한, 상당하는 — 383
eradicate 근절시키다, 없애다, 지우다 — 362
erect 세우다; 똑바로 선 — 228
erratic 변덕스러운, 별난 — 100
erroneous 잘못된, 틀린 — 357
escalate 점차 확대[증가]시키다 — 249
essential 아주 중요한, 주요한, 필수적인 — 70
establish 설립하다, 제정하다 — 46
estimate 평가하다, 판단하다, 추정하다 — 41
ethic 가치체계, 윤리 — 295
evacuate 떠나다, 피난하다, 비우다 — 291
evaluate 평가하다, 진단하다 — 239
even 한결 같은, 고른, 차분한 — 340
eventually 결국, 언젠가는 — 92
evident 분명한 — 100
evoke 유발하다, 불러일으키다 — 159
evolve 발전하다, 진화하다, 불러일으키다 — 220
exacerbate 악화시키다 — 355
exaggerate 과장하다, 과대시하다 — 346
examine 조사하다, 검사하다 — 346
excavate 파다, 발굴하다 — 209
exceed 한계를 넘다, 초과하다, 더 낫다 — 169

exceptional 이례적인, 극히 예외적인 ·········· 110
excessive 과도한, 지나친 ······················ 171
exclusively 오로지, 전적으로 ··················· 93
excrete 배설, 배출; 분비하다 ·················· 199
execute 실행하다, 달성하다 ····················· 99
exempt 면해주다 ······························ 169
exercise 활용하다, 행사하다, 훈련시키다 ······ 371
exert 행사하다, 가하다 ························ 130
exhausted (~로) 소모된, 기진 맥진한 ·········· 81
exhibit 전시하다, 보여 주다, 나타내다 ········· 159
expand 확대[확장]하다, 팽창시키다 ············ 159
expend 쓰다, 소모하다 ························ 209
explicit 분명한, 솔직한 ························ 133
exploit (이익, 영리를 위해) 이용하다, 착취하다 ···· 67
exposure 노출, 드러냄, 폭로 ··················· 384
extant 지금도 남아있는, 현존하는 ············· 110
extend 뻗다, 잡아 늘이다, 연장하다 ············ 56
extinct 사멸된, 사라진 ························ 311
extol 격찬하다, 칭찬하다 ······················ 355
extract 끌어내다, 얻다, 발췌하다 ·············· 130
extraordinary 보통이 아닌, 대단한 ············ 357
extremely 극도로, 대단히 ······················ 42
exude 발산하다, 내다 ························· 220

F

fabricate 제작(조립, 조작)하다 ················ 130
facet 양상, 한 면 ····························· 225
facilitate 수월하게 하다, 편하게 하다 ········· 78
faint 희미한, 불분명한 ························ 44
fame 명성, 평판 ······························· 24
far-reaching 멀리까지 미치는, 광범위한 ······ 222
far-sighted 선견지명이 있는, 현명한 ·········· 340
fascinate 매혹하다, 흥미를 끌다 ·············· 178
fashionable 최신식의, 유행하는 ··············· 180
feasible 가능한, 실행할 수 있는 ··············· 81
feat 위업, 공적 ······························· 134
feature 특징 ·································· 367
federate 연합하다 ····························· 317
ferry 수송하다 ································ 26
fertile[fertilized] 비옥한, 풍부한 ············· 321
figure out 이해하다, (원인을) 발견하다, 해결하다 ···· 159
finance 자금을 공급하다 ······················· 26
firm 견고한, 탄탄한, 고정된 ··················· 241
first and foremost 주로, 무엇보다 먼저 ······ 348
flag 정지시키다, 신호하다 ····················· 291
flake 얇은 조각, 파편 ·························· 350
flattery 아부, 아첨 ···························· 244
flaw 결점, 흠 ································· 163
flee (from) 달아나다, 도피하다 ················ 99
flexibility 융통성, 적응성 ····················· 295
flexible 구부리기 쉬운, 융통성 있는 ············ 340

flight 도망, 탈출 ······························ 375
float upward (생각이나 인물 등이) 떠오르다, 떠돌다 ···· 380
flood 홍수; 다수, 다량 ························ 39
flourish 번영하다, 번창하다, 성공하다 ········· 56
flow 흐르다, 넘쳐 흐르다; 흐름, 움직임 ······ 170
fluctuate 동요하다, 수시로 변하다 ············· 57
fluid 유동적인, 변하기 쉬운 ···················· 39
forage (식량 등을) 찾아 나서다, 먹이를 주다 ···· 78
foremost 가장 중요한, (순위상) 맨 먼저의 ···· 252
form 만들다, 형성하다 ························ 30
formerly 이전에는, 옛날에는 ·················· 357
formidable 다루기 힘든, 강력한 ··············· 101
forum 공개토론장, 포럼 ······················· 295
foster 촉진하다, 조성하다, 기르다 ············· 57
found 설립하다, 세우다 ······················· 170
found wanting 모자라는, 부족한 ············· 202
fracture 균열, 틈 ····························· 204
fragile 깨지기 쉬운 ··························· 171
fragment 조각, 파편; 부수다 ··················· 95
fragrant 향기로운 ····························· 373
frankly 솔직히 ································ 231
frantic 흥분한, 정신 없는 ······················ 373
friction 마찰, 갈등 ···························· 295
frigid 매우 추운 ······························ 203
from time to time 때때로, 가끔 ·············· 45
full-fledged 성숙한, 충분히 자격을 갖춘, 훈련된 ···· 182
function 작용하다, 기능하다; 기능, 직무 ····· 337
fund 자금 ······································ 50
fundamental 기본적인, 토대를 ················ 231
furnish 공급하다, 제공하다 ··················· 131
furthermore 게다가, 더구나 ··················· 81
fuse 합치다, 녹이다 ··························· 228

G

gather 모으다 ································· 30
gauge 측정하다, 평가하다, 판단하다 ············ 46
gear (계획에) 맞추다, 맞게 조정하다 ·········· 291
generate 발생시키다, 일으키다 ················ 131
genre 유형, 양식 ······························ 44
genuinely 정말로, 진실로 ······················ 357
give rise to 일으키다, 낳다 ··················· 159
given 지정된, 정해진 ·························· 231
glean 모으다, 조금씩 수집하다 ················ 346
govern 규제하다, 관리하다, 통치하다 ·········· 40
gradually 조금씩, 점차적으로, 서서히 ········· 232
grasp 움켜쥐다, 꽉 쥐다, 이해하다 ············ 159
groom 가다듬다, 단장하다, 돌보다 ············ 220
grossly 막대하게, 엄청나게 ··················· 302
groundless 근거 없는, 까닭 없는 ·············· 312
guarantee 보증하다, 확실히 하다 ·············· 228
guard 보호하다, 지키다 ······················· 26

찾아보기

guide 이끌다, 지도하다 ······ 32

H

habitat 거주지, 주소 ······ 49
hairline 가는 선 ······ 305
hallmark 품질 증명, 보증 마크 ······ 164
halt 멈추다, 정지시키다 ······ 199
hamper 방해하다, 막다, 제한하다 ······ 229
handle 다루다, 처리하다 ······ 131
haphazard 아무렇게나 하는 ······ 302
harness 이용하다, 동력화하다 ······ 78
harsh 엄한, 엄격한 ······ 42
haul 끌다, 잡아당기다, 운반하다 ······ 371
have nothing to do 아무런 관계가 없다 ······ 346
havoc (대규모) 파괴 ······ 254
hazardous 위험한 ······ 139
heed 주의 ······ 375
heir 상속인, 후계자 ······ 234
hence 그러한 이유로, 따라서 ······ 212
heritage 전통, 유산 ······ 305
highlight 강조하다 ······ 300
hinder 방해하다 ······ 300
hint 암시, 시사 ······ 144
hire 사람을 쓰다, 고용하다 ······ 46
hobby 취미 ······ 225
hold 담다, 수용하다, 유지하다 ······ 20
hollow 속이 빈, 실속 없는, 무의미한 ······ 42
house 들여놓다, 수용하다 ······ 35
hover 공중을 맴돌다, 배회하다 ······ 229
however 그럼에도 불구하고, 그러나 ······ 28
hue 색(조), 색상 ······ 33
huge 아주 큰, 막대한 ······ 32
hurdle 장애(물) ······ 164
hybrid 결합(체), 합성(체); 잡종의 ······ 49
hypothetical 가설의, 가설에 근거한 ······ 171

I

ideal 이상적인 ······ 321
identical 동일한 ······ 365
idiosyncrasy 개성, 특징 ······ 234
ignite 점화하다 ······ 310
illuminate 비추다, 밝게 하다, 분명히 하다 ······ 250
illusion 막연한 생각, 환상 ······ 24
imaginative 상상력이 풍부한 ······ 303
immediate 즉시의, 가까운 ······ 373
immense 매우 큰, 거대한, 매우 많은 ······ 101
immerse 열중하게 하다, 담그다, 가라앉히다 ······ 182
immobile 정지된, 움직이지 않는 ······ 139
immoral 부도덕한, 품행이 나쁜 ······ 212
immutable 변경할 수 없는, 불변의 ······ 303
impact 영향, 효과 ······ 234
impair 손상시키다, 악화시키다 ······ 46
impart (물건이나 성향을) 주다 ······ 108
impediment 장애(물), 방해(물) ······ 145
impending 임박한, 곧 일어날 듯한 ······ 303
impermeable 통과할 수 없는, 스며들지 않는 ······ 111
impervious 불침투성의, 견디는 ······ 341
impetus 자극, 기동력 ······ 84
implausible 믿기 어려운, 그럴듯하지 않은 ······ 101
implement 도구, 기구 ······ 185
imply 나타내다, 내포하다 ······ 78
impose 강요하다, 부과하다, 지우다 ······ 138
impressive 인상적인, 눈에 띄는 ······ 348
improbable 일어날 것 같지 않은, 사실 같지 않은 ······ 171
in any case 여하튼 ······ 348
in contrast 반대로, ~와 대조하여 ······ 50
in earnest 본격적으로, 진심으로 ······ 134
in fact 사실상, 정말로 ······ 28
in response to ~에 답하여 ······ 276
in tandem 협력하여 ······ 255
in terms of ~에 의해, ~의 점에서는 ······ 350
inaccessible 접근하기 어려운 ······ 312
inadequate 부족한, 불충분한 ······ 111
inadvertently 무심코, 우연히 ······ 70
inauspicious 불운한, 불길한 ······ 39
incentive 자극, 동기 ······ 255
incidentally 덧붙여 말하자면, 그런데 ······ 172
incipient 처음의, 초기의, 시초의 ······ 357
incise 자르다, 새기다 ······ 47
inclement (날씨가) 좋지 못한, 냉혹한 ······ 203
incompatible with (~와) 맞지 않다, 용납하지 않다 ······ 140
inconceivable 생각할 수 없는, 상상할 수 없는 ······ 312
incorporate 합치다, 합병하다, 회사로 만들다 ······ 209
incredible 믿을 수 없는, 믿기 힘든 ······ 312
incursion 침입, 침해 ······ 375
indeed 사실은, 사실대로 말하자면 ······ 253
indifferent 무관심한 ······ 303
indigenous 고유한, 토착의 ······ 71
indispensable 필수의 ······ 93
induce 설득하여 ~시키다, 유발하다, 야기하다 ······ 99
ineffectively 효과 없이, 헛되게 ······ 27
inert 혼자서 행동할 수 없는 ······ 48
inevitable 피할 수 없는, 필연적으로 ······ 81
infer 추론하다, 결론짓다 ······ 363
infinite 무한의, 끝없는 ······ 365
infirm 약한, (체력이나 기관이) 쇠약한 ······ 36
inflate 부풀리다, 팽창시키다 ······ 78
inflict on 주다, 가하다, 입히다 ······ 271
influential 영향력 있는, 중요한 역할을 하는 ······ 374
informal 규정을 따르지 않은, 비공식의 ······ 274
infrastructure 기반, 기본 (조직) ······ 314
ingenious 독창적인, 영리한 ······ 93

ingrained 깊이 뿌리 내린, 천성의 — 274
inhabit 살다, 거주하다 — 318
inherent 타고난 — 60
inhibit 억제하다, 방해하다 — 239
inhospitable 접대가 나쁜, 무뚝뚝한, 쌀쌀한 — 232
initiate 시작하다, 개시하다 — 78
innovate 혁신하다 — 210
innumerable 무수한, 셀 수도 없는 — 253
inordinate 과도한, 지나친 — 140
insert 끼워 넣다 — 30
insight into ~에의 통찰(력), 이해 — 175
inspire 동기를 주다, 고무시키다 — 310
instantaneous 즉석의 — 212
instantly 곧, 즉각 — 374
instigate 일으키다, 선동하다 — 271
instructive 교육적인, 유익한 — 182
instrument 수단, 방법, 기계, 기구 — 375
insufficient 부족한, 불충분한 — 365
intact 손상되지 않은, 온전한, 완전한 — 60
intangible 실체가 없는, 무형의 — 172
integrate 통합하다 — 88
intend 의도하다 — 372
intensify 강화하다 — 131
intercourse 교류, 거래, 통상 — 276
interlocked 연결된 — 140
intermediate 중간의[에 있는] — 172
intermittent 간헐적인, 주기적인 — 152
interplay 상호 작용[영향] — 276
interrupt 중단하다 — 250
intertwine 엉키다, 엮어 짜다 — 337
interval (시간적) 간격, 사이 — 276
intervening years 그 시절 에, 그 사이에 — 276
intimate 친숙한 — 140
intimidate 위협해 ~시키다 — 24
intricate 복잡한, 난해한 — 140
intrigue 흥미를 끌다, 매표시키다 — 79
intrinsic 본질적인, 본래 갖추어진 — 140
intrusive (주제넘게) 참견하는, 방해하는 — 182
invade 침입하다, 침략하다 — 272
invaluable 귀중한 — 41
invariably 언제나, 예외 없이 — 82
inventive 창조적인, 새로운 — 28
inviolable 불가침의, 침범할 수 없는 — 141
invoke 부탁하다, 호소하다 — 272
involved 복잡한, 뒤얽힌 — 141
inwardly 정신적으로, 내면적으로 — 42
irksome 지루한, 짜증나는 — 383
irreparable 고칠 수 없는, 회복할 수 없는 — 341
irresistible 억누를 수 없는, 너무 매혹적인 — 22
irrevocable 취소[변경]할 수 없는 — 182
isolate 격리하다, 고립시키다 — 89
issue 쟁점, 문제점 — 49
item 물건, 물품 — 48

J

jettison 내던지다, 버리다 — 229
judge 판단하다, 평가하다 — 46
junction 교차로, 나들목, 연결 지점 — 367
juncture 연결, 접합(점, 선) — 314
justified 옳은, 정당한 — 141
justly 공정하게, 정당하게 — 203

K

keen 예리한, 날카로운 — 284
key 중요한, 중대한; 실마리, 요소 — 84

L

laborious 힘 드는, 어려운, 근면한 — 253
landscape 경치, 경관 — 33
launch 시작하다, 착수하다, 띄우다 — 210
lavish 사치스러운, 호사스러운 — 232
lead 이끌다, 이르게 하다; 단서 — 310
legitimate 합법적인, 이치에 맞는 — 212
leisurely 느긋하게, 여유 있게 — 365
lethal 치명적인 — 60
liberal 편견이 없는, 마음이 넓은 — 341
likelihood 가능성 — 376
liken 견주다, 비유하다 — 229
likewise 비슷하게, 또한, 게다가 — 284
limit 한정하다, 제한하다; 경계, 한계 — 220
linger 남아있다, 남아서 꾸물거리다 — 229
link 연결하는 것, 인연; 연결하다, 잇다 — 95
livelihood 생계 수단, 살림 — 50
locale 현장, 장소 — 350
locate 알아내다, 발견하다 — 160
lodge 박다, 꽂다 — 281
long for[to] 갈망하다 — 29
lucrative 수지맞는, 이익을 내는 — 60
luminous 빛나는, 밝은 — 141

M

magnify 크게 하다, 확대하다 — 89
mainstay (존재의) 중심 — 286
maintain 유지하다, 지속하다 — 20
make one's way (애써) 나아가다, 인정받다, 성공하다 — 318
malleable 두들겨 펴기 쉬운, 적응성이 있는 — 232
mammoth 거대한 — 47
manageable 다루기 쉬운, 관리 가능한 — 142
mandate 요구, 지시, 위임(사항) — 114
manifest 명백한; ~을 명백히 하다 — 71

찾아보기

manipulate 다루다, 조정하다, 처리하다 ··········· 57
marked 두드러진, 상당한 ······························ 82
mask (감정 등을) 숨기다, 속이다 ················· 220
massive 크고 무거운 ··································· 82
mastery 지배(권), 통제권 ···························· 145
match 대등하다, 필적하다 ·························· 138
material 육체적인, 물질적인, 중요한 ············ 222
matter 문제 ··· 38
maturity 성숙(기), 완성(기) ························ 350
maximum 최대, 최대량, 최고 ······················· 23
meager 부족한, 불충분한 ··························· 101
means 방법, 수단 ····································· 314
mechanism (정해진) 절차, 방법 ·················· 134
meet 응하다, 만족시키다 ··························· 160
menace 위협하다, 협박하다, 위험에 빠뜨리다 ··· 281
mere 단지 ~한, 단순한 ······························· 82
merge 합병하다, 병합하다 ··························· 99
metamorphose 변화시키다, 변성시키다 ······· 372
meticulous (지나치게) 꼼꼼한, 세심한 ········· 142
migrate 이동하다, 이주하다 ························· 21
mimic 흉내 내다, 흉내 내며 놀리다 ················ 57
mingle 교제하다, 섞다, 합치다 ··················· 281
miniature 소규모인, 축소된 ······················· 133
minute 미세한 ··· 93
mirror 반영하다 ····································· 355
misconception 오해 ································· 376
misleading 호도하는, 오해시키는, 속이는 ···· 212
mobility 이동성, 운동성 ····························· 38
mock 조롱하다, 놀리다, 흉내 내다 ·············· 338
mode 방법, 방식, 형태 ······························ 244
model 모형, 전형; 맞추어 만들다, 형성하다 ···· 225
moderate 적절한, 적당한 ··························· 142
modest 알맞은, 적절한, 한정된 ···················· 71
modify 고치다, 수정하다 ···························· 89
molten 녹은 ·· 321
momentous 중대한, 중요한 ······················· 111
monitor 감시하다, 조사하다, 관찰하다 ·········· 40
monotonous 단조로운, 지루한 ··················· 161
more or less 다소, 어느 정도 ····················· 366
moreover 게다가, 더욱이 ·························· 142
mount 오르다, 증가하다 ··························· 131
move toward 접근하다 ····························· 29
multiply 늘리다, 증대[증가]시키다 ················ 25
mundane 평범한, 현세의 ·························· 241
myriad 무수한 ······································· 142
mysterious 모호한, 불가사의한 ·················· 358

N

narrow 한정된 ·· 27
nature 본질, 천성 ···································· 28
nearly 거의 ·· 366

necessary 필요한, 없어서는 안 될 ················ 23
needless to say 물론, 말할 필요도 없이 ······ 322
neglect 깜빡 잊다, 무시하다, 경시하다 ········ 281
negligible 무시해도 좋은, 하찮은 ··············· 284
net 최종적인, 궁극적인 ······························ 48
nevertheless 그럼에도 불구하고 ················ 164
norm 표준, 규범 ···································· 286
notable 주목할 만한, 뛰어난, 유명한 ·········· 111
noticeable 뚜렷한, 현저한 ························ 366
notwithstanding ~에도 불구하고 ··············· 350
novel 새로운, 신기한, 이상한 ···················· 383
now and then 때때로 ······························ 103
nurture 기르다, 키우다, 돌보다 ················· 318

O

objective 목적, 목표 ······························· 103
obligation 의무 ····································· 204
obscure 불분명한, 애매한 ·························· 60
observe 관찰하다, 지켜보다 ······················· 31
obsession (~에 대한) 집착 ······················· 103
obsolete 시대에 처진, 구식의, 오래된 ··········· 48
obstacle 장애물 ······································ 45
obtain 획득하다, 얻다 ····························· 149
obvious 분명한, 명백한 ··························· 162
occasional 때때로의 ······························· 213
occurrence 사건, 현상 ···························· 384
offset 상쇄하다, 균형을 맞추다 ··················· 67
ominous 불길한 (징조의), 험악한 ·············· 357
omit 생략하다, 빠뜨리다 ·························· 318
on the contrary 이와 반대로 ······················ 50
on the other hand 반면에, 그와 반대로 ······· 49
on the whole 전반적으로, 대체로 ·············· 164
ongoing 진행중인, 계속하고 있는 ·············· 182
onset 개시, 착수 ····································· 95
opaque 불분명한, 이해하기 힘든, 흐릿한 ···· 152
operate 작용하다, 조정하다 ······················ 372
optimal 최선의, 최상의, 최적의 ················· 102
option 선택, 취사 ··································· 286
orchestrate 조직하다, 편곡하다, 조작하다 ··· 170
ordinary 보통의, 일상적인 ························· 42
orientation 적응 지도, 관점, 경향 ·············· 175
originate ~에서 생기다, 시작하다, 일어나다 ··· 221
ornament 장식하다 ································ 210
other than ~을 제외하고[제외하는] ············ 376
outcome 결과 ······································· 244
outrageous 터무니없는 ··························· 348
outstanding 현저한, 두드러진, 미결제의 ······ 41
overall 종합적으로, 전반적으로 ················· 241
overly 지나치게, 몹시 ······························ 153
oversee 감독하다, 평가하다, 조사하다 ······· 356
overshadow 그늘지게[볼품없게]하다 ·········· 200

overview 개요, 개관	234
overwhelmingly 압도적으로, 주로	172

P

pace 속도, 페이스, 보폭	384
pacifier 조정자, 화해자	234
pack together 모으다	363
palatial 호화로운, 웅대한	153
paradox 모순, 역설	95
paramount 최고의 (지위를 가진), 가장 중요한	183
pare 껍질을 벗기다	35
parody 모방, 흉내	384
partake (남과 함께) 먹다, 마시다	200
partially 불완전하게, 부분적으로	322
particular 특유의	93
patch 구역, 부분	341
patent 명백한	232
patron 단골 손님, 고객	37
peak 꼭대기, 절정	205
peculiar 특유의, 독특한, 특이한	358
penetrate 뚫다, 관통하다, 파고들다	221
perceive 인식하다, 지각하다	380
perfect 완전한, 결점이 없는; 개선하다	253
perforate 구멍을 뚫다, 꿰뚫다	356
perilous 위험한	213
periodically 주기적으로, 간간히	111
peripheral 주변의, 주의의, 바깥의	374
periphery 경계, 주변	295
perish 사라지다, 타락하다, 죽다	150
permit 용인하다, 허락하다	230
perpetual 영구적인, 끊임없는	213
perplex 복잡하게 하다, 뒤얽히게 하다	291
persist 고집하다, 관철시키다	67
perspective 관점, 시각	175
persuasive 설득력 있는	183
pertinent 적절한, 관계가 있는	142
pervasive 퍼진, 보급된	241
phenomenal 보통이 아닌, 놀랄 만한	112
pick out 찾아내다, 분간하다	380
pinpoint (위치, 원인을) 정확히 지적하다, 나타내다	79
pioneer 개척하다, 인도하다; 개척자, 선구자	108
plausible 그럴듯한, 설득력 있는	82
play 수행하다	21
plentiful 풍부한	48
point out 가리키다, 지적하다	363
pool (사람, 조직 등을) 연합하다, 합치다	200
popular 유행하는, 대중적인	36
pore (작은) 구멍	23
portion 부분, 일부	342
pose 제출[제안]하다, 일으키다	79
posit 사실로 가정하다	381
postulate 주장하다, 가정하다	68
potent 강력한, 세력이 있는	102
potential 가능성 있는; 가능성, 잠재성	102
practical 실용적인, 실제적인	358
pragmatic 현실적인, 실제적인	82
precarious 위태로운, 위험한, 불확실한	153
precede 앞서 일어나다, 앞서다	318
precious 귀중한, 값어치 있는	183
precipitate (발생을) 촉진하다, 일으키다	179
precise 정확한, 명확한	60
preclude 막다, 방해하다	230
prediction 예언, 예보	296
predominant 우세한, 우수한, 주요한	60
preeminent 현저한, 주목할 만한	223
prefer 더 좋아하다, 선호하다	35
preliminary 예비의, 서두의, 준비의	383
premise 전제, 가정	234
preoccupied with ~에 몰두하는, ~에 열중하는	241
preordain 예정하다, 미리 운명을 결정하다	356
preposterous 상식을 벗어난, 터무니없는	203
(pre)requisite 전제 조건, 필수 조건	114
preserve 보존하다, 유지하다	25
press 신문, 정기 간행물	38
prestigious 유명한, 신망이 있는	143
presume 추정하다, 가정하다	200
prevailing 널리 퍼진, 우세한, 지배적인	82
prevent 방해하다, 못 일어나게 하다	291
previous 전의, 우선의	172
primary 근본적인, 주요한	72
primeval 원시의, 고대의	383
primitive 원시의, 초기의, 원래의	223
primordial 최초의, 근본적인, 원시시대부터 있는	173
principal 주된, 주요한	72
principle 원리, 원칙	175
prior to ~전의, ~에 우선하는	155
pristine 원시 상태의, 자연 그대로의	153
prize 중요하게 여기다, (높게) 평가하다	318
probe 조사하다, 엄밀히 검사하다	200
procure 얻다, 획득하다	338
prodigious 거대한, 막대한	294
produce 생산하다, 만들다	35
professional 전문의	384
proficient 능숙한, 숙달된	242
profile 옆얼굴, 옆모습	296
profound 뜻 깊은, 심오한	61
profuse 풍부한, 아낌없는, 많은	312
program 프로그램 짜다, 계획하다	22
progressive 진보[발전, 향상]하는	172
prohibitive 터무니없이 높은, 과중한	183
project 프로젝트, 일; 나타내다, 표명하다	235
proliferate (빠르게) 증식하다, 증가하다	99
prolific 다산의, 풍부한	94
prolong 늘이다, 연장하다	79

찾아보기

prominent 뛰어난, 현저한, 눈에 띄는 — 61
promote 홍보하다, 촉진하다 — 57
pronounced 뚜렷한, 현저한 — 61
proof 증거 — 37
propagate 증식시키다, 번식시키다 — 292
propel 추진하다, 몰아대다 — 22
property 부동산, 소유지, 소유물, 특질 — 215
proponent 지지자 — 323
proportion (대응) 정도, 양 또는 크기 — 235
propose 제의하다, 제안하다 — 25
prospect 전망, 가망, 기대 — 342
prosper 번영하다, 번창하다, 성공하다 — 79
prototype 원형, 시제품 — 384
protrude 내밀다, 내뻗다, 튀어나오다 — 310
provided[providing] (that) ~을 감안할 때, ~을 고려할 때 — 63
provoke 화나게 하다, 일으키다, 유발하다 — 201
prowess 기술, 능력, 용감, 용맹 — 164
proximity 근접, 가까움 — 114
purposely 일부러, 고의로 — 160
pursue 추구하다, 뒤쫓다 — 372
put together 합치다, 조립하다, 정렬하다 — 381
puzzling 모호한, 알기 어려운 — 294

Q

qualify 자격을 갖추다 — 292
quantify 양을 정하다, 양을 재다 — 300
quarters 처소, 숙소 — 305

R

radical 급진적인, 과격한 — 61
random 되는 대로의, 마구잡이의 — 162
range 변동하다, 오르내리다 — 356
rank ~에 위치하게 하다, 정렬하다 — 30
rapidly 빨리, 급속히 — 143
rare 드문, 기이한 — 358
rate 등급을 나누다, 평가하다 — 363
rather 다소, 꽤 — 213
ratio 비, 비율 — 104
ravage 파괴하다, 황폐케 하다 — 300
react 반응하다 — 40
readily 쉽사리, 당장, 기꺼이 — 62
realm 범위, 영역, 분야 — 215
reap 획득하다, 거두다 — 363
reasonable 도리에 맞는, 적당한 — 143
reassemble 다시 모으다, 재조립하다 — 356
reassure 안심시키다, 확신을 갖게 하다 — 35
recall 상기하다, 기억해 내다 — 300
reciprocal 상호간의 — 303

recognize 분간하다, 인식하다 — 31
recompense 보답, 보상 — 306
reconcile 화해시키다, 인정하다, 감수하다 — 138
record 기록하다, 가리키다 — 30
recruit 모집하다, 보충 받다 — 47
recur 재발하다, 되풀이하다 — 160
reexamine 재시험[재검사]하다 — 356
refine 세련되게 하다, 개선하다, 다듬다 — 80
reflect 심사숙고 하다, 신중히 생각하다 — 338
reform 개정하다, 개선하다, 혁신하다 — 31
refrain from 삼가다, 참다 — 301
regard 생각하다, 고려하다 — 138
regenerate 새롭게 하다, 재건하다 — 150
regrettable 유감스럽게, 애석한 — 253
regulate 규제하다, 조절하다 — 160
reinforce 강화하다, 보강하다 — 210
relatively 비교적, 다른 것에 비해 — 62
relay 중계하다, 전달하다, 교대시키다 — 250
release 풀어 주다 — 21
relic 유물, 유적 — 103
relish 즐기다 — 240
reluctant 마지못해 하는, 싫은 — 102
rely on 의지하다, 믿다 — 201
remaining 나머지, 잔여물, 유물 — 350
remains 나머지, 잔여물, 유물 — 350
remarkable 주목할 만한, 현저한, 비범한 — 348
remnant 나머지, 남은 것, 파편 — 245
remote 먼, 외딴, 벽지의 — 162
render 주다, 공급하다, 만들다, 나타내다 — 310
renowned 유명한, 이름 높은 — 162
repercussion 영향, 반향 — 104
replenish (다시) 채우다, 보충하다 — 210
replica 복사물, 모조품 — 314
represent 나타내다, 상당하다 — 301
reproduce 복사하다, 복제하다 — 356
repudiate 부인하다, 사실이 아님을 주장하다 — 301
reputation 평판, 명성 — 351
reserve 남겨 두다, 비축하다 — 381
reside 살다, 거주하다 — 363
residue 나머지, 잔류물 — 351
resilient 회복력 있는, 강한 — 133
respectively 각각, 저마다 — 203
respond 반응하다 — 26
restrict 한정하다, 제한하다 — 80
result 결과 — 33
resume 재개하다 — 179
retain 보유하다, 유지하다, 기억하다 — 100
retard 늦추다 — 132
retreat 후퇴하다, 퇴각하다 — 381
retrieve 되찾다, 회복하다 — 80
reveal 드러내다, 보이다, 나타내다 — 179
reverse 반대로(거꾸로) 하다 — 47
revise 개정하다, 교정하다 — 230

revival 회복, 복구 ·········· 296
revolutionize 변혁을 일으키다 ·········· 47
revolve around(round) (중심으로) 돌다, 위주로 삼다 ·········· 272
rich 풍부한, 부유한 ·········· 48
rigid 견고한, 단단한, 엄격한 ·········· 143
rigorous 엄한, 엄격한, 혹독한, 정확한 ·········· 312
risky 위험한 ·········· 348
ritual 의식의, 의례적인 일 ·········· 153
rival 경쟁하다; 경쟁하는 ·········· 21
roam 떠돌다, 돌아다니다 ·········· 364
robust 튼튼한, 오래가는 ·········· 274
role 역할, 기능 ·········· 323
root in (~에서) 생기다, 비롯되다 ·········· 381
rotate 회전시키다, 순환시키다 ·········· 26
rough 대강의, 개략적인, 거친 ·········· 62
roundabout 넌지시 하는, 간접의 ·········· 223
route 길, 진로, 경로 ·········· 33
routine 정기적인, 통상적인 ·········· 143
rudimentary 기본의, 기초의, 막 시작한 ·········· 62
ruin 파괴하다, 붕괴하다 ·········· 338
rupture 파열시키다, 터뜨리다 ·········· 272
ruthlessly 무자비하게 ·········· 153

S

satisfy 충족시키다, 응하다 ·········· 318
saturated (물로) 포화된, 흠뻑 젖은 ·········· 274
save for ~을 제외하고 ·········· 314
scale 기어오르다, 범위, 정도 ·········· 43
scant 줄이다 ·········· 311
scarce 부족한, 불충분한 ·········· 366
scatter 흩뿌리다, 흩어지게 하다 ·········· 319
scenic 경치가 아름다운 ·········· 48
scented 향기로운 ·········· 341
scope 범위, 영역 ·········· 225
scores (of) 다수, 많음 ·········· 104
scorn 경멸하다, 멸시하다 ·········· 272
screen (분리, 거르는 것을 위한) 체, 필터 ·········· 277
scrutiny 정밀한 조사 ·········· 164
sculpture 조각품, 무늬 ·········· 38
secluded 격리된, 한적한 ·········· 254
secrete 분비하다, 비밀로하다, 숨겨두다 ·········· 100
secure 확보하다, 입수하다 ·········· 34
sediment 침전물 ·········· 49
seek 찾다, ~하려 하다 ·········· 80
seeming 외관상의, 겉보기의 ·········· 203
seething (화가) 끓어오르는, 끓어 넘치는 ·········· 322
segment 부분, 일부, 조각 ·········· 314
segregate 분리하다, 격리하다 ·········· 272
seize 잡다, 빼앗다 ·········· 372
seldom 좀처럼 ~않다, 어쩌다가 ·········· 374
select 선택하다, 골라내다 ·········· 35

self-sufficient 자급자족할 수 있는 ·········· 242
sequence 연속, 결과, 순서 ·········· 95
serene 고요한, 잔잔한, 평온한 ·········· 322
series 연속, 일련 ·········· 49
set 놓다, 고정시키다 ·········· 272
sever 절단하다, 떼어놓다 ·········· 273
severe 심각한, 극심한 ·········· 72
shard 파편, 사금파리 ·········· 49
shatter 산산이 부서지다 ·········· 150
shed 버리다, 포기하다 ·········· 381
shelter 보호하다, 숨겨 주다 ·········· 382
shield 사람, 물건 등을 (위험에서) 보호하다 ·········· 319
shift 옮기다, 장소를 바꾸다, 변화하다 ·········· 210
shortcoming 결점, 단점 ·········· 287
shrink 오그라들다, 줄다 ·········· 364
shrivel (건조해져서) 말라 죽다 ·········· 240
signal (신호로) 알리다 ·········· 250
significant 중대한, 중요한, 상당한 ·········· 72
silent 남몰래 하는, 은밀한 ·········· 42
simulated 가장한, 꾸민, 모조의 ·········· 242
simultaneously 동시에 ·········· 83
sink 내려가다, 내리다, 가라앉히다 ·········· 21
site 위치, 장소 ·········· 323
situate 놓다, (위치하고) 있다 ·········· 346
size up (가치, 상황 등을) 평가하다, 판단하다 ·········· 138
skeptical 의심스러운, 불확실한, 모호한 ·········· 83
sleek 윤기 나는, 부드러운 ·········· 284
slender 가느다란, 마른 ·········· 384
slight 조금의, 약간의, 사소한 ·········· 162
snaking 구불구불 나아가는 ·········· 254
so far 여태까지는, 지금까지는 ·········· 367
soak 흡수하다, 빨아들이다 ·········· 40
sole 유일한 ·········· 102
solid 견고한, 단단한 ·········· 242
solitary 혼자서 ·········· 366
somewhat 어느 정도, 약간, 조금 ·········· 285
sophisticated 복잡한, 세련된, 교양 있는 ·········· 349
sophistication 전문적; 세련, 정교함 ·········· 155
sort 타입, 종류; 영역, 분야 ·········· 23
sought-after 인기 있는, 수요가 있는 ·········· 144
source 근원, 기원 ·········· 28
sovereign 군주, 통치자 ·········· 287
span 일정 기간, 전 기간, 전 범위 ·········· 367
spark 야기하다, 유발하다 ·········· 250
sparse 드문, 희박한, 부족한 ·········· 242
spawn 낳다, 산출하다; 결과, 소산 ·········· 319
spectacular 장관을 이루는, 인상적인 ·········· 214
spectator 구경꾼, 목격자 ·········· 342
spectrum 분포, 범위 ·········· 255
speculate 추측하다, 가설을 세우다 ·········· 250
spell 한 동안의 계속, 잠시 동안 ·········· 185
sphere 분야, 영역 ·········· 235
splendid 멋진, 화려한, 훌륭한 ·········· 223

찾아보기

sponsor 후원하다 ···················· 40
spontaneous 자연 발생적인, 즉흥적인 ··········· 233
sporadic 드문, 이따금 일어나는 ··········· 214
spot (위치 등을) 발견하다, 찾아내다/(물건이나 명성 등을) 더럽히다 ········· 319
spread 퍼뜨리다, 유포하다 ··········· 347
spring up 갑자기 발생하다 ··········· 382
spur 자극하다; 자극 ··········· 68
stabilize 안정시키다, 고정시키다 ··········· 221
staggering 놀라운, 주저하는 ··········· 223
stamp out (진압하여) 근절하다, 제거하다 ··········· 282
standard 보통의, 통례의, 관례적인 ··········· 22
standstill 정지, 정체 ··········· 287
staple 기본적인, 주요한 ··········· 83
startling 놀라운 ··········· 144
static 거의 변하지 않는 ··········· 144
stationary 정지된, 변동이 없는, 고정된 ··········· 366
statue 조각상 ··········· 44
status 사회적 비중, 명성, 지위, 신분 ··········· 287
staunch 견고한, 확고한 ··········· 312
steadfast 확고한, 변치 않는 ··········· 173
steady 안정된 ··········· 48
stealthy 남몰래 하는, 은밀한 ··········· 322
steep 적시다, 담그다 ··········· 29
stem from 일어나다, 유래하다, 시작되다 ··········· 364
sterile 불모의 ··········· 48
stimulate 자극하다, 격려하다 ··········· 139
stipulation 규정, 조건 ··········· 104
stockpile 비축하다, 저장하다 ··········· 282
straightforward 솔직히, 분명히 ··········· 34
strategy 전략, 병법 ··········· 287
stratify 층으로 형성하다, 성층하다 ··········· 221
strengthen 강화하다 ··········· 41
stretch 펴다, 연장하다; 범위 ··········· 382
strew 흩뿌리다, 뿌려서 덮다 ··········· 150
strict 엄한, 엄격한, 정확한 ··········· 313
striking 주목할 만한, 인상적인, 현저한 ··········· 72
string 연속 ··········· 342
stringent 엄중한, 엄격한 ··········· 153
strip 없애다, 벗기다 ··········· 364
stunning 놀랄 만큼 멋진, 놀라운 ··········· 285
sturdy 튼튼한 ··········· 294
style 상태, 형식, 양식 ··········· 23
stylus 철필 ··········· 37
subdue 진압하다, 억제하다 ··········· 34
subjective 주관의, 주관적인, 개인적인 ··········· 173
subsequent 연달아 일어나는, 연속적인 ··········· 112
subsidize 보조금을 지급하다, 원조하다 ··········· 230
subsistence 존재, 생존, (최저) 생계 ··········· 185
substantial 상당한, 충분한, 튼튼한, 본질적인 ··········· 83
substitute 대신하다, 치환하다 ··········· 338
subterfuge (발뺌을 위한) 핑계, 속임수 ··········· 296
subtle 미묘한 ··········· 204

subtraction 빼기 ··········· 244
successful 성공한, 성공적인 ··········· 367
succession 연속(적인 것) ··········· 255
suggest 나타내다, 암시하다 ··········· 25
suitable[suited] 적절한, 알맞은 ··········· 183
superb 훌륭한, 우수한 ··········· 294
supervise 감독[관리]하다 ··········· 338
supplement 보완하다, 보충하다 ··········· 382
support 지지하다, 지탱하다, 지속하다 ··········· 364
supposed ~하기로 된 ··········· 254
suppress 진압하다, 막다, 저지하다 ··········· 179
surge 갑자기 증가하다, 파도처럼 밀려 오다 ··········· 339
surmise 추측하다, 추정하다 ··········· 180
surpass ~보다 낫다, 능가하다 ··········· 292
surplus 나머지, 과잉, 여분 ··········· 225
surprisingly 놀랍게도, 의외로 ··········· 42
surveillance 감시, 망보기, 감독 ··········· 185
survive 살아남다 ··········· 30
susceptible 민감한, ~받기 쉬운 ··········· 173
suspect 생각하다, 추측하다 ··········· 319
suspend 매달다, (허공에) 떠있게 하다 ··········· 180
sustain 유지하다 ··········· 68
sweep 청소하다, 휩쓸다 ··········· 292
swelling 팽창, 부풀기 ··········· 367
swiftly 신속하게 ··········· 113
synthesize 합성하다 ··········· 100
systematic 체계적인, 규칙적인 ··········· 374

T

tacit 묵시적인, 말로 나타내지 않은 ··········· 233
tactile 촉각의, 만져서 알 수 있는 ··········· 349
take 필요로 하다 ··········· 41
take place 일어나다, 발생하다 ··········· 36
tame (동물을) 길들이다, 복종시키다 ··········· 292
tantalize 유혹하다, 꾀어내다, 애타게 하다 ··········· 139
tempt 설득하다, 유혹하다 ··········· 251
tenacity 끈기, 고집, 강인함 ··········· 296
tend 돌보다, ~하는 경향이 있다 ··········· 211
tension 팽팽함, 긴장, 압력 ··········· 245
tentative 불확실한, 조심스러운 ··········· 144
terminal 최종적인 ··········· 341
terrain (지질학적) 지형, 지세 ··········· 145
testify 증언하다, 입증하다 ··········· 357
textile 직물, 옷감 ··········· 37
thanks to ~덕분에 ··········· 376
thereby 그 때문에, 그것에 의해 ··········· 214
therefore 그러므로, 따라서 ··········· 233
thorough 철저한, 완전한 ··········· 243
though ~이지만, ~에도 불구하고 ··········· 23
threaten 위협하다, 위태롭게 하다 ··········· 30
threshold 한계 ··········· 185

thrive 번영하다, 성공하다 — 108
throughout 도처에, 처음부터 끝까지 — 233
thus 그러므로, 따라서 — 73
tie 인연, 관계; 묶다, 연결하다 — 359
tilt 기울이다 — 24
timid 겁 많은, 소심한 — 184
tiny 아주 작은, 조그마한 — 34
toil 힘써 일하다, 열심히 일하다 — 311
tolerate 참다, 묵인하다 — 339
touch off 일으키다, 유발시키다 — 382
toxic 유독한, 유해한 — 313
track ~의 발자취를 쫓다, 추적하여 관측하다 — 211
tract 지역, 지대 — 43
traditional 전통적인, 관습적인 — 154
tranquil 차분한 — 39
transform 바꾸다, 변형하다, 변환하다 — 58
transition 변이, 변화 — 104
transitory 일시적인, 덧없는 — 184
transmit 나르다, 옮기다, 중계하다 — 180
transplant 옮겨 심다, 옮기다 — 160
trauma 외상, 정신적 쇼크 — 135
traverse 가로지르다, 통과하다 — 339
treat 다루다, 취급하다 — 221
tremendous 엄청난, 거대한 — 163
trend 경향, 추세 — 245
trespass 침입하다, 침해하다 — 293
trigger 발생시키다 — 89
trivial 사소한, 하찮은 — 367
true 진짜의 — 36
trumpet 치켜세우다 — 347
tumultuous 떠들썩한, 소란스러운, 무질서한 — 359
turbulent 소란스러운 — 73
turmoil 소란, 동요 (상태) — 296
turn out 생산하다, 만들어내다 — 230
typical 전형적인 — 184

U

ubiquitous 어디에나 있는 — 322
ultimately 결국, 마침내 — 102
unadorned 간소한, 꾸미지 않은 — 349
unambiguous 명백한 — 184
unceasing 끊임없는, 계속적인 — 43
unconsolidated 굳지 않은, 강화되지 않은 — 294
undergo 겪다, 경험하다 — 180
undermine 약화시키다 — 301
underrate 과소평가하다 — 301
underscore 강조하다, 역설하다 — 201
understand 이해하다 — 25
undertake 떠맡다, 시도하다, 애쓰다 — 319
undisputed 당연한, 명백한 — 163
uneasy 불안한, 안정되지 않은 — 313

uneven 고르지 않은, 울퉁불퉁한 — 39
uniformly 고르게, 규칙적으로, 한결같이 — 112
unintentionally 무의식적으로, 자신도 모르게 — 243
unique 특유의, 독특한 — 83
unleash (반응, 감정 등을) 촉발시키다, 분출하다 — 302
unprecedented 전례 없는, 유례 없는 — 73
unquestionable 의심할 바 없는, 명백한 — 313
unreachable 도달[접근]할 수 없는 — 359
unresolved 미결정의, 미해결의 — 204
unshakable 흔들리지 않는, 확고한, 안정된 — 349
unsophisticated 단순한, 섞지 않은, 순수한 — 154
unsurpassed 탁월한, 능가할 자가 없는 — 359
unthinkable 상상도 못할 — 304
unwieldy (무거워서) 다루기 힘든, 부피가 큰 — 154
unwilling 마음 내키지 않는 — 45
updated 새로운, 갱신된 — 204
urbane 세련된, 우아한, 도시풍의 — 173
urge 권고하다, 촉구하다, 재촉하다 — 150
utilitarian 실리적인, 실용적인 — 224
utility 효용성, 유용성 — 38
utilize 이용하다, 쓰다 — 36
utterly 완전히, 전적으로, 철저히 — 134

V

vacant 빈, 비어 있는 — 28
vacate (지위, 권리 등을) 포기하다 — 302
vagary 엉뚱한 짓, 변덕 — 359
vanish 없어지다, 사라지다 — 161
vary 바꾸다, 변경하다 — 20
vast 거대한, 엄청난 — 73
vehicle 수단 — 235
veneration 존경 — 385
venture 과감히 ~하다 — 373
verify 확증하다, 입증하다 — 89
versatile 다재다능한 — 174
vertical 수직의 — 304
vestige 유물, 유적, 자취 — 385
via ~을 경유하여, ~에 의하여 — 38
viable 살아갈 수 있는, 실행 가능한 — 112
vibrant 활기 넘치는, 활발한, 생생한 — 154
vicinity 주변 (지역), 부근 — 50
view 간주하다 — 41
vigorous 정열적인, 활기 넘치는 — 73
virtually 실질적으로, 사실상, 거의 — 102
visible 명백한, 보아 알 수 있는 — 304
vital 필수적인, 아주 중요한, 활기있는 — 113
volume (특정) 양 — 33
vow 맹세하다, 서약하다 — 139
vulnerable 상처받기 쉬운, 공격받기 쉬운 — 224

찾아보기

W

warrant 정당화하다, 인가하다; 인가, 허가 ⋯⋯⋯⋯ 347
wary 조심하는, 신중한 ⋯⋯⋯⋯⋯⋯⋯⋯⋯⋯⋯⋯ 304
weak 약한, 힘이 없는 ⋯⋯⋯⋯⋯⋯⋯⋯⋯⋯⋯⋯⋯ 36
whereas ~이지만, ~임에 반하여 ⋯⋯⋯⋯⋯⋯⋯ 165
whereby 그것으로 인하여 ⋯⋯⋯⋯⋯⋯⋯⋯⋯⋯⋯ 304
while ~이지만, ~에 반하여, ~하는 동안 ⋯⋯⋯ 23
whole 완전한 ⋯⋯⋯⋯⋯⋯⋯⋯⋯⋯⋯⋯⋯⋯⋯⋯⋯ 27
wholesale 대량의, 대규모의 ⋯⋯⋯⋯⋯⋯⋯⋯⋯ 304
widespread 일반적인, 널리 보급된 ⋯⋯⋯⋯⋯ 174
wield 행사하다, 사용하다, 발휘하다 ⋯⋯⋯⋯⋯ 230
wiggle 흔들다, 꿈틀거리다 ⋯⋯⋯⋯⋯⋯⋯⋯⋯ 382
with[in] respect to ~에 관하여 ⋯⋯⋯⋯⋯⋯ 225
within 내부로, 내부에 ⋯⋯⋯⋯⋯⋯⋯⋯⋯⋯⋯⋯ 36
withstand 버티다, 견디다 ⋯⋯⋯⋯⋯⋯⋯⋯⋯⋯ 347
witness 목격하다 ⋯⋯⋯⋯⋯⋯⋯⋯⋯⋯⋯⋯⋯⋯ 100
worshiper 존경의 대상, 고결한 인격 ⋯⋯⋯⋯ 205
wrangle 논쟁하다, 언쟁하다 ⋯⋯⋯⋯⋯⋯⋯⋯ 382
wreak havoc 파괴하다, 재난을 가져오다 ⋯⋯ 364
wrought 형체가 갖추어진, 만들어진 ⋯⋯⋯⋯ 305

Y

yardstick 기준, 척도 ⋯⋯⋯⋯⋯⋯⋯⋯⋯⋯⋯⋯ 175
yearning 동경하는 ⋯⋯⋯⋯⋯⋯⋯⋯⋯⋯⋯⋯⋯ 305
yet 그러나, 그럼에도 불구하고 ⋯⋯⋯⋯⋯⋯⋯ 342
yield 생산하다, 산출하다, 포기하다, 양도하다 ⋯ 240

유사어/관련어/파생어

독자 여러분들이 지금까지 학습한 표제어들의 유사어, 파생어들을 모아 우리말 뜻과 함께 수록했습니다.
표제어도 중요하지만 여기에 수록된 어휘들도 표제어 못지 않게 중요하므로 반드시 암기하기 바랍니다.

A

abandon 버리다, 버리고 떠나다, 포기하다 ······ 219, 301
abandoned 버려진 ······ 198
abdicate (지위, 권한 등을) 버리다, 사임하다 ······ 219
aberrant 정도를 벗어난, 비정상적인 ······ 181, 275
aberration 탈선, 변형 ······ 77
abhorrence 혐오, 증오 ······ 275
abide 체류하다, 머무르다, 살다 ······ 363
abnormal 비정상인, 변칙의 ······ 100, 151, 181, 275, 283
abrogate 폐기하다, 폐지하다, 방해하다 ······ 238
abstain from 삼가다, 자제하다, 절제하다 ······ 301
absurd 어리석은, 웃기는 ······ 203
abundance 풍부함 ······ 58
abundant 풍부한 ······ 151, 312
abundantly 풍부히 ······ 58
access 입장 허가 ······ 211
accommodate 빌려 주다, (숙박처를) 제공하다 ······ 35
accommodation 순응; 화해, 조정; 편의; 숙박(설비) ······ 305
accomplished 성취된, 숙련된 ······ 345
accordingly 따라서, 그러므로 ······ 202
account (사건 등의) 기술, 서술, 이야기 ······ 54, 243
account for 설명하다, 원인이 되다 ······ 66
accredit 파견하다, 인가하다 ······ 148
accumulate 모으다, 축적하다 ······ 249, 371
accumulation 쌓기, 축적(물), 퇴적물 ······ 54
accuracy 정확, 정밀 ······ 320
accurately 틀림없이, 정확히 ······ 320
acknowledge 인정하다 ······ 31, 163
acquisition 획득, 습득, 터득 ······ 208
adept 솜씨 좋은 ······ 242
adjacent (to) 인접한, 가까운 ······ 302, 350
adjoining 접해 있는 ······ 302
administer to 집행하다, 가하다, (~에게) 강요하다 ······ 271
adore 너무 좋아하다, 숭배하다 ······ 240
adorn 꾸미다, 장식하다 ······ 168, 349
adulate 아첨하다, 알랑거리다 ······ 244
adulation 아첨 ······ 244
advance 전진시키다; 향상시키다 ······ 38
adverse (~에) 반대하는, 불리한, 불운한 ······ 181
advertent 조심하는, 신중한 ······ 71
advocate 지지[옹호, 추천]하다 ······ 150, 290, 346
affluence 풍부함, 풍요, 유복함 ······ 44
afford 가져오다, 주다, ~을 할 여유가 있다 ······ 108, 169, 183
affordable (가격이) 감당할 수 있는, 알맞은 ······ 128
aftermath 여파, 결과 ······ 33
aggravate ~을 악화시키다 ······ 131
aggregation 무리, 집단 ······ 94
agile 날랜, 민첩한 ······ 143, 373

agility 기민함 ······ 311
agitate 흔들다; 동요시키다 ······ 73
aid 원조(하다), 도움(주다), 구조(하다) ······ 364
aim 목적, 의도 ······ 219
akin 유사한, 비슷한 ······ 90
alarming 놀라운, 놀랍게 하는 ······ 309
allegiance 충성, 충의 ······ 355
allied 제휴된 ······ 309
allocation 할당, 배급 ······ 87
allot 할당[배당]하다, 충당하다 ······ 356
allowance 허락, 할당량, 인가, 승인 ······ 317
allusion (to) 간접적 언급, 암시 ······ 77
ally with 동맹[제휴, 결연]시키다 ······ 202
alteration 변경, 수정 ······ 89, 178
alternate 교대로 일어나다, 번갈아 하다 ······ 109
alternation 교대, 하나씩 거름 ······ 109
alternative 양자택일, 대안, 교대, 교체 ······ 286
amalgamate 통합하다, 합병하다, 합금하다 ······ 381
amazing 놀라운 ······ 69
ambiguous 모호한 ······ 60, 152, 161, 184, 294
ambivalence 이중성, 동요 ······ 339
ambivalent 불안정한, 불확실한, 주저하는 ······ 273
amble 거닐다, 어슬렁거리다 ······ 364
ample 풍부한 ······ 58, 151
amply 풍부히, 넉넉하게 ······ 68
analogous (서로) 유사한 ······ 90
analogous to ~와 같은, ~와 유사한 ······ 69, 90
anarchy (정부 요인의) 혼란, 무질서 ······ 296
anchor 단단히 붙어있다, 정박시키다 ······ 221
anger 성나게 하다 ······ 270
annihilate 전멸[몰살]시키다, 가루로 만들다 ······ 55, 87, 219, 364
annoy 괴롭히다, 귀찮게 굴다, 성나게 하다 ······ 270, 383
anomalous 변칙의, 예외적인 ······ 151, 181
anomaly 이형, 변이, 파격 ······ 95
antagonistic 적대하는, 대립하는 ······ 232
antecedent ~전의, 먼저 일어난, 선행하는 ······ 172
anterior 앞에 놓인, 앞면의, ~보다 앞의, 이전의 ······ 172
antiquated 시대에 뒤진, 한물간 ······ 22
antiquity 고대 ······ 22
antithetic (두드러진) 대조가 되는, 정반대의 ······ 322
anxiety 근심, 걱정 ······ 161
apex 정상, 절정 ······ 37
apparatus 기구, 기계, 장치 ······ 376
apparent 명백한, 분명한, 외관상의 ······ 71, 90, 101, 152, 162, 184, 201, 204, 233
apparently 명백히, 분명히, 외관상 ······ 211
appeal 마음에 호소하다[끌다] ······ 291
appealing 마음을 끄는, 매력적인 ······ 251, 336

417

찾아보기

appearance 출현, 발생 ··· 370
applaud 칭찬하다, 성원하다 ··· 355
apply (어떤 목적에) 쓰다, 고용하다 ··· 94
appraise (품질 등을) 평가하다, 판정[감정]하다 ··· 74, 239
appreciable 두드러진, 쉽게 알아볼 수 있는 ··· 168
appreciably 상당히, 매우, 꽤 ··· 168
appreciate 평가하다, 이해하다, 진가를 인정하다 ··· 239, 318
apprehend 걱정하다, 이해하다, 파악하다 ··· 161
approach 접근법, 연구법; 접근하다, 다가가다 ··· 29, 244
appropriate 적절한, 어울리는 ··· 141, 142, 183
appropriation 유용, 도용, 충당(금), 충당된, 정부지출금 ··· 32, 230
approve 시인하다, 승인하다 ··· 280
approximately 대략, 대체로 ··· 58
approximation 접근, 유사 ··· 58
arbitrary 임의의; 제멋대로의 ··· 303
archetypal 모범적인; 원형의, 원형적인 ··· 321
archive 옛 기록, 공문서, 기록 보관소 ··· 30, 88, 212
arduous (정신적 또는 육체적으로) 힘든, 어려운, 벅찬, 근면한, 끈기 있는, 꾸준한 ··· 101, 109, 253, 320
arid 불모의, 습기가 없는 ··· 202, 282
aridity 건조 ··· 109
arrangement 상대적 배치, 구조 ··· 379
artful 교활한, 솜씨 좋은 ··· 252
article 물건, 물품 ··· 49, 88
artifice 교묘한 책략 ··· 296
artisan(s) 장인(들) ··· 44
artless 솔직한, 순진한 ··· 252
as a rule 대개, 일반적으로 ··· 283
as a whole 전체적으로 ··· 28
ascendant 우세(한), 지배적인, 상승하는 ··· 148
aseptic 무균의 ··· 320
assemble 모으다, 조립하다 ··· 309, 356
assert 단언하다, 주장하다 ··· 336
assertion 주장, 단언(함) ··· 98
assertive 주장이 강한, 자신있는 ··· 98
assess (재산, 수입 등을) 평가[사정]하다 ··· 74
assessment 평가, 사정 ··· 239
asset 유용한 것, 장점, 이점, 재산 ··· 113
assign 배정하다, 지정하다 ··· 87
assimilate 동화하다, 융합하다, 비기다, 비유하다 ··· 88, 209, 218, 229
assistance 원조, 지원 ··· 148
assorted 고루 갖춰진 ··· 70
assume 취하다, 가정하다, 추측하다 ··· 174, 251
assumption 가정, 추정, 전제 ··· 66
assure 보증하다, 확신하다 ··· 228
assuring 설득력 있는, 확신을 주는 ··· 218
astonishing 놀라운 ··· 100, 144, 214, 224, 251
astounding 크게 놀라게 하는, 놀라운 ··· 69, 100
astray 정도를 벗어나 ··· 370
at the urge of ~의 권유(촉구)에 따라 ··· 150
attain 달성하다, 도달하다 ··· 345

attainment 달성, 도달 ··· 54
attempt 시도하다 ··· 286
attest 입증하다, 증언하다 ··· 178
attitude 태도, 몸 가짐, 경향 ··· 175
attract 매혹하다, 끌다 ··· 178, 291
attracted 매혹된, 끌린 ··· 336
attractive 매력적인, 마음을 끄는 ··· 179, 251, 336
attributed to ~ 탓으로 돌려진, ~에 기인된 ··· 94
audacious 대담한, 뻔뻔한, 거리낌 없는 ··· 211
authentic 믿을 만한, 확실한 ··· 36
authenticate ~임을 증명[확증]하다 ··· 362
authoritative 정식의, 공식의 ··· 148
authority 권위자, 대가, 권위, 권력 ··· 148
autonomy 자치 ··· 201
avail 쓸모가 있다, 도움이 되다 ··· 357
avenue 수단, 방법 ··· 376
aversion 혐오, 증오 ··· 275
avid 몹시 원하는, 열심인 ··· 252
awkward 서투른, 다루기 힘든 ··· 154, 202
awry 뒤틀어져, 경로를 벗어나 ··· 370

B

back up 지지하다 ··· 364
baleful 사악한; 비참한 ··· 39
baneful 해로운, 치명적인 ··· 39
bar 막다, 금하다, 가두다 ··· 80
barely 겨우, 간신히, 거의 ~않다 ··· 82, 202
barren 불모의 ··· 109
barrier 방벽, 장애물 ··· 145, 164
basic 기본적인, 근본의 ··· 23
be anxious (about) 걱정하다, 염려하다 ··· 161
be aware of ~을 알고 ··· 168
be constituted of 구성되다 ··· 337
be inclined to ~하는 경향이 있다 ··· 173
be typical of ~의 특징이다, ~을 대표하다 ··· 184
be[grow] accustomed to 길들여지다, 익숙해지다 ··· 151
bear 낳다, 버티다, 참다 ··· 202
bedeck 꾸미다 ··· 238
beguile 현혹시키다, 속이다, 속여서 빼앗다, 즐겁게 하다 ··· 132, 213
belittle 업신여기다, 과소평가하다 ··· 249
bellicose 호전적인 ··· 170
belligerent 호전적인 ··· 170
benchmark (측정을 위한) 기준(점) ··· 103, 175
betray 배신하다 ··· 384
betrayal 배신, 폭로, 밀고 ··· 384
bewilder 당황하게 하다, 혼란시키다 ··· 291
bias 일반적 선입관, 편견 ··· 103, 203
block 막다, 방해하다, 제한하다 ··· 219
blossom 번영하다, 번창하다, 성공하다 ··· 57
blot out 가리다, 흐리게 하다 ··· 220, 371

유사어/관련어/파생어

단어	페이지
blow up 폭발하다	249
boast 자랑하다	149
bogus 가짜의, 위조의	242, 251
bombard 포격[폭격]하다; 충격을 주다	73
boon 큰 이익, 혜택	349
border 가장자리, 경계, 변두리	295
bother (탈이 나서) 걱정하게 만들다	161
bothersome 번거로운, 성가신	383
bound 제한, 억제하는 것	375
bound to 반드시 ~하는	375
boundary 경계, 한계를 나타내는 것, 경계(선)	108, 295
bountiful 풍부한	321
brag 자랑하다, 호언장담하다	149
break open 부서져 열리다	249
breakthrough 갑작스런 발전 또는 발견	80
breeding 번식, 생식	371
bring up 기르다, 제기하다	363
brisk 활발한, 민활한	143
briskly 기운차게, 활발히	143, 373
broadly 널리, 일반적으로	354
bucolic 시골의, 전원의	43
build up 확립하다, 강화하다, 쌓아 올리다	249
bulky 부피가 큰	63
burgeoning 갑자기 발전[성장]하는	80, 108
by and large 전반적으로, 대체로	241

C

단어	페이지
calculate 결정하다, 평가하다	41
calculatedly 의도적으로	160, 238
call for 요구하다, 필요로 하다	141, 290
capacity 능력, 재능, 용량	224
caprice 변덕, 일시적 기분, 충동	359
capricious 변덕스러운	359
carry on 계속하다	26
cascade 폭포처럼 떨어뜨리다	170
cast about 찾아 다니다, 궁리하다	357
casual 우연한, 무심코 한, 격식 없는	71
catalyst 촉매, 계기, 자극	139, 255
cautious 조심하는, 신중한	144
cease 중단하다	200, 270
celebrate 찬미하다	222
celebrated 유명한, 이름 높은	111, 143, 287
celebratory 축하하는, 칭송하는; 명성, 유명인	222
celebrity 유명 인사, 명성	143
censure 맹렬히 비판[비난]하다	299
census 인구조사(를 하다)	84
centralize 집중시키다	27
certain 정해진, 특정한, 분명한	93
certainly 확실히	22
certainty 확실(성), 정확(성)	22
certify 증명하다, 보증하다, 면허증[허가증]을 주다	148, 362
challenge (진술 등을) 의심하다[문제삼다]	271
chambers 방, (입법·사법기관의) 회의장	305
champion 옹호(지지)하다, 지키다	66, 130, 280, 364
chaos 대혼란, 무질서	296, 339
chaotic 대혼란[무질서]의	359
charitable 너그러운, 관대한, 자선(사업)의	341
cherish 소중히 하다, 마음에 품다, 그리워하다	57
chief 주요한	61, 72, 83, 183
choicest 정선한, 뛰어난	320
chronic(al) 끊임 없는, 습관적인	212
chronicle 연대기, 사건의 시간 순서에 따른 기록	212, 243
chronologically 연대순으로	212
circuitous 넌지시 말하는	223
circular 원의, 순환적인, 돌려 말하는, 완곡한	223
circumscribe ~을 제한하다, 억제하다	80
circumspect 신중한, 조심성 있는	304
circumstance 상황, 사정	384
clear 명백한, 분명한	71, 90, 101, 162, 184, 233
clever 영리한	303
clinging 꼭 맞는	149
clog 방해하다, 막다; 방해, 장애	145, 229
clue 단서, 실마리, 증거	144, 310
cluster 모으다, 무리를 만들다	381
coalesce 합체하다, 연합하다	381
coating 겉에 입힌 것[층]	238
cogitate 숙고하다, 계획하다	208
coherent 앞뒤가 맞는, 조리가 선	143
coincide with 동시에 일어나다	345
coincidence 우연	107
collaborate 공동으로 하다, 협력하다	317
collaboration 협력, 합작, 제휴	208
collaborative 협력적으로	208
collective 집합적인, 집단적인	87
collectively 집합적으로, 총괄하여	87
collide (with) 충돌하다	73
colossal 거대한; 놀라운	47
come into being 생기다, 등장하다	222
command 명령하다, 지배하다	271
commend 칭찬하다, 기리다, 추천하다	355
commission 권한을 주다	148
commonplace 평범한, 흔한, 진부한	241
comparably 비교할 수 있을 만큼, 비슷하게	90
comparatively 비교적	90, 285
compass 구역; 범위, 한계, 둘레	375
compatible 양립할 수 있는, 공존할 수 있는	181
compel 강요하다, 억지로 시키다	90
compelling 강요하는, 저항하기 어려운	183
compensate for (결점, 손해 등을) 보완하다, 상쇄하다	306
complement 보충하다, 보완하다; 보완물	134
complementary (서로) 보충하는	303, 317
complex 복잡한	92, 140
complicated 복잡한, 난잡한	92, 110, 140, 141
component 구성 요소, 성분	350

찾아보기

composite 합성의; 합성물, 복합물 — 215
comprehend 이해하다, 파악하다 — 90
comprehensible 이해할 수 있는 — 90
comprehensive 광범위한, 포괄적인 — 241, 243
compress 압축하다, 꽉 누르다 — 110, 364
comprising 구성하는, 포함하는 — 66
compulsorily 의무적으로, 강제적으로 — 293
conceal 가리다, 숨기다 — 354
conclusive 결정적인, 최종적인 — 182
concomitant 공존하는, 부수물, ~와 동시에 일어나는 — 114, 367
conducive 도움이 되는, 촉구하는 — 379
conduct 전도하다, 보내다; 수행하다, 처리하다 — 99
configuration 외형, 형상, 형태, 배치 — 379
configure (~형으로) 만들다 — 74, 379
confine 한정하다, 제한하다 — 27
confound 당황하게 하다, 혼란시키다 — 291
confrontation 대립 — 337
confuse 당황하게 하다, 혼란시키다 — 291
congenital, connate (주로 질병을) 타고난 — 60
congregate 모으다, 집합시키다 — 87
conjecture 추측하다; 추측, 추론 — 171, 251, 363, 381
conjunction 결합, 연결함, 합동 — 367
conquer 정복하다 — 180
conscientious 성실하고 양심적인, 꼼꼼한, 세심한 — 142
consecutive 연속적인, 계속되는 — 95, 112
consequence 결과, 결론, 효과, 중요성 — 69, 112
consequent 결과로서 일어나는 — 69, 92
consider 생각하다, 여기다 — 58, 141
considerably 상당히 — 58
consideration 고려 — 58
considered 간주된, 숙고된 — 58
consistent ~와 일치하는, 모순이 없는, 변함없는 — 143
consistently 한결같이 — 143
console 힘내게 하다, 위로하다 — 35
conspicuous 띄는, 현저한, 확실히 보이는, 뚜렷한 — 71, 101, 152, 162, 184, 233, 250
constantly 변함없이, 일정하게 — 91
constitute 구성[조성]하다 — 54, 66
constitution 구조, 구성, 조직; 성질, 기질 — 28, 337
constrain 강요하다 — 90
constrained 제한된 — 114, 302
constricted 죄어진, 수축된, 억제된 — 27, 302, 364
consume 써 버리다, 먹어 치우다, 소멸시키다 — 200, 224, 270
consumption 소비 — 87
contempt 경멸, 모욕 — 252
contend 경쟁하다, 논쟁하다, 주장하다 — 170, 336
contention 논쟁 — 55, 132, 295, 337
contentious 논쟁을 일으키는 — 55, 132, 337
context 배경, 상황 — 160
continual 간격이 많이 짧은, 연속적인 — 91
continuity 연속성, 연속(상태), 밀접한 연속 관계 — 91
continuous 계속 일어나고 있는 — 91

contour 윤곽(선) — 296, 317
contract 단축하다 — 364
contributive 기여하는, 공헌하는, 도움이 되는 — 379
contributory 기여하는, 공헌하는, 도움이 되는 — 379
controversy 논쟁, 논의 — 132, 295
conundrum 수수께끼, 알아맞히기 — 133
conventional 평범한, 진부한 — 103, 240
convergence 모으기, 모이기 — 158
converse 정반대, 정반대의 — 132
conversion 전환, 변환, 변화 — 132
convert 바꾸다, 변환하다 — 132
conviction 확신 — 168, 376
convincing 납득시키는, 설득력 있는 — 168, 218
convincingly 설득력 있게, 믿을 수 있게 — 168
cope with 대처하다, 다루다 — 131
cornerstone 기초, 초석 — 286
corresponding 일치하는, 유사한; 부수하는 — 181, 303
corroborate 확증하다, 입증하다 — 89, 357, 362
counter 반대하다; 반대의, 대조적인 — 67
counterbalance 평형시키다, 효과를 상쇄하다; 평형(력), 균형을 만드는 힘 — 67, 317
couple 연결하다, 연관하여 생각하다 — 202
covert 숨겨진, 비밀의, 암암리의, 사람 눈에 띠지 않는 — 254
covetous 탐내는, 갈망하는 — 379
cramp 가두다; 구속[속박]하다; 제한[한정]하다 — 302
craze 잔금 — 44
creative 창조적인 — 20
creep (곤충 등이) 기어가다, (식물이) 타고 뻗어나가다 — 229
crest 정상, 절정 — 205
crevice 갈라진 틈 — 44
criterion 표준, 기준 — 175
critical 중요한, 비판적인, 위험한 — 103
crude 천연 그대로의, 미가공의 — 223
cumbersome 크거나 무거워서 다루기 힘든 — 82, 282
curb 제한하다, 억누르다 — 25, 292
curiously 희한하게, 기묘하게 — 42
currently 현재는, 지금은 — 70
cushion ~을 (악화로부터) 막다 — 280

D

dainty 우아하고 섬세한, 연약한 — 151
dangle 매달다 — 180
dauntless 두려움 없는, 용감한 — 211
debatable 논쟁의 여지가 있는 — 132, 170, 337
debate 논의, 논쟁; 논쟁하다 — 55, 132, 170, 295
decay 부패, 쇠퇴; 부패시키다, 쇠퇴시키다 — 198
deceitfully 속이려고, 허위로 — 132
deceive 속이다, 현혹시키다 — 213
decimate 많은 수를 제거[파괴]하다 — 364
decimation 제거 — 55, 244, 254, 338, 364
decisive 결정적인, 중대한 — 111

유사어/관련어/파생어

decompose 분해; 부패시키다 — 198
decoration 장식(물) — 34
decrepit 노쇠한, 노후한 — 37
deduce 연역하다, 추론하다 — 363
deem ~라 생각하다, 여기다 — 41, 138
deeply ingrained 깊이 뿌리내린 — 141
deflect 비끼다[비끼게 하다], 빗나가다[빗나가게 하다] — 77
dehydrate 건조시키다, 수분을 빼다 — 240
delegate 대리인, 대표; 대표로 파견하다, 위임하다 — 29
deliberate 의도적인, 신중한; 신중히 생각하다 — 372
deliberately 의도적으로, 고의로 — 160
deliberation 협의, 심의 — 92
delicate 우아한, 고상한, 여린, 약한, 정교한 — 36, 151, 204
delight 기쁨, 즐거움; 즐겁게 하다 — 240
delude 현혹시키다, 속이다 — 132
deluxe 호화로운, 사치스러운 — 153
delve 철저히 조사하다, 깊이 탐구하다, 파다 — 201, 209
demanding 힘든, 고된, 너무 많은 것을 요구하는 — 253
denounce 공공연히 비난하다 — 299
density 밀도, 밀집 상태, 짙음 — 231
depend on 의지하다, 믿다, 달려 있다 — 133, 201
dependable 믿을 수 있는, 의지할 수 있는 — 201, 222, 313
dependent 의지하는 — 133
deplete 줄이다 — 224
deposit 놓다, 내리다, 저축하다, 쌓다 — 346
deprecate 반대하다; 비난하다, 경시하다 — 249
depreciate 가치를 저하시키다, 경시하다, 비하하다 — 249
deride 조롱하다, 놀리다 — 272
derived 유래된 — 129
desiccate 건조시키다 — 240
designate 확인하다, 지정하다 — 87, 249
designed 계획적인, 고의의 — 372
desirable 선택, 취사 — 320
desperate 절박한, 필사적인, 자포자기의, 무모한 — 373
despise 경멸하다, 얕보다 — 272
destitute 빈곤한, 궁핍한 — 383
detect (정체나 본질을) 간파하다 — 300
deter 단념시키다, 그만두게 하다 — 230
deteriorate 악화[저하]시키다 — 88
deterioration 악화; 저하; 퇴화 — 48
detonate 터지다, 폭발하다 — 249
devastate 큰 파괴를 일으키다, 압도하다, 파괴하다, 황폐시키다 — 87, 150, 300, 338, 364
devastating 파괴적인 — 98, 181
devastation 파괴, 황폐하게 함 — 98, 244, 254
deviate 벗어나다, 빗나가다 — 151
deviating 벗어난 — 151
deviation 탈선, 일탈 (행위) — 77
device (기계적) 장치, 설비, 고안(품) — 55
devoid of ~없이 — 365
devote to 몰두하다, 전념하다 — 380
devoted 충실한, 전념하는 — 355
devour 게걸스럽게 먹다 — 87, 200

dig 파다, 노력해서 찾아내다 — 201, 209
digression 일탈, 주제에서 벗어나기 — 77
dim 흐리게 하다; 어둠침침한, 흐린 — 44, 60
dimension 크기 — 63
diminish 떨어뜨리다, 줄이다 — 249
diminish in ~이 줄다 — 219
direct 명령하다, 지배하다 — 271
disassemble 해체하다, 분해하다 — 270
disband 해체시키다, 해산시키다 — 208
discard 버리다, 포기하다 — 199
discern (보고) 알아 보다, 분간하다 — 31, 300
discernable 인지할 수 있는, 분별할 수 있는 — 158
disclose 폭로하다 — 384
disclosure 발각, 폭로, 공개, 발표 — 384
disconcert 당황하게 하다, (계획 등을) 교란시키다 — 291
discount 무시하다, 고려하지 않다 — 244
discrepancy 불일치, 모순, 차이 — 275
discrete 별개의, 분리된 — 59
discriminate 차별하다, 구별하다 — 181
disdain 경멸하다, 업신여기다; 경멸 — 252, 272
disentangle 풀다 — 129
disintegrate 분해시키다, 붕괴시키다 — 88
disintegration 분해, 붕괴, 분열 — 88, 198
dismantle 벗기다, 해체하다 — 202
disparage 얕보다; 헐뜯다 — 249
dispel 쫓아버리다, 사방으로 흩어지게 하다 — 129
dispersal[dispersion] 분산, 유포 — 67
disperse 흩어지게 하다, 분산시키다 — 129, 150, 209
display 보여 주다, 전시하다 — 159
dispose ~의 영향을 주다, ~하기 쉽게 하다; 배치하다, 정리하다, 버리다 — 211, 219
disposition 기질, 성질, 성향 — 145, 199
disputable 논의[논쟁]의 여지 있는 — 170
dispute 논쟁[언쟁]하다, 반박[논박]하다 — 113, 163, 170, 271
disruption 분열, 붕괴 — 296
dissemination 보급, 퍼짐 — 67
distinction 구별, 특징, 차이(점), 어긋남 — 59
distinctive 기이한, 독특한 — 59
distinguishable 구별(분간)할 수 있는 — 20, 181
distinguishing 구별의 기준이 되는, 특징이 있는 — 20
distract from (마음, 주의를) 흐트러뜨리다 — 200
distribution 분배, 배급, 배포 — 209
divergent 갈리는, 벗어난 — 151
diverse 다양한, ~과 다른, 별개의 — 132
diversification 다양화, 잡다한 변화 — 70
diversion (목적이나 방향의) 전환 — 77
diversity 변화, 다양(성) — 70
divert (방향, 주위, 주의를) 딴 데로 돌리다 — 47
divine 신성한, 신성의, 아주 훌륭한 — 223
divulge 누설하다 — 384
divulgence 누설 — 384
do amiss 그르치다, 실수하다 — 370
document 문서에 기록하다 — 243

421

찾아보기

dominate 지배하다, 억제하다, 이끌다 ········· 25, 26, 83, 321
dramatic 극적인 ··· 73
drastically 급격히, 강렬히; 철저히 ······················ 81
drawback 결점, 약점 ·· 287
drift 떠돌다, 표류하다 ······································ 229
droughty 건조한, 가뭄의 ·································· 202
dry 건조한 ·· 109
duplicate 복제하다, 되풀이 하다 ······ 242, 338, 356
duplication 복사, 복제 ······································· 55
durable 튼튼한, 오래 가는 ················ 84, 170, 274
dweller 거주인 ·· 99, 318

E

ease 휴식[안심]시키다, 곤란을 덜어주다 ········ 280
eccentric 정도를 벗어난, 별난 ·········· 100, 234, 283
eclectic 다양성을 지닌, 선택된 ··············· 93, 132
eerie 으스스한, 기분 나쁜, 무시무시한 ···· 283, 359
efface 지우다, 말살하다 ····································· 87
effort 노력, 시도 ··· 209
eject 내쫓다, 내뿜다 ·· 199
elaborate 정교한, 공들인; 복잡한 ·········· 110, 140
elaboration 성장, 진화 ······································ 92
elegant 우아한, 고상한 ···································· 349
elements (날씨나 대기의) 작용력, 악천후 ········· 49
elevate (들어)올리다, 승진시키다, 향상시키다 ········ 284
eliminate 없애다, 제거하다, 실격시키다 ··· 238, 244, 250, 282
embarrass 당황하게 하다; 방해하다 ················ 300
embed 박아 넣다, (마음속 깊이) 간직하다 ··· 130, 274, 281
embellish 아름답게 꾸미다 ······················ 210, 238
embellishment 꾸미기, 장식 ··························· 168
embody 구현하다, 통합하다, 포함하다 ····· 209, 222
emergence 출현, 발생 ······································ 56
emergent (예고 없이) 나타나는, 긴급의 ············ 56
emerging 신생의, 신흥의 ·································· 56
eminence 명성, 저명 ······································· 171
eminent 두드러진, 탁월한 ···················· 111, 143, 222
eminently 대단히 ·· 171
emit (액체, 열, 냄새 등을) 내뿜다, 방출하다 ········ 36, 148, 220, 302
employ 고용하다, 이용하다 ························ 46, 94
employed 사용되고 있는 ·································· 130
enact 제정하다 ·· 175
encompass 포함하다, 내포하다 ······················· 141
encroach 잠식[침식]하다; (권리 등을) 침해하다 ········ 272, 293
encumber 방해하다, 막다 ························ 145, 300
endeavor 노력하다, 애쓰다 ············ 80, 248, 286, 319
endemic 어떤 지방 특유[고유]의 ······················ 71
endorse 지지하다 ······························ 66, 178, 364
endow 주다, 기부하다 ····································· 230
endowment 기부, (타고난) 자질, 재능 ············ 169
endure 견디다 ··· 170
enervate 힘을 약화시키다; 힘 빠진, 무기력한 ········ 37
enfeeble 약하게 하다 ·· 37
engage 약속하다, 차지하다, 종사시키다, 고용하다, 끌어 넣다, 관련을 갖게 하다 ··············· 178, 182
engaged 바쁜, 짬이 없는, ~에 몰두해 있는 ········ 88
engender (감정 등을)생기게 하다 ····················· 99
engross 몰두시키다 ··· 218
engulf 빨아들이다, 휩쓸리게 하다 ···················· 87
enhance 강화하다, 높이다, 늘리다 ················· 248
enigma 수수께끼, 이해할 수 없는 것 ··············· 133
enigmatic 수수께끼의[같은], 알기 어려운 ······· 294
enjoin (의무를) 과하다, 금지하다 ··················· 183
enlist 입대하다, 징집하다; 협력하다 ········ 47, 149
ensuing 연속적인, 그 다음에 오는 ········· 169, 340
ensure 보증하다 ·· 228
entail 유발하다, 일으키다 ································· 99
enthusiasm 강한 흥미, 열정, 열의 ·················· 321
enthusiast 열광적인 지지자 ···························· 321
enthusiastic 열심인, 열렬한 ···························· 252
entirely 완전히, 전부 ······································ 133
ephemeral 순식간의, 덧없는 ··························· 184
equip 설비를 갖추다 ······································· 131
equivalent 동등한, 상당하는; 상당물 ·············· 134
eradicate 근절하다, 전멸시키다, 없애다, 지우다 ········ 219, 282, 310
essence 본질, 실체 ··· 70
established 확립된, 인정된 ······························ 46
establishment 설립, 창설 ································· 46
estimable 평가할 수 있는, 가치가 있는 ············ 41
estimate 평가하다, 판단하다, 추정하다 ······ 46, 74
evacuate 비우다, 피난시키다 ·························· 199
evaluate 평가하다, 진단하다 ····················· 41, 138
even 한결 같은, 차분한, 편평한 ····················· 181
evenly 평평하게, 평등하게, 공평하게 ············· 340
eventual 최종적인, 결과로서 생기는 ················· 92
eventually 결국, 언젠가는 ······························ 102
evidence 증거; 분명히 ~하다, 입증하다 ···· 77, 101
evident 명백한 ························ 71, 90, 152, 162, 184, 233
exaggerate 과장하다 ··· 23
exaggeration 과장 ··· 346
exalt 높이다, 승진시키다, 칭찬하다, 찬미하다 ········ 355
examine 조사하다, 검사하다 ··················· 164, 356
excavation 굴착, 발굴 ····································· 209
exceeding 과도한 ···································· 169, 171
exceedingly 대단히, 몹시 ································ 169
exception 제외, 예외 ······································ 110
exclude 배제하다 ······································ 93, 199
excluded 제외된, 배제된 ··································· 93
excluding 배제하는, 제외하는 ··························· 93
exclusive 유일한, 독점적인, 배타적인 ·············· 93
exclusively 오로지, 전적으로 ·························· 133
exemplify 예가 되다, 축약적으로 나타내다 ···· 184
exempt from 면제된, 없는 ······························ 169

유사어/관련어/파생어

exercise 활용하다, 행사하다, 훈련시키다 ············ 231
exert (힘, 능력 등을) 쓰다, 행사하다 ················ 130
exhaustive 철저한, 포괄적인, 소모시키는 ··········· 243
expand 확대[확장]하다, 팽창시키다, 퍼지다 ······ 80, 108, 347
expandable 확장[확대]가능한 ······················ 159
expansion 확장, 팽창 ································ 159
expansive 널찍한, (마음이) 넓은 ···················· 159
expendable 소비해도 되는, 중요하지 않은 ············ 209
explode 폭발하다, 파열하다 ·························· 248
exploit 이용하다, 활용하다 ··························· 36
exploitation 이용, 활용 ·································· 67
expose 노출시키다, 드러내다 ······················· 384
extend 뻗다, 늘이다, 연장하다 ················· 129, 347
extend back (어떤 거리, 위치, 기간에) 이르다 ········ 56
extended 연장된 ·· 56
extensive 넓은, 광활한, (정도가) 대단한 ·············· 56
extensively 광범위하게, 넓게, 대단히 ············ 56, 59
extent 넓이, 크기, 길이, 양, 범위, 정도 ·········· 56, 235
exterminate 멸종, 박멸시키다 ························ 219
extermination 박멸, 멸종 ············ 55, 98, 244, 254, 338
extirpate 뿌리째 뽑다, 근절시키다 ·················· 219
extract 끌어내다, 얻다, 발췌하다, 뽑다 ········· 129, 310
extraordinary 보통이 아닌, 비범한 ········ 110, 112, 283
extreme 극심한, 급격한 ································ 42
exude (증기, 냄새 등을) 내다 ···················· 148, 302

F

fabulous 엄청난, 놀라운, 굉장히 좋은, 전설적인 ······ 223
facilitate 수월하게 하다, 돕다 ······················· 274
factitious 인위적인, 인공적인 ························ 251
fairly 공정하게, 상당히, 완전히, 아주, 명백히 ········ 285
fake 위조하다, 속이다; 모조품; 가짜의, 위조의 ··· 242, 251
fallacious 사람을 현혹시키는, 허위의 ················ 213
fallacy 틀린 생각[믿음], 오류 ························· 376
far-sighted 선견지명이 있는, 현명한 ·················· 92
fascinating 매혹적인, 매우 재미있는 ············ 178, 336
fashion 상태, 형식, 방식; (재료를 써서) 물건을 만들다 ··· 130, 180, 305
fashionable 최신식의, 유행의 ························· 36
fashioned out of (재료를 써서) 만들어진, 만든 ··· 180, 305
fatal 치명적인, 파괴적인, 불행을 일으키는 ············ 252
fathom 수심을 재다; (마음을) 헤아리다 ················ 25
fearful 두려워하는, 끔찍한 ··························· 184
feasible 가능한, 실행할 수 있는 ···················· 202
feast on (성찬을) 대접받다, ~을 잔뜩 즐기다; 축제, 향연, 성찬 ··· 270
fecund 다산의; 비옥한 ································· 94
feign 가장하다, 위조하다 ····························· 251
feigned 가짜의, 흉내 낸 ······························ 242
ferry 배로 건네다, 배로 건너다, 수송하다 ············ 239
fertile[fertilized] 비옥한, 풍부한 ················· 94, 282
fertilization 비옥화, 다산화 ·························· 321
figure out 계산하다, 판단하다, 이해하다, 발견하다 ··· 44, 239
first and foremost 무엇보다 먼저, 맨 먼저 ············ 223
flake 조각, 파편; 벗겨내다, 쪼개다 ·················· 221
flaunt 과시하다 ······································· 149
flexible 구부리기 쉬운; 융통성[적응성] 있는 ········ 174
flourish 번영하다, 번창하다, 성공하다 ·········· 248, 309
flourishing 번영[번창] ································ 56
fluctuation 변동, 변화, 오르내림 ···················· 57
foremost 가장 중요한, (위치, 순위상) 맨 먼저의 ··· 183, 222, 348
formidable 무서운, 만만치 않은, 어려운 ············· 253
forsake 저버리다, (습관 등을) 그만두다 ············· 198
fortuitous 우연의, 뜻밖의 ····························· 71
foster 조성하다, 촉진하다, 기르다, 마음에 품다 ··· 130, 318
found wanting 부족한 ································ 111
fragile 깨지기 쉬운 ··································· 151
fragmentary 미완성의 ································ 95
fragmentation 분열(된 것) ····························· 95
frail 사람이 허약한, 성격이 약한, 깨지기 쉬운 ······ 171
frankly 솔직히 ··· 27
fraud 사기(행위), 책략 ······························ 296
fraudulent 사기적인, 속이기 위한 ···················· 132
frenzied 미쳐 날뛰는, 흥분한 ······················· 373
friable 깨지기 쉬운 ·································· 151
fringe 가장자리; 외변, 주위 ························· 295
from time to time 때때로, 가끔 ············ 103, 112, 152
full sweep 충분한[전체] 범위 ······················· 292
further 그 이상의 ······································ 81
fusion 융합, 통합, 연합 ····························· 228

G

garnish 꾸미다, 장식하다 ···························· 238
gauge 표준 치수, 용량, 범위, 계(측)기 ········· 103, 175
gear 연결하다, 달다 ·································· 275
generous (돈 등을) 잘 쓰는, 마음이 넓은, 관대한 ····· 68
genuine 진짜의, 성실한 ······························ 357
genuinely 정말로, 진실로 ····························· 36
give rise to 일으키다, 낳다 ·························· 281
give up 포기하다 ······························· 198, 231
give way 바꾸다 ····································· 231
given 지정된, 정해진 ·································· 93
given over to 맡긴, 위탁된, 양도된, 몰두하는, 빠지는 ··· 231, 380
given that ~을 생각해 본다면, ~라면 ··············· 231
glossy 광택 있는, 반들반들한 ······················· 285
go amiss 틀어지다 ···································· 370
gradual 조금씩의, 점진적인 ························· 232
grave 엄숙한, 장엄한, 심각한 ························· 59
grind 빻다, 잘게 부수다 ······························ 31
ground 이유, 근거; 근거를 ~에 두다 ················ 312

찾아보기

guarantee 보증하다, 확실히 하다 ······ 362

H

habitation 거주지, 주소 ······ 49, 99
halt 멈추다, 정지시키다 ······ 250, 270, 287
hamper 방해하다, 막다 ······ 291
handle 다루다, 처리하다 ······ 66
haphazard 아무렇게나 (하는) ······ 162
harness (태양열, 물 등을) 동력화하다, 이용하다 ······ 36, 67
harsh 거친, 엄한, 호된, 엄격한 ······ 72, 153
haul 끌다, 잡아당기다, 운반하다, 수송하다 ······ 239
have a person in veneration ~를 존경하다 ······ 385
havoc (대규모의) 파괴, 황폐; 파괴하다 ······ 98, 150, 244, 338, 364
hazard 위험 ······ 139
healthful 건강에 좋은 ······ 228
healthy 건강한 ······ 228
heedful 주의 깊은, 조심성 있는 ······ 375
height 정상, 절정, 높이 ······ 205
hiatus 중단 ······ 179
hinder 방해하다, 지연시키다 ······ 145, 229, 239, 291
hint 암시, 시사 ······ 214
hire 쓰다, 고용하다 ······ 94
hoax 남 속이기, 짓궂은 장난 ······ 296
hold up 지속하다, 견디다 ······ 20
hover 맴돌다, 서성거리다, 배회하다 ······ 380
however 그럼에도 불구하고, 그러나 ······ 164
hypothetical 가설의, 가설에 근거한 ······ 68

I

identical 동일한 ······ 55
idiosyncrasy 개성, 특징 ······ 358
igneous 불의, 불 같은 ······ 310
illumination 조명 ······ 250
imaginative 상상력이 풍부한 ······ 252
immaculate 결점 없는, 완전한, 순결한 ······ 153
immediately 즉시, 바로 ······ 374
immersed 담긴, (액체들이) 퍼진 ······ 178
imminent 당장에라도 일어나려고 하는 ······ 303
immobility 부동(상태), 정지 ······ 139
immutable 변치 않는, 불변의 ······ 182
impart (나누어) 주다, 알리다 ······ 180, 311
impeccable 결점 없는, 죄나 실수를 저지르지 않는 ······ 253
impecunious 무일푼의, 가난한 ······ 383
impede 막다, 방해하다 ······ 145, 291, 300
impediment 장애(물), 방해(물) ······ 164
impervious 불침투성의, 견디는 ······ 111
impetuous 충동적인, 성급한, 격렬한 ······ 109
impetus 자극, 기동력 ······ 150, 255

implausible 있을 법하지 않은 ······ 82, 171, 304, 312
implication 나타냄, 암시 ······ 78
imply 내포하다, 함축하다 ······ 77
imposing 훌륭한, 남의 눈을 끄는 ······ 138
impoverish 가난하게 하다, 저하시키다 ······ 383
impoverished 가난해진 ······ 383
impression 인상, 효과 ······ 348
impulse 충동, 추진력, 자극 ······ 255
impute 돌리다, 전가하다 ······ 94
in all likelihood 아마도 ······ 50
in conjecture 추측으로, 결론으로 ······ 174
in conjunction with 동시에 일어나는, 부수하는 ······ 114, 367
in essence 본질[근본]적으로는 ······ 70
in principle 원칙적으로는, 이론적으로는 ······ 175
in profile 측면에서, 옆 얼굴의[인] ······ 296
in progress 진행 중인, 행해지고 있는 ······ 172
in proximity to ~가까이에 ······ 114
in relative to ~에 관해 ······ 62
in response to ~에 응(답)하는 ······ 40
in the ascendant 지배하는 기세로[입장에서는] ······ 148
In the course of ~하는 동안, ~하는 중에 ······ 129
in the same breath 즉시, 동시에, 잇따라 ······ 374
inadequate 부족한, 불충분한 ······ 101, 109
inaugurate 창안하다, 시작하다, 취임시키다, 개회식을 하다 ······ 79, 170
incentive 자극, 동기 ······ 84
incident 사건; 일어나기 쉬운, 당연히 따르는 ······ 215, 384
incidental 우발적인, 수반하여 일어나는, 임시의 ······ 71
incise 새기다, 파다 ······ 290
incisive 신랄한, (날 등이) 날카로운 ······ 47
inclement (날씨가) 험한, 무정한 ······ 181
inclination 경향, 성향, 경사 ······ 175
incoherent 논리가 맞지 않은; 흩어져 있는, 점착성이 없는; 볼품 없는 ······ 294
inconceivable 생각할 수 없는, 상상할 수 없는 ······ 171, 290, 304
inconclusive 결정적이 아닌, 확정적이지 않은 ······ 69
incredible 믿어지지 않는, 놀랄 만한 ······ 69, 251, 304, 312
indeed 사실은 ······ 28
indigenous 고유한 ······ 93
indigent 가난한, 빈곤한, 부족한 ······ 383
indispensable 필수적인 ······ 114
induce 설득 후 ~시키다, 유발하다, 야기하다 ······ 131, 271
inducement 동기, 자극 ······ 99
ineffective 무익한, 쓸모 없는 ······ 27
infinitesimal 극소의, 극미량의 ······ 34, 93, 133, 365
inflate (가스 등으로) 팽창시키다 ······ 159
inflation 부풀(리)기, 팽창 ······ 78
inflict (고통, 부담, 벌 등을) 가하다 ······ 138
infringe 침해하다, 위반하다 ······ 272
ingenious 독창적인, 영리한 ······ 71, 303
ingenuity 재간, 창의력 ······ 93
ingenuous 솔직한, 숨김없는, 천진한, 꾸밈없는 ······ 71, 93, 283

유사어/관련어/파생어

ingest 섭취하다 200
inhabitable 살기에 알맞은 318
inhabitant 거주자 318
inherent (근본적으로) 타고난, 본래의, 고유한 141, 231
inherent in (~안에) 타고난, 고유의, 내재된 60
inhibit 억제하다, 방해하다 291, 300
inimical 적대하는, 사이가 나쁜 232
initial 처음의 79
initially 처음에, 최초에 79
innate, inborn (주로 능력이나 본질을) 타고난 60
innovation 혁신, 쇄신 210
innovative 혁신적인, 새로운 210
innumerable 셀 수 없는, 무수한 373
inordinate 과도한, 지나친 153, 294
inquire 문의하다, 조사하다 201
inroad 침입, 침략, 침해(하다) 375
insane 미친 373
insight 통찰(력) 175
insinuate 넌지시 말하다, 암시하다; 주입하다 30, 77, 78
instant 즉시의, 순간적인 374
instantaneous 즉시의 374
instigate 선동하다, 부추기다 179
instigation 선동, 자극 139
insulate 고립시키다, 절연시키다, 섬으로 만들다 89, 280
insure 보증하다, 책임지다, 안전하게 하다 218
intangible 실체가 없는, 무형의 222
integral 완전한, 없어서는 안 될, 필수의 89, 133
integration 통합, 융합 88
intense (감정적으로) 극도의, 강렬한 131
intensity 강렬함, 격렬함 131
intensive 강렬한, 집중적인 131
intent 의도, 의사; 확고한, 집중된 372
intention 의도, 목적 372
intentionally 의도적으로, 고의로 372
interchange 교환, 주고 받기, 중계지점 276
interdict 금지하다, 저지하다 183
intermittent 간헐적인, 주기적인 214
intermittently 산발적으로, 간헐적으로, 간간히, 가끔 112, 152
interrupt 중단하다, 중단시키다 145
intervene 화해시키다, (~사이에) 일어나다, 간섭하다 276
intervening years 그 시절[때] 중에, 그 사이에 172
intimate 암시하다, 은연중에 말하다; 알리다, 공표하다 77, 78
intimate with 친밀한 140
intimidate 위협하다 281
intrepid 두려움 없는, 용감한 211
intricacy 복잡(함), 복잡한 사항 140
intricate 복잡한, 난해한 110
intrigue 흥미를 끌다 179
intriguing 흥미 있는, 매력적인 79
intrude 억지로 들어가다, 개입하다, 침입하다, 방해하다 182, 272, 293
intuition 직관(력), 통찰(력) 175
invalidate 무효로 하다, 법적 효력을 없애다 238

invaluable 귀중한 183
invasive 침입하는 182
invent 고안하다, 만들어내다 28, 55, 337
inventive 창조적인, 새로운 93, 303
involve ~와 연루시키다, ~와 관계하다, ~을 필요로 하다, 수반하다 141, 182
involved 복잡한, 뒤얽힌 92, 182
irreversibly isolated 불변인(돌이킬 수 없게 고립된) 89, 182
irritate 성나게 하다 270
irruption 침입, 난입, (동물의) 급증 375
isolated 격리된, 분리된 89

J

jam 채워 넣다, 밀어 넣다, 방해하다 219
jettison 내던지다, 버리다 199, 302, 382
junction 연결이나 접합 (상태나 점) 314

K

keen 예리한, 날카로운, 예민한, 민감한, 열심인 161, 252
keenly 날카롭게, 강렬하게 284

L

laborious 몹시 힘 드는, 벅찬, 근면한, 꾸준한 101, 320
laggard 느린, 굼뜬 365
landscape 경치, 경관 145
later 더 나중의, 다음의; 나중에 92
laud 찬양하다, 찬미하다 355
launching 출발 210
lavish 남아도는, 풍부한, 호화로운, 사치스러운 140, 153, 340
lay aside (책임, 습관 등을) 버리다 219, 301
lay off 항구 밖에서 정박하다, 쉬다, 그만두다 200
leading 선두의, 선도하는 310
leading to 따르는 310
legatee 유산 수령자 234
legitimacy 합법(성), 정통(성) 212
legitimate 합법적인, 이치에 맞는 143
leisure 여가(시간), 자유(시간) 365
levy 징수하다, 과세하다, 징집하다 138
likelihood 가능성, 가망, 유망함, 장래성 50, 200
likeness 유사함, 모양 229
likewise 비슷하게 81, 142
limit 한정하다, 제한하다; 경계선 80, 108, 114, 185
limited 한정된, 제한된; 삼가한, 적절한, 심하지 않은 68, 71, 220, 302
linger (아쉬운 듯이) 남아 있다, (떠나지 않고) 꾸물거리다 350
linked 연결된, 관련된 95
loathing 강한 혐오 275

찾아보기

local point 중심(지) — 350
locality 장소, 지방 — 350
locally 근방에 — 350
ludicrous 웃기는, 비웃음을 사는 — 273
luster 광택, 윤 — 161
lustrous 광택 있는, 반들반들한 — 285
luxuriant 풍부한, 넘칠 듯한 — 94, 232, 340
luxurious 구하기 힘든, 사치스러운 — 232
luxury 사치, 낭비 — 232

M

magnificent 웅장한, 화려한 — 153, 214, 285, 294
magnitude 크기, 규모, 중요성 — 89, 235
make out 찾아내다, 인식하다, 작성하다, 이해하다 — 381
malleable 잘 휘는, 잘 펴지는; 적응 — 39
manage 잘 해내다 — 142
manageable 다루기 쉬운, 순종하는 — 128
mandatory 의무적인, 필수적인 — 114, 204, 293
manifest 명백한; ~을 명백히 하다, 분명히 나타내다 — 90, 101, 152, 162, 184, 233, 249
manifestation 표시, 명시 — 71
manipulate 다루다, 조정하다, 처리하다 — 25
manipulation 능숙하게 다룸, 교묘한 조작 — 57
mark 표시하다, 나타내다 — 77, 82
marked 두드러진, 상당한 — 250
markedly 현저하게, 눈에 띄게 — 82
marshal (생각 등을) 정리하다, (군대를) 정렬시키다 — 199
marvelous 놀라운, 멋진 — 294
mask (감정 등을) 숨기다, 속이다 — 371
massively 거대하게, 대규모로 — 82
master 지배하다, 지휘하다, 마스터하다 — 145
mastery 지배권, 통제권; 통달, 전문적 기능 — 164
material 육체적인, 물질적인, 중요한 — 172
materialize ~에 형태를 주다, ~을 구체화하다 — 172, 222
maximum 최대, 최대량, 최고 — 205
meander 거닐다, 어슬렁거리다 — 364
means 수단, 방법 — 376
mechanism (정해진) 절차, 방법 — 55
melt 용해하다 — 31
menace 위협하다, 협박하다 — 30
mere subsistence 최저 생계 — 185
merely 단지, 오직 — 82
metamorphosis 변화, 변형 — 372
migration 이동, 이주 — 21
mimic 흉내 내다, 흉내 내며 놀리다 — 242, 338, 356
mingle with ~와 혼합[결합]하다 — 228
miniature 소규모[소형]인, 축소된 — 93
minute 미세한, 매우 작은 — 34, 133, 365
minutely 상세히, 엄밀하게 — 93
miscellaneous 잡다한, 잡동사니의 — 132
misleading 오해시키는, 속이는 — 132

misplace ~을 잘못 놓다, 어디에 둔지 잊다 — 213
moderate 적절한, 적당한; 완화하다 — 292
modest 알맞은, 적절한, 수수한, 심하지 않은 — 220
modification 변경, 수정 — 89
more or less / less or more 다소, 어느 정도 — 62, 163, 285
moving 이동하는 — 29
multiply 늘리다, 증대[증가]시키다 — 99, 292
multitude 군중, 무리 — 94
munificent (마음이) 후한, (선물이) 후한 — 341
mutate 변화시키다, 돌연변이시키다 — 372
myriad 무수한 — 253, 373
mysterious 모호한, 불가사의한 — 294
mystery 모호한 것, 수수께끼 — 358

N

nearly 거의 — 102
needy 몹시 가난한 — 383
neglect 게을리하다, 소홀히 하다, 경시하다 — 318
norm 표준, 규범, 전형 — 101, 314
not come amiss 잘못되지 않다, 괜찮다 — 370
not least 특히 — 365
not the least 전혀 ~않다 — 365
notably 특히, 상당히 — 111
note 목격하다 — 31
noticeable 뚜렷한, 현저한 — 41, 61, 73, 82, 90, 101, 168
noticeably 상당히, 눈에 띄게 — 366
novelty 희한한 것이나 일 — 383

O

obedience 복종, 순종, 충실 — 154
objective 목적, 목표; 객관적인, 편견 없는 — 274
oblique 기울어진, 비스듬한; 에두른, 간접적인 — 293
obliterate 제거하다; 기억에서 지우다 — 219, 362
obscure 불분명한, 애매한; 감추다, 흐리게 하다 — 152, 199, 273, 294, 336, 371
obscure(d) 흐린, 불분명한 — 152
obscurity 무명, 미천(함), 무명의 사람[사물, 장소] — 111, 222
observable 주목할 만한, 눈길을 끄는 — 31
obstacle 장애물 — 145, 164, 313
obstruct (가로)막다, 방해하다 — 219, 291, 300
obtainable 얻을 수 있는, 손에 넣을 수 있는 — 149
obtrude 강요하다, 주제넘게 나서다 — 182
obtrusive 강요하는 듯한, 주제넘게 나서는 — 182
obvious 명백한, 눈에 띄는 — 71, 90, 101, 133, 152, 184, 233
occasion 특정한 때나 경우, 중요 행사, 이유 — 213
occasional 때때로의 — 103, 162, 214
occasionally 때때로, 가끔 — 213

유사어/관련어/파생어

odd 묘한, 색다른, 이상한, 나머지의, 여분의 ········ 234, 283, 359
odium 증오를 일으키게 하는 것, 비난, 악평, 오명 ········ 275
offset 상쇄하다, 균형을 맞추다 ········ 317
ominous 불길한, 험악한 ········ 39
omit 생략하다, 빠뜨리고 쓰다, 깜박 잊다 ········ 282
omnipresent 동시에 어디에나 있는 ········ 174
on principle 도덕상, 일정한 법칙[관습]에 따라 ········ 175
on the contrary 이와 반대로 ········ 165
on the other hand 반면에, 그와 반대로 ········ 132
on the whole 전체적으로 봐서 ········ 241, 286
on this account 이 때문에 ········ 376
onset 시작, 개시, 착수, 공격, 습격 ········ 67
opposed 반대하는 ········ 299
optimal 최선의, 최상의, 최적의 ········ 321
optimize 효과적으로 하다 ········ 102
optimum 최고[최적]의 ········ 102
option 선택, 취사 ········ 109, 320
opulent 부유한, 호사스러운, 풍부한 ········ 340
orchestrate 조정하다, 조직화하다 ········ 57
orientation (환경에의) 적응 지도, 관점 ········ 175
ornament 꾸미다, 장식하다 ········ 168, 238
ornament(ation) 꾸밈, 장식, 장식품 ········ 210
ornamental 장식의, 장식적인, 장식용의 ········ 210
ostensible 표면상의, 명백한 ········ 201
outdistance (시합, 특히 경주 등에서) 훨씬 앞서다 ········ 169
outrage 화나게 하다 ········ 348
outstanding 현저한, 두드러진, 뛰어난, 미결제[미해결]의 ········ 61, 112
overall 종합적으로, 전반적으로 ········ 94, 286
overlie ~위에 가로놓이다[눕다] ········ 238, 354
oversee 감독하다 ········ 239
overstate (실제보다 중요한 것처럼) 과장하다 ········ 301, 346
overwhelming 압도적인, 제1의 ········ 172

P

painstaking 근면한, 공들이는, 애쓴 ········ 142
pale 약하게 하다 ········ 204
paradox 모순, 역설 ········ 133
paradoxical 역설적인 ········ 95
parallel 일치하는, 평행의, 평행하는 ········ 134
parch (열 등이) 바싹 말리다, 갈증을 느끼게 하다 ········ 202
pare away 껍질을 잘라내다, 깎아내다 ········ 35, 310
parody 모방, 흉내 ········ 57
partial 불완전한, 부분적인, 편파적인, 불공평한 ········ 59, 95, 103, 203, 322
particular 특유의 ········ 83, 110, 203, 231
particularly 특히, 현저하게 ········ 93
patchy 조화가 안 된, 균형이 잡히지 않은 ········ 341
patent 명백[명확]한 ········ 71, 90, 101, 152, 162, 184
patronize 후원(지원)하다; 거래하다 ········ 26, 40
peculiarity 특징, 특성 ········ 358

peeling 껍질 벗기기, 벗긴 껍질 ········ 350
penchant 강한 기호, 경향 ········ 145
penetration 침투, 통찰, 식견 ········ 175
perceptible 인지할 수 있는, 상당한 ········ 158, 304, 380
perception 인식, 지각 ········ 380
perceptive 통찰력 있는, 명민한 ········ 380
peril 위태롭게 하다, 위험에 빠뜨리다; 위험 ········ 213
period 시기, 시대 ········ 111
periodic 정기적인, 규칙적인 ········ 111
periphery 외면, 표면, 주변 ········ 375
perishable 사라지기 쉬운, 썩기 쉬운 ········ 150, 182
permeate 침투하다, 스며들다, 퍼지다 ········ 111, 341
perpetual 영구적인, 끊임없는 ········ 91
perplex 당황하게 하다, 혼란시키다 ········ 291
perseverance 인내, 끈덕짐 ········ 296
persistence 지속 ········ 67
persistent 영속하는, 지속성의, 끊임없는 ········ 67
perspicuous 이해하기 쉬운, 명료한 ········ 152
persuasive 설득력 있는 ········ 218
pertain to ~과 관계되다, (부)속하다 ········ 354
pervade 퍼지다, 베어 들다 ········ 241
pervasive 널리 퍼진 ········ 222
phenomenal 보통이 아닌, 놀랄 만한 ········ 41, 285
phenomenon 사건 ········ 112
pick out 분간하다 ········ 300
pinpoint (원인을) 정확히 지적[설명]하다 ········ 300
pivotal 중추적인, 중요한 ········ 27, 111
placid 잔잔한, 차분한 ········ 39
plausible 그럴 듯한 ········ 101, 202
play second fiddle to 단역을 맡다 ········ 21
plead 항변하다, 변호하다, 간청하다 ········ 170
pledge 서약, 맹세, 저당, 보증 ········ 139, 228
plentiful 풍부한 ········ 312
pliable 유연한, 말 잘 듣는, 순응성 있는 ········ 232
plug 메우다, 틀어막다, 꽂다 ········ 219
plush 호화로운, 사치스러운, (식물 등이) 무성한 ········ 340
point 중요 사항, 중점 ········ 363
point out 가리키다, 지적하다 ········ 77, 79, 300
polish 광을 내다, 닦다, 세련되게 하다 ········ 173, 349
ponderous 대단히 무거운, 다루기 힘든, 육중한 ········ 82, 154
portray (생생하게) 표현하다, 묘사하다 ········ 98
postulate 주장하다, 가정하다, 요구하다 ········ 174, 251, 381
potent 강력한, 세력이 있는 ········ 181, 183, 374
potential 가능성 있는; 가능성, 잠재성 ········ 376
potential for ~의 가능성 ········ 102
pour 붓다, 흘리다 ········ 170
practical 실용적인, 실제적인 ········ 82, 112
practically 실제적으로, 실용적으로, 실지로 ········ 358
practice 관행, 습관 ········ 358
pragmatic 현실적인, 실제적인 ········ 358
precarious 불확실한; 위태로운 ········ 59, 152
precede 앞서 일어나다, 앞서다 ········ 73
precedent ~전의, 먼저 일어난, 선행하는 ········ 172

찾아보기

precious 귀중한, 값어치 있는 — 41
precipitate (발생을) 촉진하다, 초래하다, 일으키다,
　곤두박이치는, 깎아지른, 다급한 — 89, 109
precipitous 절벽의, 황급한, 허둥대는 — 109
precision 정확, 정밀 — 60
preclude 막다, 방해하다 — 291
predominantly 주로, 현저히, 눈에 띄게 — 61, 283
preeminent 현저한, 주목할 만한 — 42, 72, 111, 253
preferred 승진된, 발탁된 — 35
prejudice 편견, 경향, 선입관; 편견을 갖게 하다 — 47, 103, 203
preliminary examinations 예비 시험 — 383
preoccupation 열중, 몰두, 관련 — 241
preoccupied with ~에 몰두하는, 열중하는 — 179, 182, 337
preposterous 상식을 벗어난, 터무니없는 — 273, 304
(pre)requisite (미리) 필요한 것, 필수 조건; 필수의,
　전제가 되는 — 109, 293
prescribe (규칙을) 정하다, 규정하다, 처방하다 — 104
preserving 보호하는, 보존하는 — 25
pressing 다급한, 긴급한 — 38
prestige 지위, 명성 — 143
presumably 아마, 추측상 — 200, 204
presume (사실이라) 추정하다, 가정하다 — 174, 251
pretence 속이기; 속임수; 변명, 발뺌 — 296
prevail 이기다, 승리하다, 우세하다 — 83
prevailing 널리 퍼진, 우세한, 지배적인 — 223, 321
prevalent 널리 퍼진, 유행하는 — 83, 174, 321
prevent 방해하다 — 145, 230
previously 이전에, 앞서 — 172
pride 자랑하다, 뽐내다 — 149
primal 원시의, 최초의, 본래의, 초기의, 주요한, 근본적인 — 173, 223
primarily 주로 — 72
primeval 원시의, 고대의 — 173, 223
principally 주로, 대체로 — 72
prize 중요하게 여기다, (높게) 평가하다 — 239
probe 조사하다, 엄밀히 검사하다 — 346
procurement 획득, 조달 — 338
profession 공언, 선서, 직업 — 139
proficiency 숙련, 숙달, 진보 — 242
proficient 능숙한, 숙달된 — 345
profuse 풍부한, 아낌없는 — 58
profusely 풍부하게 — 312
profusion 풍부함 — 312
progressively 점차, 차츰 — 172
prohibit 금지하다 — 183
projection 추정, 산출 — 235
proliferate (빠르게) 증식[증가]하다 — 292
proliferating 증식하는, 늘어나는 — 99
proliferation 증식; 확산 — 99
prolonged 긴, 늘려진 — 79
prominence 중요 — 61
prominent 뛰어난, 현저한, 눈에 띄는 — 42
prominently 주요하게, 중요하게 — 61

promote 촉진하다, 조성하다 — 130
prone (to) ~의 경향이 있는, ~하기 쉬운 — 145
propagate 증식[번식]시키다 — 25, 98, 371
propel 추진하다, 몰아대다 — 250
proportion 비율, 크기, 정도 — 63, 104
prosaic 재미없는, 평범한, 지루한 — 241
prospect 전망, 가망 — 376
prospective 미래의, 다가오는 — 342
prosper 번영하다, 번창하다, 성공하다 — 248
prosperity (노력이나 힘쓴 뒤의) 번영 — 80
prosperous 번영(번창)하는, 유복한 — 79
protest 이의제기, 항의, 이의; 이의 제기하다 — 43, 113, 271
provide 제공하다, 주다 — 63
provident 선견지명이 있는, 신중한, 검소한 — 92
provoke 자극하여 ~하게 하다 — 139, 179, 270, 271
proximity 근접, 가까움 — 58
prudent 사려 깊은, 현명한, 신중한, 검약하는 — 92
pugnacious 호전적인 — 170
pulverize 가루로 만들다; 분해하다, 전멸시키다 — 31, 364
purpose 의도하다, 결심하다; 목적, 목표 — 160
pursuit 추적, 추구, 연구, 근무, 오락 — 225, 372
put together 모으다, 조립하다 — 74
puzzling 모호한, 알기 어려운 — 133, 358

Q

quantifiable 정량화 할 수 있는, 양을 잴 수 있는 — 300
quarrelsome 말다툼[싸움]을 좋아하는 — 170
quarters 처소, 주거, 숙소 — 363
quest 찾다, 추구하다 — 80
question 의구심을 갖다 — 113

R

radical 급진적인, 과격한, 근본적인, 철저한 — 231
radically 근본적으로, 철저히, 과격하게 — 59, 62
raid 급습, 습격(하다) — 375
random 되는 대로의, 마구잡이의 — 303
randomness 무작위, 임의 — 162
rarely 드물게, 좀처럼 ~하지 않는 — 358
rather 어느 정도, 다소, 꽤 — 285, 366
rather than ~보다 오히려, ~ 대신에 — 213
ravel (out) (그물 따위를) 풀다 — 208
ready 준비된, 계획된, 즉석인 — 62
realistic 실질적인 — 23
realize 실현[달성]하다 — 54, 168
reason ~에 대해 추론하다, 결론을 내리다 — 363
reasonable 도리에 맞는, 온당한, 적당한 — 82, 202
recede 물러나다, 엷어지다, 희미해지다 — 381
reciprocal 상호간의 — 317
reconcilable 화해할 수 있는, 조화시킬 수 있는 — 181

428

유사어/관련어/파생어

record 기록하다; 기록(문서), 증거, 유적 ······ 88
recoup 벌충하다, 보상하다 ······ 87
recover 잃었던 것을 다시 되찾다 ······ 80
recurring 되풀이하여 발생하는 ······ 112
refine 순화하다, 정제하다, 작은 변화로 증진시키다 ······ 349
refined 세련된, 고상한 ······ 173
refinement 발전, 진보 ······ 80
reflect 심사 숙고하다, 신중히 생각하다 ······ 218
reflection 생각, 의견(을 나타냄, 또는 나타낸 것) ······ 338
regain 남에게 빼앗긴 것을 끝내 되찾다 ······ 80
regenerate 새롭게 하다 ······ 131
regret 후회하다, 뉘우치다, 아쉬워하다 ······ 253
regular 정규적인, 규칙적인 ······ 160
regulate 규제하다, 통제하다 ······ 25
reinforcement 강화, 보강 ······ 210
rejuvenate 원기를 회복하다[시키다], 활력을 되찾다 ······ 150, 296
related 관계 있는, 관련된 ······ 62
relative 상대적인, 상관적인 ······ 62
relatively 비교적, 다른 것에 비해 ······ 285
relic 유물, 유적 ······ 114, 385
relinquish 포기하다, 내주다 ······ 240, 362
reluctant 마지못해 하는, 싫은 ······ 45
rely on 의지하다, 믿다 ······ 133
remainder 사용한 후 나머지 ······ 114
remarkable 주목할 만한, 비범한, 예외적인 ······ 61, 72, 111
remarkably 놀랍게, 상당히 ······ 42
reminisce about 즐겁게 회상하다 ······ 300
remnant 나머지, 남은 것, 파편 ······ 114, 351, 385
remunerate 회복하다, 보상하다 ······ 87
render 주다; 만들다 ······ 301
renounce 단념하다, 중지하다, 버리다 ······ 198, 301
renowned 유명한, 이름 높은 ······ 111, 143, 222, 287
reparation 보상; 배상(금); 수리(비) ······ 306
repercussion 영향, 반향 ······ 313
replicate 뒤로 접음; 뒤로 접다, 반복하다, 복제하다 ······ 55, 242
represent 나타내다 ······ 98, 221, 337
representative 나타내는, 표현[묘사]하는; 전형적인 ······ 184, 212, 301
reproduction 복사, 복제 ······ 356
repugnance 반감, 적대감, 혐오, 증오, 모순 ······ 275
reputable 평판 좋은 ······ 143
rescind 취소하다, 철회하다 ······ 238, 354
residue (필요한 이상의) 나머지, 잔여 ······ 114
resign 사임하다, 그만두다 ······ 198, 240
resolute 의지가 굳은, 단호한 ······ 173, 296
respective 특정한, 개별적인 ······ 203
restitution 보상; 반환; 회복 ······ 306
restore 좋은 상태로 회복시키다 ······ 80
restrict 한정하다, 제한하다 ······ 239, 381
resulting in ~에서 유래된, 따르는 ······ 33
reveal 드러내다, 폭로하다, 보이다, 나타내다 ······ 384
revelation 폭로, 발각, 계시 ······ 384

reversely 거꾸로, 반대로 ······ 47
reversion 전환 ······ 47
revision 개정, 교정 ······ 230
revive 되살리다, 재개하다 ······ 296
revoke 취소하다, 철회하다 ······ 354
revolution 혁명, 변혁 ······ 47
revulsion (감정 등의) 급변, 강한 혐오, 반감 ······ 275
rich 풍부한 ······ 243
riddle 수수께끼, 난제, 알 수 없는 사람[것], 체 ······ 133, 277
ridiculous 우스운, 어리석은 ······ 203, 273
rift 갈라진[찢어진] 틈 ······ 44
rigid 엄격한(엄격하게) ······ 154
rigorous 엄격한, 혹독한, 정밀한, 철저한 ······ 42, 154
risk 위험 ······ 348
risky 위험한 ······ 152
rival 경쟁하다 ······ 55
rivalry 경쟁 ······ 21
rob 빼앗다, 약탈하다 ······ 228
robust 강건한, 튼튼한 ······ 102, 294
rooted in 뿌리 내린, 뿌리 깊은 ······ 381
rotation 변환, 순환 ······ 26
rough 대강의, 개략적인; 거친, 울퉁불퉁한 ······ 39
roughly 대략, 약 ······ 62
roundabout 넌지시 하는, 간접의 ······ 293
routine 일상적인 ······ 42
rude 무례한, 거친, 미개한 ······ 223
rudiment 근본, 기본 (원리) ······ 62
rudimentary 기본의, 기초의, 미발달의, 미숙한 ······ 223, 231
ruin 파괴하다, 붕괴하다 ······ 150
ruinous 파괴적인, 재해나 파멸을 불러일으키는 ······ 252, 338
run its course 시간과 함께 과정을 다하다, 생명이 다하다 ······ 129
rustic 시골의; 소박한 ······ 43

S

sadden 슬프게, 우울하게 하다 ······ 249
sagacious 현명한, 후각이 예민한 ······ 380
sage 현명한, 사려 깊은 ······ 380
salutary 몸에 좋은, 건전한, 유익한 ······ 252
sanitary 위생적인, 청결한 ······ 320
satisfy (필요성, 조건 등을) 충족시키다, 기쁘게 하다 ······ 160
saturate 포화시키다; 흠뻑 적시다 ······ 29
saturated 포화된, 흠뻑 젖은 ······ 218
save 보존하다, 유지하다 ······ 314
savory 맛 좋은, 평판 좋은, 기분 좋은, 유익한 ······ 373
scarcity 부족, 결핍 ······ 366
scary 무서운, 소심한, 겁 많은 ······ 184
scores (of) 다수, 많음 ······ 142
scorn 깔보다; 경멸, 깔봄 ······ 252
scrutinize 정밀하게 조사하다 ······ 164
scrutiny 정밀한 조사 ······ 185
seclude 은둔시키다, 고립시키다, 격리하다 ······ 89, 254

찾아보기

secrete 분비하다 — 148, 302
secure 안전한, 확고한; 안전하게 하다, 확보하다 — 149, 153, 178, 208, 218, 319
seek after[for] ~을 추구하다, 얻으려 하다 — 144
seemingly 외관상 — 204
seethe 끓어오르다, (끓어) 넘치다 — 322
seething (화가) 끓어오르는 — 26
segregate 분리시키다, 격리시키다 — 89
seize 잡다, 쥐다, 이해하다, 빼앗다, 강탈하다 — 228
selected 선발된, 선택된 — 35
(self-)confident 자신 있는 — 154
self-sufficient 자급자족할 수 있는 — 109
sequence 연속; 결과; 순서 — 49, 112, 244, 342
sequent 연속되는, 다음의 — 92, 95
sequentially 연속적으로 — 95
serene 고요한, 잔잔한, 평온한 — 39
set 놓다, 고정시키다 — 363
set off 출발시키다, ~하게 하다, 돋보이게 하다 — 250
setting 주위의 상태, 환경 — 305
severe 엄격한, 가혹한 — 42
severely 심하게, 가혹하게 — 72
severity 심각함; 엄정, 엄밀 — 72
shatter 파괴하다 — 95
shelter 보호하다, 숨겨 주다 — 239, 299, 319
shield (사람, 물건을) 보호하다, 막다 — 26, 239, 280, 299
shift 옮기다, 장소를 바꾸다 — 291
shiny 빛나는, 닦은, 맑게 갠, 오래 입어 반들반들한 — 285
sieve 체, 입이 싼 사람 — 277
signal 신호의, 뛰어난; (신호로) 알리다 — 171
signaled 현저한, 눈에 띄는 — 250
simulate 흉내 내다 — 242, 251, 338, 356
simulated 가장한, 꾸민, 모조의 — 251
simultaneously 동시에 — 345
singular 뛰어난, 하나뿐인, 유일한, 이상한, 주목할만한, 두드러진, 색다른, 기이한 — 112, 234
skittish 겁 많은, 변덕스런, 수줍은 — 184
slightly 다소, 약간 — 163
slow to standstill 정지된 것처럼 느려지다 — 287
sluggish 둔한, 느린, 나태하게 게으른 — 365
solely 오직, 오로지 — 102
solid 견고한, 단단한 — 141, 222, 241
somewhat 다소, 약간, 어느 정도 — 29, 163, 213
soothe 진정시키다, 달래다 — 35
sophisticated 복잡한, 세련된, 교양 있는, 기교적인, 정교한 — 154, 173
sophistication 전문적; 세련, 정교함 — 154
sort out 골라내다, 구별하다 — 23
sovereign 자치의, 독립의; 절대군주 — 145, 201
span 일정 기간, 전 기간, 전 범위 — 84
spanning 미치는, 걸치는 — 367
sparsely 희박하게 — 243
spawn 낳다, 산출하다 — 281
spawning 출산 — 319

speak amiss 실언하다 — 370
specific/specified 지정된, 명시된 — 93
spectacle 장관, 기관, 구경거리, 참상 — 214
spectacular 볼만한, 인상적인 — 73, 342
spectrum 범위 — 356
speculate 추측하다, 가정하다 — 171, 174
speculation 사색, 이론, 추측 — 250
speculative 추측의, 이론적인, 확실치 않은 — 251
spell 한동안의 계속, 잠시 동안 — 276
splendid 호화로운, 웅대한 — 73, 153, 285, 294
splendor 훌륭함, 화려함 — 223
split 쪼개다, 분리하다, 나누다; 틈; 조각 — 44, 221
sporadically 이따금, 산발적으로 — 45, 214
spotted[spotty] 산재하는, 드문드문 있는 — 319
spotting (명성, 가치 등을) 손상시키는, 타락시키는 — 319
spread out 엷게 바르다, 엷게 펴다 — 347
spur 격려하다, 자극하다 — 130, 139, 150, 201, 271
stagger 동요하다, 주저하다, 망설이다 — 224
staggering 놀라운 — 144, 251
startling 놀라운 — 69, 100
static 거의 변하지 않는 — 303
status 지위, 신분, 사회적 비중 — 143
steadily 꾸준히, 충실히 — 48
sterile 불모의, 살균한, 균이 없는; 무익한 — 109, 282, 320
stimulate 자극하다, 격려하다 — 68, 130, 201, 220, 271
stimulus 자극하는 것, 자극(물), 격려(되는 것) — 68, 84, 130, 139, 201, 255
stipulate 계약 조건으로서 요구하다 — 104
stir 휘젓다, 선동하다, 부추기다 — 130, 201
straightaway 즉시의 — 374
straightforward 곧장 나아가는, 정직한, 솔직한 — 133
strategy 전략, 병법 — 235
strenuous 활발한, 격렬한 — 253
stretch 펴다, 연장하다 — 56, 129
strew 흩뿌리다, 뿌려서 덮다 — 129, 319
strictly 엄중히, 엄밀히, 정확하게 — 313
strike 부딪히다, 충돌하다; 파업, 작업 — 73, 128, 309
string 연속 — 95
stringent 엄중한, 엄격한 — 72, 143
strip 벗기다, (장비를) 제거하다, 없애다 — 270, 310
strive 노력하다, 애쓰다 — 80, 248
struggle 노력하다, 애쓰다 — 80, 248
stunning 놀랄 만큼 멋진 — 73, 100, 144
stunt 발전이나 성장을 막다 — 229
sturdy 튼튼한 — 83
styled 틀에 박힌, 형식화 된 — 23
stylized 틀에 박힌, 형식화 된 — 23
subdue 정복하다, 제압하다, 압도하다; 복종시키다 — 180, 292
subject 드러내 놓다, 당하게 하다; ~받기 쉬운; 참가자, 관계자 — 173, 384
subsequence 연속, 연달아 일어남 — 49, 95, 112
subsequent 그 다음의, 뒤이어 일어나는 — 92, 169, 340
subsequently 그 다음에, 이후에 — 92, 112

유사어/관련어/파생어

subsidiary 보조적인, 종속적인 230
subsidize 보조금이나 장려금을 지급하다 26, 40
subsidy 보조금, 장려금 230
subsist 존재하다, 존속하다 185
substantiate 확증하다 89, 178, 357, 362
substitute 대신하다; 대리인, 대역 109
subtract 빼다 244
successively 연속적으로, 연이어 255
suggest 나타내다, 암시하다 77
suggestion 암시, 나타냄 25
suit 맞다, 어울리다, 적합하다 183
sumptuous 고가의, 사치스러운, 화려한 340
superficially 피상적으로, 외관상 204
suppose 가정하다 254
supposed 의도된 174, 204, 251, 372
supposedly 아마 254
suppress 진압하다, 억제하다 145
surge 갑자기 증가하다, 파도처럼 밀려 오다 170
surging 밀려 오는, 쇄도하는 339
surmise 추측하다, 짐작하다 174, 251, 363
surpass ~보다 낫다 169, 199
surrender 양도하다, 항복하다, 포기하다, 내주다 198, 362
survive 살아남다 170
susceptible 받기 쉬운, 받아들일 수 있는 224
sustain 유지하다, 지속하다 221
sustainable 지속적인, 한결 같은, 견딜 수 있는 68
sustained 중단되지 않은, 지속된, 연속되는 183
swagger 뽐내다, 뽐내며 걷다 149
sweep 청소하다 170
swell 팽창하다, 부풀다 78, 159, 249, 367
swift 재빠른, 신속한 143
symmetry 대칭, 균형 134
synthesis 합성 100
systematic 체계적인, 규칙적인 162

T

taciturn 말이 없는, 말수가 적은 233
take ~ amiss ~을 좋지 않게 보다 370
take on (책임 등을) 떠맡다, 고용하다, (경향 등을) 띠다 46, 107
tandem 앞뒤로 연결되어, 세로로 연결된; (세로로 된) 이륜마차나 말 255
tangible 만져서 알 수 있는, 현실의, 실제의, 명백한 380
tardy 느린, 더딘, 늦은 365
tempt 관심을 끌다 291
tempting 유혹하는, 끄는 251, 336
tending 주의, 돌봄 211
tentatively 임시적으로 144
tenuous 가느다란; 희박한; 빈약한 37
term ~을(~라) 부르다 350
thereafter 그 때부터, 그 후 233
thereby 그 때문에, 그것에 233

thicken 두껍게 하다 347
thirsty 목마른, 술 좋아하는, 건조한, 마른, 갈망하는 252
thoroughly 철저히, 완전히 243
threshold 경계 220
thrive 번영하다, 번창하다, 성공하다 248
thriving 번영, 번성 108
throw over (계획 등을) 버리다, 포기하다 198
thus and so 그런 식으로 73
thus far 이제까지는 73
timid 겁 많은, 소심한 144
timorous 겁먹은, 소심한, 겁 많은 184
to say the least 줄잡아도, 적어도 365
toilsome 몹시 힘 드는, 고된 253
tone 음(질), 말투 28
touch off 일으키다, 유발시키다 250
touchstone 시금석, (진가 판단의) 기준 103, 175
toxin 독소 313
track 추적하여 관측하다 31
transformation 변화, 변환, 변형 58
transfuse 퍼뜨리다, 유포시키다 239
transitory 일시적인 81
transmit 나르다, 옮기다, 중계하다 250
transpose (위치, 순서 등을) 바꾸어 놓다 160
traumatic 큰 (정신적) 충격을 준 135
treat 다루다, 취급하다 66, 131, 354
trenchant (말이나 표현이) 날카로운, 신랄한; 철저한, 효과적인 47
trespass 침입하다 272
trigger 발생시키다, 일으키다 179, 281
trim 다듬다, 정돈하다, 손질하다, 제거하다 210, 238
triumph 승리(를 거두다), 이겨내다 128
trivial 사소한, 하찮은 284
trustworthy 신뢰할 수 있는, 기대할 수 있는 222
tuned to ~와 맞추어진 230
turbulence 동요, 소란 73, 296
turmoil (사회적) 불안, 동요 184
turn 바꾸다, 변화시키다, 돌다 230
turn aside 길에서 빗나가다 77, 230, 310
turn off (길이) 갈라지다, 분기하다 77
turn out amiss 좋지 않은 결과가 되다 370
typically 전형적으로, 일반적으로 184

U

ubiquitous 어디에나 있는 174
ultimate 근본적인, 최후의, 결정적인 102
unaccounted for 설명되지 않은, 해명되지 않은 54
unambiguous 명백한 152
unanticipated 예상치 못한 107
unassembled 불완전한 370
unbraid (꼬인 것을) 풀다 208
understate (줄여서, 작게, 삼가며) 말하다 301

찾아보기

undertake 떠맡다, 시도하다, 애쓰다 — 248
undertaking 사업 — 248, 319
uneven 평평하지 않은, 불규칙한 — 181
unevenly 고르지 않게 — 39
unfavorable 호의적이지 않은, 바람직하지 않은 — 59, 203
uniform 고른, 일정한, 변함없는, 한결 같은 — 112, 144
uninitiated 경험이 없는, 미숙한 — 79
unintentionally 우연히 — 71
unique 특유의, 독특한 — 93
uniquely 유례없이, 특유의 — 83
unleash 풀다, 해방하다, 자유롭게 하다 — 173
unprecedented 전례 없는, 유례 없는 — 172, 318
unresolved 미해결의, 결정되지 않은 — 339
unsuitable 알맞지 않은, 부적절한 — 183
unsurpassed 탁월한, 능가할 자가 없는 — 169
unsympathetic 냉담한, 인정 없는 — 232
untwist (꼬인 것을) 풀다 — 208
unwieldy (무거워서) 다루기 힘든, 부피가 큰 — 231, 282
unwilling 마음 내키지 않는 — 102
upcoming 당장에라도 일어나려고 하는 — 303
uphold (들어)올리다, 시인하다, 지지하다 — 280
urbane 세련된, 도시풍의 — 155
urge 강력히 주장하다, 조장하다, 촉구[재촉]하다 — 138
utilize 이용하다, 쓰다 — 67, 78, 94

V

vague 분명치 않은 — 60
vain 무가치한, 쓸모 없는 — 42
valiant 용감한, 훌륭한, 멋진 대단한 — 211
validate 증명하다, 유효하게 하다 — 89
vanquish 이기다; 정복하다; 억제하다 — 34
variability 변경 가능성 — 20
variable 변하기 쉬운, 변덕스러운 — 20
variation 변화; 다양성, 차이(점) — 20
varied 다양한 — 20, 365
variety 변화, 다양성, 차이 — 20
various 가지각색의, 다양한, 다른 — 20
veer (다른 방향으로) 갑자기 움직이다, 방향을/진로를 바꾸다 — 77, 310
vehicle 수단 — 376
vent 표출(하다) — 249
verge 가장자리; 경계 — 295
verging 경계에 접하는 — 295, 302, 375
verify 확증하다, 입증하다 — 178, 357, 362
versatile 융통성 있는, 다재다능한 — 151, 232, 295, 345
vestige 흔적, 유적, 자취 — 114
vex 성가시게 하다, 괴롭히다 — 383
viability 생존 — 112
viable 살아갈 수 있는, 실행 가능한 — 81
vicious 부도덕한, 악의 있는, 지독한 — 212
vigor 활기, 정력, 체력 — 73

vigorous 정열적인, 활기 넘치는 — 181
viscous 끈끈한, 점(착)성의 — 231
vital 필수적인, 활기 있는, 기운찬 — 181
vitality 체력, 원기 — 113
vivacious 활발한, 명랑한 — 154
vivid 선명한, 활기[생명감] 넘치는 — 154
volume (특정) 양 — 63
vulnerable 상처(공격)받기 쉬운 — 36, 173

W

waft (공중을) 떠돌다, 부유하다 — 229
waive 버리다, 포기하다 — 198
wane 달이 기울다; 약화되다; 쇠퇴; 종말 — 48
warrant 정당화하다, 인가하다, 허가하다; 인가, 허가 — 175
wary 경계하는, 조심하는, 신중한 — 365
watershed 전환점, (강의) 유역 — 204
weaken 약화시키다 — 36
weary 정신적, 육체적으로 지친, 지루한 — 81
wedge 쐐기로 고정시키다, ~을 박아 넣다 — 281
whim 변덕, 일시적 기분 — 359
whimsical 변덕스러운 — 359
whole 전체의, 완전한 — 133
wholesale 통틀어서 — 32
wholly 완전히, 전적으로 — 28
wicked 부도덕한, 사악한, 버릇이 나쁜 — 212
widely 널리, 광범하게 — 56
wield (힘, 능력, 권력 등을) 사용하다, 발휘하다 — 130
wieldy (도구 등이) 다루기 쉬운, 쓰기 알맞은 — 154, 231
wipe out (묻은 것을, 혹은 오명 등을) 씻다, 지우다 — 219
withdraw 움츠리다, 철수시키다 — 381
wither 시들게 하다, 약하게 하다 — 150
witness 목격하다 — 31
woeful 비참한, 불행한, 슬픈, 가련한 — 253
work out 해결되다, 계산되다 — 159
wreck 파괴, 난파선; 파괴하다, (배를)난파하다 — 55, 98, 150, 254, 338
wreak havoc 파괴하다 — 254, 300, 338

Y

yardstick 기준, 척도 — 103, 286
yield 양도하다, 생산하다, 포기하다, 내주다 — 159, 230, 362